新家长学校系列丛书　　肖红春　皮青标 ◎主编

家庭教育
8堂必修课

肖红春　皮青标 ◎主编

初中
教师卷

湖南大学出版社
·长沙·

图书在版编目（CIP）数据

家庭教育 8 堂必修课. 初中教师卷 ／ 肖红春，皮青标
主编. -- 长沙：湖南大学出版社，2025.3. -- （新家长学校系
列丛书／肖红春，皮青标主编）. -- ISBN 978-7-5667-4071-7

Ⅰ. G78

中国国家版本馆 CIP 数据核字第 2025QC2869 号

家庭教育8堂必修课·初中教师卷
JIATING JIAOYU 8 TANG BIXIUKE · CHUZHONG JIAOSHI JUAN

主　　编：肖红春　　皮青标
责任编辑：饶红霞
印　　装：长沙雅捷印务有限公司
开　　本：710 mm×1000 mm　1/16　　印　　张：16　字　　数：248 千字
版　　次：2025 年 3 月第 1 版　　　　　印　　次：2025 年 3 月第 1 次印刷
书　　号：ISBN 978-7-5667-4071-7
定　　价：68.00 元（全两册）

出 版 人：李文邦
出版发行：湖南大学出版社
社　　址：湖南·长沙·岳麓山　　　　　邮　　编：410082
电　　话：0731-88822559（营销部），88649149（编辑室），88821006（出版部）
传　　真：0731-88822264（总编室）
网　　址：http://press.hnu.edu.cn
电子邮箱：749901404@qq.com

前　言

　　"家庭是人生的第一所学校，家长是孩子的第一任老师，要给孩子讲好'人生第一课'，帮助扣好人生第一粒扣子。"这是在 2018 年 9 月 10 日全国教育大会上，习近平总书记在对教育的论述中重点强调的内容。这句话凸显了家庭教育的重要地位，也为家庭教育工作指明了前进方向。

　　基层家庭教育指导单位，要贯彻落实习近平总书记的重要讲话精神，科学规划并系统推进家庭教育指导工作。自 2015 年深圳市龙岗区教育系统成立家庭教育指导中心以来，一直将规范区域内中小学、幼儿园家长学校建设，科学统筹推进家庭教育指导作为核心举措，特别是家长学校课程的体系化建设、师资的专业化培养、指导工作的持续化推进，成为家长学校建设的重中之重。经过持续探索与实践，目前区内家长学校课程建设已实现质的跃升：从初期随意性、碎片化探索，到逐步构建了具有规范化标准、专业化分类、体系化结构的"五段四类四块"课程体系，建立了贯通家长成长全周期的学段衔接机制、统整家校社资源的场域联动机制、覆盖全体家长群体的全员培育机制，成功创立了具有科学性、可操作性、可持续性的区域家庭教育指导新范式。

本系列课程内容基于初中阶段家庭教育的现实需要，经过龙岗区家庭心理教育研究工作室多年研究与实践，最终得以整理出版。

本书中课程研修内容分为如下六个部分：第一部分，课程内容大纲；第二部分，课程研修背景；第三部分，课程实录文稿；第四部分，课程内容理论；第五部分，课程互动体验；第六部分，课程研究报告。这六部分内容彰显了对课程研修者自我专业水平的极高要求，突出了课程系统性、科学性、实践性、互动性的特点。

我们期待，本系列课程成果的推广为构建初中阶段家长学校课程体系奠定坚实的基础。同时，也能为家庭教育学习者和研究者提供参考。课程成果还在不断完善中，如有不足之处请给予指正。

目　次

第一部分
亲子教育，从读懂自己开始

在家庭教育中，父母常常容易把自己的付出简单等同于对孩子的爱。孩子"听话"就表示自己的教育很成功。这可能导致孩子在成长过程中因为过分"听话"而失去自我。心理学家荣格认为每个人都是独一无二的个体，实现自我是人生的最高目标。一个意识不到自己"存在"的个体，长大成为教育者后，很容易将"人"与"事"混淆，在否定事情时，也容易否定被教育者，使教育难以达到预期效果。

亲子教育不是一个简单的过程，不能仅仅依靠家长的意志左右孩子的行为，否则教育将变成一种控制。它应以情感为基础，以稳定的情绪为支撑，在陪伴互动中促进孩子健康成长。

榜样教育在亲子教育中非常重要。孔子曰："其身正，不令而行；其身不正，虽令不从。"作为教育者，如果由于自身成长不足而对孩子成长产生不利影响，却又不自知，就容易出现教育问题；同时，希望被教育者成为自己理想中的样子，就像自己不会飞却希望孩子会飞一样，这样的教育很难有积极效果。

心理学家阿德勒曾说过，幸运的人用童年治愈一生，不幸的人用一生治愈童年。教育者的内心世界直接影响着教育效果。如果教育者的内心世界还未成长得足够好，那么他对外部世界的看法就容易出现问题，教育效果又如何能得到保证呢？

　　老子在《道德经》中说："知人者智，自知者明。胜人者有力，自胜者强。"这句话深刻揭示了自我认知的重要性。所以，最好的亲子教育，首先是父母专注于成长自己，而非其他。父母应当持续进行自我反思与成长、培养情绪管理能力、建立健康的自我认知、保持开放的学习心态、尊重孩子的独立性。正如纪伯伦在《先知》中所说的，孩子不是父母孩子，他们是生命对自身渴望所产生的儿女。父母唯有不断进行完善自我，才能真正理解并尊重孩子的独特性，给予他们最适宜的成长环境和教育方式。这种以自我成长为基石的亲子教育，才能真正培养出独立、自信、有主见的孩子。

第1课　有效管理自己情绪的密码

课程内容大纲

一、情绪管理的现状

（一）情绪的压抑及发泄

（二）情绪的伤害与影响

二、情绪失控的根源

（一）情绪的觉察力不足

（二）情绪本质认识不够

（三）情绪产生来源不明

（四）情绪表达能力不强

三、情绪管理的密码

（一）提高情绪觉察力

（二）增强自我价值感

（三）拓宽情绪释放路径

课程研修背景

情绪，这一人类与生俱来的情感，无论我们对其持何种态度，它都如影随形，贯穿于我们生命的每一个瞬间。在我们的日常生活里，情绪的波澜随境遇起伏，描绘出一幅幅生动多彩的生活画卷。当喜悦涌上心头，我们会不禁开怀大笑，分享那份由内而外的畅快；而当悲伤来袭，我们或许会放声大哭，让泪水成为心灵的慰藉。这些外在的情绪表达，正是内心世界最真实的映照，无关对错，只关乎生活的本真与丰富。

情绪的世界里，正面情绪如同温暖的阳光，照耀着我们的心田，促进我们的身心健康，赋予我们前行的力量。它们像一股不竭的动力，推动我们追求更好的自己，享受生活的美好。然而，负面情绪则如同阴霾，不仅影响我们的工作效率、生活品质，甚至侵蚀着我们的身体健康，严重时还可能将我们的生活搅得支离破碎，导致自我伤害，乃至家庭破裂情况的发生。

现实生活中，因情绪失控引发的悲剧屡见不鲜。这些悲剧无不警醒我们，情绪的失控是何等可怕，它能瞬间摧毁一切美好，留下无法弥补的伤痛。孩子是父母的软肋，随着孩子的成长，他们带给父母的体验也在不断变化着。许多父母在孩子的成长中，会时常产生焦虑、恐惧、愤怒、愧疚、抑郁等负面情绪。如果家长不重视自己的情绪，不重视家庭教育的学习，负面情绪就会像病毒一样传染给孩子，从而影响亲子关系。

因此，父母要深入了解自己情绪管理的现状，认识到无效管理的情绪对自己及他人的负面影响；要学会觉察情绪的来源，真正洞察自己或他人情绪背后所隐藏的真实需求；要掌握科学的情绪管理方法，减少强烈负面情绪带来的伤害，为孩子树立一个良好的榜样，共同营造一个和谐、健康的家庭环境。

课程实录文稿

情绪，作为人类内心世界的晴雨表，不仅影响着我们的心理健康，更深刻地塑造着我们的行为模式和人际关系。当情绪得不到妥善管理时，它便如同锋利的刀剑，既伤害自己，也刺痛他人。因此，理解情绪管理的现状，认清情绪失控的根源，成为我们探索情绪智慧、掌握管理密码的必经之路。

一、情绪管理的现状

在快节奏的现代生活中，情绪管理成了每个人都需要做的功课。然而，面对纷繁复杂的情感世界，我们往往陷入两种极端：一是过度压抑，将情绪深埋心底，任其发酵至难以承受之重；二是随意发泄，不顾及后果，让情绪如脱缰野马，伤人伤己。这两种状态，都反映了我们在情绪管理上的困境与挑战。

（一）情绪的压抑及宣泄

1. 情绪的压抑

情绪的压抑是许多人在日常生活中可能经历的一种心理状态，它指的是个体在面对压力、挫折或不满时，选择将情感深埋心底，不轻易表露出来的现象。压抑型个体的内心深处，其实是在积累着未经释放的情感压力，如同蓄水池般，水位不断上升。当外界因素突破他们的忍耐极限时，这股被长期压抑的情绪便可能如火山般猛烈爆发，其强度往往超乎想象。正如弹簧受压至极点，一旦释放，反弹之力势不可当，这正是"物极必反"的生动写照。

我们在家庭关系中、在工作环境中、在社会压力下都可能会压抑自己的情绪。特别是在家庭生活琐事中，情绪压抑往往源自一些看似微不足道的小事，但这些小事累积起来却能对人的情绪产生深远的影响。如家务分工不均的烦恼、孩子教育观念的冲突、家人生活习惯的差异、家庭成员间的误解，这些小事虽然看似微不足道，但在家庭生活中却可能引发情绪压抑。情绪压抑看似是一种自我保护机制，实则是对内心世界的忽视与压抑。长此以往，不仅会导致心理问题，如焦虑、抑郁等，还会影响身体健康，如免疫系统功能下降、出现慢性疼痛等。压抑的情绪如同涌动的暗流，一旦找到突破口，便可能以更猛烈的方式爆发出来，造成不可预料的后果。

2. 情绪的宣泄

与情绪的压抑形成鲜明对比，情绪的发泄往往被视为一种更为直接且表面上看似有效的心理管理方式。然而，正如一枚硬币的两面，发泄情绪若缺乏必要的控制和引导，同样可能带来一系列不良后果。在快节奏、高压力的现代生活中，人们感到情绪累积到难以承受的地步时，时常会渴望通过某种途径来释放内心的重负。但关键在于，如何以一种健康、理性的方式进行情绪的发泄，而非任由其失控蔓延。

有些人在公众场合对无辜者指责谩骂，无疑是情绪失控的典型表现。它们不仅无法帮助个体真正面对并解决问题，反而可能将负面情绪像野火般蔓延至周围人群，从而加剧矛盾冲突，破坏和谐氛围。更甚者，这些行为还可能触犯法律红线，导致个人承担社会舆论的谴责和不必要的法律责任。

在家庭中，我们有时会因为压力、疲惫或其他个人情绪，而在无意中向孩子发泄。这种行为可能是通过言语上的批评、责备，或是情绪上的不耐烦和愤怒表达出来的。然而，重要的是，我们要认识到这样的发泄对孩子是不公平的，还可能对他们的心理健康产生负面影响。作为家长，我们应当努力控制情绪，寻找更健康的方式来处理自己的情感。

（二）情绪的伤害与影响

1. 情绪的伤害

情绪，这一内心世界的波动，既是我们感知生活色彩的棱镜，也是影响自身与他人福祉的重要因素。当情绪得不到适当的管理与表达时，它不仅会对个体自身造成深远的伤害，还会波及周围的人，破坏原本和谐的人际关系网。

情绪的失控如同一场内心的风暴，席卷侵蚀着个体的心理健康。长期的负面情绪，如抑郁、焦虑、愤怒，会逐渐侵蚀个体的自我认知，导致自我价值感下降，自信心丧失。个体可能陷入自我怀疑的旋涡，从而认为自己无能、不值得被爱，这种消极的自我评价会进一步加剧情绪问题，形成恶性循环。此外，负面情绪还会影响个体的生理健康，引发或加重慢性疾病，如心血管疾病、消化系统疾病等，使身体与心灵一同承受重压。在认知层面，情绪的波动会干扰个体的注意力与决策能力。当情绪占据主导地位时，理性思考往往会被边缘化，导致个体做出不理智的选择，这些选择可能对其个人生活、学业或职业造成不可逆转的影响。

情绪不仅关乎个体，更影响着个体自身与他人的互动。情绪的失控，尤其是愤怒、攻击性的表达，会直接伤害到身边的人。朋友、家人、同事可能因个体的不当情绪表达而感到被冒犯、被忽视或被伤害，这种情感的创伤往往比肢体上的冲突更为深刻。长此以往，这种负面的情绪交流会破坏亲密关系的信任基础，导致关系疏远、隔阂加深。在社交环境中，情绪的管理尤为重要。个体若频繁表现出负面情绪，可能会被视为难以相处、情绪不稳定，从而影响其在社交圈中的形象与地位。这不仅限制了个体的社交机会，还可能导致其错失重要的合作与发展机遇。

情绪的伤害，往往比身体上的伤痛更加难以令人察觉，却更加深刻而持久。它不仅影响个体的心理健康，导致自信心下降、自我价值感丧失，还可能引发一系列行为问题，如逃避、攻击或依赖。负面情绪如愤怒、恐惧、悲伤等，如果得不到妥善处理，会不断累积，最终爆发为破坏性的行为。这些行为不仅伤害自己，也会伤害到周围的人，从而破坏人际关系的和谐。

2. 情绪的影响

情绪，这一微妙而强大的心理现象，其影响力远远超越了个人界限，展现出不容忽视的传染性。它好像有种魔力，能在不经意间就"传染"开来。情绪的传递性使得负面情绪容易在人群中蔓延。个体的不良情绪可能会引发他人的共鸣，导致集体情绪的波动，进而影响整个团队的氛围与效率。情绪不仅影响个体的心理健康和生理健康，还深刻地塑造着我们的人际关系和社会行为。

想象一下，如果你心情不好，满脸愁云，那么身边的朋友、同事，甚至只是擦肩而过的陌生人，都可能会感受到这股负能量，就像被一片乌云笼罩着。这种情绪上的连锁反应，让本来可能轻松愉快的氛围，一下子就变得沉重起来。更糟糕的是，这种负面的情绪氛围一旦形成，就像滚雪球一样，越滚越大。每个人都沉浸在消极的情绪中，更容易放大自己的烦恼和不满，形成一个个负面的情绪循环。在这样的环境里，想要保持好心情，简直是难上加难。而且，这种氛围会进一步加剧个体的负面情绪，从而形成恶性循环。因此，情绪管理不仅是个人的事，也是社会的事。我们每一个人都应该努力成为情绪的管理者，而不是情绪的奴隶。如同下文《踢猫效应》所示：

老板被女主人大骂，老板被骂后有了自己的情绪（委屈、生气、愤怒）。第二天去上班，女主人的骂声还在老板的头脑中挥之不去，他越想越气，把气撒向他的员工，这是老板的情绪以及行为后果。而那名员工受老板批评后，带着情绪回家去，见到孩子不是先写作业而是先做饭，于是将孩子批评一顿。孩子受了委屈，把气撒在猫身上，踢了猫一脚，猫也遭了殃。

"踢猫效应"就是指强大者向弱于自己或者等级低于自己的对象发泄不满情绪，而产生的一系列连锁反应，是一种典型的情绪传染，就像传染病一样，它会蔓延。人的不满情绪和糟糕心情，一般会沿着等级和强弱组成的社会关系链条依次传递，由金字塔尖一直扩散到最底层，无处发泄的最弱小的那一个元素，则成为最终的受害者。其实，这是一种心理疾病的传染。

在探讨"踢猫效应"时，我们不难发现，一旦个人情绪未得到妥善处理，便容易将这股情绪倾泻于他人，而承受者又可能将这份负面情绪继续传递给下一个无辜者，如此循环往复，最终受伤的往往是那些最为亲近或弱小的存在。当孩子们在餐桌上挑食、不慎打碎花瓶、将牛奶洒落一地，或是考试成绩不尽如人意时……我们往往会因他们的种种行为而失控怒吼，孩子们仿佛成了那无助的小猫，承受着我们的"踢猫"之举。尽管我们如此宣泄情绪，孩子们却依然深爱着我们，他们多数时候默默承受；但不可否认的是，我们的情绪失控，无疑给他们带来了伤害。在我们的厉声责备中，有的孩子开始效仿我们，无法妥善管理自己的情绪；有的则变得胆怯自卑，选择以压抑情绪作为自我保护的方式……作为他们生命中的重要导师，我们的应对方式，正是他们学习如何与外界相处的模板。

让我们共同回溯，当孩子对学习失去兴趣或成绩下滑时，我们是否曾冷酷地对他们说："我看你以后怎么办，别念了，回去种地吧……"当这些话伴随着愤怒的表情刺向孩子时，他们的内心所承受的重创，远胜于任何肉体上的疼痛。每个家长都渴望培养出优秀的孩子，却往往忽视了自身处理情绪的方式对孩子产生的深远影响。

在长期不恰当的情绪处理过程中，孩子们逐渐向家长关闭了心扉。当他们选择沉默或撒谎时，家长或许会质问他们为何如此，却很少反思，自己究竟做了什么，导致孩子变成这样。孩子们与家长相处的方式，正是他们未来与世界互动的预演。很多时候，当学校老师向家长反映孩子的某些行为时，家长们会感到震惊，从未意识到自己的教养方式竟会给孩子带来如此大的伤害。更有甚者，家长因缺乏情绪管理能力，在无意或有意间伤害了孩子，导致一些孩子长期承受父母情绪的伤害，最终出现了严重的心理问题，甚至产生了抑郁和自杀倾向，而家长们却浑然不知。

二、情绪失控的根源

情绪失控并非无缘无故，其背后往往隐藏着深层次的原因。这需要我们学会识别自己的情绪，理解其背后的原因，只有深入剖析这些原因，我们才能找到解决问题的钥匙。

（一）情绪的觉察力不足

情绪的觉察力是指个体对自己情绪状态的感知和识别能力。如果觉察力不足，我们就容易陷入"情绪盲"的状态，对自己的情绪变化毫无察觉或反应迟钝。这会导致我们错过处理情绪的最佳时机，使情绪逐渐失控。

在日常生活中，我们常常忽略了自身情绪的微妙变化，这种情绪觉察力的不足，往往会在不经意间对我们的生活产生深远的影响。面对工作压力时，我们可能过于专注于任务的完成，而忽视了内心积累的疲惫与焦虑。这种情绪的忽视，不仅会导致工作效率的下降，还可能引发身心健康的问题，如失眠、头痛等。长此以往，甚至可能引发更严重的心理疾病，如抑郁症、焦虑症等。在人际交往中，我们也常常因为缺乏情绪觉察力而错失很多重要的情感交流机会。比如，当朋友或家人向我们倾诉烦恼时，我们可能因为自己的情绪状态不佳，而无法真正倾听和理解他们的感受。这种态度不仅会让对方感到被忽视和不被理解，还可能破坏我们之间的亲密关系。在自我成长与提升的过程中，情绪觉察力的不足也会成为我们前进的绊脚石。我们可能无法准确识别自己的兴趣与激情所在，也无法及时察觉自己在面对挑战时的恐惧与逃避。这种自我认知的缺失，会让我们在追求梦想和目标的过程中迷失方向，甚至放弃努力。

（二）情绪本质认识不够

情绪乃与生俱来之物。神经科学研究揭示，大脑构造繁复，其功能布局遵循演化历程。观察大脑功能图示时，可见最内核区域，即大脑的原始起点，亦称原始脑或爬虫脑，其掌控着最原始、最基本的功能。在原始脑内，藏有一关键器官——杏仁核，它在情绪处理方面起关键作用。同时，杏仁核也参与情绪记忆，形成并储存信息，当遇到紧急情况时，杏仁核会让身体进入应激状态，进而使人产生恐惧、愤怒、焦虑等负面情绪。因此，原始脑亦得名情绪脑。一旦遭遇危险，杏仁核便迅速响应，例如，见路上车辆疾驰而来，人会本能避让，以免受伤。又如，远古时期，人类祖先居于原始森林中，需时刻警惕猛兽袭击。因此，人们常需保持警觉，随时准备战斗或逃亡。正是有了杏仁核，人类才得以生存繁衍。

情绪是与生俱来的，并无对错之分，它实则是我们内心需求的反映，类似于一种信号。事实上，每种情绪都蕴含着一定的积极面，即便是看似不佳的情绪也不例外。

愤怒之时，意味着我们对某些事物无法容忍，内心深处涌动着改变的渴望。恐惧之际，我们变得格外谨慎，本能地寻求自我保护，正如乘坐惊险过山车时，恐惧驱使我们紧握扶手以确保安全。焦虑之时，表明某事对我们至关重要，值得我们密切关注。例如，孩子初入初中，我们的焦虑促使我们格外关注，一旦发现孩子出现不适应、厌学、学习困难或拖延，焦虑便驱使我们采取行动，为孩子投入更多时间，助力小初衔接，加强学业辅导。正因焦虑，我们便重视并努力使得孩子逐渐适应初中学习生活，孩子学习也能随之进步。

此外，情绪还是我们与世界沟通的桥梁，它让我们感受到生活的酸甜苦辣，体验到人生的丰富多彩。当我们快乐时，我们会分享欢笑，传递正能量；当我们悲伤时，我们会寻求安慰，得到支持。这些情绪的交流，让我们更加紧密地联系在一起，共同面对生活的挑战。因此，我们应该珍惜每一种情绪，学会倾听它们的声音，理解它们的意义，让它们成为我们成长的助力。当我们能够真正接纳并理解自己的情绪时，就能更好地掌控自己的生活，成为自己情绪的主人，从而享受更加充实和有意义的人生。所以，适度的恐惧与焦虑有其益处，这正是它们的正面价值所在。

（三）情绪产生来源不明

情绪的产生往往与我们的认知、价值观、经历等密切相关，我们会在头脑中形成自己独特的认知合成。如果我们对这些来源缺乏清晰的认识，就难以准确把握情绪的产生机制，从而无法有效地管理情绪。我们的面容透露出情绪，言语间亦夹杂着情绪。情绪，作为生活中最普遍、最繁复、最关键的议题，其起因绝不能简单归咎于某人某事，而是在于我们自己。

1. 情绪 ABC 理论

在日常生活，面对同一只小狗，有人畏惧，有人喜爱，亦有人漠不关心。何以同一只小狗能激发人们迥异的感受？原因在于每个人对它的评价及观感各不相同。惧怕者视其为凶猛、攻击的象征，故避之不及；喜爱者或因它像自家宠物，或视狗为人类好友，或因其独特外貌而被吸引，故多看几眼；无感者则径直走过，毫不在意。面对这只小狗，个人想法的差异导致了情绪体验的多样性和行为反应的不同。

这说明，同一事物在不同人眼中，因看法和评价的不同，会引发各异的情绪与行为反应。甚至同一人，对同一事的前后看法的变化，也会带来情绪与行为的差异。针对这一现象，心理学家埃利斯提出了情绪ABC理论。A代表触发事件，C代表情绪和行为后果，而B则是介于两者之间的信念、想法和评价。这个理论强调，是B而非A直接导致了C的发生。A仅是诱因，重要性占比20%，而B才是关键，占80%。

小狗为触发事件A，仅占20%；人们对它的思考B，即评价，占80%，决定了喜爱、恐惧或无感的不同反应。正如莎士比亚所言，哈姆雷特在千人心中有千种形象，皆因信念各异。

当孩子打碎玻璃杯时（A），家长们的情绪与行为会如何？有的生气责备（C1），认为孩子行为不当（B1）；有的淡然收拾（C2），觉得此乃常事，成人亦会犯错（B2）；有的担忧孩子（C3），认为孩子安全最重要，杯子碎了也无妨（B3）。

因此，面对孩子的问题，家长们的不同情绪和行为，根源在于各自的认知差异。认知不同，处理问题的方式自然大相径庭。我们常发现，有人情绪稳定，不易动怒，而有人则易受情绪影响。这主要是因为后者存在有不合理的信念。

2. 不合理信念

情绪的产生，和我们的信念认知息息相关，不合理信念通常源于个体对事物的绝对化、过分概括以及恐怖化思考。这些不合理信念能够引发个体的情绪失调和行为失常。

（1）绝对化的思维

绝对化的思维，作为一种认知偏差，根植于个体对于世界和自身过度简化和僵化的理解之中。这种信念体系以个人的主观意愿为基石，构建出一系列关于事物发展必然性或不可能性的严格规定，其中，"必须"和"应该"成了这种思维模式的标志性词汇。例如，"我必须获得成功"，这种观念忽略了成功背后的多元因素，如努力、机遇、环境等，而是将成功视为一种个人不可剥夺的权利；"别人必须很好地对待我"，则是一种对外界无条件正面反馈的期待，它忽视了人际关系中的复杂性、差异性和相互性；"生活应该是很容易的"则是对生活本质的一种理想化设想，它否认了挑战、困难和挫折是生活不可或缺的一部分。

这种绝对化的思维方式，实质上是对现实世界复杂性和多变性的一种逃避或否认。它建立在一个假设之上：如果一切都能按照个人的意愿进行，那么生活就会是完美无缺的。然而，现实往往充满了不确定性和变数，当这些"必须"和"应该"遭遇现实的阻力，无法如愿以偿时，个体便会遭遇强烈的心理冲击。这种冲击可能表现为挫败感、失望、愤怒、焦虑甚至抑郁等负面情绪，因为个体感到自己的控制力被削弱，对于未来的预期会变得模糊和不可控。

长期持有绝对化的思维的个体，还可能在面对失败或挑战时，倾向于采取消极的应对策略，比如逃避、否认或过度自责，这些都不利于个人的成长和问题的解决。

（2）过分概括化思维

过分概括化思维是一种以偏概全、以一概十的不合理思维方式。作为一种扭曲性认知方式，它使个体在面对具体事件时，倾向于过度泛化、夸大其影响，进而形成对自我或他人的全面而负面的评价。拥有这种思维方式如同戴上了一副有色眼镜，使个体无法客观地看待事物，而是将一次性的、特定情境下的结果，错误地当作普遍性、永恒性的真相。

当个体遭遇失败或挫折时，过分概括化的思维会迅速启动，将这一偶发事件视为对自己整体价值或能力的全面否定。比如，仅仅因为一次考试成绩不理想，就全盘否定自己的学习能力和未来潜力，认为自己"永远也学不好"，这种自我评价忽略了学习是一个渐进过程，成绩只是某一阶段学习效果的反映，而非决定个人学习能力的唯一标准。同样，一次创业的失败，也可能会被过分概括为个人缺乏创业能力的证据，而忽视了创业成功需要多方面的因素，包括市场环境、资源配置、团队协作等，而不仅仅是个人能力的问题。

对他人的过分概括化思维同样具有破坏性。当某人偶尔犯错或表现不佳时，若以偏概全地评价其为"一无是处"，不仅忽视了对方在其他方面的优点和成就，也剥夺了对方改正错误、成长进步的机会。这种评价方式往往基于偏见和刻板印象，缺乏公正和客观性，容易引发人际交往中的误解、冲突和隔阂。

（3）恐怖化思维

恐怖化思维是一种认为如果一件不好的事发生了，将是非常可怕、非常糟糕，甚至是一场灾难的思维方式。作为一种极端的消极思维倾向，是个体在面对生活中的不如意或挑战时，会过度夸大其负面后果，将其视为无法承受之灾的一种认知扭曲。这种思维方式的核心在于，它将任何微小的挫败或不幸都放大到无以复加的地步，仿佛一次小小的失误就能颠覆整个世界，导致无法挽回的灾难性后果。

举例来说，当个体在一次考试中未能取得理想成绩时，恐怖化的思维会让他们立刻陷入绝望，从而认为这次失败不仅意味着自己在学业上的彻底崩溃，更预示着未来人生的黯淡无光，仿佛一次考试的失利就等同于人生价值的全面否定。同样，在遭遇失恋这样的情感挫折时，个体可能会认为自己会再也无法找到真爱，余生都将笼罩在孤独与不幸之中，而忽视了时间的力量、个人成长的可能性以及新机遇的出现。

恐怖化的思维方式之所以具有如此强大的破坏力，是因为它剥夺了个体面对困难时的积极应对能力和对未来的希望。在这种思维模式下，个体往往无法客观地评估现实情况，也无法理性地分析问题的可解决性，而是会被一种过度的恐惧和绝望所笼罩。这种情绪状态不仅阻碍了问题的有效解决，还可能引发一系列的心理问题，如抑郁、焦虑、自我否定等，使个体陷入一种恶性循环之中，难以自拔。

（4）其他不合理信念

除了上述三种常见的不合理信念外，还有一些其他的不合理信念也可能引发个体的情绪困扰。

"人应该得到生活中所有对自己重要的人的喜爱和赞许"这一信念，显然忽视了人与人之间的差异性和独立性。在现实生活中，每个人的喜好、价值观和评价标准都是独一无二的，因此不可能得到所有人的喜爱和赞许。当个体坚持这种信念时，一旦遭遇他人的不满或批评，就可能感到极度失落和沮丧，甚至对自己的价值产生怀疑。这种情绪困扰不仅影响了个体的自我认同，还可能破坏其人际关系，导致社交焦虑或孤独感。

"有价值的人应在各方面都比别人强"这一信念，则忽视了个体的多样性和独特性。每个人都有自己的长处和短处，没有人会在所有方面都能超越他人。当个体将自我价值与他人进行比较，并苛求自己在各方面都达到最高标准时，不仅会感到巨大的压力，还可能会因为自身无法达到这种不切实际的标准而感到挫败和自卑。这种信念不仅阻碍了个体的自我接纳和成长，还可能导致其过度竞争、嫉妒他人或逃避挑战。

"任何事物都应按自己的意愿发展，否则会很糟糕"这一信念，则忽视了客观事物的不可控性和多变性。生活充满了不确定性和意外，很多事情并不受我们个人意愿的控制。当个体坚持这种信念时，一旦事情没有按照预期发展，其就可能感到极度失望、愤怒或焦虑。这种情绪困扰不仅影响了个体的情绪稳定，还可能导致其对现实世界的认知扭曲，而无法客观地看待和处理问题。

这些不合理信念都是个体情绪困扰的重要来源，它们不仅扭曲了个体对现实世界的认知，还阻碍了其自我接纳、成长和人际关系的发展。

（四）情绪表达能力不强

情绪表达是情绪管理的重要环节，如果我们不表达情绪，就难以将内心的情绪以适当的方式传达给他人，也无法从他人那里获得理解和支持。

初中时候读过《小木偶》的故事，小木偶一开始只会笑，遇到不开心的事也还是笑，别人就不知道他心里到底怎么想，也没法帮他。后来，他学会了各种表情，才能真实地表达自己。所以说，"只会笑可不够"。生活复杂多变，有高兴也有伤悲，不同的事情让我们有不同的感觉，我们要用真心去感受这一切。人的情绪就像调色盘，有各种各样的颜色，这才让世界变得多姿多彩。

我们每天都会有好多情绪，有时候自己都没发现。重要的是我们要知道如何控制自己的情绪，学会做情绪的主人。比如，我们可以生气，但是生气了就去打人、骂人是不对的。正确的做法是表达自己的情绪，比如可以说"我现在很生气"，而不是带着气去说话或做事。每个人处理坏情绪的方式也不一样，有的人会偷偷哭，有的人会大吃一顿，有的人会去吵架，有的人会摔东西。就像小孩子想要糖果没得到会生气一样，生气是情绪，但是打人、摔东西就是不对的。同样，你上班迟到被扣钱，心里不舒服是正常的，但是由此去跟领导吵架、乱骂人也是不对的。所以，我们要明白，怎么想和怎么做是两回事，如何正确地表达自己的情绪，是需要我们学习的。

三、情绪管理的密码

情绪管理并非一蹴而就的，它如同一场漫长的修行，需要我们不断地学习、实践与反思。在这场修行中，我们会遇到各种各样的情绪挑战，无论是突如其来的愤怒、难以名状的悲伤，还是挥之不去的焦虑，都是对我们情绪管理能力的考验。然而，正是这些挑战，为我们提供了成长的机会，让我们学会如何解锁内心的平静与力量。

（一）提高情绪觉察力

提高情绪觉察能力，是通往内心平和与人际关系和谐的重要途径。在快节奏的现代生活中，我们往往被外界事务所牵绊，忽略了对自身情绪的细腻感知，这不仅影响了我们的心理健康，也阻碍了与他人的有效沟通。因此，培养并提升情绪觉察能力，对于促进个人成长、维护人际关系具有重要意义。情绪觉察力，简而言之，是指个体能够准确识别、理解自己当前情绪状态的能力。它要求我们在情绪高涨时，能够暂停自动化的反应模式，转而以一种非评判性的态度去观察和感受自己的情绪。这一过程并非一蹴而就，而是需要通过持续的练习和自我反思来逐渐培养的。

首先，提高情绪觉察能力需要建立自我观察的习惯。在日常生活中，我们可以设定定期"情绪检查点"，比如在每天早晨起床时、工作间隙或睡前，询问自己："我现在感觉如何？"通过这样简单的提问，我们可以引导自己将注意力转向内在，开始关注自己的情绪状态。

其次，学会区分情绪与想法是关键。很多时候，我们的情绪被混杂在思绪之中，难以分辨。通过正念冥想等练习，我们可以学习如何以旁观者的角度观察自己的思维流，从中识别出情绪的成分，进而更加清晰地感受到情绪的存在。

此外，记录情绪日记也是提高情绪觉察力的有效方法。每天记录下自己经历的主要情绪、触发这些情绪的事件以及当时的身心感受，可以帮助我们回顾并理解自己的情绪模式，逐渐认识到哪些情境或想法容易引发特定的情绪反应。

另外，提高情绪觉察能力还意味着学会接纳自己的情绪，不论是积极的还是消极的。接纳并不意味着放任自流，而是以一种温柔、理解的态度对待自己的情绪，认识到每种情绪都有其存在的合理性，是内心世界的真实反映。通过接纳，我们可以减少因抵抗情绪而产生的额外痛苦，为情绪的自然流动创造条件。

最后，情绪觉察能力的提升是一个持续的过程，需要耐心和坚持。在这个过程中，我们可能会遇到挑战，比如情绪的强烈波动或是对某些情绪的恐惧。面对这些困难时，保持开放和好奇的心态，寻求必要的支持，如参加心理咨询或情绪管理课程，都是非常有帮助的。

总之，提高情绪觉察能力是一个深刻而有益的内在探索之旅。它不仅能帮助我们更好地理解自己，还能促进与他人的共情与连接，为我们的生活带来更多的平静与满足。

（二）增强自我价值感

有效管理自己情绪的密码，往往隐藏在增强自我价值感的深处。自我价值感，作为个体对自我价值和能力的认知与评价，是情绪稳定的基石，也是面对生活挑战时不可或缺的心理资源。当我们拥有强大的自我价值感时，便能够更好地抵御外界压力，有效管理自己的情绪，让生活充满正能量。

增强自我价值感，首先要从自我接纳开始。每个人都是独一无二的，有自己的优点与缺点。学会接纳自己的全部，包括那些不完美的部分，是提升自我价值感的第一步。当我们不再苛求自己，而是以一种温柔和理解的态度对待自己时，内心的平和与自信便油然而生，情绪也就更容易得到调控。

其次，积极肯定自己的成就与努力。在日常生活中，不妨多给自己一些正面的反馈。无论是完成了一项工作任务，还是学习了一项新技能，都值得我们为自己鼓掌。这些小小的成就，如同积累起来的砖石，逐渐构建起我们内心的价值感大厦，使我们在面对困难时更有底气和勇气。

再次，设定并追求个人目标也是增强自我价值感的有效途径。目标不仅能够激发我们的动力，还能在达成的过程中不断验证我们的能力和价值。选择那些对自己有意且可实现的目标，一步步地去实现它们，每一次的成功都会成为增强自我价值感的宝贵养分。

同时，培养自我成长的心态也至关重要。将挑战视为成长的机会，相信自己有能力克服困难，这种积极的心态能够帮助我们在逆境中保持情绪的稳定，并从中汲取力量。不断学习新知识，开拓自己的视野，让自我成长成为生活的一部分，我们的自我价值感也会随之提升。

最后，建立健康的社交关系也是增强自我价值感不可忽视的一环。与那些支持我们、鼓励我们的人在一起，能够让我们感受到被爱和被尊重，从而增强内心的安全感。同时，通过帮助他人、分享自己的知识与经验，我们也能在给予中获得自我价值的实现感。

总之，增强自我价值感是有效管理自己情绪的密码。通过自我接纳、积极肯定自己、设定目标、培养成长心态以及建立健康社交关系，我们可以逐步形成强大的自我价值感，使自己在情绪的海洋中更加从容不迫，享受更加充实和谐的生活。

（三）拓宽情绪释放路径

有效管理自己情绪的密码，往往蕴含在拓宽情绪释放的路径之中。情绪，作为人类内心世界的直接反映，其合理释放对于维护心理健康、促进人际关系和谐至关重要。当情绪被压抑或忽视时，它们并不会消失，反而可能以更激烈或更具破坏性的方式爆发。因此，学会拓宽情绪释放的路径，是我们有效管理情绪、保持内心平衡的关键。

首先，拓宽情绪释放的路径意味着要认识和接纳自己的情绪。情绪没有好坏之分，它们只是我们对外界刺激的自然反应。当我们能够正视自己的情绪，无论是喜悦、悲伤还是愤怒，都给予它们应有的关注和尊重时，就已经为情绪的合理释放奠定了基础。

其次，寻找多样化的情绪表达方式。不同的人有不同的情绪释放方式，有的人喜欢通过运动来宣泄情绪，有的人则倾向于通过艺术创作来表达内心感受。拓宽情绪释放的路径，就是要鼓励自己尝试不同的方式，找到最适合自己的那一种。无论是写日记、画画、唱歌还是向朋友倾诉，都是有效的情绪释放途径。这些活动不仅能够帮助我们排解负面情绪，还能让我们在创造和分享的过程中获得满足感和成就感。

此外，培养正念冥想等内在管理技巧也是拓宽情绪释放路径的重要一环。正念冥想能够教会我们以旁观者的角度观察自己的情绪，而不是被它们所牵引。通过正念冥想，我们可以学会在情绪高涨时保持冷静和客观，从而避免做出冲动的决定或行为。这种内在管理技巧不仅能够帮助我们更好地管理情绪，还能提升我们的自我觉察能力和情绪智慧。

最后，不要忽视社交支持在情绪释放中的重要作用。与家人、朋友或专业人士分享你的情绪，可以获得他们的理解和支持，从而减轻你的心理负担。有时候，一个简单的拥抱、一句温暖的话语或一次深入的交流，就能让我们感受到被接纳和关爱，进而使情绪得到有效的缓解和释放。

通过认识和接纳自己的情绪、寻找多样化的情绪表达方式、培养内在管理技巧以及寻求社交支持，我们可以更加灵活地应对生活中的各种情绪挑战，保持内心的平和与稳定。在这个过程中，我们不仅能够更好地理解自己，还能与他人建立更加深厚和真挚的关系，共同享受生活的美好与丰富。

情绪管理是一门需要不断学习和实践的功课。通过提高情绪的觉察力、增强自我的价值感以及拓宽情绪释放路径，我们可以更好地管理自己的情绪，保持内心的平静与力量。在这个过程中，我们不仅会收获更加健康、和谐的人际关系和社会行为，还会发现更加真实、强大的自己，在情绪管理的智慧之路上不断探索和前行。

课程内容理论

"有效管理自己情绪的密码"课程从教育学、心理学理论上引用了以下的内容：

一、情绪 ABC 理论

情绪 ABC 理论是由美国心理学家阿尔伯特·埃利斯创建的理论，认为激发事件 A（activating event 的第一个英文字母）只是引发情绪和行为后果 C（consequence 的第一个英文字母）的间接原因，而引起 C 的直接原因则是个体对激发事件 A 的认知和评价而产生的信念 B（belief 的第一个英文字母），即人的消极情绪和行为障碍结果（C），不是由某一激发事件（A）直接引发的，而是由于经受这一事件的个体对它不正确的认知和评价所产生的错误信念（B）所直接引起的。错误信念也称为非理性信念。

情绪 ABC 理论中，A 表示诱发性事件，B 表示个体针对此诱发性事件产生的一些信念，即对这件事的一些看法、解释。C 表示自己产生的情绪和行为的结果。

A 指事情的前因，C 指事情的后果，有前因必有后果，但是有同样的前因 A，可能产生不一样的后果 C1 和 C2。这是因为从前因到后果之间，一定会通过一座桥梁 B，这座桥梁就是信念和我们对情境的评价与解释。又因为，同一情境之下（A），不同的人的理念以及评价与解释不同（B1 和 B2），所以会得到不同结果（C1 和 C2）。

情绪 ABC 理论的创始者埃利斯认为：正是由于人们常有的一些非理性信念才使我们产生情绪困扰。如果这些非理性信念存在得久了，还会引起情绪障碍。

二、不合理信念的特征

依据 ABC 理论，分析日常生活中的一些具体情况，我们不难发现人的不合理信念常常具有以下三个特征。

1. 绝对化思维

是指人们常常以自己的意愿为出发点，认为某事物必定发生或不发生的想法。它常常表现为将"希望""想要"等绝对化为"必须""应该"或"一定要"等。例如，"我必须成功""别人必须对我好"等等。这种绝对化的要求之所以不合理，是因为每一个客观事物都有其自身的发展规律，不可能以个人的意志为转移。对于某个人来说，他不可能在每一件事上都获得成功，其周围的人或事物的表现及发展也不会依他的意愿来改变。因此，当某些事物的发展与其对事物的绝对化要求相悖时，他就会感到难以适应和接受，从而极易陷入情绪困扰之中。

2. 过分概括化思维

这是一种以偏概全的不合理思维方式的表现，它常常把"有时""某些"过分概括化为"总是""所有"等。用埃利斯的话来说，这就好像凭一本书的封面来判定它的好坏一样。它具体体现于人们对自己或他人的不合理评价上，典型特征是以某一件或某几件事来评价自身或他人的整体价值。例如，有些人遭受一些失败后，就会认为自己"一无是处、毫无价值"，这种片面的自我否定往往导致出现自暴自弃、自罪自责等不良情绪。而这种评价一旦指向他人，就会一味地指责别人，产生怨忿、敌意等消极情绪。我们应该认识到，"金无足赤，人无完人"，每个人都有犯错误的可能性。

3. 恐怖化思维

持这种观念的人认为如果一件不好的事情发生，那将是非常可怕和糟糕的。例如，"我没考上大学，一切都完了""我没当上处长，不会有前途了"。这种想法是非理性的，因为对任何一件事情来说，都会有比之更坏的情况发生，所以没有一件事情可以被定义为糟糕至极。但如果一个人坚持这种"糟糕"观，那么当他遇到他所谓的百分之百糟糕的事时，就会陷入不良的情绪体验之中而一蹶不振。

三、原生情绪和衍生情绪

原生情绪是指那些你对事件本能的反应，是我们无法改变的；衍生情绪则是指自己对该原生情绪加工过的感受。比如你在路上开车，突然一个人不打转向灯朝你所在的车道并道，你感到可能会产生危险，甚至有些害怕，马上刹车朝另一个车道开去，这时你的原生情绪是害怕、紧张。几秒之后，你会想这个人是故意的，于是产生了愤怒的情绪，这就是衍生情绪。于是你一路追上去想着可以"别车"，让对方也吃吃苦头，然后导致了追尾。通俗地说，这里的原生情绪，就是我们被他人并道后的恐惧，而衍生情绪，则是被自己的"对方一定是故意的"想法所催生出来的愤怒。

我们常说的"带着情绪说话"中说到的就是这个衍生情绪，因为经过自己的想法加工后的情绪会干扰我们对事物的判断，从而从衍生情绪下带来衍生反应，而丢失了事物本身的原貌。

四、三体脑理论

三体脑是指情绪脑、爬虫脑与皮质脑（又称理性脑）。情绪脑负责情绪与感受。爬虫脑是大脑最原始的部分，负责控制人在遇到危险时有力量就去攻击，没力量就逃跑，实在逃无可逃时，就把自己冻僵起来，减少痛苦。情绪脑负责与外界互动，相当于一个反应器，当外界信息让情绪脑感觉到危险时，大脑会启动爬虫脑去应对外界，当感觉到安全时，才会进入理性脑。

正常的情况下，理性脑和情绪脑是平衡的。但当有强烈情绪时，情绪脑会占据大部分。所以有"冲动是魔鬼""恋爱中的人智商为 0"的说法。如果控制不了情绪，就暂停处理问题。当你无法压制内心的怒火时，强行暂停，也是一种自我控制。如用我们的手掌来模拟大脑。当你伸出手掌，掌心靠近手腕的地方就是脑干。这里负责我们的呼吸、心跳，被誉为生命中枢。如果把大拇指弯向掌心，这一区域是我们储存情绪和记忆的地方。然后将四指合拢，握成了一个拳头，拳头的后面是感觉中枢，负责接受和调节着来自我们感官的各种信息，拳头的最前面是额叶，用来思考。手指甲的部分代表着前额叶，它和中脑脑干的位置很近，前额叶负责控制和调节情绪、人际关系、自我意识和社会认知。

课程互动体验

活动一：感受情绪

（一）活动目的

让情绪变得可见，觉察自己的情绪。

（二）操作流程

步骤一：让全体参与课程培训的每位家长和旁边的人微笑着说一声"你好"，感受自己的情绪，感受对方的情绪。

步骤二：让全体参与课程培训的每位家长向身边的家长说"今天我们能参加培训，能学习更多的家庭教育知识，能更好地陪伴孩子成长，实在是太好了"，感受自己的情绪，感受对方的情绪。

步骤三：让全体参与课程培训的每位家长向身边的家长说"今天来参加培训，害得我的工作都不能及时完成，晚上又要加班"，感受自己的情绪，感受对方的情绪。

步骤四：让全体参与课程培训的每位家长向身边的家长说"虽然我今天很忙，还有工作要做，但是我为孩子来学习，感到还是很值得"，感受自己的情绪，感受对方的情绪。

步骤五：邀请代表分享感受。

（三）注意事项

开始此次体验活动前，要求所有参加的伙伴务必认真对待，切不可任意笑场，否则效果不佳。

活动二：积极暂停法

（一）活动目的

意识到情绪来了能运用暂停法。

学会先处理情绪，再处理事情。

（二）操作流程

步骤一：让全体参与课程培训的家长回想在家给孩子辅导作业时特别生气的一幕，深呼吸，倒数 10 秒。

步骤二：冷静下来，用"四问法"积极暂停情绪。

第一问：我是谁？（我是爸爸/妈妈）

第二问：我想要什么？（教孩子掌握运算方法……）

第三问：我在做什么？（我在发泄自己的情绪）

第四问：我做的和我想要的一致吗？（我这么一吼，孩子会很紧张、很害怕，还能听得进我说的道理吗？我能获得想要的结果吗？不能）

步骤三：邀请家长分享四问后的感受。

（三）注意事项

需要家长静下心来跟着讲师一起完成积极暂停情绪"四问"，讲师需要引导家长进行"四问"话术。

活动三：情绪练习

【案例】

孩子中午回家，气鼓鼓的。吃饭时，妈妈夹菜给他，他却把菜甩到桌子上。妈妈心里也很气，但没说什么。后来，孩子饭也没吃。一点半，妈妈去叫孩子起床，准备上学。发现孩子没有在房间，到餐厅看到孩子在吃白饭。妈妈非常生气："该吃饭的时候不吃饭，该睡觉的时候不睡觉，自己的事情都安排不好。"孩子听了妈妈的话，更加生气，摔门上学去了。妈妈在家里也气鼓鼓的，想到孩子饭也没吃，又很内疚。

（一）活动目的

1. 复习巩固本节课的学习内容。
2. 活学活用，把理论知识贯穿在日常生活中，练习解决实际问题。

（二）操作流程

步骤一：讨论。

    1. 这个案例中，妈妈在哪个节点作调整，就可以扭转局面？

    2. 本案例可以运用本节课的哪些知识点？

步骤二：邀请两位家长上台演一演。

步骤三：分享感受。

（三）注意事项

1. 需要家长全身心投入。
2. 从中体会孩子的感受。

课程研究报告

一、调查问卷

1. 您是孩子的？（　　　）

A. 父亲　　　　　　B. 母亲　　　　　　C. 其他监护人

2. 孩子的年龄阶段？（　　　）

A. 初一　　　　　　B. 初二　　　　　　C. 初三

3. 在养育孩子过程中，夫妻关系如何？（　　　）

A. 亲密　　　　　　B. 一般　　　　　　C. 较差　　　　　　D. 离异

4. 您的亲子关系如何？（　　　）

A. 亲密　　　　　　B. 一般　　　　　　C. 较差　　　　　　D. 差

5. 这几个关于情绪的观点，您赞同哪个呢？（　　　）

A. 人人都有情绪，我也不例外　　　B. 情绪是别人给的

C. 忍是管理情绪的有效方式之一　　D. 情绪有好坏之分

6. 当您有情绪时，您是怎么应对的？（　　　）

A. 让自己忙碌起来，不过多关注自己的情绪

B. 会因为情绪而说出不理智的话或者做出不理智的事

C. 相信我是对的，别人是错的

D. 选择忍耐，相信忍一忍会过去

7. 您平时对孩子发火次数多吗？（　　　）

A. 经常　　　　　　B. 偶尔　　　　　　C. 不经常

8. 一般情况下发火的原因是什么？（　　　）

A. 小孩子调皮　　　　　　　　　B. 自己心情不好

C. 以上两者都有

9. 面对您的发火，孩子的表现是怎么样的？（　　　）

A. 害怕，立马改正

B. 一般害怕，偶尔听话偶尔不听话

C. 完全不害怕，嘻嘻哈哈

D. 背着您干坏事

二、调查结果

1. 您是孩子的？

选项	小计	比例
A. 父亲	80	14.63%
B. 母亲	463	84.64%
C. 其他监护人	4	0.73%
本题有效填写人次	547	

2. 孩子的年龄阶段？

选项	小计	比例
A. 初一	324	59.23%
B. 初二	147	26.87%
C. 初三	76	13.90%
本题有效填写人次	547	

3. 在养育孩子过程中，夫妻关系如何？

选项	小计	比例
A. 亲密	307	56.12%
B. 一般	226	41.32%
C. 较差	6	1.10%
D. 离异	8	1.46%
本题有效填写人次	547	

4. 您的亲子关系如何？

选项	小计	比例
A. 亲密	434	79.34%
B. 一般	103	18.84%
C. 较差	5	0.91%
D. 差	5	0.91%
本题有效填写人次	547	

5. 这几个关于情绪的观点，您赞同哪个呢？

选项	小计	比例
A. 人人都有情绪，我也不例外	384	70.21%
B. 情绪是别人给的	30	5.48%
C. 忍是管理情绪的有效方式之一	30	5.48%
D. 情绪有好坏之分	103	18.83%
本题有效填写人次	547	

6. 当您有情绪时，您是怎么应对的？

选项	小计	比例
A. 让自己忙碌起来，不过多关注自己的情绪	211	38.57%
B. 会因为情绪而说出不理智的话或者做出不理智的事	184	33.64%
C. 相信我是对的，别人是错的	11	2.01%
D. 选择忍耐，相信忍一忍会过去	141	25.78%
本题有效填写人次	547	

7. 您平时对孩子发火次数多吗？

选项	小计	比例
A. 经常	133	24.31%
B. 偶尔	396	72.39%
C. 不经常	18	3.29%
本题有效填写人次	547	

8. 一般情况下发火的原因是什么？

选项	小计	比例
A. 小孩子调皮	297	54.30%
B. 自己心情不好	15	2.74%
C. 以上两者都有	235	42.96%
本题有效填写人次	547	

9. 面对您的发火，孩子的表现是怎么样的？

选项	小计	比例
A. 害怕，立马改正	402	73.49%
B. 一般害怕，偶尔听话偶尔不听话	76	13.89%
C. 完全不害怕，嘻嘻哈哈	60	10.97%
D. 背着您干坏事	9	1.65%
本题有效填写人次	547	

三、调查分析

本次问卷调查，一共有 547 个家庭参与基础调查，参与调查的人群中母亲占 84.64%，父亲占 14.63%，其他监护人占 0.73%。其中初一的家长占 59.23%，初二的家长占 26.87%，初三的家长占 13.90%。在养育孩子过程中，夫妻关系亲密的占 56.12%，一般的占 41.32%，较差的占 1.10%，离异的占

1.46%。在参与调查的家长中，认为自己亲子关系亲密的占 79.34%，一般的占 18.84%，较差的占 0.91%，差的占 0.91%。

在情绪认知的问题中，70.21% 的家长赞同"人人都有情绪，我也不例外"，5.48% 的家长认为"情绪是别人给的"，5.48% 的家长认为"忍是管理情绪的有效方式之一"，还有 18.83% 的家长认为"情绪有好坏之分"。在这份数据中，我们发现家长对情绪的认知有些是不恰当的。"当您有情绪时，您是怎么应对的？"问题中，38.57% 的家长认为"让自己忙碌起来，不过多关注自己的情绪"，这是逃避型的情绪应对方式；33.64% 的家长认为自己"会因为情绪而说出不理智的话或者做出不理智的事"，这是发泄型的情绪应对方式；2.01% 的家长"相信我是对的，别人是错的"，这是控制型的情绪应对方式；25.78% 的家长"选择忍耐，相信忍一忍会过去"，这是压抑型的情绪应对方式。

在情绪现状的调查中，有 24.31% 的家长认为自己经常对孩子发火，72.39% 的家长认为自己只是偶尔向孩子发火，只有 3.29% 的家长认为自己不经常发火，讲道理居多。54.30% 的家长发火都认为是小孩子调皮，2.74% 的家长意识到是因为自己心情不好，42.96% 的家长认为小孩子调皮和自己心情不好都是自己发火的原因。面对家长发火的孩子的表现是怎样的，被调查者认为 73.49% 的孩子会"害怕，立马改正"，13.89% 的孩子"一般害怕，偶尔听话偶尔不听话"，还有 10.97% 的孩子"越来越胆小、自卑"，1.65% 的孩子背着父母干坏事。

根据上面的问卷调查数据，我们发现有近三分一的家长对情绪还存在着很多不合理的认知，占比最多的不合理认知就是"情绪有好坏之分"。当情绪来临的时候，家长应对情绪的方式如逃避和发泄情绪的加起来占比超过一半，有超过一半的家长认为是孩子调皮，所以自己才有情绪。反推家长认为自己对孩子发火是因为孩子的原因，没有意识到自己才是情绪的主人，情绪的开关在自己的手上，不在孩子手上。当家长因为孩子的行为发泄自己的情绪时，并不能真正帮助到孩子，反而破坏了亲子关系，还对孩子的成长造成了影响。

第 2 课　建立和谐亲密关系的密码

课程内容大纲

一、亲密关系的现实状况

（一）亲密关系中的互动模式

（二）亲密关系对孩子的影响

二、亲密关系不和谐因素

（一）社会发展对婚姻的影响

（二）亲密关系的认知与挑战

（三）亲密关系常见五大伤害

三、亲密关系和谐的秘密

（一）创造机会表达过往情绪

（二）努力扮演好自己的角色

（三）掌握表达爱的五种语言

课程研修背景

亲密关系的和谐不仅关乎伴侣双方，还深刻影响着亲子关系的和谐与健康发展。在所有社会关系中，夫妻关系应被视为比亲子关系更为基础的关系。然而，在采访过程中，我们发现许多夫妻并不赞同这一观点，他们倾向于认为孩子出生后，夫妻的焦点应完全转向孩子，仿佛夫妻存在的主要目的就是抚养子女。但讽刺的是，这种全情投入于孩子的家庭中，孩子反而更容易出现问题，因为父母将自己在婚姻与夫妻关系中未满足的需求转嫁给了孩子，使孩子承受了额外的压力。此外，夫妻间教育理念的不同也会对孩子产生各异的影响，导致夫妻关系紧张的家庭中，孩子的教育问题更为突出。因此，探索夫妻和谐亲密关系的真谛，对孩子的健康成长至关重要。

为了提升课程的针对性，我们参考了某权威机构针对全国范围内婚姻满意度的调研结果，其中显示：40% 的人对婚姻满意，50% 的人感觉一般，10% 的人勉强维持。同时，我们也对本地区的 154 对夫妻进行了调查，结果显示：67.53% 的人对婚姻满意，30.25% 的人感觉一般，仅有 2.22% 的人勉强维持。这些抽样数据是中国城市居民婚姻现状的一个缩影，即多数人对婚姻表示满意或一般，少数人勉强维持，对婚姻感到不满。这些数据为我们的课程设计提供了依据和方向，有助于我们更深入地理解和研究课程，从而为学员提供更加有效的帮助。

和谐的亲密关系能增进伴侣间的幸福感，促使孩子更加积极向上，并确保家庭氛围的稳定与和谐。每一对步入婚姻殿堂的伴侣，都怀揣着对和谐亲密、温馨亲子及欢乐家庭关系的渴望。然而，有时这些美好愿景却导致原本相爱的双方陷入相互厌倦甚至发生冲突的境地，这正是我们共同探索如何构建和谐亲密关系的重要意义所在。

为了建立和谐的亲密关系，我们必须考虑当前的时代特征和社会环境，认识到男女因大脑结构差异而形成的不同沟通方式，并深入了解婚姻关系中可能存在的五大破坏性因素。在此基础上，我们应视对方为挚友，掌握有效的沟通技巧，共同参与愉悦的活动，同时给予彼此足够的个人空间，并努力理解对方表达爱意的方式，从而成功构建并维护和谐的亲密关系。

本课程内容聚焦于亲密关系的互动现状剖析，旨在使家长意识到当前所采用的互动模式在解决亲密关系问题上存在的不足，鼓励他们正视自身亲密关系中存在的问题。通过展示视频资料和实际案例，本课程将揭示导致亲密关系不和谐的关键因素，并激发家长寻求改变的意愿。最终，通过一系列体验式学习活动，家长将真正掌握一系列有效的亲密沟通技巧，以促进亲密关系的和谐，为家庭带来福祉，确保孩子能够在健康快乐的环境中成长。

课程实录文稿

亲密关系是所有关系中的第一大关系，也是家庭中所有关系的核心。要想塑造幸福的人生，女人就要好好爱自己的先生，男人就要用心呵护自己的妻子。在有爱的家庭里，家庭会运用自组系统雕刻属于自己的独特人生。

一、亲密关系的现实状况

有人说，当两个人结婚后，一般要经过漫长的过程，两颗心才能合二为一。现实生活中，这个过程是复杂多样的。

（一）亲密关系中的互动模式

在亲密关系中，每个人因其独特的性格，表现的方式都不一样。美国知名的家庭治疗专家维吉尼亚·萨提亚提出了家庭治疗中的四种典型的不良应对姿态：指责型、讨好型、超理智型以及打岔型。

首先，指责型个体倾向于将所有责任归咎于对方，拒绝接纳对方的任何解释或理由。他们坚信，若非对方的过失，自己的生活本可以更加美满。这类人往往自我标榜，将成就归功于自己，而将失败归咎于他人。他们的言辞中鲜少提及他人的付出，例如，一位不停忙碌于家务的妻子，可能会不断指责悠闲的丈夫，而丈夫在频繁的指责下，可能会感到自己在家庭中的价值被忽视，进而选择不作为，导致双方情感进一步疏远。

其次，讨好型个体总是试图通过牺牲自我，无论是时间还是金钱，来取悦他人，主动扛下所有责任，渴望以此换取他人的喜爱与认可。比如，在节日购物时，一位妻子可能为家人选购了众多礼物，唯独忽略了自己，内心虽感不公，却选择默默承受，但最终可能发现，这样的付出并未赢得预期的尊重与喜爱。

再次，超理智型个体以冷静客观著称，他们倾向于用长篇大论的说教来回应，却往往忽略了对方的情感需求，给人以冷漠且刻板的印象。比如，当妻子满怀期待地询问丈夫对新菜品的评价时，丈夫可能过于直率地指出其不足，甚至贬低妻子的努力，无意间伤害了对方的积极性。

最后，打岔型个体则擅长用无关的话语转移话题，常使得对话偏离正轨。如当一方提及某个问题时，另一方可能故意谈论其他不相关的事情，以此逃避问题。

在亲密关系中，若双方未能深入理解彼此，又未能及时坦诚表达内心的真实想法与自我价值感受，这四种应对姿态极易引发夫妻间的误解与敌意，不仅会给双方带来心理上的不适，还会严重阻碍夫妻间的深入交流，从而降低亲密关系的质量。

（二）亲密关系对孩子的影响

亲密关系不仅是成年人之间的事，它对孩子的影响同样深远。一个和谐、稳定的家庭环境，对孩子的心理健康、社会适应能力以及未来的人际关系都有着积极的影响，反之则会产生消极的影响。

父母之间的亲密关系是孩子安全感的来源之一。当孩子看到父母之间充满爱与尊重时，他们会感到自己是安全的。他们通过观察父母之间的互动，学习如何处理人际关系，如何表达自己的情感和需求。因此，父母的亲密关系模式会成为孩子未来建立亲密关系的模板。亲密关系中的价值观传递，对孩子的人生观、世界观有着深远的影响。父母对待彼此的态度，无论是尊重、理解还是包容，都会深深烙印在孩子的心中，成为他们看待事物、选择生活道路时内在的价值标尺。父母处理冲突的方式，无论是通过沟通寻求解决方案，还是选择冷战或暴力，都会直接或间接地影响着孩子面对困难和挑战时的应对策略。孩子价值观的形成，往往是在日常生活的点滴中悄然发生的，却能在其成年后，深远地影响着他们。

然而，夫妻关系不和或紧张，潜在的负面影响对孩子而言是深远且多方面的。这种弥漫于家庭中的不和谐氛围，如同一层厚重的阴云，遮蔽着孩子心灵成长的阳光。长期处于这样的环境下，孩子可能会逐渐变得内向、孤僻，他们或许会渐渐将真实的自我隐藏起来，以避免触及家庭中的敏感神经。更为严重的是，一些孩子可能会因此出现心理问题，如抑郁和焦虑，他们常常感到无助和迷茫，生活在一种持续的恐惧和不安之中，对于周围的世界和人际关系缺乏基本的安全感和信任感。在这样的家庭中，孩子可能很少有机会观察到健康的沟通方式和冲突解决方式，他们可能学会压抑自己的情感和需求，以避免引起更多的家庭纷争。这种习惯会延续到他们的社交生活中，使得他们在与他人交往时显得笨拙和不自在，难以建立起深厚的友谊和信任关系。他们可能会因为害怕被拒绝或误解，而选择保持距离，从而错过了许多宝贵的人际交往经验。

因此，为了孩子的身心健康和未来发展，夫妻之间应该努力维护良好的关系。一个和谐、稳定的家庭环境，是孩子健康成长的沃土，也是他们未来人生道路上最坚实的后盾。夫妻之间的相互理解、尊重和支持，不仅是对彼此负责、对孩子负责，更是对整个家庭未来的美好期许。

二、亲密关系不和谐因素

在当今社会，亲密关系作为人际关系中最为核心和复杂的一种，其互动模式呈现出多样性和复杂性的特点。

（一）社会发展对婚姻的影响

随着社会的发展，婚姻观念也在不断演变。经济压力、职业竞争、文化冲突等因素，都对亲密关系产生了潜在的影响。传统的"男主外，女主内"模式逐渐被打破，夫妻双方在职场与家庭中的角色定位更加灵活多变。这种变化既带来了更多的可能性，也带来了新的挑战。

高昂的生活成本、房价、教育费用等，使得许多年轻人在婚姻面前望而却步。即使步入婚姻，经济压力也常常成为夫妻关系紧张的导火索。现代社会对个人的职业要求越来越高，加班、出差成为常态。这种高强度的工作节奏，不仅剥夺了夫妻相处的时间，还可能导致双方因缺乏沟通而产生隔阂。原生家庭的影响、生活方式的不同等各种差异带来的价值观冲突，如育儿观念、家庭责任分配等，都可能成为亲密关系中的不和谐因素。

（二）亲密关系的认知与挑战

我们对亲密关系的认知会因原生家庭的影响、天生气质的差异以及男女性别的本质区别而不同。亲密关系的建立和维护，需要双方对亲密关系有正确的认知，并勇于面对各种挑战。许多人认为亲密关系应该是完美的，一旦出现问题就意味着关系失败。这种认知误区会导致双方在面对困难时，选择逃避而不是积极解决。

1. 亲密关系的认知

亲密关系的形成会受到多种因素的影响，这些因素可以从显性到隐性，从个体到互动等多个层面进行分析。

（1）受原生家庭影响

原生家庭作为个体成长的摇篮，对个体的亲密关系模式有着深远的影响。这种影响不仅源于幼年的依恋关系，还涉及家庭背景、文化背景、宗教信仰以及社会经济地位的差异。具体来说，个体在幼年时期与"重要他人"——父母或其他照顾者的互动模式，往往会成为其后续爱情模式的原型。这种内化的依恋模式，无论是安全型、焦虑型还是回避型，都会在婚恋生活中体现出来。同时，不同家庭背景所带来的价值观念差异，也是导致亲密关系不和谐的重要原因之一。此外，儿童期个体在家庭中的地位、家中孩子的数目、社会阶层以及生活环境等因素，也会对个体的亲密关系模式产生潜移默化的影响。

（2）受天生气质影响

天生气质作为个体与生俱来的特质，对亲密关系同样产生着重要影响。心理学上将气质分为胆汁质、多血质、黏液质和抑郁质等四种类型，每种类型都有其独特的情绪反应、行为方式和思维特点。在亲密关系中，这些气质类型的差异可能会导致双方在处理问题、沟通方式以及情感表达上产生分歧。互补吸引和同类吸引是两种常见的亲密关系模式，但无论是哪种模式，都需要双方能够理解和接纳对方的气质特点，否则就可能因为日常琐事而引发矛盾，甚至导致关系破裂。

（3）受男女性别影响

男女性别的本质区别也是影响亲密关系的重要因素之一。男女在生理构造、思维方式以及沟通表达方式上都存在着显著差异。这些差异导致男女在处理问题时往往采取不同的策略和方法，如果双方不能相互理解和尊重彼此的差异，就可能导致沟通障碍和误解。例如，女性在沟通时更注重情感和细节的表达，而男性则更注重问题和解决方案的呈现。这种差异如果得不到妥善处理，就可能成为亲密关系中的隐患。

婚姻生活中，不难发现一些男性在婚后变得较为沉默，这很大程度上是因为他们觉得伴侣的话语过于繁多。当男性结束一天的忙碌归家时，女性可能会滔滔不绝地分享，而男性则希望对方能简明扼要地表达。女性认为每件事都值得分享，都是重点，但男性可能对此感到难以承受，进而产生抵触情绪。若男性表现出不愿倾听的态度，女性则可能感到被忽视，进而引发抱怨，甚至争吵，这无疑会对夫妻关系造成负面影响。因此，男女和谐相处的关键在于，首先要学会尊重并接纳彼此的不同。女性渴望得到伴侣的关心、深入的了解、全神贯注的倾听、无条件的尊重和认同以及适时的安慰，而男性则更需要伴侣的信任、对自己的全然接受、由衷的感激、适时的赞美、明确的肯定以及不断的鼓励。

亲密关系中双方对婚姻本质认知的不足是导致亲密关系出现问题的重要原因之一。为了建立和维护健康的亲密关系，双方需要深入了解彼此的原生家庭背景、天生气质以及性别差异，并学会在差异中寻求共识和平衡。只有这样，才能共同创造出幸福和谐的婚姻生活。

2. 亲密关系的挑战

爱情三元理论，由美国心理学家罗伯特·斯滕伯格提出，也称为爱情三角理论，它认为爱情由三个基本元素组成：亲密、激情和承诺。这三个元素在婚姻中起着至关重要的作用，它们相互交织，共同影响着婚姻的质量和稳定性，给我们的亲密关系带来各种挑战。

在婚姻中，亲密感是维系夫妻关系的重要纽带。亲密是指两人之间的情感连接，建立在相互信任、公开和分享的基础之上。当夫妻之间能够坦诚相待，彼此关心、理解和支持时，他们的婚姻就会更加稳固。亲密感不仅体现在言语上的交流，更体现在日常生活中的点点滴滴，如共同的兴趣爱好、相互扶持的生活态度等。缺乏亲密感的婚姻往往容易出现隔阂和冷漠，夫妻之间缺乏共同话题和情感交流，导致关系疏远。

在婚姻中，激情虽然会随着时间的推移而逐渐消退，但它仍然是维系夫妻关系的重要因素之一。激情在亲密关系中通常包含着强烈的感情体验和身体反应。身体感受和热情程度，是爱情中的原始冲动和性吸引力的体现。激情还包括对共同目标的追求、对新体验的渴望、对彼此独特之处的着迷等。激情能够激发夫妻之间的新鲜感和浪漫情怀，为婚姻生活增添色彩和活力。缺乏激情的婚姻可能会显得平淡无奇，甚至陷入沉闷和乏味。

在婚姻中，承诺是夫妻之间对彼此的庄重誓言和责任担当；承诺也指保持爱情关系的意愿和责任感，使婚姻关系更加稳定和可靠。夫妻之间的承诺不仅体现在口头上，更体现在实际行动中，如共同面对生活的挑战、携手走过每一个重要阶段等。缺乏承诺的婚姻往往难以长久维持。承诺的缺失会导致夫妻之间缺乏责任感和稳定性，容易因为一些琐事或困难而产生分歧和矛盾。

爱情的这三个基本元素：亲密、激情和承诺，它们不同的组合方式，会给我们的婚姻带来不同的挑战。

（1）无爱状态

当亲密、激情和承诺这三个关键元素都缺失时，关系便陷入了所谓的"无爱状态"。

这种状态意味着双方不仅失去了情感上的亲密无间，不再有分享生活点滴、相互理解和支持的渴望；同时，激情的火花也已熄灭，那些曾经让彼此心动不已的瞬间变得遥远而模糊；更为严重的是，连最基本的承诺也荡然无存，双方不再视对方为生命旅程中不可或缺的伴侣，对未来不再有共同的规划和期待。

当婚姻陷入这样一种名存实亡的境地，即双方仅维持着法律上的夫妻关系，缺乏真正的情感联系、相互支持和共同目标时，这段婚姻便失去了其本质意义。在这种情况下，双方或许需要重新审视婚姻的价值，寻找重燃爱火的可能；或是勇敢地面对现实，做出对双方都更为负责的选择。

（2）喜欢状态

当亲密、激情和承诺这三个关键元素中只有亲密元素存在时，关系表现为"喜欢状态"。

这种关系往往表现为一种深切的喜欢或是深厚的友情，这意味着夫妻双方能够享受到彼此间的温暖、理解、尊重与关怀。他们可能有着共同的兴趣爱好，享受彼此的陪伴，愿意在对方需要时伸出援手。这样的婚姻，基于一种深厚的情感基础，双方之间的相处如同多年老友，充满了默契与舒适。

长期而言，这种缺乏激情的仅依赖亲密元素维持的婚姻，可能难以满足双方对爱情更深层次的需求。双方虽然可能相互尊重、关心和支持，但缺乏激情可能使婚姻显得平淡无奇，缺乏浪漫和吸引力。人们往往渴望在婚姻中能找到一份既稳定又充满激情的爱，希望与伴侣共同经历生活的起起伏伏，同时享受那些只属于两人的浪漫时刻。因此，对于这类婚姻中的双方来说，寻找激情的重燃、加深承诺的层次，或许是使婚姻更加完整、满足双方爱情需求的关键所在。

（3）迷恋状态

只有激情元素存在时，关系往往呈现出一种"迷恋状态"。这种类型的关系可能最初源于一见钟情或是强烈的性吸引，双方都被对方的某些特质或外在表现所深深吸引，从而迅速陷入爱河。然而，这种基于激情的婚姻，在缺乏亲密和承诺的支持下，往往显得尤为脆弱。

迷恋带来的通常是短暂的狂热和浪漫，它如同璀璨的烟火，虽然绚烂夺目，但难以持久。随着时间的推移，当最初的激情逐渐消退，双方开始面对现实生活的琐碎和挑战时，他们可能会发现彼此之间的关系变得空洞而缺乏实质。没有亲密的情感联系作为基础，也没有对未来的共同承诺作为支撑，这样的婚姻往往难以经受住时间的考验。

在这种只有激情的婚姻中，双方可能会经历情感上的不稳定和脆弱。他们可能会因为一点小事而争吵不休，也可能会因为对方无法满足自己的期望而感到失望和沮丧。由于缺乏深入的了解和真正的关心，他们往往难以建立起真正的信任和依赖关系，这使得婚姻关系变得岌岌可危。

（4）空爱状态

只有承诺元素存在时，婚姻关系便陷入了"空爱状态"。这种婚姻往往不是基于双方内心深处的情感需求，而是受到社会、家庭或法律等外部因素的压力和影响而形成的。在这样的婚姻中，夫妻双方可能出于各种原因，如家庭期望、社会责任或是经济利益等，选择了走进婚姻的殿堂，但他们之间却缺乏真正的亲密和激情。

空爱婚姻中的夫妻，虽然生活在同一屋檐下，共同面对生活中的种种挑战，但他们之间却难以建立起深刻的情感连接和共鸣。他们可能各自忙碌于事业和生活，很少有时间或意愿去深入了解对方的内心世界，分享彼此的梦想和忧虑。这种缺乏情感交流的状态，使得婚姻变得空洞乏味，缺乏真正的爱情和幸福感。

在这样的婚姻中，双方可能会感到孤独和失落。他们可能会怀念起曾经拥有的激情与浪漫，或是羡慕那些能够真正相互理解和支持的夫妻。然而，由于各种原因，他们可能无法或不愿意改变现状，只能默默地承受着这种缺乏情感的婚姻生活。

空爱婚姻的存在，提醒我们婚姻不仅仅是社会或法律上的一种形式，更是两个人内心深处情感的结合。没有亲密和激情的支撑，婚姻便失去了其本质意义。这种婚姻可能显得空洞乏味，缺乏真正的爱情和幸福感。

爱情三元理论中的亲密、激情和承诺在婚姻中相互依存、相互影响。只有当这三个元素同时存在且相互平衡时，婚姻才能达到最佳状态。夫妻之间应该注重培养和维护这三个元素之间的平衡关系，通过积极的沟通和互动来加深亲密感、点燃激情和履行承诺。只有这样，才能建立起稳定、健康且充满爱的婚姻关系。

（三）亲密关系常见五大伤害

随着个人阅历的增长，人们的需求和期望也会发生变化。如果双方不能及时调整自己的角色和期望，就可能导致关系出现裂痕。在亲密关系中，有五种常见的伤害行为，它们对关系的破坏力极大，需要双方特别警惕。

1. 坚持"我是对的"

设想一下，若夫妻间凡事皆固执己见，认为唯有自己才是对的，那将会如何？让我们做个假设：餐后，妻子主张立即清洗碗碟，以防细菌滋生；而丈夫则认为，洗碗不必急于一时，看完一集电视剧，或是结束一局游戏，乃至抽一支烟后再处理也不迟。究竟谁的观点更为合理？面对生活中这些琐事，若双方都固执地坚持"我是对的"，互不妥协，势必会引发夫妻间的矛盾，甚至争吵不休。

在每一件小事上都强调自己正确无误的人，其婚姻关系往往难以和谐，因为婚姻意味着两个人共同生活，而世间并无两人在所有事情上都能看法一致。一个人若不愿放弃部分个人见解，不愿接纳与自己相异的观点，便无法与任何人和谐共处。因此，一味坚持己见，认为对方必错，最终只会导致家庭破裂。

2. 托付心态

托付心态，就像是婚姻里的一个温柔陷阱，让人不自觉地想要把自己整个人生的遥控器交到对方手里，以为这样就能换来一世的无忧与宠爱。就像是《我的前半生》里的罗子君，她满心欢喜地把自己的一生"托付"给了陈俊生，那句"他说要养我一辈子，让我别出去工作"的话语，背后藏着的是对伴侣无尽的依赖和期待。

这样的"托付"，其实是给另一半的肩上压上了一座看不见的大山。时间一长，那山越来越重，压得人喘不过气来，直到有一天，对方或许会因为这份沉重的爱而选择逃离。婚姻生活，本应是两人并肩前行的旅程，若是一方停下了脚步，只等着另一方拖拽前行，那么，自己不仅在思想上会渐渐脱节，在心态和能力上也会慢慢拉开距离，就像两艘船，在生活的河流中越漂越远，直至彼此看不见对方的身影。

3. 不愿分享内心感受

在中国社会，不愿分享内在感受的现象颇为普遍，尤其在婚姻关系中，通常男性相较于女性更倾向于隐藏自己的真实情感。这种沉默的壁垒，在亲密无间的伴侣关系中，往往被一层看似善意的借口所掩盖——不想让对方担心。然而，这个不充分的借口之下，实则隐藏着对伴侣间沟通与理解的深刻误解。

人们以为，通过掩饰自己的情绪和感受，可以为对方营造一个舒适的环境，殊不知，这种做法恰恰适得其反。当一方的情绪通过微妙的语言变化、行为举止不经意间流露时，另一方能够感受到那份难以言喻的异样，却因不知晓具体原因而感到更加焦虑与不安。这种猜疑与顾虑，如同无形的枷锁，不仅加重了双方的心理负担，也悄然侵蚀着彼此间的信任与亲密。

有时候，这种不愿分享的行为，虽然出发点是好的，却无意中剥夺了伴侣履行其重要责任的机会，那就是在对方需要时给予支持与安慰。婚姻，是两个人共同面对风雨、分享喜悦与忧伤的旅程，而拒绝分享内心世界，无疑是在这条路上筑起了一道高墙，阻止了对方深入自己心灵深处的尝试，这是对伴侣角色的一种不尊重，也是对自己情感需求的一种忽视。

长此以往，这种缺乏深度沟通的状态，会导致双方的情感连接逐渐淡化，甚至可能引发更多的误解与冲突。婚姻中的幸福与和谐，建立在相互理解与支持的基础之上，而分享内在感受，正是搭建这座理解与支持桥梁的关键所在。因此，勇于打开心扉，真诚地交流内心的想法与感受，不仅是对伴侣的信任，更是对自己情感需求的正视，是维系婚姻幸福不可或缺的一环。

4. 维持苹果皮似的和谐

在中国社会的传统观念中，婚姻被视为一种长久且稳定的结合，而维持这种结合的表面和谐，有时会被错误地等同于无条件的谦让与忍让。这种观念下，夫妻间遇到冲突时，往往选择避而不谈，或是以沉默和忍耐作为解决方式，生怕一旦揭开矛盾，就会破坏看似平静的家庭氛围。然而，这种建立在压抑和牺牲真实感受基础上的"和谐"，实则如同一个外表光鲜、内里却已腐败的苹果，我们形象地称之为苹果皮似的和谐。

这种和谐背后，隐藏着无数未被正视和解决的问题，它们像暗流一样在婚姻关系中涌动，逐渐侵蚀着双方的情感基础。随着时间的推移，这些累积的不满和失望最终会达到一个临界点，到那时，即便是最微小的争执也可能成为压垮这段关系的最后一根稻草，导致婚姻的破裂。而这一过程，往往是在孩子们成长的关键时刻，比如当他们即将踏入大学校门，满怀希望与梦想之时，却不得不面对父母婚姻解体的现实。

因此，社会上出现了一种现象，即大学录取季也成了父母离异的高发期。这一幕对即将开始新生活的孩子来说，无疑是一次情感上的巨大冲击。他们不仅要适应即将离家独立生活的变化，还要承受家庭结构突变带来的心理压力。这提醒我们，真正的婚姻和谐不应仅仅是表面的维持，而是建立在相互理解、尊重和有效沟通的基础之上。只有当双方都能够真诚地面对问题，共同寻找解决方案时，婚姻才能成为彼此成长和幸福的港湾，而非一个徒有其表的空壳。

5. 不会有效处理冲突

婚姻关系中，有效处理冲突是维系双方情感纽带、促进关系深化的关键所在。遗憾的是，许多夫妻在面对分歧时，往往未能把握住这一优化关系的契机，而是陷入了不良的冲突处理模式中。他们或是固执地坚守着自己的立场，拒绝倾听对方的声音；或是被情绪所主导，无法理性地分析问题；更有甚者，采取了一系列破坏性的行为，如翻旧账、恐吓对方、将家人拉入争端、寻求外部势力的支持、实施经济封锁，甚至进行跟踪调查等。

这些不当的处理方式，不仅无法解决问题，反而会在夫妻之间筑起一道道高墙，让彼此的心灵越来越远。特别是猜忌，它如同婚姻中的一颗毒瘤，不断侵蚀着双方的信任和亲密感。当一方开始怀疑另一方的动机和忠诚时，原本微小的矛盾也会被无限放大，导致关系进一步恶化。

有效的冲突处理，需要双方都能够跳出原先的思维模式，以开放和包容的心态去理解对方的立场和感受。对于婚姻关系中的冲突，我们应该视其为一次成长和提升的机会，而不是一场必须分出胜负的战争。只有当我们学会以积极、理性的态度去面对和处理冲突时，才能够创造出那个温馨、和谐的港湾，让婚姻成为我们生命中最美好的陪伴。

这些亲密关系中常见的、容易给我们带来伤害的现象，不仅侵蚀着夫妻间的情感基础，还可能对孩子、家庭乃至社会造成深远的影响。它们可能会导致双方情感疏远，信任破裂，甚至家庭破裂，给孩子带来心理创伤，影响他们的健康成长。面对这些伤害，我们需要采取积极的行动。只有这样，我们才能避免婚姻中出现伤害，从而创造出和谐、幸福的家庭环境，让婚姻成为我们生命中最美好的陪伴。

三、亲密关系和谐的秘密

有人说，幸福的婚姻千篇一律，似乎都遵循着某种不为人知的默契与和谐，而不幸的婚姻却各有各的不幸，仿佛每一对陷入困境的伴侣都在经历着独一无二的挑战与挣扎。每一对幸福的伴侣都在用自己的方式诠释着这一秘密，让我们一起试着来揭开这层神秘的面纱，从而更好地探寻那些让婚姻绽放光彩的秘密。

（一）创造机会表达过往情绪

在亲密关系中，过往的情绪积累往往成为双方沟通的障碍。为了消除这些障碍，双方需要创造机会，坦诚地表达自己的感受和想法。

情绪的表达是沟通的基础。婚姻中的双方都是独立的个体，拥有各自的情感世界和经历。当过往的情绪被压抑或忽视时，它们往往会以不健康的方式爆发出来，导致冲突和误解。通过创造机会表达这些情绪，双方可以更好地理解彼此的感受，增进沟通的效果，从而建立更加紧密的情感联系。在婚姻生活中，我们难免会遇到挫折和困难，这些经历可能会在我们的内心留下痕迹。如果这些情绪没有得到适当的释放和处理，它们可能会逐渐累积，最终导致夫妻双方情感上的疏离和隔阂。当我们分享自己的情感和经历时，对方有机会更深入地了解我们的内心世界，从而更加理解和支持我们。通过创造机会表达这些情绪，可以减轻内心的负担，让夫妻关系更加轻松和自在。这种共情和理解是婚姻亲密关系中不可或缺的要素，它们能够增强双方的信任感和依赖感，让关系更加稳固和持久。

因此，在婚姻亲密关系中，我们应该创造机会表达过往的情绪，让双方能够更好地沟通、理解和支持彼此。比如我们可以设定一个固定的时间，如每周或每月一次，进行深入的沟通。在这个时间里，双方可以放下手机、关掉电视，专注于彼此的感受和需求。这样，我们才能共同走过人生的起伏和波折，建立起更加和谐、幸福的婚姻关系。

（二）努力扮演好自己的角色

在亲密关系中，每个人都有自己的身份。只有双方都努力扮演好自己的角色，关系才能和谐稳定。

双方应明确自己在关系中的角色和责任。这些明确的角色定位，如同在一个详细的剧本中规定的那样，指导着双方在婚姻生活中的每一个场景，如此才有助于减少双方因角色模糊而引发的冲突和误会，从而确保家庭剧情的顺利推进。比如，谁是家庭的经济支柱，谁是孩子的主要照顾者，等。明确的角色定位有助于减少冲突和误会。扮演好自己的角色，不仅需要明确责任，还需要付诸行动。比如，作为经济支柱的一方应努力工作，为家庭提供物质保障；作为孩子主要照顾者的一方应细心照料孩子的成长。在亲密关系中，双方的角色并不是孤立的，而是需要相互补充和支持。比如，当一方工作压力大时，另一方应给予理解和支持；当一方需要个人空间时，另一方应给予尊重和包容。

（三）掌握表达爱的五种语言

爱是需要表达的，而不同的人对爱的表达方式有着不同的理解和需求。掌握并运用爱的五种语言，可以帮助双方更好地传递和接收爱。

1. 经常肯定：爱的细雨润无声

在亲密关系中，经常肯定对方，是维系婚姻幸福的重要一环。当对方完成一项家务，自己不妨由衷地赞叹："你把家里打理得真是井井有条啊！"当对方在工作中取得成就，自己应及时送上鼓励："你真的很厉害！"当结束了一天的忙碌工作，拖着疲惫的身躯回到家中，迎接你的是一桌精心准备的佳肴，那不仅仅是食物的香气，更是爱的味道。此时，一句由衷的赞美："你做的饭菜，美味至极！"不仅是对对方厨艺的认可，更是对这份默默的付出与爱的深刻理解。这样的肯定，如同温暖的阳光，会照亮对方的心灵，也会加深彼此之间的情感联系。

肯定是一种积极的情感交流方式，它能够传递出爱、欣赏和感激之情。当一方经常得到另一方的肯定时，双方之间的情感联系会更加紧密，从而形成更加稳固的伴侣关系。每个人都有自己的价值追求和存在感需求。通过经常肯定对方，可以使其感受到被认可、被尊重，从而提升其自我价值感和自信心。在婚姻中，学会感恩对方的付出和努力，是维系长久幸福的关键。通过肯定，双方可以更加珍惜彼此，共同创造美好的婚姻生活。

2. 珍惜相处：每一次相聚都是爱的重逢

在夫妻亲密关系的构建与维系中，"珍惜相处"是爱的五种语言中不可或缺的一环，它强调的是在日常生活的点滴中，通过实际行动表达对伴侣的珍视与爱护。它要求我们在平凡的日子里，用心去感受、去创造、去维护那份只属于两人的亲密与和谐。

当晨光初破晓，不妨比平时早起几分钟，为对方准备一杯温热的牛奶，轻声唤醒沉睡中的伴侣，用一句"早安，亲爱的"开启充满希望的一天。这样的举动虽小，却能让对方感受到被呵护的温暖。忙碌一天后，无论多晚，都应尽量安排时间一起用餐。餐桌上，不仅是食物的分享，更是心情的分享。关掉电视和手机，专注地和对方聊聊一天中的趣事或烦恼，让晚餐时间成为情感交流的黄金时刻。我们还可以利用周末，规划一些共同参与的活动，如一起烹饪、打扫房间、户外徒步或进行简单的家庭游戏等。这些活动不仅能增进彼此间的默契，还能在合作中发现对方的新面貌，加深情感联结。无论是结婚纪念日、生日还是情人节，都应给予特别的重视。不需要昂贵的礼物，一份手写的卡片、一束鲜花或是一份精心准备的晚餐，都能让对方感受到被爱和被记住的幸福。不时地为对方制造一份小惊喜，比如突然带回对方喜爱的小吃、留下一张甜蜜的便签在枕边，或是安排一次说走就走的短途旅行。这些不经意间的举动，能让平凡的生活充满爱意和乐趣。

通过这些日常场景中的朝夕相处，夫妻间的情感得以不断滋养和深化，共同构建出一个充满爱与和谐的温馨家园。无论是外出旅行的探索，还是节假日里温馨的相聚，都应被视为爱情中的宝贵时光，如同初恋时的每一次约会，充满珍惜与期待。在这些特别的时刻，让我们放慢脚步，用心感受彼此的陪伴，让爱在每一个瞬间都闪耀着新鲜与热烈的光芒。

3. 常做身体接触：拥抱，爱的温暖传递

身体接触是情感沟通的一种直接而有效的方式。在夫妻关系中，言语虽然能够传达很多信息，但身体语言往往更能传递深层的情感和亲密感。一个拥抱、一次亲吻或牵手，都能让对方感受到彼此的温暖和爱意，这种非言语的交流方式有助于加深夫妻之间的情感联系。

身体接触能够释放身体的紧张和压力，促进身心健康。在忙碌的生活和工作中，夫妻双方都可能积累了一定的压力和疲惫。通过身体接触，如按摩、拥抱等，可以有效地缓解这些压力，让双方感受到放松和舒适，从而有助于维护良好的身心状态。适度的身体接触可以刺激双方的性神经，增加性生活的满足感和幸福感。同时，身体接触也是夫妻之间表达爱意和亲密感的重要方式，有助于维护和谐的性生活和夫妻关系。

在维护夫妻亲密关系的众多要素中，身体接触，尤其是拥抱，扮演着不可或缺且意义深远的角色。它不仅是情感交流的一种直接方式，更是爱的温暖与力量的无声传递。身体接触不仅能够激发身体的正面反应，如释放内啡肽等"快乐激素"，还能在心理上构建安全感与信任感。当夫妻间经常通过拥抱来表达爱意时，这种肢体上的亲密会转化为情感上的依赖。因此，为了维护夫妻之

间的亲密关系，应常做身体接触，它不仅能够增进双方的情感交流，提升关系的满意度，还能在无形中巩固彼此间的情感纽带。

4. 常为对方服务：行动中的爱意流淌

在维护夫妻亲密关系的征途中，行动的力量远胜于千言万语。常为对方服务，不仅是对爱的深刻诠释，更是关系稳固与深化的重要基石。行动，作为爱的直观体现，能够让伴侣真切感受到被爱与被重视。在日复一日的生活中，简单的行动，如为对方准备一顿早餐、熨烫衣物，或是倒上一杯温水，都是无声却有力的爱的证明。

常为对方服务，还能促进双方的情感交流与理解。在服务的过程中，我们需要倾听对方的需求，了解对方的喜好，这样的互动加深了彼此间的了解，让夫妻间的沟通更加顺畅。同时，服务也是一种给予，它教会我们如何更好地去爱，如何在付出中找到自己的价值，这种相互成就的感觉是夫妻关系中最宝贵的财富。更重要的是，通过行动为对方服务，能够形成一种积极的循环。当一方感受到来自另一方的关爱与照顾时，往往会以同样的方式回馈，这样，夫妻之间的爱与关怀就形成了一个良性循环，使得关系更加紧密和谐。

因此，维护夫妻亲密关系，关键在于用行动来证明爱。不必等待特殊的日子，也不必追求昂贵的礼物，只需在日常生活的点滴中，用心去感受对方的需要，用行动去满足这些需要。这样的爱，虽不张扬，却如细水长流。

5. 特殊的时刻：惊喜，爱的火花再燃

在维护夫妻亲密关系的旅程中，特殊的时刻往往成为加深彼此情感、增添生活情趣的关键节点。制造惊喜，不仅是对平凡生活的一次浪漫点缀，更是对伴侣深情厚意的独特表达。

特殊的时刻，可以是纪念日、生日，或是某个对双方都具有重要意义的日子。在这些时刻，精心策划一场惊喜，能够让对方感受到被珍视和特别对待的幸福感。惊喜的形式多种多样，关键在于了解对方的喜好与期待，以及那份想要让对方快乐的真心。

一次意外的旅行安排，可以是对方梦寐以求的目的地，也可以是未曾踏足

的新鲜之地。在旅途中，共同探索未知，享受彼此的陪伴，这样的经历无疑会成为夫妻间珍贵的记忆。或者，在平凡的日子里突然出现的浪漫晚餐，烛光摇曳，音乐轻柔，营造出只属于两人的温馨氛围。这样的惊喜，不仅满足了味蕾的享受，更是心灵的慰藉，让双方在忙碌的生活中找到片刻的宁静与甜蜜。还有，亲手制作的礼物，无论是一张手工贺卡，还是一件精心挑选的小物件，都承载着满满的心意与爱意。这样的惊喜，不在于价值的高低，而在于那份独一无二的用心与创意。

制造惊喜，是为了让对方感受到生活的美好与多彩，也是为了提醒自己，在平凡的日子里也要不忘浪漫与激情，始终保持着对彼此的新鲜感与好奇心，共同创造更多属于两人的美好回忆。因此，在特殊的时刻，不妨大胆一些，用心一些，用惊喜来点亮婚姻生活。

夫妻从最初的相识相知，到后来的相濡以沫，每一步都蕴含着对彼此深刻的理解与包容。在探索建立和谐亲密关系的旅途中，我们不难发现，这既是一场内心的修行，也是一次双方共同成长的旅程。在冲突面前，我们不再逃避，而是勇敢地面对，用沟通和理解去化解误会，让爱情在挑战中更加坚韧。我们不再把对方的付出视为理所当然，而是用感恩的心态去回应每一份关爱，让这份关系充满温暖和力量。同时，用爱去滋养，让这段关系如同细水长流，经得起时间的考验。

课程内容理论

"建立和谐亲密关系的密码"课程从教育学、心理学理论引用了以下的内容:

一、夫妻相处的模式理论

美国家庭婚姻治疗师维吉尼亚·萨提亚在《萨提亚家庭治疗模式》一书中,提到人的婚姻关系中的四种不良形态,即指责型、讨好型、超理智型和打岔型,这四种不同的相处生存姿态都会影响到婚姻的和谐相处。

一是指责型。指的是把所有过错都怪罪到被指责的一方,丝毫不接受对方给出的理由。认为要不是对方的错误,自己的生活会更好。

二是讨好型。指的是总想取悦他人,牺牲自己的时间、金钱来讨好对方,主动承担所有责任,希望让所有人都开心和喜欢自己。这也是低自尊的表现,这一类人有一个共同特点:认为"我做不好,我不值得,我不配拥有"。

三是超理智型。指的是毫无客观感情,喜欢长篇大论说教,不顾及别人的感受,看起来充满智慧与权威,却给人以刻板沉闷的印象。

四是打岔型。就是不断用与此事无关的语言分散对方的注意力,常常是对方说东我说西,对方说头疼我说天气怎么样,等。

亲密关系中的这四种不良沟通方式,由于都没有表达出自己的真实想法和对自我价值的内心感受,容易引起对方的误解和敌意,不仅仅会给对方带来身心的不适,还会给夫妻深入交流带来很多的障碍。

二、爱情三元理论

爱情三元理论,也被称为爱情三角理论,是由美国心理学家罗伯特·斯滕伯格提出的。这一理论将爱情划分为三个核心要素:亲密、激情和承诺。

亲密是指两人之间的情感连接,它主要来源于对彼此的关心、理解和支持。亲密感使双方在感情上相互依赖，愿意分享个人的想法、感受和生活经历。它创造了一个使彼此都感到放松的空间，因为双方在感情上是相互的。

激情在爱情中涉及肉体的吸引和热情程度。它是一种强烈的、爆发性的情绪体验，常常伴随着性的渴望，但也可以是其他方面强烈的情感表达，如自尊、照顾、归属等。激情使得个体对伴侣产生着强烈的吸引力和欲望，是爱情中"热"情的组成部分。然而，激情往往是短暂的，可能随着关系的深入而逐渐减弱。

承诺是爱情中的第三个核心要素，指的是对保持爱情关系的意愿和责任感。它涉及彼此有意识地决定坚持、并努力维持这份关系。承诺包括短期的决定（如是否爱上某人）和长期的维持（如对关系的忠诚和责任心）。它是爱情关系稳定和可靠的基础。

爱情三元理论强调了亲密、激情和承诺在爱情关系中的重要性，这三个要素的不同组合形成了不同类型的爱情。通过这一理论，我们可以更加深入地探索如何在爱情关系中建立和维护这三个要素，以实现更加美满和幸福的爱情生活。

三、幸福心理学理论

1. 掌握一些沟通的技巧

夫妻相处也要掌握一些沟通技巧，用下面的案例来呈现步骤：

一是描述事实："我看到你在沙发上玩手机"；

二是表达情绪感受："看到你玩手机我很生气"；

三是表达需求："我很想你和我一起做家务，辅导孩子作业"；

四是达成协议："我们俩商量一下，要是你回来早做什么，我回来早做什么"。

2. 学会情感沟通

第一步要用心听。听对方在说什么，明白对方想表达什么观点，传达什么信息，表达什么样的想法和需要。

第二步是要关注对方的情绪。要看到对方语言背后的的情绪是什么。这样做是为了安抚对方的情绪，比如可以做做深呼吸，让有情绪的双方先积极暂停。

第三步是深入思考。听懂对方真正表达的是什么，听懂对方讲话时的情绪是什么，告诉自己尽量不要被对方的情绪所影响，并在心里告诫自己：情绪没有对错。如果对方生气了，就接收对方生气的事实。真诚道歉，情绪就会被慢慢释放，人也会慢慢恢复理性。

第四步是说出自己的想法。目的是提升关系，达到双赢。

四、爱的五种语言及其背后的理论

美国著名婚姻辅导专家盖瑞·查普曼在《爱的五种语言》一书中提到爱的五种语言，如果将这五种爱的语言巧用、多用在婚姻关系中，会是很好的一种维持婚姻关系和谐的方法。

爱语一：肯定的言词。美国心理学家威廉·詹姆斯说过，人类最深处的需要，就是感觉到被人欣赏。那些安全感低、有自卑情绪模式的人，缺乏安全感时，就会缺少勇气。

爱语二：精心的时刻。精心的时刻就是给予对方全部注意力的时间。留意一起用餐的男女，会发现婚前约会的男女和已婚夫妇会有非常大的不同：前者彼此注目，后者则东张西望。

爱语三：接受礼物。礼物是爱的物质象征，它可以是买来的或是自己亲手做的。礼物是一件提醒对方"我还爱着你"的东西，事实上，这是最容易学习的爱的语言之一。

爱语四：服务的行动。这是指做配偶想要你做的事，你替他/她服务因而使他/她高兴，表示对他/她的爱。当男女热恋时，为对方服务是自愿的，甚至是费尽心机的。

爱语五：身体的接触。肢体接触是人类感情沟通的一种微妙方式，也是爱的表达的有力工具。牵手、亲吻、拥抱、抚摸都是身体的接触。

最后还要记得在特殊的时刻，偶尔来点小惊喜：送给对方需要或者喜欢的礼物，哪怕是一句简单的"我爱你"。

小结：爱的五种语言对于建立和谐的亲密关系很重要。

课程互动体验

活动一：手指游戏

（一）活动目的

体验亲密关系的难分难舍。

（二）操作流程

步骤一：1. 伸出双手，十指张开。

2. 掌心相对，十指对贴，收中指相对跪贴。

3. 尝试十指分合的灵活性。

步骤二：语言引导"假如我们用一双手来代表我们人生的关系，中指弯曲，当作和我们自己的关系。大拇指代表我们跟父母的关系，食指代表我们跟兄弟姐妹的关系，小指代表我们跟孩子的关系，无名指代表亲密关系，在这场手指体验中，你发现了什么？"

步骤三：语言引导"我们是否体验到每一个手指都是分合自由，只有无名指的分合不够自由？这就像是我们的亲密关系。"

（三）注意事项

本次体验是假设性体验，仅用来说明亲密关系的复杂性。

活动二：亲密关系的相处模式

（一）活动目的

体验亲密关系的相处模式。

（二）操作流程

步骤一：观察图片（一个男人倚靠在沙发上看手机）。

你们在这张图片上看到了什么？

步骤二：提问女性。

假如您工作了一天，拖着疲惫的身躯回到家，推开门一看：家里没有开灯，自己的男人躺在沙发上玩手机，不管孩子，也不做家务。请问您当时会怎么做呢？

步骤三：现场分享。

（三）注意事项

我们在这里只是假设女方回家看到对方的表现以后的处理模式，并没有呈现男方回到家看到女方不理家务的表现。所以言语解说不要太绝对。

活动三：托付心态

（一）活动目的

体验托付者与被托付者的感受。

（二）操作流程

步骤一：让两个人来到台上进行体验，A 背着 B 随意走，累了不想背的时候可以放下 B。

步骤二：角色分享感受：A 的感受、B 的感受。

（三）注意事项

注意托付者与被托付者之间的体重差异，不要差距太大，否则易导致受伤事件。

课程研究报告

一、问卷调查

1. 您目前结婚有多少年了？（　　）

A. 0~3 年　　　　B. 3~7 年　　　　C. 7 年以上

2. 您平时是否注重婚姻的质量？（　　）

A. 非常重视　　B. 比较重视　　C. 一般　　　　D 从来不重视

3. 您对目前的夫妻关系是否满意？（　　）

A. 满意　　　　B. 一般　　　　C. 不满意　　　　D. 凑合过

4. 您认为夫妻关系和亲子关系哪个重要？（　　）

A. 亲子关系　　B. 夫妻关系　　C. 两者一样

5. 您觉得不和谐的夫妻关系对谁有影响？（多选题）（　　）

A. 孩子　　　　B. 夫妻双方　　C. 都有影响

6. 在您的日常生活中，您是否觉得经营好婚姻关系很重要？（　　）

A. 非常重要　　B. 重要　　　　C. 一般　　　　D. 无所谓

7. 您觉得平时与伴侣产生不和谐的原因主要有哪些？（多选题）（　　）

A. 观念问题　　B. 性格问题　　C. 孩子问题　　D. 父母问题

E. 其他原因

8. 您平时是通过以下什么方式来解决夫妻关系的问题的？（多选题）
（　　）

A. 冷处理　　　　　　　　B. 会主动找对方沟通

C. 等待对方主动沟通　　　D. 顺其自然

9. 您会经常与伴侣进行深度交流吗？（多选题）（　　）

A. 经常　　　　B. 一周一次　　C. 一个月一次　　D. 基本不沟通

10. 您认为以下哪些行为可以增进和谐的亲密关系？（多选题）（　　）

A. 身体接触　　　　　　　　B. 旅游

C. 礼物惊喜　　　　　　　　D. 一起做感兴趣的事

E. 经常赞美对方　　　　　　F. 都没有

二、调查结果

1. 您目前结婚有多少年了？

选项	小计	比例
A. 0~3 年	10	0.65%
B. 3~7 年	10	0.65%
C. 7 年以上	1520	98.70%
本题有效填写人次	1540	

2. 您平时是否注重婚姻的质量？

选项	小计	比例
A. 非常重视	830	53.90%
B. 比较重视	550	35.71%
C. 一般	160	10.39%
D. 从来不重视	0	0%
本题有效填写人次	1540	

3. 您对目前的夫妻关系是否满意？

选项	小计	比例
A. 满意	1040	67.53%
B. 一般	420	27.27%
C. 不满意	50	3.25%
D. 凑合过	30	1.95%
本题有效填写人次	1540	

4. 您认为夫妻关系和亲子关系哪个重要?

选项	小计	比例
A. 亲子关系	60	3.90%
B. 夫妻关系	370	24.03%
C. 两者一样	1110	72.07%
本题有效填写人次	1540	

5. 您觉得不和谐的夫妻关系对谁有影响?(多选题)

选项	小计	比例
A. 孩子	760	49.35%
B. 夫妻双方	560	36.36%
C. 都有影响	1280	83.12%
本题有效填写人次	1540	

6. 在您的日常生活中,您是否觉得经营好婚姻关系很重要?

选项	小计	比例
A. 非常重要	1260	81.82%
B. 重要	280	18.18%
C. 一般	0	0%
D. 无所谓	0	0%
本题有效填写人次	1540	

7. 您觉得平时与伴侣产生不和谐的原因主要有哪些?(多选题)

选项	小计	比例
A. 观念问题	940	61.04%
B. 性格问题	760	49.35%
C. 孩子问题	900	58.44%

续表

选项	小计	比例
D. 父母问题	550	35.71%
E. 其他原因	580	37.66%
本题有效填写人次	1540	

8. 您平时是通过以下什么方式来解决夫妻关系的问题的?（多选题）

选项	小计	比例
A. 冷处理	390	25.32%
B. 会主动找对方沟通	930	60.39%
C. 等待对方主动沟通	460	29.87%
D. 顺其自然	570	37.01%
本题有效填写人次	1540	

9. 您会经常与伴侣进行深度交流吗?（多选题）

选项	小计	比例
A. 经常	770	50.00%
B. 一周一次	330	21.43%
C. 一个月一次	360	23.38%
D. 基本不沟通	80	5.19%
本题有效填写人次	1540	

10. 您认为以下哪些行为可以增进和谐的亲密关系?（多选题）

选项	小计	比例
A. 身体接触	1050	68.18%
B. 旅游	1060	68.83%
C. 礼物惊喜	1010	65.58%
D. 一起做感兴趣的事	1280	83.12%

续表

选项	小计	比例
E. 经常赞美对方	1050	68.18%
F. 都没有	50	3.25%
本题有效填写人次	1540	

三、调查分析

本次调查显示，154 对夫妻中，婚姻满意度达到了 67.53%，远高于国内婚姻机构统计的 40%；认为婚姻状态一般的占 27.27%，低于机构的 50%；而凑合过的比例仅为 1.95%，显著低于机构的 10%。这一结果反映出在此被调查群体中，婚姻满意度相对较高，凑合过的情况较少。

67.53% 的高满意度比例，说明在这一被调查群体中多数夫妻在婚姻中找到了幸福感。这可能与经济发展、生活水平提高、夫妻间沟通增强等因素有关。高满意度群体可能更加注重情感交流、共同兴趣的培养以及家庭责任的共同承担，这些因素有助于维持婚姻的稳定和幸福。

27.27% 的夫妻对婚姻持一般态度，这部分人群可能是婚姻中存在问题但尚未达到严重程度的群体。他们可能面临着工作压力、子女教育、经济负担等挑战，导致婚姻满意度不高也不低。对于这一群体，提供婚姻沟通技巧、压力管理等方面的课程可能尤为重要。

"凑合过"群体尽管占比仅为 1.95%，但这一群体的存在不容忽视。他们可能面临较严重的婚姻问题，如沟通障碍、信任危机或价值观冲突等。

第二部分
亲子教育，从理解孩子开始

有效引导被教育者非常重要，这就需要教育者充分了解被教育者。未成年人的成长有特定的年龄特征，他们在不同的阶段，有不同的心理发展需求。这种发展存在一定的"敏感期"，过了这个时期再去发展某项能力，往往事倍功半。

孩子的发展既有普遍的共性，又存在个体差异。美国心理学家霍华德·加德纳的多元智能理论告诉我们，每个孩子都是独特的个体，他们都拥有自己的优势发展区。如果教育者盲目推崇"别人家的孩子"，就容易陷入"木桶理论"的误区，忙于"补短"教育。结果是孩子真正的发展受到限制，无法成为独特而更好的自己，这样的教育显然不是我们想要的。

每个被教育者都是成长中的个体，这意味着在成长过程中会出现各种问题。瑞士心理学家皮亚杰的认知发展理论指出，这些问题很可能都是成长中需要面对的普遍现象。如果教育者不了解这些发展规律，教育就容易遇到很大阻碍，还可能导致亲子关系紧张。此外，孩子的"问题"行为只是表象，孩子未被满足的心理需要才是真正的原因。这些都需要教育者通过学习才能真正理解和把握。

第3课 与青春期孩子"问题"行为共成长

课程内容大纲

一、了解"问题"行为之现状

（一）"问题"行为现状

（二）真假"问题"探讨

二、分析"问题"行为之根源

（一）青春期孩子的普遍特点

（二）孩子发展的个别差异性

（三）孩子的行为在表达需求

（四）成长遇到了现实的阻力

三、解决"问题"行为之方法

（一）接纳孩子——向孩子表达爱

（二）看见孩子——转变教育观念

（三）审视自己——与孩子共成长

课程研修背景

现代社会网络和媒体高度发达，我们的孩子很容易就能接触到海量的资讯，而青春期的孩子则更甚。据统计，青少年每天接触各类信息时长可达数小时，其中不良信息，如暴力、色情、不良的消费观念等，容易干扰孩子的价值观，引发行为问题，如沉迷网络、盲目追求物质等。

同时，社会竞争压力逐渐增大，这种压力也传导到了孩子身上。例如，升学竞争激烈，孩子面临巨大的学业压力。家长往往不知道如何帮助孩子应对，导致孩子可能出现焦虑、厌学等行为问题。

青春期孩子身体快速发育，激素水平变化大，这会引起心理上的变化，如情绪多变、对他人评价过于敏感等。家长可能对孩子的这些变化缺乏理解，处理不当就会引发孩子的逆反行为。例如，孩子因为身体发育对自身形象更加敏感，可能因为家长的不恰当评价，而陷入自我怀疑中或出现反抗情绪。

面对青春期孩子的诸多"问题"，很多家长往往因为缺乏相关知识和技能，如不知道如何与青春期孩子进行有效沟通或采取错误的应对方式，从而导致亲子关系紧张、矛盾升级。家长若不能掌握正确的沟通方法，可能会误解孩子的行为和想法，导致孩子会通过更多不良行为来表达不满和困惑，行为问题不断增多。孩子在成长中遇到问题，是成长过程中的必然现象。孩子从幼年到青春期再到成年，会不断面临各种挑战，从而出现不同的问题。

青春期是孩子身心变化最为剧烈的时期。不管是由于孩子成长形成的"假问题"还是真实存在的问题，家长需要适应孩子的这种变化，学会尊重孩子的想法，以平等的姿态与孩子沟通，而不是一味地强硬要求。这就需要家长不断提升自己的教育理念，学习青春期孩子的心理知识，跟着孩子的问题一起成长，不能用一成不变的态度和方法去应对孩子在不同成长阶段出现的问题。

基于此，本课程的内容包含了解孩子"问题"行为的现状，孩子行为"问题"产生的原因，以及针对这些原因探讨解决"问题"行为的方法，旨在向家长们传达一种理念："每个孩子都是伴随着问题成长的，作为家长也需要随着孩子的问题一同成长。"在孩子成长过程中，这些问题既是孩子成长的机遇，也是对家长的考验。作为家长，是需要不断学习并反思自己的教育方式，不断提升自己的教育能力的，只有这样，家长才能准确判断孩子出现的问题的本质，从而找到合适的解决方法。希望家长们通过相应的课程学习，能够多了解孩子心理发展规律，思考孩子行为背后的心理需求，深入了解孩子出现行为"问题"的深层原因，学习科学的教养方式，从而降低家长育儿过程中的焦虑，进而以平和的心态助力孩子成长，真正成为孩子成长道路上的引路人，与孩子共同成长。

课程实录文稿

　　青春期是每个孩子都会面临的一个重要且关键的时期，每个孩子在这个特殊的时期都会面临很多成长的"课题"，当然，也会在这个阶段遭遇很多的变化、矛盾甚至是"问题"。很多时候，当家长在意识到孩子的这些变化和"问题"时，会焦灼不安，甚至情绪失控。

　　不同家庭的孩子面临的问题也各不相同，但本质上都属于青春期"问题"，伴随着显著的生理变化和心理发展，孩子可能会在情绪管控、自我认同、学业压力、同伴关系、亲子沟通等方面遇到挑战。当然，有些家长会因为过度关注或误解而将一些原本普通的问题夸大或视为严重"问题"，反之，有些家长则会因为各种各样的原因忽视孩子出现的"问题"。

　　那么，究竟该如何对待青春期孩子出现的这些"问题"，是父母需要去深入了解的课题。

一、了解"问题"行为之现状

　　很多青春期孩子的父母在这一阶段都会产生教育困惑，觉得孩子有"问题"，比如，孩子脾气暴躁，动不动就发火，好像专门跟自己对着干；因为孩子沉迷于手机（电子产品等），失去对学习和生活的兴趣而感到焦虑；担心孩子过早萌发性意识，从而早早与身边的同龄人建立男女朋友关系，影响了孩子的学业和身心健康等。

（一）"问题"行为现状

　　在心理学上，"行为'问题'"是一个相对宽泛且复杂的概念，它通常指的是个体在行为上表现出的不适应、异常或与特定环境、社会规范不相符的现象。它涉及个体的生理、心理、家庭、学校和社会等多个方面。比如，一个一两岁的小朋友为了得到家长不愿意购买的玩具而在地上撒泼打滚，在特定的环境下，这个小朋友的行为是属于符合年龄特征的正常行为；但如果一个十几岁的青春期的孩子或者一个成年人，为了达到自己的某个目的而在地上打滚撒泼，那就可以判断这个行为是和他年龄不相符的问题行为了。同样是为了达到自己目的出现在地上撒泼打滚的行为，对于一两岁的孩子来说，就算不上是行为"问题"，或者可以认为这是一个假问题；而对于青春期的孩子或者成年人来说，这就是一个问题行为，是真正的问题。

在这一概念之下，我们其实可以把青春期孩子的问题分成两大类型，一类是假的"问题"，是因为孩子处于青春期这个年龄阶段出现的一些特定性表现与行为，另一类才是确切的真的问题，是由于异常的或与特定环境、社会规范不相符而出现的，这才是需要家长重视并进行积极处理的。

据统计，当下家长比较在意的孩子青春期问题包括：叛逆行为、网络成瘾、学习困难或厌学等。

1. 叛逆行为

青春期的孩子常常表现出对权威的挑战、规则的违反和不合作的态度，喜欢与家长和老师对着干。他们可能拒绝服从合理的要求，表现出强烈的独立意识和自我意识。

2. 网络成瘾

青春期的孩子由于自我控制能力比较弱，生活中，为了躲避矛盾和冲突，有时会过度使用电子设备，沉迷于网络游戏、社交媒体等虚拟世界之中，导致学业成绩下滑、睡眠质量下降，甚至影响现实生活中的人际交往。

3. 学习困难或厌学

对于青春期的孩子来说，学习是一种压力源，所以他们会出现躲避压力的行为，从而导致出现学习困难的问题。有时由于学习上频繁遭遇困难或者失败，无力感逐渐积累可能使孩子对学习失去兴趣和信心，最终产生厌学的情绪。

4. 其他的不良习惯

抽烟、喝酒、赌博等不良行为的出现，不仅危害孩子的身体健康，还可能影响他们的道德观念和法律意识的养成。

对青春期孩子真假"问题"的探讨,是一个复杂且多维度的话题。

(二) 真假"问题"探讨

青春期是孩子从儿童向成年过渡的关键时期,伴随着显著的生理变化和心理发展,孩子们可能会表现出一些看似有"问题"的行为,但实际上这些行为往往是成长过程中的正常现象。

在情绪方面,青春期孩子由于激素等生理变化的影响,可能会经历情绪的剧烈变化,如情绪低落、焦虑、易怒等,这是青春期常见的心理现象。还有,青春期孩子在学业和社交方面会面临着更大的压力,可能对未来感到焦虑不安。这些压力如果得不到有效缓解,可能会成为真正的"问题"影响孩子的身心健康。另外,青春期孩子开始关注自己的外貌和形象,并可能出现自卑、对自己的形象不满意等心理问题。同时,青春期孩子逐渐脱离父母,与同伴的关系变得更加重要,但也可能面临新的挑战,如人际关系的不稳定等困扰,这些问题需要得到及时关注和解决。

青春期孩子的真假"问题"需要我们从多个维度进行深入探讨和理解。家长应以开放、理解和支持的态度面对孩子成长过程中的挑战和困惑,无论是情绪问题、行为问题还是人际交往和沟通方面的问题都是真实存在的,不管是真实存在的问题还是看似虚假却暗藏隐患的问题都需要家长进行深层次的分析,探寻这些问题背后的根源,并给予足够的关注和理解,及时为他们提供必要的引导和支持,助力他们健康、积极地度过青春期。

二、分析"问题"行为之根源

(一) 青春期孩子的普遍特点

进入青春期后,孩子们身心发育加快,表现出一些这个阶段的发展特点,主要有以下三个典型的表现:

1. 身心变化快，情绪波动大，易冲动

由于身心发展加剧、激素的影响等，孩子们的情绪在这个阶段波动比较大。表现出来的"表象问题"就是整天发脾气，一会儿天晴一会儿下雨，也不知道他的情绪什么时候突然就爆发了，容易冲动。

2. 独立意识增强，心理性断乳

青春期的孩子跟父母和家庭开始有一个心理上的分离，想作为一个独立的个体从家庭走向世界，想要表达自己的独特观点。表现出来的"表象问题"可能就是叛逆、听不进去家人的劝告和师长的教导等。

3. 性意识急剧发展，对异性感到好奇

开始关注到男女之间的差异，甚至开始对异性产生好奇心，乃至好感，这都是青春期孩子正常发展的一个表现，是如同脚丫会变大、身体会长高一样的一种成长发育的必经之路。他们开始在意自己的外表，如穿着、五官、身材等，有的人还会关注起某一位异性，闲暇时刻浮想很多……这些在很多家长眼中如临大敌，觉得必须加以解决，但实际上，这些表象都是青春期孩子的阶段性特点，并非真正的行为问题。

（二）孩子发展的个别差异性

1. 孩子成长过程中的独特性

每个孩子就像一颗独特的种子，拥有自己特定的生长周期和节奏，需要在合适的环境中，以自己的方式慢慢发芽、生长、开花、结果。

首先，每个孩子都有自己的成长节奏。这种节奏可能受到遗传、环境、教育等多种因素的影响，因此每个孩子在身体发育、智力发展、情感成熟等方面都会存在差异。有的孩子可能早慧，早早地展现出超乎常人的能力；有的孩子则可能相对沉稳，需要更多的时间和经验来逐渐成长。但无论哪种情况，都是孩子自然成长的体现，都值得被尊重和理解。

其次，每个孩子都是独一无二的。他们拥有自己独特的性格、兴趣、爱好和潜能。有的孩子可能擅长绘画，用色彩和线条表达自己的内心世界；有的孩子可能热爱音乐，用旋律和节奏抒发自己的情感；还有的孩子可能在数学、科学等领域展现出非凡的天赋。这些独特之处构成了每个孩子独特的魅力，也是他们未来成长和发展的重要基础。

作为家长，我们应该尊重每个孩子的成长节奏和独特性，给予他们足够的关爱、支持和引导。以下视频案例是以孩子性格的内向和外向为例。

【案例】

某央视纪录片，讲述了一个叫一一的女孩子的成长故事，她从小就习惯了一个人的独处方式，并没有不自在、不开心，但是当她上幼儿园的时候，她的园长非常担心，反复跟她强调朋友的重要性，团体生活的必要性。众人对她的评价——孤僻。然而当她上了初中，她开始喜欢上跟同学的相处，初中的时候已经交到了很多性格开朗的好朋友了，并没有发展不畅。

一一小时候是一个内向的孩子，因为在社会的某些层面和某些文化中，外向性格往往被视为更加优越或受欢迎的，这种认为外向更好的观念并不全面也不准确，因为无论是内向还是外向，每个人都应该被允许以自己的方式成长和发展，追求自己的梦想和目标。社会应该为每个人提供平等的机会和支持，让每个人都能够发挥自己的潜能，实现自我价值。性格内向本身并不会影响人的发展，真正会影响孩子发展的是父母对孩子性格的态度。纪录片中的小女孩一一是幸运的，她的爸爸妈妈也是偏安静型的性格，所以他们并没有觉得内向的一一有什么问题，所以对一一的态度是接纳的、喜欢的，并没有过多的担心，一一在这样的氛围下慢慢养成了许多优良的品质。当父母认识到每个孩子的性格都有其独特之处时，就不会把孩子的内向当成"问题"了。

2. 每个孩子的能力结构都有自己的独特之处

孩子的能力结构确实具有其独特之处，这是由他们的个体差异、遗传背景、成长环境以及个人经历等多种因素共同塑造的。根据现代心理学多元智能理论的研究，有的孩子可能在数学逻辑方面表现出色，而有的孩子则可能在语言艺术或空间想象上更为擅长。这种差异使得每个孩子在学习新知识时都有自己的优势和面临的挑战。有些孩子可能更容易表达自己的情感，善于与他人建立情感联系；而有的孩子则可能更加内敛，需要更多的时间和空间来处理自己的情感。有的孩子可能天生就具备良好的运动协调性，擅长跑步、跳跃等；而有的孩子则可能更喜欢静态的活动，如绘画、阅读等。能力结构可以进一步细化为多种具体的能力类型，如下表所示。

表 3-1　能力结构细分表

A 言语— 语言	B 音乐— 节奏	C 视觉— 空间	D 逻辑— 数理	E 身体— 动觉	F 自然— 观察	G 自知— 自省	H 交往— 交流
倾听 阅读 书写 演讲	辨别音调 唱歌 打节拍 会乐器	辨方向 走迷宫 搭乐高 画图	学数学 猜谜语 推理 下棋	运动 手工 表演 拆装东西	辨别植物 观察动物 适应世界	了解自己 自觉性强 自律	与人交流 与人合作 理解关心 他人

备注：请将自己擅长的事情数量填写到表格每一列的最下面

　　能力的独特之处如何体现呢？我们可以根据上表来找一找自己的能力数字系列。表格一共分为八列，八个字母分别对应着不同类别的能力。请根据自己的真实情况选择自己所擅长的事情，并将自己擅长的事情的数量填写到每一列最下方的表格里。比如：如果在 A 列对应的倾听、阅读、书写、演讲中这四件事情你都比较擅长，在 A 列最下面的表格里就可以填写数字 4；如果在 B 列里面辨别音调、唱歌、打节拍、会乐器这几件事情上你表现比较差，只会简单地打打节拍，那就在 B 列最下面填写数字 1，以此类推。按照自己的真实情况逐一填写，就会获得八个数字，将这八个数字做好记录，然后去和身边的家人、朋友或同事进行对比，看看能不能找到跟自己写的数字序列完全相同的一个人。假设你的数字序列是 41021143，看看能否找到和你的数字序列一模一样的人。一般来说，遇到一模一样的数字序列的概率是非常小的，这正体现了我们每个人的能力结构都是不一样的。

　　从多元智能理论的角度来分析，每个人的智能并不是单一的结构，每个孩子都有自己特有的能力结构，家长需要帮助孩子找到他最擅长的方面，然后加以引导和培养，这样孩子就可以找到自己擅长的能力方向，让自己得到更加有效和全面的发展，所以作为家长不应该总是把孩子某方面的能力不足当成是"问题"。

（三）孩子的行为在表达需求

孩子的行为在很大程度上是在表达他们的需求、感受或是对周围环境的反应。青春期孩子的"问题"行为往往是他们未被满足的需求的表达。家长可以通过观察和理解孩子的行为，深入孩子的内心世界，发现他们真正需要的是什么，然后去满足孩子合理的需求。通过这样的方式，家长可以帮助孩子更好地度过青春期，从而促进孩子的健康成长。

孩子的行为表达需求可以用心理学上的冰山理论来进行解释。冰山理论，作为萨提亚家庭治疗概念中的一个重要概念，实际上是一个隐喻，它指一个人的"自我"就像一座冰山一样，我们能够看到的只是表面的一部分——行为，而更大一部分的内在世界却藏在更深层次，不为人所见，恰如冰山一般。如图3-1所示：水平线相当于水平面，浮在水平面上的只是冰山一角，象征着能够被看到的每个人外显的行为，这些行为是可以被直接看见的，而更多行为都是隐藏在水面之下，是看不到的。

冰山理论提醒我们，孩子的行为只是他们内心世界的一小部分外在表现。家长需要超越表面的行为去深入了解孩子的感受、观点、期待和渴望。这意味着家长需要花时间倾听孩子的想法，关注他们的情绪变化，并尝试理解他们行为背后的原因。尤其是当孩子出现我们认为的"问题"行为时，家长更需要深入地去思索，出现这个"问题"行为背后的原因是什么。

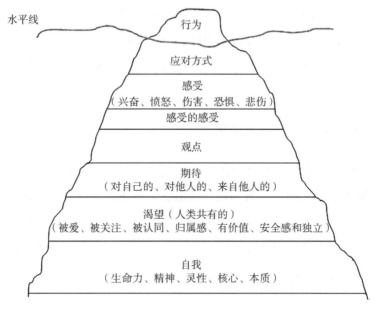

图 3-1 冰山理论图

【案例】

初二的小文，对上学产生了强烈的抵触情绪，每天早上去学校都变得异常艰难。他常常找各种理由拖延时间，甚至有时会假装生病不去上学，有时到了学校也以身体不舒服为由让家长到学校来把自己接回家。若用冰山理论图来分析小文的行为，孩子的外显行为是不愿意上学，经常找理由拖延或逃避；在学校表现不积极，对学习失去兴趣。家长需要反复催促小文起床上学，并担心他的学业和未来，有时还会因为小文逃避上学的行为而生气甚至会责备他。

小文"问题"行为背后是要表达什么需求呢？小文可能感到学习压力大、课程难度增加、与同学或老师的关系紧张等，这些负面情绪逐渐积累导致了他对学校的抵触。小文外显的行为或许是在表达内心深处的渴望，希望自己能够被理解、被支持，他需要一个可以倾诉和提供指引的人。他渴望找到学习的乐趣和意义，重新找回对学校的热情和兴趣。

这个时候他的家长要尝试站在小文的角度去理解他的感受和需求，与小文进行深入沟通，了解他产生厌学情绪的具体原因，并在这一过程中保持耐心和理解，避免指责和批评。当他内在的需求得到了满足时，逃避学校的"问题"行为也会逐渐减少。

青春期的孩子容易与父母产生冲突，其实也是类似的道理。青春期孩子常常表现出叛逆、冷漠、不合作等行为，这些行为往往直接触发了与父母的冲突。青春期的孩子希望自己是一个独立的个体、拥有独立的人格，他们就需要通过表达和父母不一样的观点来体现自己长大了。所以青春期孩子与父母产生亲子冲突行为的背后是在表达内心需求：希望自己的观点被父母看到，希望自己的观点被父母认可、尊重。当这些需求得到满足，亲子冲突这样的"问题"行为也会变少，家庭关系也就会变得更加融洽。

（四）成长遇到了现实的阻力

1. 学生成绩遭挫败

青春期的孩子身体、心理都会遭遇巨大变化。在这个过程中，孩子们往往会遇到多种现实的阻力，这些阻力可能来自家庭、学校、社会以及他们自身。

【案例】

小美是一名初中生，小学时期的她学习成绩一直名列前茅，但进入初中后，随着学习难度的增加和竞争的加剧，她感到前所未有的压力。小美对自己有着极高的期望，希望能够在每次考试中都取得优异成绩，但现实往往不尽如人意，几次测试自己的成绩都很不理想。长时间的紧张学习和高期望值的压力导致她出现了焦虑、失眠等问题，并开始怀疑自己的能力，整日都非常沮丧，甚至在课堂上也反复担忧自己考试可能出现的失误，连老师都看出来她反常的行为。

学业压力和过高的自我期望构成了小美成长的现实阻力。她需要学会调整自己的心态，设定合理的目标，并寻找有效的学习方法来应对压力。

2. 网络成瘾添苦恼

还有孩子网络成瘾是令现在很多家长都头痛的一个问题，网络成瘾的孩子可能是在现实中遇到了什么样的阻力呢？

【案例】

小明是一名初中二年级的学生，从上初一开始父母就给他配备了智能手机，起初，小明都能遵守和父母的手机使用约定，只是偶尔在课余时间上网浏览信息、玩一些小游戏来放松自己。然而，随着时间的推移，他发现自己越来越依赖手机，逐渐难以控制上网的时间和频率。

小明的父母平时工作繁忙，晚上回家也往往身心疲惫，对小明的关注相对较少，后来发现小明网络成瘾后，又开始过度控制，反而激起了小明的反感和反抗。尤其是进入初二之后学习难度和作业量都有所增加，小明在学业上遇到了一些困难，特别是数学和英语成绩下滑明显，又没有特别好的方法来应对。面对家长的期望，他感到压力很大，上网可以让他逃避现实的学习压力。同时，在网络世界中，小明找到了归属感和成就感。

网络成瘾的孩子可能在现实生活当中没有得到认同、尊重，在现实中他可能不受同伴欢迎或者经常感到不开心。所以他可能需要在网络的虚拟世界当中找到一些存在感、成就感、安全感和归属感等等。

当孩子出现行为问题时，正是父母需要高度重视的信号。首先，父母一定要积极地去观察孩子的日常表现，深入地了解孩子的内心世界，判断孩子是否遭遇了一些现实中的阻力或者困难。在孩子的成长过程中，有些看似是问题的现象可能只是假问题，当然也可能是孩子遇到了实实在在的真问题，比如他不想去上学有可能是在学校遭受了霸凌，或者在学习上遇到了难以克服的困难等。

无论是成长中的假问题，还是棘手的真问题，父母都不能忽视更不能逃避。父母应该主动地站出来，与孩子站在同一战线上，共同去面对这些问题，一起寻找解决的办法。因为在孩子的成长道路上，父母是孩子最坚实的依靠。当孩子面对的是假问题时，父母的陪伴和引导可以帮助孩子顺利度过这个特殊的成长阶段，让孩子感受到父母的理解和支持，从而更加健康自信地成长。而如果是真问题，那父母的参与就更为关键了，可以凭借自己的经验、资源和智慧，与孩子携手克服困难，让孩子知道自己不是孤单一人在面对问题，增强孩子解决问题的能力和面对困难的勇气。

三、解决"问题"行为之方法

（一）接纳孩子——向孩子表达爱

接纳青春期的孩子是一项尤为重要的任务，因为青春期是孩子身心发生巨大变化的时期，他们正在经历自我认知、情感波动、身份探索和社会适应等多方面的挑战。对如何接纳青春期孩子有如下的一些建议。

第一，理解青春期的变化。青春期是一个正常的生理和心理发展变化的阶段，认识到这些变化是成长的一部分，有助于我们以更宽容和理解的心态去接纳孩子。

第二，尊重孩子的个人隐私和个人空间。青春期孩子开始更加注重个人隐私和个人空间，他们可能希望有更多的自主权来决定自己的穿着、发型、社交活动等。家长应该在确保他们的安全和健康的前提下尊重孩子的选择，给予他们适当的自由。

第三，倾听孩子的想法和感受。青春期孩子常常会有许多新的想法和感受，他们渴望被理解和认同。家长应该耐心倾听孩子的想法，并给予积极的反馈和支持。

第四，鼓励孩子表达自己的观点和意见。青春期是孩子形成独立思考能力和批判性思维的重要时期。家长应该鼓励孩子表达自己的观点和意见，即使这些观点和意见可能与自己的不同。

第五，提供适当的引导和支持。当孩子面临困惑或挑战时，家长可以给予建议和鼓励，帮助他们找到解决问题的方法。同时，也要关注孩子的情感需求，给予他们足够的关爱和支持。

第六，接纳孩子的不完美。青春期的孩子正处于成长的过程中，他们可能会犯错或做出不理智的决定，也会有许多家长难以接受孩子的不良情绪。家长应该以宽容的心态去接纳孩子的不完美，理解他们是在不断学习和成长的过程中。通过给予孩子支持和帮助，可以让他们从错误中吸取教训，成为更加成熟和自信的人。

"接纳"并非指面对孩子错误时不会生气的单一表现，我们在此强调的"接纳"是一种积极的态度和理念。

作为家长，要认识到错误和失败是孩子成长过程中的自然组成部分。错误和失败可以帮助孩子理解世界的运作方式，并学会适应和调整。父母不要畏惧孩子的失败，而要把孩子成长过程中遭遇的失败视作特别的礼物，允许孩子犯错误并鼓励和帮助孩子走出失败。孩子只有"输得起"才能从失败中汲取力量，赢得人生的精彩。

孩子的情绪被接受时，他们会更愿意去调整自己的行为。接纳孩子的负面情绪是陪伴孩子成长过程中至关重要的一环，它能够帮助孩子培养情绪管理的能力，增强亲子之间的信任与沟通。

【案例】

小林是一名初中三年级的学生，面临着升学的压力。某天晚上，他因为一道难题解不出来，加上最近的考试成绩不理想，心情异常烦躁。当他母亲进房间询问他是否需要吃点水果时，小林突然大发雷霆，将书本和笔摔了一地，并大声抱怨说："你什么都不懂，别烦我！"

小林的父母感觉到被冒犯并立即愤怒地反驳："我怎么不懂了？我这么辛苦都是为了谁？你怎么能这样跟我说话！"还指责小林的不懂事和不知感恩，强调作为父母为他付出了多少努力和做出多少牺牲。

小林看到父母的反应，感到更加委屈和愤怒，他选择沉默，但心中对父母的信任和依赖感却大打折扣。此后，他更不愿意与父母沟通，甚至产生叛逆心理。

小林父母的应对方式会导致以下结果。

亲子关系紧张：不接纳孩子的情绪表达，会让孩子感到自己的感受被忽视或否定，从而加剧亲子间的矛盾和隔阂。

孩子情绪问题加剧：孩子的负面情绪没有得到有效的疏导和理解，可能会积累成更严重的心理问题，如焦虑、抑郁等。

沟通障碍：长期的情感疏远会导致亲子之间的沟通变得越来越困难，家长难以了解孩子的真实想法和需求，孩子也难以感受到家长的关爱和支持。

这些表现可能就是父母或者别人眼中的"问题"行为。父母应该进一步理解孩子的抱怨也许并非针对父母，而是源于对自己不懂的题目而生出的气恼。孩子在面对难题时，束手无策，内心挫败，以看似对父母发火的方式进行宣泄，实则只是对自我能力不足的无奈。父母应理解孩子，以耐心和关爱帮助孩子平复心情，共同寻找解决问题的方法。

（二）看见孩子——转变教育观念

当家长未能看见并满足孩子的需求时，孩子可能会通过问题行为来表达自己的不满和困惑。这种行为往往是一种非言语的沟通方式，孩子试图通过这种方式引起注意或满足自己的需求。

孩子渴望得到关注、理解和爱。如果他们感到被忽视或不被理解，可能会通过反抗、发脾气或寻求负面关注来填补这一空缺。青春期孩子特别重视同伴关系，如果他们在社交方面遇到困难或感到孤独，可能会通过欺凌、挑衅或逃避社交来应对。青春期是孩子探索自我身份的重要时期。如果他们感到迷茫或不确定自己的价值，可能会通过叛逆、挑战权威或尝试危险行为来寻找自我认同感。面对繁重的学业任务和考试压力，孩子可能会感到焦虑和挫败。如果家长过于强调成绩而忽视孩子的心理需求，孩子可能会通过逃避学习、拖延或反抗来应对。青春期孩子渴望独立和自主，希望能够在一定程度上由自己做决定。如果家长过度控制或干涉他们的生活，孩子可能会通过反抗、秘密行动或挑衅来争取自由。

看见青春期孩子的需求需要家长具备高度的敏感性和理解力。通过倾听孩子的声音、关注他们的情感、社交和独立需求以及建立良好的家庭氛围等方式，可以更好地理解和满足孩子的需求，帮助他们健康、快乐地度过青春期。

我们可以尝试用以下的方法来更好地看见孩子的需求。

1. 倾听孩子的声音

给予孩子充分的时间和空间来表达自己的想法和感受。当孩子说话时，我们要全神贯注地听，避免打断或急于给出建议。通过倾听，我们可以直接了解孩子的需求和困扰。我们和孩子沟通时多问一些开放性问题，如"你今天感觉怎么样？"或"有什么事情让你感到开心或难过吗？"，这样的问题可以鼓励孩子分享更多信息，帮助我们更深入地了解他们的需求。

2. 观察孩子的行为变化

注意观察孩子的行为变化，包括他们的面部表情、肢体语言以及日常活动的习惯等。这些细微的变化往往能反映出孩子的内心需求，将孩子的行为与其所处的情境联系起来，尝试理解他们行为背后的原因和需求。

3. 互动与沟通

与孩子建立信任关系，让他们知道自己可以信任和依赖你。通过积极的互动和沟通，可以加深彼此的了解和信任，使孩子更愿意分享自己的需求和想法。家长可以与孩子分享自己的生活经验和感受，同时也鼓励他们分享自己的经历和需求。通过双向的交流和反馈，可以增进彼此的理解和认同。

4. 了解孩子的兴趣和需求

了解孩子的兴趣爱好和特长，关注他们在这些领域的发展。通过参与孩子的兴趣活动，可以更深入地了解他们的需求和期望。每个孩子都是独一无二的个体，尊重孩子的个性差异，理解并满足他们的个性化需求，有助于促进他们的全面发展。

即使当我们看到孩子出现了一些"问题"，也不要着急，要试着从孩子的行为或问题中发掘其潜在的积极面，这就是积极诠释，即看见孩子问题背后的正面意义，是一种积极、正面的教育方式，以下是一些具体的方法和建议。

一是，理解孩子的行为动机。每个孩子的行为背后都有其特定的动机和原因。当孩子出现问题行为时，家长首先要做的是理解这些行为背后的动机，而不是简单地进行批评或指责。通过理解孩子的动机，我们可以更准确地把握他们的需求，从而给予更有针对性的帮助和支持。

二是，发掘问题行为中的积极面。在理解孩子行为动机的基础上，我们要努力发掘问题行为中的积极面。例如，孩子可能因为好奇心强而做出一些破坏性的行为，但这也表明他们有着强烈的探索欲和求知欲。如果我们能够引导孩子将这种探索欲转化为积极的学习动力，就可以促进他们的智力发展和创造力提升。

三是，采用正面肯定的方式与孩子沟通。与孩子沟通时，我们要尽量采用正面肯定的方式，避免使用消极负面的语言。例如，当孩子犯错时，我们可以说："我知道你不是故意的，而且我相信你能从这次经历中学到很多东西。"这样的沟通方式既表达了对孩子的理解，又鼓励了他们积极面对错误并从中成长。

四是，关注孩子的优点和长处。每个孩子都有自己的优点和长处，家长和教育者要时刻关注孩子的优点和长处，并给予充分的肯定和赞扬。这样可以增强孩子的自信心和自尊心，使他们更加积极地面对生活中的挑战和困难。

五是，提供积极的反馈和支持。当孩子取得进步或做出积极的行为时，我们要及时给予积极的反馈和支持。这种反馈和支持可以是言语上的赞扬，也可以是行动上的奖励。通过积极的反馈和支持，我们可以进一步强化孩子的积极行为，促进他们的健康成长和全面发展。

六是，树立积极的教育观念。家长要树立积极的教育观念，相信每个孩子都有无限的潜力和可能性。我们要以开放、包容的心态去看待孩子的成长过程，鼓励他们勇敢地尝试和探索未知领域。同时，我们也要不断学习和提升自己的教育能力，以更好地满足孩子的成长需求。

比如，孩子早恋背后有什么样的意义呢？我们可以试着对青春期孩子的早恋进行积极诠释：恋爱是孩子情感发展过程中的一个自然阶段。在这个过程中，孩子开始学会如何与人建立亲密关系，处理情感波动，理解爱与被爱的感受。这是他们学习如何在人际关系中表达自己、理解他人和建立情感边界的重要机会。与异性交往或许能促使孩子学会与异性沟通、协商和解决问题，这些技能对于孩子未来的社交生活和职业发展来说都是宝贵的。通过与异性的交往，孩子可以更深入地了解自己的情感需求、兴趣爱好和价值观。这种自我认知有助于他们形成更加清晰和成熟的自我认同，为未来的人生选择打下基础。早恋关系中的孩子可能会开始承担一些责任，比如关心对方的感受、维护关系的稳定等。这种责任感的培养对于他们的成长是非常重要的，可以帮助他们学会如何对自己和他人负责。与异性建立关系并维护这种关系需要一定的社交自信。通过早恋，孩子可以在实践中增强自己的社交自信，学会如何在社交场合中表现自己，如何与他人建立良好的关系。

总之，积极诠释是一种积极、正面的教育方式，通过理解孩子的行为动机、发掘问题行为中的积极面、采用正面肯定的方式与孩子沟通、关注孩子的优点和长处、提供积极的反馈和支持以及树立积极的教育观念等方法，我们可以更好地了解孩子问题背后的正面意义，促进他们的健康成长和全面发展。

当我们能够转变教育观念，就会发现孩子的"问题"似乎也不再是"问题"了。

（三）审视自己——与孩子共成长

1. 审视需求，做更好的自己

陪伴青春期的孩子，并在这个过程中审视自身需求以成为更好的自己，是一项既充满挑战又极具意义的任务。青春期是孩子身心发生巨大变化的时期，他们开始更加独立地思考、感受世界，并逐渐形成自己的价值观和人生观。作为家长，我们需要在理解和支持孩子的同时，也不忘自我成长和提升。家长，应该是一位引导者、陪伴者，而非控制者、上位者。我们要看到青春期的孩子需要更多的自由和空间去探索自我，因为对孩子的期望要符合他们的实际能力和兴趣，避免过高的期望给他们带来过大的压力。面对青春期的孩子的"问题"，我们感受到了挑战的压力和情绪的波动，那么就需要重视自我的成长，一方面保持自己的兴趣爱好，追求个人发展；另一方面不断学习不断进步，可以让我们能够更加笃定，更加自信地用较平和的心态管理自己的情绪，保持冷静和理性同时，清楚关于青春期孩子的心理、生理变化以及教育方法等方面的知识，以便更好地帮助孩子，即解决所谓的"问题"。

2. 审视自己的行为，做更好的父母

视频《孩子就是我们的一面镜子》：

父母每天都在做正确的事吗？孩子每天其实都在模仿着父母。当父母随意将香蕉皮扔到地上的时候，孩子也会随意丢果皮；当父母随手把喝掉的啤酒罐扔到地上的时候，孩子也会将喝过的饮料罐扔到地上；当父母面目可憎地跟别人争吵的时候，孩子也学会了随意指责、辱骂别人……

作为父母我们要时刻审视自己的行为，做更好的父母，成为孩子的榜样。因为，作为他们生命中最重要的他人，无论是好的还是坏的行为他们都会模仿学习。

有一项关于中学生亲子关系的小调查，调查中的第一个问题是"你认为父母爱你吗？"，有 95% 以上的孩子都会回答"爱"。第二个问题是"父母爱你的方式你喜欢吗？"，只有 50% 左右的孩子表示是喜欢的。看来很多孩子会用客观理性的态度去看待自己与父母的关系，去看待父母的教育方式。第三个问题是"你最不能接受的父母的行为有哪些？"，经过统计，以下的答案就是孩子们最不接受的父母的行为的前五名。

①总说别人家的孩子好。

②不守信用。

③只有否定，没有表扬。

④父母把自己当出气筒。

⑤偷看隐私。

"总说别人家的孩子好"稳居榜首，的确很多父母都想通过与别人家孩子进行比较，让自己的孩子变得更加优秀，但是在比较当中，孩子们听到的却是父母对自己的不接纳和否定。第二是父母"不守信用"，有些父母工作很忙，很多时候的确没有做到答应孩子的事情，如果父母真的做不到给孩子的承诺时，可以向孩子做一个慎重的、严肃的、认真的解释和道歉，以及跟孩子讨论如何弥补等。第三是"只有否定，没有表扬"，很多父母认为多挑出孩子的不足可以激励孩子变得更好，于是习惯否定孩子，其实每一个人都是需要接纳和肯定的，当孩子感受到接纳和肯定之后，自然就会呈现出更多的动力。第四是"父母把自己当出气筒"，家长在工作上遇到挫折或者心情不好的时候，就会拿孩子当出气筒，发泄自己的情绪。第五是部分家长喜欢偷看孩子的隐私。这些孩子选出来的最不能接受的父母的行为，可以提示家长更好地审视自己的行为。

陪伴青春期的孩子是一项艰巨的成长任务，当我们发现孩子出现一些行为"问题"的时候，不要着急，先去判断孩子表现出来的是真问题，还是假"问题"。如果是与其年龄特点相匹配的假"问题"，我们就不需要担心，只需要调整一下心态就好。如果是真问题，那就去了解孩子行为问题的背后是不是在表达什么需求？还是孩子遇到了现实中的阻力？这时候，不要去指责孩子，而是要考虑如何支持、帮助孩子。

教育是一个持续的过程，在生活中无论孩子出现什么样的问题，作为父母都可以尝试着走近孩子，帮助孩子一起克服困难，和孩子的"问题"一起成长，做更好的父母！

课程内容理论

一、多元智能理论

传统的智能理论认为个体的智能是单一的、可量化的，而美国哈佛大学教育研究院的心理发展学家霍华德·加德纳不赞同这种说法。他曾在 1983 年出版的《智力的结构》一书中提出多元智能理论，认为智能是在某种社会或文化环境的价值标准下，个体用以解决自己遇到难题或生产及创造出有效产品所需要的能力。多元智能理论强调个体的九种相对独立的智能，即具备语言智能、逻辑数学智能、空间智能、肢体运作智能、音乐智能、人际智能、内省智能、自然探索智能和存在（对生命、死亡和终极现实的反思）智能。

多元智能理论认为每个个体至少拥有一项优势智能项目，即拥有自己擅长的项目，比如有的人展现出过人的舞蹈天才或是绘画天才，该理论强调个体的智力各有特色，有自己独特的表现形式，有自己的擅长的学习项目和学习方式。因此，教育应尊重学生个体的差异性，注重以个体为中心的教学观和多元情景化的评价观。应树立优势视角的学生观，校园中没有所谓的"后进生"，有的更多是各具智力特点、学习方法和发展方向的可塑之才。多元智能理论同时强调个体的各项能力存在形式的相对独立性，现代社会需要的更多是各种专业技术人才，这就要求我们的教育需要适应时代的要求，注重学生创新能力的培养和发展。此外，加德纳多元智能理论认为每一个个体的不同优势智力的充分发展才能使个体的特殊才能得到充分展示，个性得到充分体现，才能保证特殊个体适应并立足于当今这个具有个性化的时代。因此，学校应该营造良好的氛围鼓励学生充分展示自己的特殊才能。最后，加德纳的多元智能理论强调优势智力项目与弱势智力项目是相对的，或许有的学生存在弱势智力项目，但每一名学生在充分展示自己的优势智力项目时，能够将运用优势项目的能力迁移到弱势智力项目中，从而最大限度地促进弱势智力项目的发展。

在加德纳的多元智能理论支持下，教育观念的转变、教育的培养需要多元化的视角与方式。尊重学生个体多元化，引导学生多元化智力发展，促进每个人各种智力的全面发展，让个性得到充分发展和发扬，从而更好地适应多元化发展的新时代。

二、冰山理论

弗洛伊德在 1895 年与约瑟夫·布鲁尔合作发表的《歇斯底里研究》中提出了著名的冰山理论，萨提亚则在家庭治疗中提出了冰山理论，认为一个人的"自我"就像一座冰山，我们能看到的行为只是表面的一部分，而更大的内在世界藏在更深层次中。冰山理论是萨提亚家庭治疗中的一个重要的基石，冰山喻指个体的自我，表现在外被观察到的只是很少的一部分，更多的内容隐藏在海面之下。这些自我成分往往是个体做出某种行为的深层原因，但又因为未被察觉而不能很好地得到满足，从而导致个体出现一系列的心理冲突，表现出各种心理和行为的不良反应。如果能够去探寻隐藏的自我成分，解决个体被压抑的冲突，那么就能真正帮助个体改善心理状态和行为模式。

冰山的结构如同人的几重意识。在海面上，自我的成分只有行为。行为是我们能够观察到或者被察觉到的行动。比如，一个孩子不做作业，父母就一直唠叨。在行为与深层的自我成分之间，存在的是个体的应对方式。这主要是指我们对待他人或自己行为的反应模式，比如讨好、指责、超理智等方式。看到孩子不做作业，父母可能会指责孩子，也可能会拿奖品哄孩子。不同的人面对同一个行为有不同的应对方式。一般情况下，个体不能察觉到自己的应对模式，而要进入深层的自我剖析，需要从认识自己的应对方式开始。

藏在海面下的深层自我，从上到下存在五个不同的层次："感受"以及"感受的感受""观点""期待""渴望""自我"。感受强调个体面对环境和事件产生的情绪体验，比如当看到自己考试失败时，我们会有什么样的感受体验？伤心、生气、愧疚、害怕，这些感受都有可能产生，我们的感受是丰富、复杂的，并且几乎每时每刻都在产生感受。明白自己的感受，才能知道自己的态度，才能打开内心的大门。此外，感受的感受是萨提亚疗法中的重点。如果说感受是对事件的情绪体验，感受的感受则是对个体自我当下状态的情绪体验。比如，考试失败的感受是伤心，而感受的感受可能是无助。知觉感受的感受，可以明确自己出现某种感受的原因和内心的深层需求。

观点指个体对事物的想法、解释等，是人生观、价值观、世界观的综合。我们对事物的观点，能够揭示我们内心存在的价值标准和期待。面对考试失败，产生生气和愧疚这两种不同感受的学生，就有不同的观点。前者可能认为自己竟然发挥失常了，这是不符合自己能力的事情；后者可能认为让老师和父母失望了，因而不敢面对他们。对于考试，他们一个认为是证明自己实力的机会，一个认为是获得长辈赞许的工具。可以看到，不同的感受可能源于不同的观点。

想要什么，想发生什么，这是我们的期待。每个人都有自己的期待，而每个人也都希望能满足自己的期待。期待被实现了，就不会产生能量凝结；期待不被理解和实现，就会停滞下来，产生情结。个体会对不能实现自己期待的事件进行评价，进而产生负面的感受，表现出不良的反应。比如，获得自尊的期待没有在考试中实现，那么个体将会对考试产生负面的评价，进而出现焦虑或者轻视考试的行为。

不同个体之间的渴望是共有、共通的。人的基本渴望和基本需要都是大同小异的，这使得我们能够互相理解和互相支持。渴望的更深一个层次，就是自我的核心，也称为真正的自我。这是灵魂、生命能量的所在，是生命的最高境界。如果个体的自我丰盈，灵魂充实，那么就不会被外界所干扰，也不会被自我上面层次的冲突阻碍。这时候的生命是纯洁畅通的。但是这一点往往很难达到，所以我们可以重点关注前五个层次的冲突，来寻求较为容易的解决之道。

萨提亚的冰山理论，把精神分析流派的潜意识冰山细化了，更具体地划分和描述出潜意识冰山的成分和结构。就像往下的阶梯，一层层带领人们走向自我的本质。在这一途中，逐渐发现自己、靠近自己，也帮助和温暖自己。

课程互动体验

活动一：正话反做

（一）活动目的

（1）作为课前热身活动，调动听众参与活动，放松心情。

（2）活动内容与"问题"主题相契合，为本课学习做好铺垫。

（二）操作流程

1. 第一步：规则解读

（1）引导者发出一个指令，参与者要按照相反的方式去做。比如指令是"点头"，那参与者就要摇头，指令是"站起来"，参与者就要坐下来。如果参与者本来就是坐着的，听到"站起来"的指令保持不动就可以了。

（2）如果参与者做错了，就对身边的人说一句"对不起，我错了"。

2. 第二步：按照指令做动作

（三）注意事项

从这个游戏当中，可以发现每个人都可能犯错误，只要勇于承认并改正就好了。在实际的生活中，作为成长中的孩子也可能会"犯错"，我们只要能帮助孩子去面对、处理他们所犯的"错"，孩子就可以在"错误"中学习、成长。

活动二：多元智能

（一）活动目的

（1）作为课程中的动手活动，调动听众参与互动，提升听课积极性。

（2）活动内容涉及每个孩子的能力结构都是独一无二的，让家长有亲身体验。

（二）操作流程

1. 第一步：规则解读

（1）表格一共分为八列，分别对应着八个字母和几件事情。

（2）参与者根据自己的真实情况判断这些事情是否是自己所擅长的，并且将自己擅长的事件的数量填写到每一列最下方的空格里。

2. 第二步：对应表格（表 3-2）进行填写

表 3-2　课程互动体验表

A 言语—语言	B 音乐—节奏	C 视觉—空间	D 逻辑—数理	E 身体—动觉	F 自然—观察	G 自知—自省	H 交往—交流
倾听 阅读 书写 演讲	辨别音调 唱歌 打节拍 会乐器	辨方向 走迷宫 搭乐高 画图	学数学 猜谜语 推理 下棋	运动 手工 表演 拆装东西	辨别植物 观察动物 适应世界	了解自己 自觉性强 自律	与人交流 与人合作 理解关心 他人

3. 第三步：选完之后

选完之后，您可以把自己选的数字记录下来，然后去问问身边的家长或者课后问问自己的家人、朋友或同事，看看能不能找到跟您的数字序列完全相同的人。

（三）注意事项

每个人的智能结构都是不一样的，并不是单一的结构。提醒家长们在互动过程中不用介意自己能力不足的部分，以平和的心态面对自己的能力结构，也更清晰地了解每一个孩子都有自己独特的能力结构，每一个孩子都有自己擅长和不擅长的能力领域。

课程研究报告

一、调查问卷

1. 您是孩子的?（　　　）

A. 母亲 　　　　　　　　　　　　B. 父亲

C. 其他监护人＿＿＿＿＿＿

2. 您目前读初中的孩子的性别?（　　　）

A. 男 　　　　　　　　　　　　B. 女

3. 目前您与孩子的关系?（　　　）

A. 非常好 　　　　　　　　　　　　B. 比较好

C. 有点不好 　　　　　　　　　　　　D. 非常不好

4. 目前您感觉对孩子的了解程度如何?（　　　）

A. 非常了解 　　　　　　　　　　　　B. 比较了解

C. 有点不了解 　　　　　　　　　　　　D. 非常不了解

5. 目前您的孩子有哪些行为问题让您头疼?（多选题）（　　　）

A. 学习问题 　　　　　　　　　　　　B. 脾气暴躁

C. 沉迷手机 　　　　　　　　　　　　D. 不与父母沟通

E. 厌学 　　　　　　　　　　　　F. 早恋

G. 性格太内向 　　　　　　　　　　　　H. 其他＿＿＿＿＿＿

I. 无

6. 孩子出现问题时，您通常的处理方式是?（多选题）（　　　）

A. 打骂 　　　　　　　　　　　　B. 讲道理

C. 家庭会议 　　　　　　　　　　　　D. 不处理

E. 其他＿＿＿＿＿＿

7. 孩子出现问题时，您觉得谁负主要责任，且应该做出改变?（　　　）

A. 孩子自己 B. 父母或其他监护人

C. 孩子和父母或其他监护人都是

D. 看情况_____

8. 您目前主要通过哪些渠道掌握或学习处理孩子问题？（多选题）（   ）

A. 自己的父母和长辈 B. 朋友或同事等同龄人

C. 自主学习（书籍、网络等） D. 家庭教育类培训

E. 其他_____

9. 您觉得目前的处理方式的效果如何？（   ）

A. 非常有效 B. 比较有效

C. 比较无效 D. 完全无效

10. 如果有方法能帮助您更好应对孩子的行为问题，您觉得对您来说最重要的是？（   ）

A. 了解青春期的心理特点，明确孩子的这些行为表现是否正常

B. 看到孩子的独特性，及时给予肯定和鼓励

C. 调整自己的情绪和心态，遇到问题能理智处理

D. 重新和孩子连接情感，修复亲子关系

E. 用平等的心态倾听孩子的想法，尝试理解孩子的感受

F. 其他_____

二、调查结果

本次调查总共收到1080份有效数据，其中母亲填写的有841份，父亲填写的为239份；其中男孩583人，女孩497人；七年级802人，八年级278人。

以下是本次调查结果数据。

1. 您是孩子的？

选项	小计	比例
A. 母亲	841	77.90%

续表

选项	小计	比例
B. 父亲	239	22.10%
C. 其他监护人	0	0%
本题有效填写人数	1080	

2. 您目前读初中的孩子的性别？

选项	小计	比例
A. 男	583	54.00%
B. 女	497	46.00%
本题有效填写人数	1080	

3. 目前您与孩子的关系？

选项	小计	比例
A. 非常好	360	33.33%
B. 比较好	554	51.23%
C. 有点不好	166	15.37%
D. 非常不好	0	0%
本题有效填写人次	1080	

4. 目前您感觉对孩子的了解程度如何？

选项	小计	比例
A. 非常了解	290	26.85%
B. 比较了解	678	62.78%
C. 有点不了解	97	8.98%
D. 非常不了解	15	1.39%
本题有效填写人次	1080	

5. 目前您的孩子有哪些行为问题让您头疼？（多选题）

选项	小计	比例
A. 学习问题	748	69.26%
B. 脾气暴躁	346	32.04%
C. 沉迷手机	471	43.61%
D. 不与父母沟通	277	25.65%
E. 厌学	83	7.69%
F. 早恋	28	2.41%
G. 性格太内向	111	10.28%
H. 其他	55	5.09%
I. 无	125	11.57%
本题有效填写人次	1080	

6. 孩子出现问题时，您通常的处理方式是？（多选题）

选项	小计	比例
A. 打骂	235	21.76%
B. 讲道理	969	89.72%
C. 家庭会议	305	28.24%
D. 不处理	28	2.59%
E. 其他	97	8.98%
本题有效填写人次	1080	

7. 孩子出现问题时，您觉得谁负主要责任，且应该做出改变？

选项	小计	比例
A. 孩子自己	125	11.57%
B. 父母或其他监护人	277	25.65%
C. 孩子和父母或其他监护人都是	581	53.80%

续表

选项	小计	比例
D. 看情况	97	8.98%
本题有效填写人次	1080	

8. 您目前主要通过哪些渠道掌握或学习处理孩子问题？（多选题）

选项	小计	比例
A. 自己的父母和长辈	221	20.46%
B. 朋友或同事等同龄人	498	46.11%
C. 自主学习（书籍、网络等）	858	79.44%
D. 家庭教育类培训	388	35.93%
E. 其他	0	0%
本题有效填写人次	1080	

9. 您觉得目前的处理方式的效果如何？

选项	小计	比例
A. 非常有效	83	7.69%
B. 比较有效	665	61.57%
C. 比较无效	318	29.44%
D. 完全无效	14	1.30%
本题有效填写人次	1080	

10. 如果有方法能帮助您更好应对孩子的行为问题，您觉得对您来说最重要的是？

选项	小计	比例
A. 了解青春期的心理特点，明确孩子的这些行为表现是否正常	235	21.76%

续表

选项	小计	比例
B. 看到孩子的独特性，及时给予肯定和鼓励	83	7.69%
C. 调整自己的情绪和心态，遇到问题能理智处理	291	26.94%
D. 重新和孩子连接情感，修复亲子关系	28	2.59%
E. 用平等的心态倾听孩子的想法，尝试理解孩子的感受	443	41.02%
F. 其他	0	0%
本题有效填写人次	1080	

三、调查分析

（一）整体情况分析

本次调查显示，整体来说大部分家长和青春期的孩子相处愉快（非常好和比较好的共约 85%）；家长们对孩子的了解程度也还不错（非常了解和比较了解的共约 90%），同时在参与调查的家长中也有个别表示"非常不了解"自己的孩子。由此可见，整体来说家长们和青春期孩子们的相处情况还是比较乐观的。

（二）让家长头疼的问题

在家长们头疼的问题中，选择学习问题的人最多，占参与人数的 69.26%，大部分家长都为孩子的学习问题而头疼，这可能跟中考压力有关。其次是沉迷手机，有 43.61% 的家长为此发愁，可见孩子们需要了解如何合理使用手机，家长们也需尽早学习如何帮助孩子合理使用手机。而票数第三、第四的分别是"脾气暴躁"和"不与父母沟通"，这有可能是孩子到了青春期的心理变化，家长们可以学习在亲子沟通中如何学会倾听、同理、共情，帮助孩子表达情绪，同时也让孩子更愿意和父母沟通，尤其是遇到重要事情的时候。当然，不与父母沟通有一部分也可能是父母不了解这个年龄阶段的特点所映射出来的焦虑和担忧。而对于"性格太内向""厌学"和"早恋"这三个问题，整体而言家长们担心得比较少。

（三）家长的处理方式

值得注意的是，孩子出现问题时，绝大部分家长都会选择"讲道理"的处理方式，这种方式有利有弊，要看家长怎么利用。对于青春期的孩子来说，可能会感受到说教和唠叨。有 28.24% 的家长会采用"家庭会议"的方式和孩子一起探讨。会用"打骂"方式处理的家长也不少，达到了 21.76%。用"打骂"方式处理可能映射出有的家长在遇到问题的时候自己的情绪比较容易失控。

约 79.44% 的家长喜欢用通过书籍或网络等自主学习的方式学习处理孩子的问题，其次是会和朋友或同事等同龄人交流请教。而参加家庭教育类培训的比较少，这可能反映出这类资源的匮乏，同时我们也需要进一步加大宣传力度，并把这些培训做到实处，进一步提升实效性。

对于自己的处理方式，大约有 30% 的家长对效果不太满意，所以这部分家长会有更大的动力参加家长课程的学习。

调查显示家长们更需要以下这几个方面的更加具体的方法指导：一是用平等的心态倾听孩子的想法，尝试理解他们的感受；二是调整自己的情绪和心态，遇到问题能理智处理；三是了解青春期的心理特点，明确孩子的这些行为表现是否正常。这也给我们的课程设计带来一些启发，今后会在课程开展中对方法指导部分有更深入的解答。

第 4 课 读懂孩子萌动的青春期

课程内容大纲

一、站在青春期的入口

（一）青春期孩子家长的困惑

（二）青春期孩子成长的困惑

二、青春期孩子的特点

（一）生理的变化

（二）心理的发展

三、读懂孩子萌动的青春

（一）尊重孩子的差异性

（二）与孩子一起谈性

（三）父母自身的成长

课程研修背景

孩子进入青春期后，如何对孩子进行教育，是很多家长都比较头疼的问题。如果父母对孩子要求过多，就可能会激起孩子的逆反心理，如果对孩子缺乏足够的尊重，就可能难以与孩子进行平等的交流，所以很多父母会抱怨教育青春期的孩子很难，使用了很多方法手段，但都达不到期望的效果。

我们要知道，青春期作为人生发展中一个特殊的时期，孩子的成人感、自我意识等心理特点都在这个阶段快速发展，他们也因此表现得越来越有主见，如果家长们仍然用他们小时候的方式方法对待相处，就容易导致亲子关系变得不够融洽，亲子关系的紧张也会导致家庭教育的效果大打折扣。

青春期孩子的生理变化最为明显，他们的身高、体形、声音等都会随着年龄快速变化。这个时候，多数孩子心理上也会出现不安、不自信。因此在外显行为的表现上，家长会觉得小学时期那个可爱、听话、友好的孩子变叛逆了、变尖锐了、变情绪化了，他们有时爱争论、爱跟他人"唱反调"，有时又沉默寡言，甚至是孤独抑郁。

这是因为青春期孩子的自我意识在不断增强，他们开始关注跟思考自我与他人、与社会的关系，也会不断自我怀疑、自我否定，在一些"人生大事"的问题上有自己一些稚嫩的但非常自我的见解，也会对那些找不到答案的思考感到迷茫和困惑。父母与他们虽然有天然的亲密关系，却因为年龄不同，阅历不同，思维、观念也都不一样，因此他们更渴望获得同龄人的共鸣与共情，也正因如此他们在这个阶段会远离父母等成年人。

在生活中，很多家长不了解孩子青春期的特点，在家庭教育中的做法并不科学、不合理，破坏了亲子关系，导致教育效果收效甚微，有时甚至还会产生副作用。因此，面对青春期孩子的教育，父母要改变以往的方式方法，让自己变得更聪明，更有智慧和耐心。

友好的沟通是教育青春期孩子的重要方法，进行平等的亲子交流，一定要学会正确关注和尊重孩子成长的心理需求。

　　基于此，本课程的设计旨在让父母了解青春期孩子的发育成长规律，理解孩子行为背后的原因，从而有针对性地开展家庭教育，全面助力孩子的成长。包容、轻松的成长环境对孩子非常重要，父母要接纳孩子的一切，包容孩子的不足和过错，多给孩子信任、爱、支持和肯定，这会让孩子开心成长，充满信心和力量。

课程实录文稿

青春期是孩子从儿童期向成年期过渡的重要阶段，充满了探索、挑战与自我发现。在这个阶段，孩子经历着复杂的心理与生理变化。随着性激素分泌增加，孩子会出现第二性征，并对自我身体形象变得敏感。在心理层面，孩子开始寻求独立，渴望被理解和尊重，同时也可能遭遇情绪波动、焦虑、抑郁等情感挑战。在社交方面，孩子开始构建更广泛的社交圈，对同伴关系尤为重视，同时也可能面临人际关系的冲突和困惑。

进入青春期的孩子，身体发育会出现显著变化，同时，也会出现心理上的变化。他们开始具备独立思考的能力，并渴望摆脱父母的"束缚"，追求独立。当父母认为孩子过于"自我"或"不尊重父母"时，往往会加强管理和控制，这导致许多孩子表现出逆反、固执、任性，有时甚至与父母发生冲突。此时，如果父母缺乏应对策略，一味采取强硬态度，最终可能会破坏亲子关系，甚至对父母与孩子之间的感情造成不可逆转的伤害。

因此，父母需要深入了解青春期孩子的阶段性特质及需求，以便更好地理解和应对青春期孩子出现的问题。

一、站在青春期的入口

站在青春期的入口，意味着孩子即将踏入一个充满变化、探索与成长的全新阶段。无论对孩子还是家长都是一种新的挑战。

（一）青春期孩子家长的困惑

面对青春期的孩子，家长的第一种感受往往是，这个阶段的孩子与以前相比有了很大的不同。小学时明明很乖很听话，但上了初中后，似乎就不再那么听从指挥了。有些家长发现，自家的孩子进入初中后，性格变化尤为明显，以前放学回到家总有说不完的事要跟爸爸妈妈分享，现在却常常关上房门，很少再和父母交流了。

1. 沟通方面的困惑

（1）代沟问题

年长的父母与青春期的孩子之间的代沟确实存在，这是由于父母成长的时代背景与孩子当前生活的环境大相径庭。例如，当代的父母在他们年幼时，生活中并没有如今众多的电子产品，而现在的孩子几乎整天与平板、手机、电脑等电子产品相伴。约80%的父母表示难以接受孩子对网络游戏、短视频等的痴迷程度，而孩子则觉得父母不理解自己的兴趣爱好，因此双方难以进行有效沟通。

（2）孩子的沉默与抵触

青春期的孩子常常变得沉默寡言，不愿意与父母分享内心的想法。当父母试图开启话题时，孩子可能会流露出抵触情绪。例如，父母想了解孩子在学校的情况，但孩子往往只是简单地回应"还好"，然后就不再多言，这让父母感到十分无奈，不知道如何才能真正走进孩子的内心世界。

2. 教育引导方面

（1）教育方式的转变

孩子年幼时，父母的指令式教育可能还颇见成效，但进入青春期后，这种方法便不怎么奏效了。父母意识到需要赋予孩子更多的自主权，却又担心孩子会因此偏离正轨。例如，当孩子想要自己决定穿什么衣服去学校时，父母可能会认为孩子的选择不符合学校的着装要求或不够得体，但又不确定是否应该强行介入。

（2）应对孩子的变化

面对孩子在青春期出现的各种新挑战，如早恋、成绩下滑等，父母往往感到困惑，却不知如何正确加以引导。例如，当孩子早恋时，父母若处理不当，可能会伤害到孩子的感情，进而影响亲子关系；而若置之不理，又担心孩子会因此受到伤害或学业受到影响。

3. 关系处理方面

（1）平衡权威与朋友角色

父母既希望在孩子面前保持权威，让孩子能够听从自己的合理建议，又渴望成为孩子的朋友，与孩子平等相处。然而，这两者之间的平衡确实难以把握。例如，当孩子犯错时，如果父母过于严厉地批评，可能会破坏与孩子之间的亲密感；而如果过于宽容，又难以体现父母的权威。

（2）与孩子同伴及家庭关系

父母在处理与孩子同伴的关系时常常感到困惑。当孩子带朋友回家时，父母不确定应以何种态度对待这些小客人。同时，在家庭关系中，青春期的孩子情绪变化可能会对家庭氛围产生影响，父母不知道如何调整家庭关系以适应孩子的变化。

家长理想中的青春期的孩子形象是：上进、健康、快乐、诚实、全面发展、身心健康，并具有自我规划能力。然而，现实中的青春期的孩子却往往表现得像一只小刺猬，冲动、脆弱，还会与家长顶嘴，有时甚至显得自以为是。理想与现实之间确实存在差距。

随着身心的不断发展，青春期的孩子也会遇到成长中的种种困惑。

（二）青春期孩子成长的困惑

青春期是孩子成长过程中的一个重要阶段，伴随着身体、心理和社会角色的多方面变化，孩子在这个阶段常常会遭遇诸多困惑。

第一，身体变化与性发育的困惑。青春期的孩子会经历显著的身体变化，如身高增长、体重增加、性器官发育等，这些变化对他们而言既剧烈又陌生，尤其是性发育的过程，如乳房发育、喉结突出、声音变化等。随着性发育的加速，孩子对性的兴趣和好奇心也日益增强，但由于可能缺乏正确的性知识和教育，他们可能会感到困惑和不安。

第二，心理变化与情绪波动的困扰。青春期的孩子开始更加关注自我，形成了独立的思考能力和判断能力，但同时也可能因为自我认知的不稳定而感到困惑。由于身体和心理的急剧变化，青春期的孩子的情绪容易波动，可能出现焦虑、抑郁、易怒等情绪问题。在这个阶段，孩子可能会面临理想与现实、独立与依赖等心理冲突，导致他们感到迷茫和困惑。

第三，人际关系与社交问题的迷惑。青春期的孩子更加重视同伴关系，但也可能因为交友困难、被排挤或遭受霸凌等问题而感到困扰。随着自我意识的增强，孩子与父母之间的冲突和分歧也可能增多，导致家庭关系紧张。

第四，对于学业压力与未来规划，孩子同样充满了迷茫。青春期的孩子面临着更重的学业负担和更高的学习要求，可能会因此感到巨大的学业压力。随着年龄的增长，孩子开始思考自己的未来规划，但由于对自我认知不足或对世界了解不够，他们往往会感到迷茫和不确定。

二、青春期孩子的特点

儿童心理学将孩子的成长划分为不同的阶段，青春期的孩子通常处于 10 岁至 20 岁之间。青春期是孩子身体快速发育的时期，伴随着性激素分泌的增加，孩子会出现第二性征，并对自身形象变得敏感。在心理上，孩子开始寻求独立，渴望被理解和尊重，同时也可能经历情绪波动、焦虑、抑郁等情感挑战。在社交方面，孩子开始构建更广泛的社交圈，对同伴关系尤为重视，同时也可能面临人际关系的冲突和困惑。这一时期的孩子正经历着身体、心理和社会性方面的显著变化，其特点可以概括为以下几个方面。

（一）生理的变化

身体发育迅速，青春期是孩子生长发育的高峰期，孩子在这一阶段身高、体重快速增长，第二性征（如男性喉结突出、体毛生长、声音变低沉等，女性乳房发育、骨盆变宽、声调变高等）逐渐显现。随着生理发育的日趋成熟，青春期的孩子的性意识逐渐觉醒。他们开始对异性产生浓厚兴趣，关注与性相关的话题，并可能产生性冲动和性好奇等。然而，由于知识和经验的欠缺，他们可能会面临性困惑或问题。

（二）心理的发展

1. 自我的发展

青春期是自我意识发展的第二个飞跃期。青少年开始更加关注自己的内心世界，思考关于价值观、兴趣爱好和未来规划等方面的问题。他们常常在内省中探寻"我到底是一个什么样的人？""我的特征是什么？""别人喜欢我还是讨厌我？"等议题。

青少年对自己的外貌产生强烈的关注，开始注意自己的形象，并可能因此产生焦虑或不自信等情绪。这种关注在一定程度上映射出青少年对自我价值的认知。青少年深切重视自己的学习能力和学业成绩，开始意识到学习对未来的重要性，并努力提升自己的能力。同时，他们也可能因为学业压力而感到焦虑或挫败。

青少年十分关注自己的人格特征和情绪特征，开始形成独立的个性，并尝试控制自己的情绪。然而，由于心理发展的不成熟，他们可能在情绪调节方面遇到挑战。青少年能够完全意识到自己是一个独立的个体，因此要求独立的愿望日益增强。他们渴望摆脱父母的束缚，自主做出决策并承担责任。但这种对独立性的追求往往伴随着与父母的冲突和矛盾。

一方面，他们特别渴望独立，觉得自己已经长大，不希望父母过多干涉，包括使用手机、网络，以及在周末与小伙伴外出玩耍等方面。另一方面，他们对父母依然保持着依赖，总希望父母能关心自己，注意到自己内心的变化。因此，青春期阶段的孩子表现出一定的矛盾性，他们既渴望独立，但又因尚未完全成熟而在某种程度上依赖于父母。

孩子的自我发展还体现在他们的叛逆行为上，这种"叛逆"是成长过程中必经的阶段，表明孩子开始有了自己的想法和主张。我们需要接纳孩子出现"叛逆"的情况。当然，有时孩子过度"叛逆"可能与家庭教育方式有一定的关联。

2. 情绪的表现

（1）情绪波动较大

青春期是情绪发展的过渡阶段，青少年在这一阶段经历了许多身体和心理上的显著变化。由于激素水平的剧烈波动，青春期孩子往往情绪波动较大，容易感到焦虑、沮丧、易怒或兴奋。他们可能对自我形象、同伴关系、学业成绩等方面过度关注，容易受到外界环境的影响，这使得情绪波动更为剧烈。这种情绪波动可能时而表现为兴高采烈，时而转变为沮丧低落，给人一种阴晴不定的印象。

（2）情绪反应较强烈

青春期的青少年在情绪反应上通常较为强烈。他们可能会因为一些微不足道的小事而产生极大的情绪反应，如狂喜、暴怒、极度悲伤或恐惧等。这种强烈的情绪反应往往与青少年缺乏经验和自信有关，导致他们难以控制自己的情绪，容易冲动行事。

（3）情绪表现的两极性

青春期的情绪表现呈现出两极性的特征。青少年的情绪反应可能时而极其强烈，时而又温和细腻。他们可能在一个瞬间从极端高兴转变为极端悲伤，或者在某个问题上采取极端的立场和态度。然而，在另一些情境下，他们也可能展现出温和、理智和体贴的一面。

（4）情绪调节能力的发展

青春期的青少年在情绪调节能力上正处于逐渐发展的阶段。他们开始学习如何控制自己的情绪，以避免冲动行为。然而，由于大脑发育尚未完全以及经验的不足，他们在情绪调节方面仍面临一定的挑战。因此，家长需要给予他们充分的理解和支持，帮助他们逐步学会有效地调节自己的情绪。

3. 性心理成熟

青春期性心理的发展可以划分为以下几个阶段。

（1）性别认同与自我意识的觉醒

随着青春期的到来，青少年开始明确自己的性别角色，并对自己的身体和性别特征产生强烈的认同感。他们逐渐意识到自己与异性的区别，并在心理上形成对性别角色的固定认知。这一阶段对青少年建立自我概念和形成独立个性至关重要。

（2）对异性的关注和情感的变化

青春期开始后，青少年会对异性产生更多的关注，这种关注可能伴随着生理上的冲动和情感上的波动。男生在这个阶段常常喜欢在异性面前展示自己，如渊博的知识和阳刚之气。例如，在参加篮球赛或足球赛等竞技体育运动时，如果有女生观战助威，男生往往会表现得更加勇猛，以展示自己的阳刚之气和男性力量。而女生则更注重自己的衣着和外貌，关心异性对自己外貌和女性特质的评价。她们可能会尝试与异性建立更亲密的关系，但也会因为缺乏经验和不确定性而感到困惑或害羞。这种情感变化是青春期性心理发展的正常表现，有助于推动青少年情感的成熟和发展。

（3）性知识的寻求和探索

随着对性的好奇和关注不断增加，青少年通常会积极寻求性知识，通过阅读、观察或与同龄人讨论等方式来了解更多关于性和情感的信息。这是一个健康且必要的过程，有助于他们更好地理解自己和他人的身体及情感需求。

4. **学业与兴趣**

青春期的孩子正处于学习的黄金时期，家长应关注孩子的学业和兴趣发展。面对较大的学业压力，家长应及时给予孩子适当的支持和鼓励，帮助他们制定合理的学习计划，并鼓励孩子发展自己的兴趣爱好。

了解了青春期的重要性以及青春期阶段孩子的特点，就能更好地读懂孩子，了解如何与青春期的孩子相处，从而更有效地帮助他们健康成长。

三、读懂孩子萌动的青春

青春期确实是一个难以轻易读懂的阶段，若真想要读懂它，父母确实需要投入一番心思。

（一）尊重孩子的差异性

青春期是孩子身心快速发展、个性逐渐形成的阶段，每个孩子都有其独特的成长路径和发展节奏。为了尊重孩子发展的个体差异性，我们应避免频繁对孩子进行比较，因为不恰当的比较可能给孩子带来一系列负面影响。

有些家长经常将孩子的学业成绩与其他同学或兄弟姐妹相比较，却忽视了孩子自身的努力和取得的进步。不恰当的比较会让孩子觉得自己的努力被忽略，让孩子感觉到自己不够好，从而降低自我价值感。当家长过于关注结果（如成绩）时，可能会导致孩子的学习动机减弱，甚至对学习失去兴趣，产生厌学情绪。青春期正是孩子形成自我认同感的关键时期，不恰当的比较还可能会让孩子对自己的身份和价值产生困惑。

家长应当关注孩子的成长过程，重视孩子所付出的努力和取得的进步，而不仅仅是关注最终的结果。我们应该鼓励孩子享受学习的过程，培养他们的学习兴趣和动力。同时，要尊重孩子的独特性，认识到每个孩子都是独一无二的，尊重他们的兴趣、爱好和个性特点，并鼓励孩子发展自己的特长和潜能。家长还需要营造积极的家庭氛围，创造一个温馨、支持的家庭环境，让孩子能够感受到家人的关爱和支持。在家庭中，我们应避免进行不恰当的比较和批评。

以下这些话语应当杜绝在家庭中出现。

"你看看隔壁的孩子，你要多学学他。"

"你看看你姐多认真。"

"你看别人的成绩多么好。"

"你看看妹妹都比你乖。"

……

家长应更多地教育孩子关注自己的内在品质和能力，而非仅仅追求外在的成就和认可。帮助他们树立正确的价值观和人生观，引导孩子学会自我反思和自我评价，让他们认识到自己的优点和不足，并鼓励他们努力改进。同时，也要教会孩子接受自己的不完美，学会自我接纳和自爱。

可能很多家长认为，不比较就无法激发孩子的上进心，比较就是为孩子提供一个努力的方向。然而，这样的比较真的能让孩子有上进心吗？有些青春期阶段的孩子曾表示，父母这样的比较只会让他们感到深深的挫败感，并且非常反感这样的比较。

实际上，这样的比较并不能激发他们学习和进步的动力，反而可能让孩子感受到不被认同和不被接纳。青春期的孩子更渴望得到父母的肯定，给予孩子认同和鼓励会让他们变得更加自信，更加爱自己，从而提升他们的自尊和自我价值感。一个自我价值感高的孩子在未来生活中会更有力量，也更愿意去面对和解决生活中的困难。因此，我们需要多给孩子一些肯定，而不是总将他们与其他孩子进行比较。有些孩子从小到大一直生活在"别人家孩子"的阴影里，事实上，不恰当的比较并不能让孩子变得更加优秀。每个孩子都是独一无二的，我们应尊重孩子发展的个别差异性，给予他们更多的肯定和鼓励。

（二）与孩子一起谈性

青春期是个体从儿童向成年人过渡的关键时期，伴随着身体的快速发育，性意识也逐渐觉醒。孩子开始对性产生好奇，可能会主动寻求与性相关的知识和信息，如性器官的变化、性行为等。这种觉醒是正常的生理和心理现象，但需要家长给予正确的引导和教育。然而，许多中国家长羞于与孩子谈论性的话题。但我们必须要正视一个现实：在孩子的成长过程中，性教育是家长不可推卸的责任，因为我国学校的性教育尚显不足。随着孩子逐渐具备成人感，生理逐渐成熟，他们渴望得到成年人的尊重。作为父母，我们需要勇敢地面对孩子的青春期，与孩子坦诚地交流"性与爱"的话题。

【案例】

小乐是一名初三男生，初二时有一次手淫并感到愉悦，后来就变得越来越频繁。后来，在得知手淫可能有危害后，他开始自责并尝试控制自己，但越控制越难以自拔。这种心理冲突导致他学习成绩下降，甚至出现严重的睡眠障碍。

小乐的案例揭示了青少年对手淫行为的误解和由此产生的心理困扰。正确的性教育应该帮助青少年了解手淫的生理和心理机制，以及如何正确对待和处理这种行为。家长应该提前为青少年准备相关的生理知识和应对措施，以减少他们在面对这些生理现象时的尴尬和恐惧。

青春期孩子性心理的发展，是身心发展的必然过程。作为父母，我们能做的就是接纳孩子身心的发展和成长。那么，究竟如何对青春期的孩子进行性教育呢？

第一，营造良好的家庭氛围。青春期的性教育无须过于刻意，家长营造出的良好家庭氛围本身就是最好的性教育。在孩子面前，父母展现出适当的亲密行为，同时在遇到矛盾时能够相互体谅、理解，这种家庭氛围对孩子来说极为有益。在和谐、支持性的家庭环境中，孩子能够感受到家庭的温暖和父母的关爱，这种安全感有助于他们形成积极的自我形象，增强自信心，从而更好地应对生活中的挑战。而这种自信和安全感的建立，也能使孩子在性教育中更好地保护自己，避免受到伤害。良好的家庭氛围还能引导孩子形成正确的性观念和价值观，父母通过日常生活中的言传身教，向孩子传递尊重、理解、接纳性的正确态度，帮助他们形成健康的性心理，避免对性产生过度的羞耻感或神秘感。

第二，坦然面对孩子的困惑。家长应当认识到，孩子的性好奇是正常的生理现象和心理发展阶段。随着年龄的增长，孩子会逐渐对自己的身体和性别产生好奇，这是他们探索世界、认识自我的一部分。因此，家长不应回避或打压孩子的性好奇，而应以开放、包容的态度去面对。家长可以主动与孩子进行关于性的对话，这并不意味着要深入探讨复杂的性学知识，而是要根据孩子的年龄和理解能力，用符合他们年龄特点的语言解答他们的疑问。例如，对于年幼的孩子，家长可以简单介绍男孩和女孩的不同之处，以及如何保护自己的身体；对于青春期的孩子，则可以进一步讨论青春期的生理、心理变化，性健康，性关系等话题。面对孩子提出的相关问题，家长无须尴尬，应坦然告诉孩子答案，因为家长越放松、自然，孩子的好奇心就会越少，他们会觉得青春期讨论与性有关的话题是非常自然的。

有研究表明，和孩子谈论性教育越早越好。目前，我国的性教育普及面正在逐渐扩大，幼儿园也会通过绘本等方式向孩子传授一些与性有关的知识。在与孩子讨论性时，家长应使用准确、恰当的语言和术语，避免使用模糊或误导性的词汇。同时，也要根据孩子的年龄和理解能力，选择合适的表达方式。家长在回答孩子的问题时，应传递正确的性价值观和道德观，强调尊重他人、保护自己、避免性侵犯等的重要性。

鼓励孩子提出问题：家长应鼓励孩子随时提出关于性的问题，并承诺会给予真实、坦诚的回答。这有助于建立孩子对家长的信任感，并促使他们更加积极地探索和了解自己的身体。在青春期，与孩子有意识地谈论这些话题是可以的。另外，平日里对孩子提出的与性相关的问题，父母一定要给出适当的反应，这样在潜移默化中，孩子就会觉得当他们遇到与性有关的话题时，无须通过其他途径如网络、书刊等去了解，因为父母就能提供给他们最科学的信息。

（三）父母自身的成长

孩子青春的叛逆，很多时候源于孩子每天都在成长，而父母却未能同步成长，依旧沿用着过时的教育方法。孩子如同屋内的树苗，不断长大长高，终有一天会长成参天大树。如果房子（即父母的思维和教育方式）没有随之变化，这棵逐渐长高的树苗就会触碰到房屋的顶端。父母就像那座有屋顶的房子，为了更好地承载这棵不断长大长高的树苗，房子需要不断加固结构，并允许大树冲破屋顶的束缚。这个加固与允许成长的过程，正是家长自我成长的过程。

《人民日报》曾登载一篇题为《教育改革要从家庭教育开始》的文章，文章指出父母在教育孩子时存在不同的层次。

第一层次的父母愿意为孩子花钱，这一层次几乎所有的父母都能做到，中国的父母普遍愿意为孩子投资。

第二层次的父母愿意为孩子花时间。这一点也毋庸置疑，绝大部分家长都愿意花时间陪伴孩子成长，并投入时间学习更多的育儿知识。

第三层次的父母愿意为孩子思考教育的目标。在我国，绝大部分家长都能为孩子设定教育目标，并愿意陪伴孩子做好生涯规划。

第四层次的父母愿意为孩子提升和完善自我。孩子的成长与父母的成长息息相关。父母愿意为孩子提升和完善自我，是一个充满爱和责任的过程。通过不断学习、成长和进步，父母能更好地理解和教育孩子，为孩子的成长提供有力支持。

第五层次的父母愿意以身作则，成为最好的父母。这是一种极其崇高和值得尊敬的态度。这种态度不仅体现了父母对孩子深沉的爱，也彰显了他们对自己角色的深刻理解和高度责任感。以身作则意味着父母在日常生活中要求自己成为孩子的榜样，向孩子展示正确的价值观、道德观和行为规范。他们明白，孩子的成长过程中，模仿是最主要的学习方式之一，因此他们会在言行举止、待人接物、工作态度、生活习惯等各个方面都力求做到最好，为孩子树立一个正面、积极的形象。

最高层次的家长认识到每个孩子都是独一无二的，支持并鼓励孩子成为最好的自己。这样的父母明白，每个孩子都有自己独特的性格、兴趣、才能和学习方式。他们不会简单地将孩子与其他孩子进行比较，而是致力于发现和培养孩子自身的优势和特点。他们相信，每个孩子都有能力在自己的领域里发光发热，成为独一无二的存在。

越是高层次的父母，越需要不断提升自我。因此，当我们面对青春期的孩子时，需要做的就是不断地让自己成长。孩子青春的叛逆，很多时候正是因为孩子在不断成长，而父母却未能跟上步伐，依旧沿用着老旧的教育方法。孩子就像那棵不断长高的树苗，如果父母（即那座房子）不随之加固并允许其成长，就会产生冲突。所以，父母需要不断自我成长，以更好地适应和支持孩子的成长。

1. 积极诠释、言传身教

最智慧的父母，不仅在于为孩子提供优越的物质条件和教育资源，更在于懂得如何巧妙地言传与身教，让孩子在成长过程中受到全面而深远的影响。言传，即言语上的教导与沟通。智慧的父母懂得运用恰当的语言与孩子交流，既传授知识，又培养情感。他们的话语中充满了爱与尊重，能够激发孩子的思考和好奇心。

有些家长可能会觉得，尽管给孩子讲了许多正确的道理，但孩子却并未听从。实际上，孩子不止听父母讲道理，更重要的是还观察父母的行为。在日常生活中，父母对孩子提出诸多要求：你应该认真完成作业，你要专心阅读书籍，你要在课堂上专心听讲，你不能沉迷于电视，不能过度使用手机。然而，孩子却常常看到父母自己一边刷着手机，一边看着电视，有些父母甚至很久没有阅读过书籍，却要求孩子去认真读书。这表明，仅仅依靠言传是不够的。在孩子的成长过程中，他们更多的是通过观察和学习来形成自己的行为和观念。因此，身教显得尤为重要。智慧的父母会以身作则，用自己的行为为孩子树立榜样。

在诠释言传与身教时，智慧的父母还会注重两者的结合与平衡。他们深知，言传可以为孩子指明正确的方向，提供必要的指导；而身教则能让孩子更直观地感受到这些指导的实际意义和价值。因此，他们会在言传中融入身教的元素，同时也在身教中体现言传的精神。

做最智慧的父母，不仅意味着要成为孩子成长道路上的引领者和支持者，更意味着要成为孩子心中的榜样和偶像。通过言传与身教的完美结合，他们能够培养出既具备良好品德，又拥有独立思考能力的新一代。

2. 做温和而坚定的父母

家庭中应当制定明确的规则，家长需要清晰地界定自己认为重要的家庭原则和价值观，并与孩子进行开放、坦诚的沟通。解释这些原则背后的原因，让孩子理解为何这些规则至关重要。在传达规则和要求时，应采用温和、鼓励的语气，避免使用指责和恐吓的方式。运用"我"来表达自己的感受和需求，例如"我感到担忧，因为……我希望你能……"这样的句式，有助于减轻孩子的抵触情绪。同时，应给予孩子充分的机会来表达自己的想法和感受，认真倾听他们的观点。这不仅能增强亲子关系，还能帮助家长更好地理解孩子的需求和面临的挑战，从而更有针对性地调整教育方式。尽管态度要温和，但在执行原则时必须坚定。当孩子违反规则时，应给予适当的惩戒，并坚持到底。同时，要解释这些后果与违规行为之间的逻辑关系，帮助孩子理解规则的重要性。

家长自身的行为对孩子有着深远的影响。因此，家长应努力成为孩子的良好榜样，通过自己的言行来践行家庭原则和价值观。在坚持原则的同时，也要给予孩子鼓励和支持，肯定他们的努力和进步，帮助他们建立自信心和积极的心态。这样，孩子会更容易接受并内化家庭原则。

【案例】

小霖是一名八年级的男生，上了八年级后开始频繁地熬夜玩手机游戏，这严重影响了他的学业和日常生活。他的父母决定与他谈谈，并重申家庭中关于合理使用电子产品和保证充足睡眠的原则。

小霖的父母选择一个相对轻松的时刻，在某个周末的午后，邀请小霖坐下来谈谈。妈妈以关心的语气开始对话："小霖，妈妈注意到你最近晚上经常熬夜玩手机游戏，我很担心这样会影响你的学习和健康。我知道你可能觉得这是放松的方式，但我们也想听听你的想法。"

这样的开场白让小霖感受到妈妈的关心和理解，减少了他的防御心理，这就是"温和"。

在倾听小霖的想法后，他的父母坚定地表达家庭的原则："我们之前讨论过，晚上10点之后是休息时间，需要保证充足的睡眠来支持第二天的学习和活动。同时，我们也约定了每天使用电子产品的时间限制，以确保你不会沉迷于其中。这些原则是为了你的健康和未来发展着想，我们希望你能理解和遵守。"父母的语气坚定而诚恳，让小霖明白这些原则是不可动摇的。

在这个过程中，父母需要保持与小霖的持续沟通，关注他的变化和进步。当他取得一些积极的成果时，及时给予肯定和鼓励；当他遇到困难或挑战时，给予支持和帮助。通过父母温和而坚定的态度，就可以帮助小霖克服对电子产品的依赖。

　　做"温和"的父母并不意味着放弃原则或设定好的界限。温和的父母在表达爱意、理解和支持的同时，也会明确地设定并坚持家庭的价值观和规则。他们深知，孩子的成长需要引导和设定界限，而这些界限正是基于对孩子的深切关爱和对他们未来发展的深思熟虑而设定的。同样，做"坚定"且有原则的父母并不意味着要严厉或苛刻地对待孩子，而是在理解和尊重孩子的基础上，坚持并传达家庭的原则和价值观。温和与有原则是可以并存的，它们共同构建了一个健康、积极的家庭教育环境。这种温和而坚定的态度有助于孩子建立健康的自我认知和行为习惯。

　　面对青春期的孩子，父母此时的自我成长是一个持续不断的过程。它要求父母不断更新教育观念、适应家庭关系的变化、提升个人能力和素质，以更好地陪伴孩子成长并享受自己的人生旅程。在这个过程中，父母需要保持开放的心态、积极的学习态度和坚忍不拔的毅力，不断挑战自我、超越自我，成为更加优秀的父母和更加完整的人。这样，父母就能更好地适应孩子的成长需求，促进家庭关系的和谐与幸福。

　　每个孩子的成熟度和对性教育的需求都有所不同，因此，家长应根据孩子的年龄和具体情况来调整性教育的内容和方式。通过持续和定期的沟通，家长可以更好地了解孩子的想法和需求，并给予他们适当的指导和支持。同时，家长也应不断学习和更新自己的性知识，以提供更准确和全面的性教育给孩子。

　　总而言之，读懂孩子萌动的青春，需要家长的耐心、智慧和爱心。愿我们都能以开放的心态、平等的姿态，与孩子一同走过这段充满挑战与机遇的旅程，成为孩子成长道路上的朋友、导师和支持者，陪伴他们健康、快乐地成长。

课程内容理论

父母要科学理性地读懂青春期孩子，就需进一步深入了解方法背后的理论，从而更加科学地教育孩子。

一、青春期发展的主要任务——基于心理学家埃里克森的人格发展理论

埃里克森是美国著名精神病医师，新精神分析派的代表人物。他认为，人的自我意识发展持续一生，他把自我意识的形成和发展过程划分为八个阶段，这八个阶段的顺序是由遗传决定的，但是每一阶段能否顺利度过，却是由环境决定的，所以这个理论可称为"心理社会"阶段理论。每一个阶段都是不可忽视的。

埃里克森的人格发展理论，为不同年龄段的教育提供了理论依据和教育内容，任何年龄段的教育失误，都会给一个人的终身发展造成障碍。它也会告诉每个人你为什么会成为现在这个样子，你的心理品质中哪些是积极的，哪些是消极的，消极的品质多在哪个年龄段形成，给你以反思的依据。

青春期（12 至 18 岁）：自我同一性和角色混乱的冲突。

一方面，青少年本能冲动的高涨会带来问题；另一方面，更重要的是青少年会因面临新的社会要求和社会的冲突而感到困扰和混乱。所以，青少年时期的主要任务是建立一个新的同一感或明确自己在别人眼中的形象，以及找准其在社会集体中所占的情感位置。

同时，这种同一性的感觉也是一种不断增强的自信心，一种在过去的经历中形成的内在持续性和同一感（一个人心理上的自我）。如果这种自我感觉与一个人在他人心目中的感觉相称，很明显这将为一个人的生涯增添绚丽的色彩。

埃里克森把同一性危机理论用于解释青少年对社会不满和犯罪等社会问题上，他说：如果一个儿童感到他所处的环境剥夺了他在未来发展中获得自我同

一性的种种可能性，他就将以令人吃惊的力量抵抗社会环境。在人类社会的丛林中，没有同一性的感觉，就没有自身的存在，所以，他宁可做一个坏人，或干脆死人般地活着，也不愿做不伦不类的人，他自由地选择这一切。

二、青春期生理、心理发展特点

（一）青春期生理发展特点

青春期是个体生长发育的第二个高峰期，身高和体重会迅速增加。

神经系统和内脏器官功能增强：包括脑功能增强、推理与论证能力提高、心脏和肺脏功能显著增强等。

第二性征出现：生殖器官发育加快，体积、重量增加，功能逐渐完善，出现遗精或月经现象。

心肺功能增强：心率、脉搏、血压、呼吸频率、肺活量等指标提高。

造血功能增强：血红蛋白和红细胞指数等指标提高。

（二）青春期心理特点及行为

自我意识高涨：青春期是自我意识飞速发展的第二个关键期，孩子开始要求独立、获得尊重、反对权威、追求自由。

认知能力快速发展：形象思维和抽象思维能力发展，具有记忆力好、接受新鲜事物快、学习能力强等特点。

情绪波动大：由于大脑神经功能发育不成熟和第二性征的快速发展，导致情感丰富但不稳定，容易动感情、遇事冲动。

两极化明显：青春期孩子容易出现骄傲自大与自卑、高兴快乐与悲伤难过、对未来充满希望与灰心丧气等两极化情绪。

性心理开始成熟：性意识开始觉醒，对异性产生兴趣和好奇。

逆反心理：青春期也是个体进入第二逆反期阶段，容易出现情绪波动、反抗权威等行为表现。

智力活动转折：思维方式从具象思维转向抽象逻辑思维，能够运用概念、判断、推理等思维形式解决问题。

情绪情感的发展及其矛盾性：情绪情感发展复杂，存在矛盾性。

课程互动体验

活动一：理想和现实中的孩子

（一）活动目的

通过活动体验"父母理想中的孩子是怎样的"。

（二）操作流程

步骤一：家长说一说、画一画自己心目中理想的青春期的孩子是怎样的。

步骤二：家长们说一说、画一画现实中典型的青春期的孩子是怎样的。让家长们通过口头描述或者画画的方式表达出来。

步骤三：看看现实中与理想中青春期的孩子。家长们的描述：1. 理想中的孩子——上进的、健康的、快乐的、诚实的等等。2. 现实中的孩子——像一只小刺猬一样，他们冲动、脆弱、顶嘴、自以为是。理想和现实是有差距的，我们可能期待孩子是有绅士风度的，但现实当中可能他并不是那样的，我们理想中的孩子和对现实中的孩子，也许是有区别的。

步骤四：家长代表分享感受。

（三）注意事项

可以自己独立完成，也可以分组进行，分组进行要让每一位小组成员都能够参与。

课程研究报告

一、调查问卷调查

1. 孩子的性别是？（　　）

A. 男　　　　　　　　　　　B. 女

2. 孩子上了初中之后，您经常出现的情绪有哪些？（多选题）（　　）

A. 焦虑　　　　　　　　　　B. 烦躁

C. 担忧　　　　　　　　　　D. 和小学一样没有太多变化

3. 您的孩子目前报了几门学科辅导班及兴趣班？（　　）

A. 1~2 门　　　　　　　　　B. 3~4 门

C. 5 门以上

4. 您是否了解青春期孩子发展的心理特点？（　　）

A. 不了解　　　　　　　　　B. 了解一些

C. 非常了解

5. 您是通过什么途径了解青春期孩子心理发展特点的？（　　）

A. 与家长交流　　　　　　　B. 网络资源

C. 家长课堂　　　　　　　　D. 阅读书籍

6. 您认为自己的孩子叛逆吗？（　　）

A. 非常叛逆　　　　　　　　B. 比较叛逆

C. 不叛逆，很听话

7. 您认为对孩子心理发展影响的最主要原因是？（　　）

A. 家长、家庭　　　　　　　B. 社会、环境

C. 学校、教师

8. 当您的孩子表现出青春期的叛逆，不愿意听您的话，这时候您会怎么做？（　　）

A. 理解这是孩子青春期的表现，接纳孩子的成长

B. 会给孩子讲很多道理，试图说服他

C. 有时会恼羞成怒，甚至会打骂孩子

9. 初中阶段，您觉得自己比较看重孩子的哪些特质呢？（多选题）（　　　）

A. 学习成绩　　　　　　　　B. 特长发展

C. 身体健康　　　　　　　　D. 心理健康

10. 您觉得自己对孩子的教育方式可以打多少分？（满分 100 分）（　　　）

A. 80~100 分　　　　　　　B. 60~80 分

C. 60 分以下

二、调查结果

1. 孩子的性别是？

选项	小计	比例
A. 男	393	54.73%
B. 女	325	45.27%
本题有效填写人次	718	

2. 孩子上了初中之后，您经常出现的情绪有哪些？（多选题）

选项	小计	比例
A. 焦虑	314	43.73%
B. 烦躁	271	37.74%
C. 担忧	399	55.57%
D. 和小学一样没有太多变化	172	23.96%
本题有效填写人次	718	

3. 您的孩子目前报了几门学科辅导班及兴趣班?

选项	小计	比例
A. 1~2 门	503	70.06%
B. 3~4 门	206	28.69%
C. 5 门以上	9	1.25%
本题有效填写人次	718	

4. 您是否了解青春期孩子发展的心理特点?

选项	小计	比例
A. 不了解	41	5.71%
B. 了解一些	639	89.00%
C. 非常了解	38	5.29%
本题有效填写人次	718	

5. 您是通过什么途径了解青春期孩子心理发展特点的?

选项	小计	比例
A. 与家长交流	203	28.27%
B. 网络资源	235	32.73%
C. 家长课堂	66	9.19%
D. 阅读书籍	214	29.81%
本题有效填写人次	718	

6. 您认为自己的孩子叛逆吗?

选项	小计	比例
A. 非常叛逆	34	4.74%
B. 比较叛逆	447	62.26%
C. 不叛逆,很听话	237	33.00%

续表

选项	小计	比例
本题有效填写人次	718	

7. 您认为对孩子心理发展影响最主要的因素是?

选项	小计	比例
A. 家长、家庭	404	56.27%
B. 社会、环境	253	35.24%
C. 学校、教师	61	8.49%
本题有效填写人次	718	

8. 当您的孩子表现出青春期的叛逆,不愿意听您的话,这时候您会怎么做?

选项	小计	比例
A. 理解这是孩子青春期的表现,接纳孩子的成长	463	64.48%
B. 会给孩子讲很多道理,试图说服他	221	30.78%
C. 有时会恼羞成怒,甚至会打骂孩子	34	4.74%
本题有效填写人次	718	

9. 初中阶段,您觉得自己比较看重孩子的哪些特质呢?(多选题)

选项	小计	比例
A. 学习成绩	562	78.27%
B. 特长发展	266	37.05%
C. 身体健康	551	76.74%
D. 心理健康	657	91.50%

续表

选项	小计	比例
本题有效填写人次	718	

10. 您觉得自己对孩子的教育方式可以打多少分？（满分 100 分）

选项	小计	比例
A. 80~100 分	255	35.52%
B. 60~80 分	424	59.05%
C. 60 分以下	39	5.43%
本题有效填写人次	718	

三、调查分析

本次参与调查的家长人数为 718 人，其中男孩的家长为 393 人，女生的家长为 325 人。

选项	小计	比例
A. 男	388	54.04%
B. 女	330	45.96%
本题有效填写人次	718	

本次调查的有效问卷为 718 份，调查显示，对于上了初中的孩子的家长们有如下的表现。

（一）家长心理状况的变化

对于孩子上了初中后，家长的情绪状况能够保持和小学时候一样的所占比例为 23.96%，出现担忧情绪的家长为 55.57%，还有 43.73% 会有焦虑的情绪，可见孩子上了初中之后，家长们的心理状况也有了很大的变化。

几乎所有参与调查的家长都有安排孩子参与至少 1 门的学科或者兴趣班的

辅导，这与家长们心理状况的变化也是有关系的。参与 3 门以上辅导班孩子的数据达到将近 30%。这也体现了家长们较为焦虑的心理状态。

（二）对孩子的了解

对孩子特点有一些了解的家长大约占比为 89%，非常了解和不了解的分别为 5.29% 和 5.71%。这个数据也体现了我们本章节课程设计的必要性，可以让家长通过学习，对孩子有更多的了解。

家长们了解孩子发展特点的渠道以网络、书籍阅读及与其他家长交流为主，通过家长课堂了解孩子的比例比较少，约为 9.19%，这也说明了我们家庭教育研究工作室开展家长课堂是非常有必要的，可以让家长们通过课堂互动的方式更加科学地学习家庭教育的方法。

（三）如何应对孩子的叛逆

有 4.74% 的家长觉得自己的孩子非常叛逆，而有 33% 的家长觉得自己的孩子不叛逆，很听话，62.26% 的家长觉得自己的孩子比较叛逆。总体而言大部分家长都觉得自己孩子叛逆，这也可以通过家长课堂的课程的学习来更深入地学习和探讨青春期孩子叛逆的原因。

64.48% 的家长可以接纳孩子的成长，有 30.78% 的家长会给孩子讲很多道理，试图说服孩子，让孩子"听话"，还有 4.74% 的家长会恼羞成怒，甚至会打骂孩子。

（四）对家庭教育的了解程度

对孩子心理发展影响最主要的因素是什么？家长们的回答都比较客观，56.27% 的家长认为最主要的影响因素是家长和家庭因素，这个数据也充分说明，我们开展的家长课堂能够让家长愿意积极参与，让自我得以发展和提升。

78.27% 的家长看重孩子的学习成绩，76.74% 的家长看重孩子的身体健康，而看重孩子心理健康状况的家长有 91.50%，这个数据也充分显示了在当前的教育形势下，家长和孩子的压力都很大，所以会更加重视孩子的心理健康状况。

对于自己对孩子的教育方式，给自己打 80 分及以上的家长为 35.52%，60~80 分的家长有 59.05%，而有 5.43% 的家长很坦诚自己在教育孩子方面低于 60 分，这也体现了我们家庭教育研究工作室的课程有很强的推广意义，可以让更多的家长通过学习，提升自我。

第三部分
亲子教育，从提升关系开始

在中国的亲子教育中，传统观念一直提倡"父命过天""父母为大，子女为小"，认为孩子事事听从父母是理所应当之事，这也是中国传统孝道文化的一部分。《孝经》有云："夫孝，天之经也，地之义也，民之行也。"父母认为，"我是你爸（妈），你得听我的""我说得对，你就得听我的""我养了你，你就得听我的"。然而，时代在不断变化、不断进步，越来越多的人提倡平等、尊重、自由的亲子关系。法国思想家卢梭在《爱弥儿》中就指出："儿童不是小大人，他们有自己独特的发展规律。"过去那些看似合理的教育观念，现在却未必适用。这种现实与传统文化的差异，是亲子教育中经常产生冲突的原因之一。

单向教育已不适合现代教育，而双向教育的理念在《礼记·学记》中早有提及："亲其师，信其道；尊其师，奉其教；敬其师，效其行。"它明确指出了教育者与被教育者之间良好关系的重要性。然而，许多教育者却经常高估自己，违背这一教育原则，导致教育效果大打折扣。美国心理学家卡尔·罗杰斯曾说："教育的本质是关系的建立。"

在与众多家长的交谈中，我们得知，其实一部分父母已经开始学习、成长，在这个过程中也使用了许多方法，但教育效果仍不显著。细问后发现，这些父母所说的改变也只是一种对孩子变相的"控制"。究其原因，还是教育者与被教育者彼此没有互相接纳、信任、尊重，这也直接导致彼此关系的被破坏。德国教育家第斯多惠指出："教学的艺术不在于传授本领，而在于激励、唤醒和鼓舞。"因此，我们认为，有效的教育一定要建立在良好关系的基础之上。

基于这样一个前提，在实际教育中，我们往往需要用沟通去建立良好的关系，通过学习沟通来觉察自己的沟通语言、沟通方式、沟通动机中可能存在的不恰当、不合理之处，以便我们教育者学习和改变。具体而言，在亲子教育中采用"我信息"而非"你信息"的表达方式；培养同理心，设身处地为孩子着想；学会积极倾听，给予孩子充分表达的机会；建立平等对话的机制，尊重孩子的意见；创造安全、开放的沟通环境等。

美国心理学家丹尼尔·戈尔曼的"情商理论"指出，情绪智力对个人发展至关重要。因为关注孩子的情绪，就是有效关注被教育者的具体表现。关注被教育者的情绪，就是关注被教育者需要的开始。如果能够满足孩子的正当需要，我们就容易与孩子建立良好的关系，而建立关系的过程，也是给予孩子爱的过程。正如德国哲学家雅斯贝尔斯所说："教育就是一棵树摇动另一棵树，一朵云推动另一朵云，一个灵魂唤醒另一个灵魂。"唯有建立在理解、尊重、信任基础上的亲子关系，才能真正实现家庭教育的价值。

第 5 课　教育从关系开始

课程内容大纲

一、家庭教育的现状

（一）家庭教育困惑

（二）家庭教育模式

二、破坏关系的因素

（一）教育逻辑错误

（二）教育互动越位

（三）父母主体本位

三、改善关系的智慧

（一）提高父母感受力

（二）提升父母安全感

（三）父母放下评判心

（四）找准育人真方式

课程研修背景

在家庭教育越来越被重视的今天，亲子教育却不易反难，原因何在？这是每个家庭教育工作者都不得不思考的一个问题。

每次开展家庭教育课程，不管走到哪里，被家长提得非常高频率的问题是"孩子不听话"，严重点的表述还有"对也不听，错也不听，怎么说都不听"。一些家庭在孩子进入青春期后，父母"说"与孩子"听"冲突尤为突出。于是，为了解决"说了不听"的问题，焦虑的、急于解决问题的家长们纷纷走进各种家庭教育的课堂，买来家庭教育类书籍，学习那些应对这个特殊时期的孩子的实用沟通技巧。然而，那些所谓的"方法""技巧""妙招"……似乎也不是特别管用，有的一开始还能跟孩子对话上一阵，有的一张嘴孩子就已经觉察到父母的用心。当沟通无果，教育无力之时，家长们就容易搬出父母权威，强迫孩子"听话"——"我是你爸/你妈，你什么都是我给的，你必须听我的""我走过的路比你吃过的盐还多，听我的还能有错？"，可这种"权威式"的教育，结果往往是激发与孩子更多的冲突，严重影响正常的亲子关系。

雅思贝尔斯在他的《什么是教育》一书中有这么一句话："教育的本质意味着，一棵树摇动另一棵树，一朵云推动另一朵云，一个灵魂唤醒另一个灵魂。"如何去"摇动""推动"，又如何去"唤醒"呢？大多数人对教育方式的理解可能就是言语上的教育，当作"摇动、推动、唤醒"他人最主要的途径，把教导、教化、服从等同于教育。但是在两千多年前的《礼记·学记》中就提到了"亲其师，信其道"，实际上，"关系"才是一切教育的前提。

基于教育的这一基本原则，以及当代父母通过"教育"来更好推动孩子、改变孩子，乃至成就孩子的迫切需要。本课程旨在帮助家长们认识到关系在教育中的重要作用，并能全力去经营这种关系，找到真正的教育之道，让中国古老的智慧在家庭教育中发光。

课程实录文稿

　　良好的家庭关系是家庭教育取得成效的基础。著名教育专家李希贵曾提出："教育学首先是关系学，没有关系就没有教育。"他强调，人是关系的动物，社会是关系的产物，良好的关系是优质教育的关键。在教育过程中，关系的建立既是教育的起点，也是人格塑造的基石。

一、家庭教育的现状

　　在当代，典型的家庭结构通常由父亲、母亲和孩子组成，有时还包括祖父母。在家庭关系中，夫妻关系是最核心的，孩子的性格特征往往受到父母的深刻影响。父母的性格特征又受到祖父母的影响。因此，我们可以发现，一个孩子背后不仅有父母，还有家族的传承。从这个角度来看，解决孩子成长中的问题，可能需要更多关注并解决父母自身的问题。

（一）家庭教育困惑

　　孩子进入初中后，有些家长突然发现，亲子关系变得紧张起来。父母与孩子的交流模式跟小学时期很不一样，有的孩子只听不说，对父母的话基本不回应或者敷衍式消极回应；有的孩子回到家就喜欢把自己关在房间，拒绝家长进入，家长无法知悉孩子在房间的行为；还有的孩子越来越不听父母的，完全管不住……这些现象，都让父母们非常困惑、焦虑，他们毫无例外地萌生了一个念头：明明还是我的孩子，为什么小时候那么可爱，现在这么难对话？

　　家长们所反映的困惑，实质上是家庭教育中的沟通问题。

（二）家庭教育模式

　　常见的家庭教育模式有以下三种。

　　第一种是讲道理。

父母们往往习惯于经验教育，喜欢用自己的成长经历告诫孩子珍惜现在的生活，用自己对社会和生活的认知来规范和约束孩子的言行。他们的统一认知理念是——这是为孩子"好"的教育。

第二种是管束控制。

当父母发现普通的讲道理式说教无法达到教育目的时，他们可能会提醒、警告，乃至批评、指责孩子。这种方式表达了父母对孩子行为的不满和失望，他们希望用"孝"的道德伦理绑架孩子，激起孩子的愧疚感或道德耻辱感，迫使孩子屈服于家长的意愿。

第三种是正面管教。

一些具有教育智慧的家长重视用表扬和鼓励的方式对孩子进行教育。但当孩子的问题不断或看不到进步时，表扬和激励就难以持续。

以上三种家庭教育模式，各有侧重，各有优劣。但无论运用哪种教育模式，到了孩子的初中时期，也就是青春期时，父母们都会感到面临着严峻挑战。这种教育无效、沟通不畅的根本原因在于，传统的家庭教育模式都着眼于从外部打破孩子的现有状态，试图通过外力促使孩子改变，而不是给予孩子内心的力量，促进生命的内在成长。

二、破坏关系的因素

从家庭教育的现状和传统的家庭教育模式来看，我们需要深入剖析破坏良好家庭关系的因素。

（一）教育逻辑错误

一个人的认知决定了其行为方式。家庭教育中，破坏关系的根本原因，在于家长的教育逻辑基本都建立在成长经验的积累或者个人对社会、对世界的认知上。某种意义上讲，心中有怎样的世界，眼中就有怎样的孩子。

1. 有效教育的本质

目前普遍的现象是家长们认识不到教育的真正有效性，而是倾向于用最为直观的标准来衡量教育的成果——听话与否，懂事与否，仿佛这些简单的标签就能定义教育是否成功。然而，真正有效的教育不能被如此狭隘定义。

我们可以看到，家长们常以自身的经验为"尺"，以个人的认知为"据"，坚定地相信只要孩子听从父母的教诲，便是教育的成功。但那些"正确"的道理，却脱离了孩子的实际认知，家长们忘记了考量孩子当下的成长环境，及孩子自身独特的个性特点。于是，在父母的这种"正确"的教育坚持下，孩子往往会选择默默承受，但那份所谓的正确，实则成了束缚他们心灵的枷锁，让他们在无声中展开一场场消极的抗争。

真正的教育应该是对生命差异的深刻理解与包容、对成长规律的尊重与顺应、对孩子品性的信任与欣赏、对孩子未来发展的温柔且坚定的期许。当忽视了这些，家庭教育就如同失去了灵魂的躯壳，只有行为，却难达效果，父母的话难以触及孩子的内心，更无法引领他们真正成长。

教育的成功绝非简单地让孩子听话与懂事所能概括，它要求家长们拥有更加广阔的视野、更加细腻的情感，以及更加深邃的智慧。假如，家长在实施教育的时候，能够用心去倾听孩子的声音，用爱去滋养他们的心灵，用智慧去启迪他们的智慧，那么真正的教育才会发生，也才能够真正地助力孩子走向更美好的未来。

2. 家庭教育核心

家，这个温馨的词汇，承载着无尽的温暖与依靠。在许多人心中，家并非一个冰冷的说教场所，而是一个充满爱意、尊重与理解的避风港。家庭教育的核心，正是来自家庭的这份深沉而细腻的爱，为孩子的成长提供着坚实的基础。

爱，是家庭教育的灵魂。它不仅仅体现在父母的呵护与关怀上，更在于那份对孩子个性的尊重与接纳。每个孩子都是独一无二的个体，他们拥有自己的梦想、兴趣和追求。父母的责任是提供一个宽松的环境，让孩子能够自由地探索自我，而不是用一堆"道理"去束缚他们的天性。真正的爱，是包容孩子的不足，鼓励他们发扬优点，让他们在爱与尊重的氛围中茁壮成长。

尊重，是家庭教育的基石。它意味着父母要放下身段，倾听孩子的声音，理解他们的感受。青春期是一个充满变化的时期，孩子们在这个阶段开始形成独立的个性和价值观。他们渴望被理解、被尊重，甚至在某些时候，他们可能会表现出对父母的反叛和不满。但这并不意味着他们不爱父母，而是他们在寻找自我认同的过程中，需要更多的空间和支持。因此，作为父母，我们应该学会倾听孩子的内心声音，尊重他们的选择和决定，给予他们足够的信任和自由。

理解，是家庭教育的桥梁。它帮助家长跨越代沟，走进孩子的内心世界。在忙碌的生活中，我们往往容易忽视孩子的情感需求，用成人的标准去衡量他们的行为。然而，孩子毕竟是孩子，他们有着自己的思维方式和情感表达方式。作为父母，我们需要学会换位思考，站在孩子的角度去理解他们的想法和感受。只有这样，我们才能更好地与他们沟通，帮助他们解决问题，引导他们健康成长。

包容，是家庭教育的润滑剂。它让我们在面对孩子的错误和不足时，能够保持一颗宽容的心。孩子的成长是一个不断试错和修正的过程，他们不可能一开始就做得完美无缺。作为父母，我们应该允许孩子犯错，鼓励他们从错误中吸取教训，不断进步。同时，我们也要学会接纳孩子的不同观点和想法，尊重他们的个性和差异。

综上所述，家庭教育的核心应该是爱、尊重、理解与包容。高接纳、高共情的温馨、安全家庭生活体验，是孩子前行的底气与保障，是孩子成长的坚强后盾与温暖港湾。在充满爱与理解的环境中成长的孩子，会拥有探索自我与世界、直面困难与挑战的心理能量，并逐渐成长成适应社会、适应未来的独立、自信、有爱的个体。

（二）教育互动越位

教育，实质上是一个互动的过程，互动意味着双向沟通。在传统教育模式中，常常会看到破坏亲子关系的行为，其中比较突出的就是教育互动的越位。

互动越位的原因在于沟通的动机与指向的控制性。以控制为目的的互动，在孩子眼里，正面管教也会成为父母下的套、挖的坑，最终得不到想要的教育效果。这种越位的互动，在以下两个方面比较常见。

1. "我要"与"我帮"

父母对孩子实施教育，其目的基本上是希望孩子变成自己期望的样子。常见的沟通句式是"我要你……"，比如"我要你回家主动学习""我要你考试班级前 10 名""我要你晚上 10 点前完成作业""我要你高高兴兴和我聊天""我要你阳光自信""我要你热爱运动"……孩子的样子是父母"要"的，他们却在这一声声的"我要你……"中变得越来越无助，或越来越逆反。

如果换一种沟通句式呢？将"我要"换成"我帮"，孩子的感受可能立刻就不一样。比如，"我可以做点什么帮你更好地学习""我可以做点什么支持你考得更理想""我可以做点什么帮你早点完成作业""我可以做点什么让你更愿意与我沟通""我可以做点什么，让你更自信""我可以做点什么，让你更愿意出门运动"……

两种不同的表达方式，"我要你……"置孩子的自主发展于不顾，是命令，是要求，是凌驾，是打着爱的旗号对平等肆无忌惮的侵犯，是借口"为你好"而以父母威权对孩子自我追求与发展的蔑视侵扰。而"我帮你……"，是始终关注着孩子的自主需求，尊重孩子的自主发展，是将孩子的发展与自己的期待相融合，是边界分明的尊重。

2. "我说"与"你听"

许多的家庭中，这种"我说""你听"的传统教育模式根深蒂固，这是一种单方面的亲子对话，基本上只有父母"说"的行为，没有小孩发言的空间，但是这种单向的沟通方式在面对青春期的孩子时，局限性愈发凸显。父母们苦口婆心，滔滔不绝，言辞间饱含深情与期待，试图以自己的经验和智慧引领孩子前行。然而，令人沮丧的是，即便话语如春风化雨，温柔细腻到足以感动自己，却常常在孩子那里遭遇了"石沉大海"的回应，仿佛千言万语都化作了轻风，拂过无痕，让说教的父母心中生出了深深的无力与挫败。

这种情感上的落差，根源在于父母不自觉地将教育的重心放置于一个难以驾驭的阶段——青春期。青春期，一个充满变数与挑战的时期，孩子的身心都在经历着剧烈的变革，对独立与自由的渴望愈发强烈。父母若一味试图通过外在的言语力量去塑造这一时期的孩子，无异于用千斤之力去击打松软的棉花，结果只能是徒劳无功，反增内心的挫败与无助。

这一教育沟通的核心问题，在于父母的教育焦点出现了偏差，他们往往过度聚焦于孩子应当达成的目标，却忽视了这些期待本质上应由孩子内在驱动去实现。父母渴望通过一种近乎控制的方式达到教育的目的，却忽略了教育的本质应是引导而非操控，是激发而非强加。这种预设与现实之间的错位，使得教育过程充满了不必要的焦虑与紧张，亲子关系也因此蒙上了一层阴影。

当父母意识到教育无力的本质是自己的问题时，就有机会去调整自己的角色与期望，将教育的焦点从孩子身上转移回自己身上，一种全新的可能便悄然开启。这意味着，父母需要首先成为自我成长的典范，通过自己的言行举止，为孩子树立一个积极、正面的榜样。当父母能够不断提升自我，那么他引导孩子的时候就更有力量，更有示范性。

当父母学会了如何在自我成长的道路上前行，他们不仅能够收获内心的平和与满足，还能以一种更加健康、积极的方式与孩子建立联系，共同探索成长的奥秘。这样的教育方式，不仅让家庭氛围变得更加和谐，也为孩子的未来铺设了一条更加坚实、宽广的道路。

（三）父母主体本位

"养不教，父之过"，自古以来，教养好孩子不仅是传统文化重要的道德伦理，更是为人父母的责任使命。《中华人民共和国家庭教育促进法》的颁布，更是明确了家庭是孩子成长的重要场所，父母是孩子的第一任老师。因此，在孩子教育上，父母天然就是主体本位。正是这种天生的主体本位和社会文化，导致了父母在青春期孩子教育上，坚守主体本位成为惯性，而忽视了自身童年时期物质匮乏的记忆、求学时期未能实现的梦想等自身成长的缺失在孩子教育上的投射，这也是破坏亲子关系的重要因素。

1. 自我觉察有欠缺

从孩子呱呱坠地的那一刻起，父母的心便紧紧系在了这个小小的生命上，孩子的健康成长无时无刻不在牵动着他们的心。于是，生活中便出现了这样一幕幕场景：有一种冷，是妈妈凭借自己的感受断定孩子冷；有一种饿，是妈妈主观认为孩子饿了；有一种好，是妈妈单方面觉得对孩子有益；更有一种爱，是妈妈自以为是的爱。妈妈用自己的"觉得"，悄然间剥夺了孩子对天气冷暖的自主感知、对饥饱状态的本能反应、对喜好厌恶的独立判断。

为何妈妈们会如此紧张孩子，以至于近乎"过度保护"呢？这背后，既有深厚的历史文化渊源，也有现代家庭伦理观念的交织。古人云："父母之爱子，则为之计深远。"这仿佛成了父母的一种本能，一种无须言说的责任与担当。而现代社会的流行语——"无论长多大，都是父母的孩子！"更是深刻体现了中国人从古至今的家庭伦理观念，强调了子女在父母心中永远的孩子属性。

然而，当这份深沉的爱与关怀，变成了以"小孩子"的标准去衡量和对待孩子的成长时，问题便悄然浮现。在孩子的成长过程中，他们的自主性、独立性被剥夺，个性发展受到压制。这一切，很大程度上源于父母自我觉察的欠缺。他们未能意识到，随着孩子年龄的增长，他们的心理、生理都在发生深刻的变化，需要更多的空间去探索、去尝试、去犯错。而父母过度的干预和保护，只会让孩子在成长的道路上步履维艰。

因此，当面对青春期孩子的教育时，父母们往往容易陷入唠叨的旋涡，焦虑的情绪如影随形，甚至会在不经意间失去了那份纯粹而深沉的爱。他们忘记了，真正的爱是给予孩子自由，是尊重他们的选择，是陪伴他们成长，而不是用自己的"觉得"去束缚他们。

所以，作为父母，我们需要不断提升自我觉察的能力，学会放手，让孩子在成长的道路上自由奔跑。我们要相信，每个孩子都有属于自己的天空，只要我们给予足够的信任和支持，他们定能翱翔于蓝天之上，绽放出属于自己的光彩。

2. 自我投射的影响

在探讨家庭教育的复杂性与微妙性时，一个不可忽视的重要因素便是父母的自我投射影响。这一现象深植于人性的复杂层面，体现了父母在养育子女过程中，往往不自觉地以自己的认知框架、情感体验乃至未竟之志去塑造孩子的成长路径。

以隔代教养为例，许多老一辈人在经历了物质匮乏的年代后，对食物的珍视与偏爱往往超出了现代人的理解范畴。在他们看来，肉类不仅是营养的象征，更是对过往匮乏岁月的一种补偿。因此，在孙辈的饮食上，他们更倾向于提供充足的肉类，以此来弥补自己年轻时未能享有的物质条件。然而，这种出于好意的"补偿"行为，却可能在不经意间导致孩子偏食问题的出现，影响了其营养均衡摄入的机会与健康成长。这背后，实则是老一辈人将自己成长中的缺失，以一种无意识的方式投射到了孩子身上。

类似的情况在现实生活中屡见不鲜。不少父母会将自己未完成的梦想、未达成的愿望，作为一种潜在的驱动力，强加于孩子身上。比如，当父母因种种原因未能进入心仪的大学深造时，心中难免留下遗憾。这种遗憾，有时会转化为一种内心深处的声音："如果当年我再努力一点，结果或许就会不同。"这种自我责备与遗憾，在潜意识中驱使他们将这份未竟之志寄托于下一代，希望通过孩子的成功来弥补自己曾经的不足。于是，便有了"我就是吃了没上大学的亏，所以你得好好读书，将来考个好大学"这样的期待与鞭策。

然而，这种看似合理的期待背后，实则隐藏着父母深层次的自我需求与情感投射。他们期望通过孩子的成就来证明自己的价值，弥补自己的遗憾，却往往忽视了孩子作为一个独立个体的意愿与感受。这种以父母自我为中心的教育方式，不仅容易引发孩子的逆反心理，还可能剥夺他们探索自我、追求梦想的权利。

因此，作为父母，我们需要深刻反思并警惕自我投射的影响。在教育孩子的过程中，我们应当努力克服自身的局限性，尊重孩子的个性与选择，给予他们足够的空间与自由去探索属于自己的未来。同时，我们也应勇于面对并接受自己的不足与遗憾，学会从内心深处放下那些未竟之志，以更加开放与包容的心态，陪伴孩子健康成长，共同创造属于家庭的幸福与美好。

三、改善关系的智慧

从家庭教育现状以及破坏关系的因素来看，青春期孩子家庭教育问题，症结还是在父母身上，如果父母能看见自己的问题，并且进行调整，那么父母与孩子的关系自然会得到改善。

【案例】

小 A 三年级时，来到父母工作的城市读书。父母想办法把小 A 转进了当地著名的小学。为了小 A 将来能考入当地有名的初中学习，小 A 的妈妈帮小 A 报了很多补习班。于是，周末与寒暑假，小 A 不是在补习班就是在去补习班的路上。妈妈风雨无阻，亲自接送小 A。听话懂事的小 A 在妈妈的督促下，顺利考入了妈妈期望的初中。

进入初中后，小 A 过起了住校的生活。妈妈每周都抽时间去看望小 A，给小 A 送汤送菜，同时，也给小 A 的同寝室同学捎带一份，让小 A 很是有面子。初中后的小 A，成绩在班上起伏不定，周末在家的表现也渐渐不如人意。这让妈妈很是焦虑，跟老师反映得最多的就是孩子不像小时候那样听话了，希望老师能帮忙管管孩子："成绩不好，考不上理想的高中，将来怎么办？难道让孩子像自己一样，没读多少书，过得这么辛苦？"小 A 爸爸从来不管孩子，好不容易在家时，竟然还陪着儿子打游戏，这一点也让小 A 妈妈很是生气。为此，妈妈也没少唠叨小 A 爸爸。

小 A 知道父母的辛苦，也明白妈妈的期望，知道妈妈对自己的好，从小到大都没反抗过父母。中考前 1 个月左右，小 A 没有与同学或老师发生过矛盾，也没有觉得中考压力大，但是他突然决定不上学了。这让小 A 的妈妈很是焦虑不解，无所适从，只好向班主任老师求助。

班主任老师非常了解小 A 的情况，也非常了解小 A 的家庭，在与小 A 妈妈深入交谈后，小 A 妈妈终于明白了事情发展到今天，其实是必然的结果，也明白了自己在教育孩子上的问题所在，妈妈终于接受了老师的建议。

妈妈回去后，与小 A 进行了平等而深入的谈话。首先她表达了自己在家庭教育上的反思，表达了她基于母亲身份而来的对孩子自然的关爱，基于自身经历而来的对孩子的期望，更重要的是认识到自己给孩子带来的束缚与无形压力，表达了对孩子选择的充分尊重，以及基于家庭条件对孩子成长的坚强保障和坚定支持。然后表达了自己愿意从孩子的世界里撤出，尊重彼此边界，保证停止唠叨，保持交流的渴望。最后，与孩子约定、平等、尊重的相处方式。

之后班主任从家里把小 A 接到学校上学。小 A 顺利完成了中考，尽管不是妈妈期待中的理想高中，但小 A 开开心心在高中进行学习，母子之间的相处更和谐了。此时，妈妈欣喜地发现，小 A 身上居然有那么多以前没发现的闪光点，儿子很是让自己有底气。因为母子关系的改变，家庭氛围也变得温暖起来。

这个案例中，小 A 妈妈的问题与其惯性教育模式有关，有自我觉察欠缺和自我投射影响的因素，最终亲子关系得到改善，也与妈妈的转变有直接的关系。想要改善与青春期孩子的关系，父母至少要关注以下四点。

（一）提高父母感受力

越是面对青春期的孩子，父母越是要提高自己的感受力。青春期的孩子，本身就是一个矛盾综合体，既追求独立自主，又重视外界看法；既想成人化，又不愿意长大；既开放又封闭；等等，心理上的矛盾会外显在行为上。面对青春期的孩子，家长要理解孩子行为背后隐藏的真实自我，包括他对外界的应对方式、感觉、观点、期待以及灵魂深处的价值与渴望，从而找到解决问题的办法，改善亲子关系。

案例中小 A 突然不愿意上学只是表面现象，从小 A 的行为应对方式而言，是对妈妈带来的压力或不适感爆发的消极应对。在最深层，是小 A 对自主性、独立性的渴望。

小 A 妈妈从小学开始就对小 A 采取强势安排，并且经常唠叨，导致小 A

逐渐失去对学习的兴趣和自主性。长期的高压环境和缺乏选择权使小 A 感到无力，逐渐失去对学习的积极性，进而产生厌学情绪。

青春期孩子的父母，要注意关注孩子情绪化的表达，感受孩子情绪背后的真实目的，是倾诉宣泄还是纠结困扰，然后采取正确的应对方式，做到既尊重孩子的自主成长，又在必需时为孩子提供成长的支持，使亲子关系保持和谐状态。

（二）提升父母安全感

"仓廪实而知礼节"，说的是人首先要解决温饱问题才能考虑更高的精神追求，即人只有在基本生理需求得到满足的情况下才有更高的精神追求。著名的心理学家马斯洛提出需求层次理论。人只有在感觉到安全的前提下，才可能有交往的欲望，进而在交往中产生对尊重的需求，有了尊重，才有自我实现的可能。

在与青春期孩子相处的过程中，提升父母安全感，会让父母更有底气去面对孩子成长过程中的问题。小 A 妈妈放下了对小 A 的担忧，认识到小 A 的健康成长和保持学习的兴趣对于小 A 而言更重要。小 A 获得了成长的尊重，妈妈与小 A 的关系得以修复、改善，小 A 妈妈看到了小 A 身上的闪光点，妈妈内心觉得更安全了。

学习对孩子成长很关键，但是，在这个终身学习的时代，保持学习兴趣和学习能力比获得好的学习成绩更重要。父母对生活、对孩子成长多一分坦然，孩子平稳度过青春期就多一分保障。

（三）父母放下评判心

良言一句三冬暖，话不投机半句多，教育离不开"说"，但"怎么说""说什么"很重要，然而，更重要的是要懂得"停止说"。

案例中小 A 的妈妈，就是说得太多，停不下来，最终导致小 A 在临考前的关键时期，产生了"不去上学"的行为。父母要注意，"说"往往包含着评价。例如：孩子考试进步了，回来告诉父母，父母也高兴，高兴之余总要说些话。对比下面几种说法，会发现"说"是门学问。

有的父母可能会这样说："考得不错，继续努力！"也有父母可能这样说："这次是进步了，但是……"还有父母会这样说："考得很好，听我的没错吧，注意了……成绩就上了吧？"当然，也不乏这样说的："考得真好，我感受到了你的开心和满足，真为你高兴！"四种说法，前三种的重点都不在孩子的感受上，而在语意的转折上，都是对孩子当下成就的轻视，甚至漠视，是对孩子未来的评价与操控。

父母的评判通过"说"传递给孩子，孩子的当下没有被真正接受和肯定，这也是为什么小 A 进入青春期后会采取消极的方式来应对妈妈唠叨的原因。

所以，和青春期的孩子处好关系，父母要有一份自觉，放下对孩子的评判心。

（四）找准育人真方式

在探讨育人的广阔领域中，我们不难发现，尽管育人方式与技巧五花八门，令人眼花缭乱，但真正能够触及教育本质、引领孩子健康成长的关键，往往需要我们回归到一个最朴素的起点——那就是对"人"的深刻理解与尊重。

写下一个"人"字，不过一撇一捺，简洁至极，但做人的复杂程度，却远远超出了这简单的笔画所能承受。生命是独一无二的，无论我们如何努力，都无法定制一个完美的成长轨迹，未来更是充满了不可预知性。在这样的背景下，育人所能把握的，唯有当下。唯有通过深入理解人心与人性的奥秘，才能构建和谐的关系，进而实现教育的真正价值。

读懂人心，理解人性，是教育的第一步，也是最重要的一步。这不仅仅是对孩子而言，更是对父母自身的挑战。人，作为世间最复杂的生物，其内在的两面性是不可忽视的事实。优点与缺点，如同阴阳两极，共同构成了我们丰富多彩的人性画卷。因此，面对孩子的种种不足，父母应当学会换位思考，以更加包容的心态去接纳他们的缺点。或许，那些看似令人头疼的特质，换一个角度审视，便是孩子性格中不可或缺的一部分。比如，一个反应较慢的孩子，或许正是如此，而拥有了更加沉稳的性格，能够更加细致地观察世界，拥有更加深刻的思考。这样的转换，不仅能够帮助父母更加积极地看待孩子，也能够激发孩子内在的潜能，让他们在自我认同中成长。

此外，读懂人心，理解人性，还需要我们认识到人的发展性。生命的成长，是一个动态的过程，每个个体都有其独特的成长节奏与路径。正如自然界中的万物，各有其时，各有其美，孩子的成长亦如此。我们不能盲目地以"别人家的孩子"为标杆，去衡量自家的宝贝，因为这样的比较，只会让孩子在无形的压力下迷失自我，失去成长的动力。正确的做法，应当是尊重孩子在不同阶段的不同需求，给予他们恰到好处的引导与支持，让他们在最适合自己的节奏中，绽放出属于自己的光彩。案例中的小 A 妈妈，正是通过认识到青春期孩子的自我需求，适时调整了自己的期望值，增加了孩子的自主性，以明确的支持与鼓励，以及充分的尊重，改善了与孩子的关系，使得家庭教育得以顺利进行，小 A 也在这样的环境中，逐渐找到了自己的方向。

读懂人心，理解人性，还需要父母对自身的不足保持清醒的认识。育儿之路，实际上是父母与孩子共同成长的旅程。在这个过程中，父母不仅是教育者，更是学习者。学会如何做父母，往往比学习如何教育孩子更加重要。因此，父母应当不断加强自我学习，提升自己的认知水平，以更加开放的心态，去接纳孩子的不同，尊重他们的成长节奏。同时，也要保持足够的耐心，给予孩子适当的引导与教育，用和谐的亲子关系，为良好的教育效果奠定基础，为孩子的健康成长保驾护航。

最终，当父母能够真正读懂人心，理解人性，并做到以上几点时，亲子关系自然会变得更加和谐，孩子在父母眼中的形象也会更加正面。因为，关系好了，孩子的一切行为，在父母眼中都会变得合理而可接受。这样的教育环境，不仅能够促进孩子的健康成长，更能够让家庭成为孩子最坚实的后盾，让他们在爱的滋养中，勇敢地去探索这个多彩的世界。

课程内容理论

关于教育与关系的联系，可以从如下科学理论中窥见端倪。

一、恒河猴实验

20 世纪 50 年代，美国心理学家哈里·弗雷德里克·哈洛（Harry Frederick Harlow），开展了著名的恒河猴母爱剥夺实验。

哈洛在自己的实验室里，探索了爱的本质，想要发现婴儿和母亲之间建立关系的最初根源和机制。首先，他证明了母爱是情感上的而非生理上的，从而支持了收养友好理论——对于心理健康而言，连续性的"养育"是一个比"自然生育"更具有决定性的因素。其次，哈洛的实验表明，人的依恋能力与早期生活中的关键时期密切相关，在此之后，很难或不可能弥补最初情感安全感的丧失。哈洛的实验，强调了生命初期母子关系的重要性。

二、马斯洛需求层次理论

心理学家马斯洛提出，人类需求包含五个层次，分别是：生理需求、安全需求、社交需求、尊重需求、自我实现需求。这五个需求具有从低到高的层级性，人只有在低层次的需求得到满足后，才有实现高层次需求的可能。

举个简单例子，如果在食物极度匮乏饥一餐饱一餐的情况下，为了果腹，人们可能不会计较有效期超期几天的问题，而选择吃掉它。但如果在食物充足、吃饭不成问题的情况下，为了安全，人们可能不会选择食用过期的面包。这就是说，人只有当温饱这一基本需求得到满足后，才会更在意安全的需求。当安全不是问题时，人与人之间的社会交往才能有更多的空间和追求，社会交往正常化，才会在交往活动中追求价值，获得尊重，从而实现自我，获得精神的愉悦。

从马斯洛的需求层次理论来看，与孩子建立良好的关系，父母与孩子之间都在安全的感受中产生关联，孩子得到尊重，自我能够舒展，父母与孩子的关系才能正常化，教育才能产生效果。

三、冰山理论

冰山理论是萨提亚家庭治疗中的重要理论，维琴尼亚·萨提亚（Virginia Satir）女士是美国首位家庭治疗专家。家庭治疗是一种心理治疗的新方法，它从家庭、社会等系统方面着手，更全面地处理个人身上所背负的问题。萨提亚建立的心理治疗方法，最大特点是着重提高个人的自尊、改善沟通及帮助人活得更"人性化"。

冰山理论实际上是一个隐喻，它指一个人的"自我"就像一座冰山一样，水面上呈现给我们看到的，只是很小的一部分，就像人的行为，而行为表现背后所蕴含的包括人对外界的应对方式、人的真实感受、观点、期待、渴望和自我这六个层面的庞大内容，都隐藏在水面以下，不被看到。但是，支持冰山保持竖立的，恰恰是水面下不被看到的庞大部分。

因此，在家庭教育中，父母要对孩子行为有一份自觉，去发现孩子行为背后所包含的自我需求，从而找到合理的应对方法和陪伴方式，提升亲子关系，使父母对青春期孩子的教育适当而科学有效。

课程互动体验

活动一：钱包与秘密

（一）活动目的

1. 活跃课堂气氛，起到良好的热场作用。
2. 根据体验感受，导入本次课程主题。

（二）操作流程

步骤一：让全体参与课程培训的每位家长向身边两位家长朋友索要钱包。只说一句话，"请把你的钱包给我"。同时伸出自己的手，并默默等待与体会感受。

步骤二：让全体参与课程培训的每位家长向身边两位家长朋友索要钱包，并说："我是某某年级某某班学生家长，很高兴认识你。今天老师需要我们做个游戏，要求我向你索要你的钱包，这只是暂时的，希望得到你的配合。"

步骤三：让全体参与课程培训的每位家长要求身边两位家长朋友告诉自己两个最私密的内容。只说一句话："请你告诉我两个心底的秘密。"并默默等待与体会感受。

步骤四：让全体参与课程培训的每位家长要求身边两位家长朋友告诉自己两个私密内容，并说："我是某某年级某某班学生家长，很高兴认识你。今天老师需要我们做个游戏，现需要你告诉我两个心底的秘密，或者难言之隐，看看我是否可以帮助你。同时，我保证不告诉别人，希望得到你的配合。"

步骤五：邀请代表分享感受。

（三）注意事项

开始此次体验活动前，要求所有参加的伙伴务必认真对待，不可玩笑，否则得不到真实感受。

活动二：在教育中体验关系

（一）活动目的

1. 体验关系在教育中的作用。
2. 体会"亲其师，信其道"的深刻意义。

（二）操作流程

准备一根长约 2 尺长的柔软细绳，另找一位助手协助完成这项体验活动。

步骤一：授课教师与助手各用一只手牵着绳子的 A、B 端，同时闭上眼睛。当授课教师将其中一端 A 慢慢往任意方向移动时，请另一端 B 的人可以根据自己的感知，判断绳子 A 端移动的方向并跟随一起移动。这时，我们可以发现 B 端可以根据绳子的传导力，向 A 端相同的移动方向移动。（如图 5-1 所示）

A端　　　　　　　　　　　　　B端

图 5-1

步骤二：授课教师在绳子中间用食指挽接一下，再移动 A 端，此时，无论授课教师 A 端向何方移动，B 端都会停止不动。（如图 5-2 所示）

A端   B端

插图 5-2

实验中的这根绳子就好比父母与孩子双方，通过 A、B 端连接，当连接正常，亲子互动就容易。如果连接受到阻碍，这种互动就会立刻无效。这个体验，足以让我们感受到，亲子关系在亲子教育中的重要性。

（三）注意事项

1. 为确保体验效果，授课教师应在现场随机选一位家长朋友作为本次体验活动的助手。

2. 鼓励助手放松心情，只需细细感知绳子传导力的方向，让其牵着绳子的手也随此方向移动就好。整个过程必须保持闭眼状态。

课程研究报告

一、调查问卷调查

孩子的健康成长是你我共同的愿望，孔子曰："亲其师，信其道。"现我们家庭心理研究工作室开展一项关于"亲子教育与亲子关系"的相关研究，目的是了解亲子教育困难的各种原因，帮助家长改善亲子关系，提升亲子教育效能。

本次调查问卷属无记名问卷，您的信息和数据仅用于家庭教育研究。每道题目都没有规定的答案，请您根据真实情况完成即可。可能会耽误您一点时间，期待您的真诚合作，谢谢！

1. 不管我的工作或生活再忙碌，每一天我都会留一些时间给子女。（　　）

A. 很不符合　　　　　　　　B. 不符合

C. 一般　　　　　　　　　　D. 符合

E. 非常符合

2. 我能经常保持愉快的心情和孩子相处。（　　）

A. 很不符合　　　　　　　　B. 不符合

C. 一般　　　　　　　　　　D. 符合

E. 非常符合

3. 我认为孩子是理性的，能自己面对和解决问题。（　　）

A. 很不符合　　　　　　　　B. 不符合

C. 一般　　　　　　　　　　D. 符合

E. 非常符合

4. 和孩子对话时，我极少使用"你应该……""你最好……否则……""你再不……我就……"的语句和孩子交谈。（　　）

A. 很不符合　　　　　　　　B. 不符合

C. 一般　　　　　　　　　　D. 符合

E. 非常符合

5. 我觉得孩子能欢喜地生活，比成绩好更重要。（   ）

A. 很不符合   B. 不符合

C. 一般   D. 符合

E. 非常符合

6. 我觉得孩子犯错和惹麻烦是成长必经的过程。（   ）

A. 很不符合   B. 不符合

C. 一般   D. 符合

E. 非常符合

7. 孩子说话时，我能耐心专注地听完。（   ）

A. 很不符合   B. 不符合

C. 一般   D. 符合

E. 非常符合

8. 我能经常和孩子有亲密的接触（如摸头、拍肩、拍手、相互拥抱等）。

（   ）

A. 很不符合   B. 不符合

C. 一般   D. 符合

E. 非常符合

9. 即使孩子犯了错，我也不会因此就认为他是个坏孩子。（   ）

A. 很不符合   B. 不符合

C. 一般   D. 符合

E. 非常符合

10. 我经常给自己和孩子充裕的时间，避免催促孩子。（   ）

A. 很不符合   B. 不符合

C. 一般   D. 符合

E. 非常符合

11. 不论孩子发生什么事，我都能站在孩子的立场上，分析孩子内心的感

受。（　　）

A. 很不符合　　　　　　　　　B. 不符合

C. 一般　　　　　　　　　　　D. 符合

E. 非常符合

12. 亲子间有冲突时，我不认为一定是孩子的错。（　　）

A. 很不符合　　　　　　　　　B. 不符合

C. 一般　　　　　　　　　　　D. 符合

E. 非常符合

13. 我能给孩子充分的自主空间，决定自己的事。（　　）

A. 很不符合　　　　　　　　　B. 不符合

C. 一般　　　　　　　　　　　D. 符合

E. 非常符合

14. 我要求孩子做的事情，我自己都能做到。（　　）

A. 很不符合　　　　　　　　　B. 不符合

C. 一般　　　　　　　　　　　D. 符合

E. 非常符合

15. 我答应孩子的事情，我一定都会履行。（　　）

A. 很不符合　　　　　　　　　B. 不符合

C. 一般　　　　　　　　　　　D. 符合

E. 非常符合

16. 我与孩子谈话时，我能了解孩子内心真正的感受。（　　）

A. 很不符合　　　　　　　　　B. 不符合

C. 一般　　　　　　　　　　　D. 符合

E. 非常符合

17. 我了解孩子内心的喜好和厌恶。（　　）

A. 很不符合　　　　　　　　　B. 不符合

C. 一般　　　　　　　　　　　D. 符合

E. 非常符合

18. 孩子愿意主动告诉我，他在外面发生的事情和内心感受。（　　）

A. 很不符合　　　　　　　　B. 不符合

C. 一般　　　　　　　　　　D. 符合

E. 非常符合

19. 和孩子谈完话，我很少批评或指责孩子的想法。（　　）

A. 很不符合　　　　　　　　B. 不符合

C. 一般　　　　　　　　　　D. 符合

E. 非常符合

20. 我满意我目前的家庭和孩子的状况。（　　）

A. 很不符合　　　　　　　　B. 不符合

C. 一般　　　　　　　　　　D. 符合

E. 非常符合

二、调查结果

1. 不管我的工作或生活再忙碌，每一天我都会留一些时间给子女。

选项	小计	比例
A. 很不符合	0	0%
B. 不符合	10	0.85%
C. 一般	340	28.81%
D. 符合	640	54.24%
E. 非常符合	190	16.10%
本题有效填写人次	1180	

2. 我能经常保持愉快的心情和孩子相处。

选项	小计	比例
A. 很不符合	0	0%

续表

选项	小计	比例
B. 不符合	50	4.24%
C. 一般	440	37.29%
D. 符合	520	44.07%
E. 非常符合	170	14.40%
本题有效填写人次	1180	

3. 我认为孩子是理性的，能自己面对和解决问题。

选项	小计	比例
A. 很不符合	20	1.69%
B. 不符合	80	6.78%
C. 一般	460	38.98%
D. 符合	490	41.53%
E. 非常符合	130	11.02%
本题有效填写人次	1180	

4. 和孩子对话时，我极少使用"你应该……""你最好……否则……""你再不……我就……"的语句和孩子交谈。

选项	小计	比例
A. 很不符合	40	3.39%
B. 不符合	200	16.95%
C. 一般	580	49.16%
D. 符合	300	25.42%
E. 非常符合	60	5.08%
本题有效填写人次	1180	

5. 我觉得孩子能欢喜地生活，比成绩好更重要。

选项	小计	比例
A. 很不符合	20	1.7%
B. 不符合	60	5.08%
C. 一般	450	38.14%
D. 符合	510	43.22%
E. 非常符合	140	11.86%
本题有效填写人次	1180	

6. 我觉得孩子犯错和惹麻烦是成长必经的过程。

选项	小计	比例
A. 很不符合	30	2.55%
B. 不符合	110	9.32%
C. 一般	270	22.88%
D. 符合	670	56.78%
E. 非常符合	100	8.47%
本题有效填写人次	1180	

7. 孩子说话时，我能耐心专注地听完。

选项	小计	比例
A. 很不符合	10	0.85%
B. 不符合	0	0%
C. 一般	260	22.03%
D. 符合	770	65.25%
E. 非常符合	140	11.87%
本题有效填写人次	1180	

8. 我能经常和孩子有亲密的接触（如摸头、拍肩、拍手、相互拥抱等）。

选项	小计	比例
A. 很不符合	40	3.39%
B. 不符合	80	6.78%
C. 一般	450	38.14%
D. 符合	380	32.2%
E. 非常符合	230	19.49%
本题有效填写人次	1180	

9. 即使孩子犯了错，我也不会因此就认为他是个坏孩子。

选项	小计	比例
A. 很不符合	30	2.54%
B. 不符合	60	5.08%
C. 一般	100	8.48%
D. 符合	720	61.02%
E. 非常符合	270	22.88%
本题有效填写人次	1180	

10. 我经常给自己和孩子充裕的时间，避免催促孩子。

选项	小计	比例
A. 很不符合	20	1.70%
B. 不符合	130	11.02%
C. 一般	540	45.76%
D. 符合	420	35.59%
E. 非常符合	70	5.93%
本题有效填写人次	1180	

11. 不论孩子发生什么事，我都能站在孩子的立场上，分析孩子内心的感受。

选项	小计	比例
A. 很不符合	20	1.70%
B. 不符合	50	4.24%
C. 一般	540	45.76%
D. 符合	470	39.83%
E. 非常符合	100	8.47%
本题有效填写人次	1180	

12. 亲子间有冲突时，我不认为一定是孩子的错。

选项	小计	比例
A. 很不符合	30	2.54%
B. 不符合	70	5.94%
C. 一般	230	19.49%
D. 符合	710	60.17%
E. 非常符合	140	11.86%
本题有效填写人次	1180	

13. 我能给孩子充分的自主空间，决定自己的事。

选项	小计	比例
A. 很不符合	20	1.70%
B. 不符合	30	2.54%
C. 一般	380	32.2%
D. 符合	620	52.54%
E. 非常符合	130	11.02%
本题有效填写人次	1180	

14. 我要求孩子做的事情，我自己都能做到。

选项	小计	比例
A. 很不符合	10	0.85%
B. 不符合	70	5.93%
C. 一般	490	41.53%
D. 符合	500	42.37%
E. 非常符合	110	9.32%
本题有效填写人次	1180	

15. 我答应孩子的事情，我一定都会履行。

选项	小计	比例
A. 很不符合	20	1.70%
B. 不符合	0	0%
C. 一般	260	22.03%
D. 符合	680	57.63%
E. 非常符合	220	18.64%
本题有效填写人次	1180	

16. 我与孩子谈话时，我能了解孩子内心真正的感受。

选项	小计	比例
A. 很不符合	20	1.69%
B. 不符合	60	5.08%
C. 一般	490	41.53%
D. 符合	480	40.68%
E. 非常符合	130	11.02%
本题有效填写人次	1180	

17. 我了解孩子内心的喜好和厌恶。

选项	小计	比例
A. 很不符合	40	3.40%
B. 不符合	60	5.08%
C. 一般	460	38.98%
D. 符合	480	40.68%
E. 非常符合	140	11.86%
本题有效填写人次	1180	

18. 孩子愿意主动地告诉我，他在外面发生的事情和内心感受。

选项	小计	比例
A. 很不符合	40	3.39%
B. 不符合	90	7.63%
C. 一般	290	24.58%
D. 符合	540	45.76%
E. 非常符合	220	18.64%
本题有效填写人次	1180	

19. 和孩子谈完话，我很少批评或指责孩子的想法。

选项	小计	比例
A. 很不符合	0	0%
B. 不符合	70	5.93%
C. 一般	510	43.22%
D. 符合	500	42.37%
E. 非常符合	100	8.48%
本题有效填写人次	1180	

20. 我满意我目前的家庭和孩子的状况。

选项	小计	比例
A. 很不符合	0	0%
B. 不符合	40	3.39%
C. 一般	500	42.37%
D. 符合	490	41.53%
E. 非常符合	150	12.71%
本题有效填写人次	1180	

三、调查分析

　　参与调查的家长为初中生的家长，正步入青春期的孩子，在与父母相处中难免会有一些亲子关系的问题。

　　在调查数据中显示，"不管我的工作或生活再忙碌，每一天我都会留一些时间给子女"一项中有 54.24% 的人会留一些时间陪伴。约 58% 的家长在陪伴孩子的时候，心情还是比较愉悦的。

　　有将近 91% 的家长认为自己的孩子是可以自己面对和解决问题的。有约 55% 的家长认为，孩子能够欢喜地生活比成绩好更加重要，说明一半以上的家长比较看重孩子愉悦的生活，而不是只看重成绩。有将近 88% 的家长认为，孩子犯错和惹麻烦是成长的必然经历。绝大部分家长都能用发展的眼光来看问题。

　　调查报告显示，几乎所有的家长都能够在孩子说话的时候做到耐心、专注地倾听并且听完孩子所表达的内容。调查的结果很乐观，因为青春期的家长能够非常耐心、专注地倾听孩子是非常难得的。

　　有约 89% 的家长能跟孩子有一些亲密的接触，比如会摸摸他们的头，拍拍他们的肩，有时候还会有相互的拥抱。

　　有约 87% 的家长表示，不会催促孩子，会给孩子足够等待的时间。调查显示，有约 94% 的家长不论孩子发生什么事情，都能够站在孩子的立场去考虑问题，并且能够分析孩子的内心感受，看来绝大部分家长还是非常贴心的。有 8% 的家长认为亲子冲突一定是孩子的错。

约 95% 的家长能够给孩子充分的自主空间，让孩子决定自己的事儿。约 51% 的家长认为自己要求孩子做的事情自己都能做到。约 76% 的家长认为，只要是自己答应孩子的事情，自己都会履行承诺。

约 51% 的家长认为自己在与孩子谈话的时候，能够了解孩子内心真正的感受。有约 8% 的家长认为自己并不了解孩子内心的喜好以及厌恶的情感情绪。约 64% 的家长认为，当孩子在外面发生事情的时候，很愿意主动跟父母分享发生了什么事情以及自己的内心感受，对父母还是非常信任的。

有约 51% 的家长能做到和孩子谈完话之后，不去批评或者指责孩子的想法。有约 54% 的家长非常满意目前自己的家庭和孩子的状况。

综上所述，父母与孩子的关系状态并不乐观，在处理与孩子的关系上，父母确实需要提升认知，改变方式，从而使教育得以产生良好的效果。

第 6 课　与青春期孩子有效沟通的密码

课程内容大纲

一、与青春期孩子沟通障碍的现状

（一）父母与孩子日常沟通方式

（二）父母与孩子日常沟通困惑

二、与青春期孩子沟通障碍的原因

（一）社会焦虑裹挟

（二）家长意识主导

（三）惯性模式反噬

三、与青春期孩子有效沟通的密码

（一）做"无情"的父母

（二）做"听话"的父母

（三）做"放心"的父母

课程研修背景

青春期是孩子成长的重要阶段。青春期的话题，也是家庭教育中比较能引发讨论的焦点问题。

许多家长反映，孩子上小学的时候，回家后都愿意和家长说说，老师说了什么，和同学玩了什么，有什么任务要完成……觉得和孩子的沟通还是顺畅的，对孩子的行为、想法都较为了解，也就能有的放矢地去引导他、帮助他、支持他，亲子关系比较和谐。可是当孩子到了青春期，慢慢地父母和孩子的关系似乎变得陌生了：孩子回家基本不愿意主动谈及学校的情况，尤其是家长特别关心的学习情况。孩子所表现的状态——玩游戏、化妆、追星、交网友、晚睡等，都让家长非常担心。家长除了对孩子的学习很忧虑，还对孩子的成长和安全感到焦虑不安。

父母想要通过"说教"纠正孩子的一些"问题"行为，让他们专注课业、谨慎交友、注意身体健康……但孩子却反感、抗拒，要么充耳不闻，要么反驳顶嘴。久而久之，家长与孩子之间的沟通，陷入了恶性循环。因此，与青春期孩子的有效沟通，是家有青春期孩子的家长们需要研究的课题。

心理学家埃里克森提出的心理社会发展八阶段的理论认为，青春期的孩子已经开始思考"我是谁？""我从哪里来？""要到哪里去？"之类的人生话题。这一阶段的青少年，自主观念正在形成，自我意识正在不断发展，内心的冲突困扰加剧。遗憾的是，有的家长并不了解青春期的孩子，忽视孩子的个体性、独特性，习惯以简单、命令、比较的方式来教育管理孩子，要求孩子以家长期待的方式成长，导致许多孩子在"自我"成长的需求与家长的要求之间手足无措，甚至痛苦难过。

正确认识青春期孩子的身心特点，了解青春期对心理发展的积极意义，认识到孩子每一个"问题行为"背后，都有父母需要看见的需求……这样，父母才能读懂孩子，以更科学、更智慧的语言、方式、方法，与青春期孩子进行沟通，助力孩子安然度过青春期。

　　本课程内容，是基于与青春期孩子沟通困难的出发点。青春期孩子更容易受到外界环境的影响，所以离不开父母的有效陪伴。而有效的陪伴来自对青春期孩子的理解与尊重。了解孩子真正的内心需求，怎样的"尊重"是孩子想要的，怎样的语言表达是孩子能够接受的……解读家长的无助与困惑，解决家长与青春期孩子无法有效沟通的问题，是本课程的意义所在。

课程实录文稿

青春期是一个充满变化的时期，孩子们在这个阶段经历着生理上的快速发育、心理上的逐渐成熟以及社会角色的变化。与青春期孩子沟通的关键在于建立相互尊重的关系，理解他们的需求，鼓励开放和诚实的交流，同时提供必要的指导和支持。这样的沟通方式有助于构建父母与孩子双方的信任，使青少年能够更好地面对成长中的挑战。

一、与青春期孩子沟通障碍的现状

在家庭教育中，与青春期孩子的沟通，是大多数家长要面临的挑战与课题。综合来看，与青春期孩子沟通的问题，一般有以下几种方式。

（一）父母与孩子日常沟通方式

1. 讲理型

以道理说教似乎是父母教育子女最常见的手段。因为，作为有生活经验的成人，父母的道理中往往饱含着"正确的"规矩，满怀着美好的期望。在中国传统文化中，"不以规矩，不能成方圆"。因此，当父母每每看到孩子行为不端，表现不佳时，便急切想要去纠正，去指错。这个时候，使用最多的教育方式便是对话，这种对话有一种"过来人"的絮絮叨叨，有时还会带着不可反驳的权威感，因为道理是父母个人的成功经验之谈。

2. 批评型

但我们也看到，父母有父母的道理，可孩子有孩子的想法，孩子有时不认同父母的说教，有时不只内心不接受，行为上也依旧我行我素。于是，父母通过批评孩子来规范、警示孩子，给予他们强烈的情绪刺激，希望孩子因严肃批评而产生羞愧，知耻后勇，改正错误，这是父母教育子女的通常路径。

【案例】

小羽是一名九年级的学生。从七年级开始，小羽各科成绩都不太好，期中、期末测试成绩基本都是不及格。上课时总走神、发呆、打瞌睡。老师想办法帮助小羽解决上课的问题，在她专注听讲的时候提问她，并且巧妙指向刚讲过的知识，便于小羽能顺利回答。一次、两次、三次，同学们看她的眼神就有了惊讶、认同、欣赏！她自己感觉也很好，眼睛里满是笑意。很快期中考试到了，之前成绩很少及格的她，历史考了 89 分，老师在课堂上让她分享她努力的过程与感受，充分肯定了她！

几天后，小羽上课又开始发呆、走神，作业也很敷衍。小羽的朋友了解情况才知道，小羽回到家，和妈妈兴高采烈地说历史成绩怎么怎么好的时候，妈妈问："那你其他科呢？"接着说："光历史成绩好有什么用？其他学科不及格不还是考不上高中！"小羽好不容易建立起来的学习信心被瞬间浇灭。她很沮丧地和朋友说："我再也不想学了，再努力又有什么用？"

小羽的妈妈可能是担心小羽骄傲，想鞭策小羽更努力、更上进，结果孩子不仅没有朝着妈妈所想的方向发展，反而是走到了相反的方向，感觉学习没劲，不想学了。这就是批评所产生的沟通效果。

3. 权威型

那么，当父母的道理与批评，都遭遇孩子的强硬反驳时，便会陷入理屈词穷的尴尬境地。这时候，为了能让教育进行下去，父母便会摆自己的权威，拿父母的身份说事："我是你爸妈，你什么都是我给的，你有什么权利不听我的？你有什么资格不听我的？即使我说的不对，不也是为你好？"诸如此类的话语，目的就是希望孩子会因家长的威严而听从自己的教育。但当孩子进入青春期，摆权威的沟通方式，很容易招致孩子的逆反心理，因为，青春期的孩子，最不怕的就是权威。

4. 讨好型

与"摆家长架子"相反的另一种沟通模式就是讨好孩子。有些家长会苦口婆心地说："我辛辛苦苦为什么？不就是为了给你创造更好的条件，让你好好读书，将来出人头地，不用像我们现在这样，过得这么辛苦！我在自己身上省吃俭用，你要什么给你买什么，哪样没有满足你？说你两句还不干了，你怎么对得起我？"

父母往往爱罗列自己的辛酸与不易，以期博取孩子的同情，让孩子因愧而生孝，顺从父母意愿，接受父母要求，好好学习，天天向上，规规矩矩，给父母争光。但要看到的是，青春期的孩子，本就敏感，如果总是生活在对父母的愧疚之中，不仅自我得不到舒展，而且会十分危险。

青春期的孩子，独立自主意识增强，自我价值感剧增，已不再是"幼童"，如果家长还用过去对待小孩子一样的方式对待青春期的他们，孩子的感受可想而知。对青春期的孩子而言，父母一开口进行常规性说教，孩子就知道要讲什么，会怎么讲。尤其是遇到问题的时候，父母讲不通道理，就会批评，批评无效就摆权威，有时则是用讨好……三板斧，老套路，毫无新鲜感可言。孩子从父母那里感受不到真诚与尊重，只有满满的指责、纠错，身份、角色完全不对等，孩子根本不想对话，连对话都没有，哪里又有沟通呢？

（二）父母与孩子日常沟通中的困惑

因此，当下的父母多多少少都会反馈与青春期的孩子沟通有一定难度，以下为常见沟通难题。

1. 沟通无效

与青春期的孩子沟通，有些父母会发现：虽然我说了，但没什么效果。孩子能坐在那里听父母说，只是不愿意主动分享他们的经历与感受，当话题触及敏感领域时，孩子要么对父母的话持反对态度，要么试图转移话题或结束对话，有时还会因谈话内容的敏感而出现一些过度的情绪反应，如内心焦灼、坐立不安。当下可以看到，大多数青春期的孩子对用手机等电子产品进行互动社交的兴趣明显大过与父母面对面沟通交流。这可以看作一种无效沟通的状态。

2. 沟通不畅

有些父母在与青春期的孩子沟通的过程中，会发现，大多数情况下，孩子对父母想谈及的问题或表现的关心无动于衷，回应冷漠。不仅不太愿意与父母分享自己的想法、感受、日常生活中的事情，还会经常因为小事而与父母发生争吵或产生对立情绪，甚至会因为父母的话有过激反应，如言辞犀利、行为忤逆。言行上表现不一致，对某些事情，表面上答应，但实际上不做。父母与孩子间的日常沟通能否顺利进行，往往看孩子心情，他心情好时，能说上两句；心情不好时，则拒人于千里之外，这便是亲子沟通不畅的表现。

3. 沟通无门

还有一种比较极端与危险的情况，那便是自我封闭，不愿与父母对话，表现为能不交流就不交流，电话不接，信息不回，更不用说面对面交谈。偶尔有机会，即使父母尝试开启话题，得到的也是最简短的回答。对父母指出的问题或提出的建议，表现出明显的抵触，故意唱反调，甚至对父母的关心都心存怀疑。当一些父母发现，比起家长，他们更依赖自己的朋友时，父母容易陷入深深的挫败感。青春期的孩子完全不与父母交流互动，这便会产生严重的家庭信任危机，属于沟通无门的情况。

二、与青春期孩子沟通障碍的原因

孟母择邻，智出于诚。自古以来，父母教养子女，可谓费尽心思，望子成龙望女成凤之心，人皆有之。父母对子女寄予厚望，希望孩子在学业、社交等方面取得成功，未来能出人头地，而青少年们则更在意当前的兴趣爱好和个人感受，追求自我独立和个性发展。当两者无法调和时，沟通障碍也因此产生。父母与青春期孩子的沟通障碍产生的原因，可归纳为以下三个方面。

（一）社会焦虑的裹挟

当下，多元文化并存带来价值观冲突，科技迅猛发展带来职业前景困扰，随之而来的是教育急剧变革带来的优质资源稀缺。同时，社会差距扩大夹杂着工作与家庭的矛盾，内卷、焦虑成为全社会都在关注的问题。

被社会焦虑裹挟的父母，在孩子的教育与发展上，更难保持平和心态。

"不能输在起跑线""某某家孩子又报了某某课，我们赶紧……""还不努力，考不上好的高中怎么办？"等等。绝大多数父母都担心自己孩子落后于人，从而可能会影响其未来的发展机会。

尽管在当代素质教育被提倡，但考试成绩仍然是学校和家庭评价孩子的主要标准，为了让孩子获得更好的成绩，父母们往往会给孩子施加额外的学习压力。高昂的教育成本、课外辅导班费用以及日益增长的生活开销增加了家庭的经济负担，父母可能会感到需要牺牲很多，才能为孩子提供最好的教育条件。而在这种技术不断进步、变革的社会里，父母们的担忧始终存在，因为，即使不断通过"培优""补差"来帮助孩子提高竞争力，可未来职业市场仍然充满不确定性。

身处社会变革的浪潮之中，很多父母被裹挟进焦虑的旋涡，从而导致在孩子成长的问题面前，难以独善其身，保持平和与清醒。尤其是当更年期的父母遇上青春期的孩子，两个情绪敏感者碰撞在一起，沟通障碍则更为突出和显著。

（二）家长意识主导

孩子从出生开始，父母会自然而然地主导孩子的生活，替孩子安排好一切。吃好穿暖是基本，培养教导是日常。孩子与他人发生矛盾了，孩子在学校犯错了，孩子在社会上出问题了，所有人都会来找家长。因此，无论是被动还是主动，从孩子出生开始，父母的家长地位就确定了。"养不教，父之过"，在孩子的教育上，自古以来，家长都是处于重要的主导角色。

然而孩子进入青春期后，在他们的心理发展中，自我主导需求强烈。自尊心强，独立意识增强，渴望寻找自我、成为自我，对自主、权利的需求日益增长，不再"听话"，而是强调"我要说了算""我要自己去体验""我要做主"，他们希望被肯定、被理解、被尊重，情绪上敏感、易冲动，容易引发冲突，遇到问题时，易极端，有时不惜伤害他人和自己。

而当青春期孩子对家长的权威地位产生抗拒时，父母的家长主导意识就会自动启动："我是你爸妈,听我的,不害你!""你懂什么,对你将来负责,为你好!"……这样的话语屡"听"不鲜。但是,长此以往的结果是,孩子要么激烈反抗,把父母置于对立面;要么消极应对,对父母阳奉阴违;要么我行我素,对父母的话充耳不闻,沟通障碍也就日益严重。

(三) 惯性模式被反噬

孩子进入青春期后,家长在行为模式上,仍然惯性延续小学时代的沟通模式,没能及时跟上孩子发展节奏,也是产生沟通障碍的原因之一。

孩子进入青春期后,家长与孩子沟通最常见的话题,仍然是学习、学习、再学习,无论交流什么内容,最终都会绕回到学习上。学习上谈什么呢? 谈不足! 父母在孩子学习成长上,把"不满足是向上的车轮"演绎得淋漓尽致。在孩子眼中,父母好像永不知足。在沟通方法上,命令式地说:"周一到周五上交手机!"说教式地说:"不学习你将来就考不上大学。"威胁式地说:"要是感冒了我可不管!"比较式地说:"人家小智期中考成绩进前 10 名了!"讽刺式地说:"你呢,退 50 名了!"甚至贬低式地说:"整天只知道玩,有什么出息?"

家长以为"说"就是沟通,讲道理就是沟通,但父母认为的"让对方听我的"就是有效沟通,这是对沟通的误解。真正的沟通是指向一定的目的,信息、思维和情感在双方间传递,并且达成共同协议的过程。有效沟通应该是以对方的有效回应为标准。当信息被表达之后,对方可能认同,也可能不一定同意,但是愿意进一步了解,提出自己的意见,这种双向情感与思维的互动、回应,才是有效沟通。心理学家艾伯特·梅拉宾经过 10 年研究,提出沟通的三要素:语言文字、语音语调和肢体语言,在沟通中分别占 7%、38%、55%。

因此,家长如何说其实不重要,怎样的状态下说才重要。家长说的时候,最不容易意识到的是肢体和表情,在还没有表达内容时,就已经暴露在孩子面前。青春期的孩子,敏感性强,只需要瞄一眼,甚至只闻其声,就知道父母想说什么,想怎么说,导致沟通往往还没开始就结束了。

以青春期的孩子对父母的了解，惯性的沟通模式，只会给父母带来反噬的结果。

三、与青春期孩子有效沟通的密码

因此，与青春期孩子的有效沟通，需要建立在对青春期孩子成长特点的把握上、对青春期孩子的充分尊重和理解上，尤其是对生命发展的规律性认识上。

（一）做"无情"的父母

父母与青春期孩子有效沟通，首先要解决的是情绪问题。成年人都有一个基本的经验，那就是带着情绪无法处理好事情。而青春期的孩子，处在激素分泌旺盛时期，他们对情绪很敏感，本身情绪波动就大，更容易受外界情绪的影响。因此，在面对青春期孩子的问题时，父母要学会"无情"——管理好自己的情绪，接纳孩子的情绪，平心静气才能看到"真"问题，解决"真"问题，从而实现与青春期孩子的有效沟通。

1. 管理好自己情绪

面对青春期的孩子，父母首先要有一份觉察，孩子在长大，自己对待孩子的方式也要跟着"长大"。父母要认识到青春期孩子对独立自主的需求、对尊重理解的渴望、对自主自我的重视，看到孩子情绪化、冲突性、纠结性的矛盾表现，理解他们的挣扎和困惑，明白其行为表现的正常性。保持耐心和同理心，允许孩子在父母面前有看似出格的表现，给予他们足够的支持和鼓励。

在与青春期孩子沟通时，也要意识到自己的情绪状态，察觉到自己的情绪是管理情绪的第一步。当感到愤怒、沮丧或焦虑时，先暂停一下，深呼吸，给自己一点时间冷静下来；或者暂时离开现场，给自己一些时间来平复情绪。保持情绪的平稳，态度的平静，头脑的清醒，以平和、理性的方式与孩子建立开放、诚实的沟通渠道，鼓励他们分享自己的想法和感受，同时也表达自己的感受，增进相互理解，减少误解和冲突。

当然，父母更要注意自己的身心健康，保持自己的热爱。通过运动、阅读或自己喜欢的活动来放松自己，减轻压力。只有自己感到充实和满足时，才更容易以积极、稳定的态度与孩子进行沟通。

在青春期孩子面前管理好自己的情绪，可以为孩子树立一个积极的榜样，帮助他们学会如何健康地处理自己的情绪和人际关系，对于维护家庭和谐、促进亲子关系至关重要。

2. 接纳孩子的情绪

作为父母，管理好自己情绪的同时，也要学会接纳青春期孩子的情绪。青春期的孩子，情绪可能会像过山车一样起伏不定，作为父母，要保持开放和倾听，给予孩子足够的时间和空间来表达他们的感受。

人类的喜怒哀乐，本就是生命中正常的情绪状态。情绪本身并没有对错，父母要学会对孩子的情绪表达理解和共情，可以用照相机一样的语言，只反映事情本来的模样，只说看到的和听到的，不带主观批判情绪。比如，你可以说："我知道你现在很沮丧（生气），这很正常，我愿意在这里陪你。"这样的表达能够让孩子感受到被理解和支持，从而更容易接受自己的情绪。

当父母在孩子情绪表达的时刻，因被孩子情绪裹挟而失去对孩子倾诉的判断与思考，会忽略了孩子内心真实的需求从而使孩子单纯的情绪倾诉变成真实的问题，让简单的事情复杂化。

青春期的孩子，向父母情绪化的倾诉，通常只是给自己的情绪找一个安全的宣泄出口，父母要珍视这种信任和安全感。当孩子需要时，给予他们适当的支持和指导，包括提供建议、分享经验或帮助他们制定解决问题的计划。同时，尊重他们的独立性和自主权，不过度干预或代替他们解决问题。给孩子强化一个认知，让孩子知道无论发生什么事情，父母都会在他们身边支持他们，这种信任和安全感可以让孩子更加自信地面对自己的情绪和挑战。

接纳青春期孩子的情绪并不意味着纵容他们的不良行为或忽视他们的问题。但是，接纳会让关系和谐，使沟通顺畅，从而有利于帮助孩子们解决一些成长中的真实问题，帮助他们成长为健康、独立的个体。

3. 平心静气理事

家长管理好自己的情绪，接纳孩子的情绪，是理性处事的基础。剥离情绪，事情的真相才能更容易浮出水面。带着情绪去处理事情，容易做出错误的判断和决定，伤害与青春期孩子良好的亲子关系，动摇有效沟通的根基。

平心静气的目的是帮助孩子厘清事情的来龙去脉，谈论问题时，可以用"我"开头，如："我看到……""我听到……""我感受到……"等句式，带动孩子平复情绪；描述问题时，用照相机式的语言，在尊重和理解的前提下，帮助孩子厘清事情的发展脉络，看到情绪是如何在事情中发生演变的以及其正常性，从而理解事情的是非对错，提升解决问题的思考能力，找到解决问题的办法。

在处理完问题后，家长还需要花些时间和孩子一起反思行为和决策。思考是否有更好的方式来处理问题，以及如何在未来避免类似的情况。这种反思和改进有助于父母成为更好的家长，并与孩子建立更加健康的关系。从而使沟通进入良性循环，真正发挥效用，产生价值。

（二）做"听话"的父母

与青春期的孩子沟通，学会倾听很关键，听清孩子的心声，听到成长的呼唤。做个"听话"的父母，是理解青春期孩子的特点，是尊重青春期孩子的自尊，是给予青春期孩子的成长空间。当然，做"听话"的父母并不意味着无条件地满足孩子的所有要求或愿望，而是以更加开放、理解和尊重的态度去倾听孩子的声音，理解他们的需求，并在适当的时候给予指导和支持。

1. 倾听青春心声

青春期是孩子情感丰富、思想独立的阶段，他们渴望被理解、被尊重，并希望自己的声音能被听见。这个阶段的孩子，需要的不是父母的道理，需要的是"我"的独立。他们尤其强调"我"的感受，"我"的想法，"我"来做主。如果能够看到、理解并尊重这一点，那么与青春期孩子沟通的有效性就会很明显了。

父母在倾听青春期孩子的表达时，首先，要确保态度的平和和尊重。抽出专门时间倾听他们的想法和感受，避免在倾听时分心或打断他们，让孩子感受到父母对他们的关注和重视。青春期的孩子一旦感觉到不被尊重，会立即生发情绪，用他们的方式和父母取消联结，关闭自己的心扉。

当孩子表达不够清晰或者表达没有条理时，或当孩子有时会反复强调同一件事情时，父母需要保持耐心，不急于打断或给出建议，避免对孩子的想法进行评判或指责。给予他们足够的时间来表达自己，让他们感受到自己被父母完全理解。

在倾听过程中，可以通过开放式问题来鼓励孩子更深入地表达自己的想法和感受。比如，"你觉得为什么会这样？""你能告诉我更多关于这件事的细节吗？"以引导孩子说出更多的信息，帮助父母更全面了解孩子的内心世界。当孩子分享自己的经历或感受时，尝试用简短的话语表达共鸣和理解。比如，"听起来你真的很难过（生气）""我能理解你为什么会有这样的感受"等，这些回应可以让孩子感受到被理解和支持，从而更愿意继续分享。同时，也要尊重他们的隐私和个人空间，不要强迫他们分享自己不愿意分享的内容。倾听中，即使父母不同意孩子的观点，也不要急于发表看法，要尊重他们的感受，并尝试从他们的角度理解问题。

倾听是一个双向的过程，需要建立在信任的基础上。通过持续的倾听和关注，可以和孩子建立更加紧密的关系，让他们有安全感，对父母有信任感，让他们知道无论发生什么事情，父母都会在他们身边支持他们，并愿意倾听他们。这样，我们就可以更好地帮助孩子平稳度过青春期，获得更好的成长和发展。

2. 听从成长的呼唤

成长，从来都是打破原有状态，向着全新的层面发展。成长，是提高，是精进，是突破。青春期是孩子从儿童向成人过渡的关键时期，并伴随着身体发育、性成熟、情感波动、认知发展和社会角色变化等一系列复杂变化。父母要敏锐地感知并尊重青春期孩子身心发展的自然规律和内在需求，为他们提供必要的支持和引导，以促进他们健康、顺利地成长。

听从成长的呼唤，需要尊重孩子的独立性。给予孩子适当的自由和空间，让他们学会独立思考和解决问题。同时，在必要时要给予孩子指导和支持，帮助他们树立正确的价值观和人生观。需要关注孩子的情感需求，如焦虑、抑郁、愤怒、孤独等，理解他们的感受，帮助他们学会表达和调节情绪，鼓励孩子参与社交，建立健康的人际关系，给予他们足够的关爱和支持。需要与孩子建立积极的沟通渠道，尊重孩子的隐私，保持开放、坦诚的对话渠道，通过倾听、理解和支持，增进彼此之间的了解和信任。

总之，听从青春期成长的呼唤，需要我们以开放、尊重、理解和支持的态度来面对孩子的成长过程，帮助孩子成长为健康、独立、自信的个体。

倾听青春的声音，听从成长的呼唤。听，很重要。基本原则是：共情、不评判、不指导。听什么？听内容，听情绪，听需求。如何听到真实需求？可以试着使用设问句："还有呢？""你觉得呢？""你是怎么做到的呢？"

【练习一】

儿子：我最讨厌吃饭时间了！

父母：我们感觉你心情不太好，你希望我们怎么做你能感觉好一点？

【练习二】

儿子：你们每次一上桌就唠叨我成绩不好、表现不好，要我好好学习，你们多么多么不容易，我很烦呢！

父母：嗯，想起来了，我们像你这么大的时候，爸妈说得多的时候也很烦。那你有什么想聊的呢？

"纸上得来终觉浅，绝知此事要躬行"，与青春期孩子沟通过程中，像这样的小情景经常会发生，有意识地进行练习，能提高父母与青春期孩子有效沟通的能力。

（三）做"放心"的父母

孩子长大是一个不必着急的过程，青春期再艰难也一定会过去。"江山代有才人出，各领风骚数百年"，相信孩子无论走哪条路，路上都能有不一样的风景。别人家孩子有别人家孩子的优秀，别人家父母也一定有别人家父母的困扰。自己家孩子有自己家的困扰，在别人眼中，自己家孩子可能也有别人羡慕的地方。因此，大可做"放心"的父母，放手让孩子成长。怎么做到"放心"呢？

1. 立足生命看问题

假如把自己放在孩子的青春期中，往往越看越焦虑，如果能跳出这个阶段，纵观整个生命发展轨迹，会发现，青春期只是孩子生命成长中极短的一段过程。青春期的问题，只是"纤芥之疾"，不足挂齿，更何况青春期中的沟通问题呢？

纪伯伦在他的诗中，这样描述孩子：

你们的孩子都不是你们的孩子，

那是生命为自己所渴望的儿女。

他们是借你们而来，却不是从你们而来，

他们虽与你们同在，却不属于你们。

你们可以给他们以爱，却不可以给他们以思想，

因为他们有自己的思想。

你们可以荫蔽，却不可以荫蔽他们的灵魂。

因为他们的灵魂，是住在明日的宅中，

那是你们在梦中也不能相见的。

你们可以努力去模仿他们，

却不能使他们来像你们。

因为生命是不倒行的，也不与昨日一同停留。

古诗有云："欲穷千里目，更上一层楼。"站在二十层楼上看路面，车水马龙，川流不息都是风景；站在二层楼上看路面，喧闹嘈杂，车堵人多，不由得让人心生烦恼。人的高度与格局不一样，眼中看到的就不一样。生命是复杂而多维的，每个生命个体都有其成长和发展的规律，每个人的经历、感受和需求都是独一无二的。立足生命看成长问题，就是从更广阔、更深远的角度去理解孩子，是尝试站在对方的立场，理解其背后的情感、需求和困境，是以积极、

全面且包容的视角和态度去陪伴和支持孩子。用这样的立场去养育、看待孩子，基于真诚与尊重，沟通便自然发生。

2. 立足成长看当下

以成长为导向来看待当前的生活和经历，青春期的每一个瞬间都会成为孩子成长的机会。无论成功还是挫折，都是成长道路上不可或缺的一部分，都蕴含着促进个人成长和发展的可能。

如此心态下，家长与青春期孩子的沟通，是不是会更加有耐心呢？

很多时候，父母之所以会焦虑孩子青春期的"问题"，是因为家长过于局限在某种固定的思维模式或价值判断中，假如家长能够换个角度去看待孩子问题，就能发现新的意义和价值所在。一次失败的沟通，可以让我们学会坚忍和反思；孩子一个看起来不经意的举动，也可能隐藏着温馨和感动。因此，换个角度来看，事情可能就不一样了。当父母找到了问题背后的成长价值时，无论与青春期孩子的沟通结果如何，父母都能保持一种积极的心态。看到问题背后的价值，与青春期的孩子就能始终保持合适的距离，从而为下一次的有效沟通奠定坚实的情绪基础。

3. 立足未来看发展

随着岁月不断前行，孩子也会不断发展。不管未来怎样，新生代总会有新生代的生活，在时代发展的浪潮中，新生代的生活与父辈们有很大的不同。不论是生活状态、生活场景、生活时代，未来一定属于年轻人。未来到底会怎样只能推测与想象，但是未来是不是我们推测与想象的样子，得让未来来证明。等到能证明的时候，未来就成了当下。因此，立足未来看今天，与其焦虑于知识的累积，技能的掌握，卷孩子成绩、卷孩子特长，不如树立一个坚定的信念，坚信孩子未来的无限可能。

作为家长，保持冷静、勇敢和坚持，相信社会和世界的美好和进步一定会使孩子未来的生活比父母更好，既关注孩子的努力和奋斗，又不纠结孩子当下的成败与未来可能之间的关联。在这一认知下，与青春期孩子的沟通，就有机会实现对孩子当下的理解与尊重，保持平和心态看待他们的成长问题，沟通自然就能生发力量，促进良好的亲子关系，促进青春期孩子的健康成长。

　　总之，与青春期孩子有效沟通的秘密，就是要正确定位父母角色，坚持学习，懂爱会爱；提高站位，打开格局，用智慧的沟通帮助孩子度过他们的青春期。

课程内容理论

改革开放四十余年，经济高速发展带来的是物质极大程度的丰富，而家长在面对青春期孩子的教育时，许多观点和做法还停留在自己成长的那个时代，要求孩子顺从、听话……导致家长在与孩子沟通时无效、无助、焦虑……要想与青春期孩子有效沟通，就需要了解青春期孩子的心理与生理特征，认识到不同时代、不同阶段的青春期孩子的特点。同时对有效沟通进行理论解读，才可能做到因时、因地、因人的不同而相应改变，提升沟通品质，融洽亲子关系，达成家庭有效陪伴的目的。

一、青春期的特征

美国心理学家 G. S. 霍尔，在其著作《青少年：他的心理学及其与生理学、人类学、社会学、性、犯罪、宗教和教育的关系》中，对青少年的发展特征做了如下归纳。

1. 精力过分旺盛和无精打采

青少年精力旺盛，他们热衷于打破各种类型的纪录，睡眠时间明显减少；他们追求某种新风尚，制造流行，欢闹不已。然而，他们又极容易走向反面，表现出软弱无力、呆缓迟钝、漠不关心、疲倦、冷淡、嗜睡、做事缺乏动力等。霍尔说："当青少年的勤奋状况处于顶峰时，精力极其充沛，举止也较为轻松，可是由于过度训练，很容易病倦，以致因筋疲力尽而无精打采。"

2. 快乐和痛苦

霍尔把快乐和痛苦视作生活的两极和生活的最高统治者，认为青少年常容易在快乐和痛苦之间摆动。儿童的心境易于波动，他们哭笑无常，对于各种印象所做的情绪反应是直接的。从青少年时期开始，波动就逐渐缓慢下来，但在一段时间内容易趋向极端。

3. 自我感增强

自我感有着各种形式，青少年的主要表现形式可能是虚荣心以及一种自身的美感与诱惑感，觉得自己对于异性具有了不起的吸引力，也可能表现为摆架子，把自己放在显眼的地位；或者是高谈阔论、矫揉造作、修饰打扮，以引人注目；又或是自鸣得意，甚至骄傲自大，以为自己比别人高明。"厚颜无耻、故意冒犯、无礼辱骂，有时甚至进行人身攻击，都是它的不同表现形式。"霍尔认为，自我感是被各种赞扬和奉承喂养起来的。随着孩子自我感的增强，青少年对父母和教师的劝告听不入耳了，如果他们出言较为粗鲁，还可能遇到公然的抵制。自我感带来的一种新意识是希望自己成为成年人，并被旁人承认其为成年人，其目的在于受人尊重、被人征询和获得信任。

4. 孤独和归属感

青少年有着鲜明的社会性行为。有些青少年在人际关系上表现为羞怯、忸怩、孤独；喜好与星星、海洋、森林、动物做伴；不愿在人前，特别是在异性面前露脸；沉浸于主观生活，变得只关心自己的内心状态而不注意客观世界。有些青少年则积极投身于一种新的同伴友谊之中，建立密切的友情；聚会剧增，组织繁多。还有些青少年不甘孤单，好似一时无法排遣寂寞，依靠同伴来求得自己的快乐；孤独时他们觉得无聊和厌烦，只有同别人在一起时，才感到生活有趣，他们只对群体中的核心人物才暴露内心秘密，喜欢在亲密相处的时刻或在信件里做坦率的倾吐……

还有在兴趣与冷漠、知与行之间摆动，在保守与激进之间轮替等。

综合上述诸点，霍尔认为青少年心理的发展相较于生理的成长、身体的发展是不匀称的，有些器官相继生长到某种程度，致使身体暂时丧失正常的比例，要到后来才能重新恢复，心理的发展亦复如此。根据霍尔的观点，这时的教育，应尽可能使孩子的各种能力都得到多方面的发展，尽可能稍许纵容孩子的任性与空想，把性格上的一贯性推迟一段时间，让各种先天优势相互进行竞争。

二、麦拉宾法则

麦拉宾法则是心理学教授艾伯特·麦拉宾（Albert Mehrabian）在 20 世纪 70 年代，通过一系列研究，得出十分重要的结论：人们对一个人的印象，只有 7% 是来自说话的内容，有 38% 来自说话的语音/调，而 55% 来自说话者的表情与肢体语言。这就是通常所说的"73855 定律"（见图 6-1 所示），又称为麦拉宾法则。即在人们进行语言交流的时候，55% 的信息是通过视觉传达的，如手势、表情、肢体语言、仪态等等；38% 的信息是通过听觉传达的，如说话的语调、声音的抑扬顿挫等等；剩下只有 7% 的信息来自纯粹的语言表达。

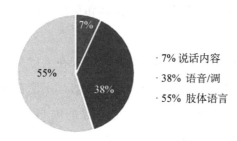

图 6-1　麦拉宾法则图示

依据麦拉宾法则，在与青春期孩子沟通时，需要注意沟通的方式。有效沟通不在于说什么，而在于怎么说。

三、马斯洛需求层次理论

马斯洛需求层次理论将人的需求层次像阶梯一样从低到高分为五个层次，即生理需求、安全需求、社交需求、尊重需求和自我实现需求。在安全需求层面，马斯洛强调，人是一个追求安全的有机整体，甚至可以把科学研究和人生观都看成是满足安全需要的一部分。而在人际交往中，能够满足安全需要的最佳方式莫过于主动、积极、正确地倾听。

首先，倾听给了对方一个打开心扉的机会，通过倾听，家长可以在不断的理解中增强亲子之间的感情。同时，用心倾听，就是给孩子一个倾诉的机会，这对于提升青春期孩子自我的认可度有着重要的意义。其次，通过倾听，信任和理解逐渐建立起来，个人与社会的联系显得更加密切，孩子封闭的内心世界被逐渐打开，而只有脱离了个人的幻想世界，年轻人才能在真实的社会中求得自身价值。最后，主动倾听使得青少年的人际交往活动逐渐进入良性循环中，通过倾听促进理解，通过理解促进交流，而在完整的沟通过程中深化人与人之间的谅解与关爱。从而在往后的人际交往中培养孩子乐观积极的心态，有效地满足青少年对安全感的需要。

课程互动体验

活动一：游戏

（一）活动目的

活跃气氛，为课程展开做准备。

（二）操作流程

所有成员围成一个大圈（或者从座位上站起来，左右连接），每个人伸出左手和右手，用自己的左手顶住左边成员的右食指，自己的右食指顶在右边成员的左手中，然后听故事。当听到故事中出现"乌龟"时，右食指应尽快逃脱右边成员的左手，而与此同时尽量用左手去抓左边成员的右食指。

（三）注意事项

开始此次体验活动前，要求所有参加的伙伴务必认真对待，否则体验感不佳。

活动二：观看视频，分析感悟

视频一：电影片段——母子对话视频

（一）活动目的

看视频，体会妈妈和孩子的心情，推进课程深入。

（二）操作流程

观看视频之前，提出问题：结合视频思考，如果自己是视频中的孩子，会是怎样的感受？如果自己是视频中的妈妈，又会有怎样的感受？

（三）注意事项

利用视频，引发家长共鸣。

视频二：电影片段——小孩不笨

（一）活动目的

引发家长对"有效沟通"认识不够的察觉。

（二）操作流程

带着问题看视频，思考什么是有效沟通？

（三）注意事项

充分利用视频，引发家长的共鸣和思考。

活动三：情景再现，重回对话

（一）活动目的

1. 体会不同的说话方式对心情和关系的影响。
2. 实践操作熟练话术。

（二）操作流程

寻找志愿者家长完成情景模拟，体会两种语言带来的不同感受。

1. 儿子："我最讨厌吃饭时间了！"

妈妈的回答，要将学到的理论进行运用，如：先情绪后事情、"我"句式等方法。

　　例:"我感觉你心情不太好,你希望我怎么做能感觉好一点?"

　　2. 儿子:"你每次一上桌就唠叨我成绩不好、表现不好,要我好好学习,你多么多么不容易,我很烦呢!"

　　妈妈的回答,要将学到的理论进行运用。如:共情、倾听。

　　例:"嗯,我想起来了,我像你这么大的时候,外婆说得多的时候我也很烦。那你有什么想聊的呢?"

(三) 注意事项

　　自愿为原则,沉浸式体验,共同探讨,深入沟通。

课程研究报告

一、问卷调查

1. 您是孩子的？（　　　）

A. 父亲　　　　　　　　　　　　B. 母亲

C. 爷爷/奶奶/外公/外婆　　　　　D. 其他监护人

2. 孩子的年龄阶段？（　　　）

A. 小学 5~6 年级　　　　　　　　B. 初一

C. 初二　　　　　　　　　　　　D. 初三

3. 您对自己的亲子关系是否满意？（　　　）

A. 满意　　　　　B. 一般　　　　　C. 不满意

4. 您目前在与孩子（青春期阶段）沟通时，是否经常感到困难？（　　　）

A. 经常　　　　　B. 偶尔　　　　　C. 几乎没有

5. 在家庭互动中，谁更主动开启沟通？（　　　）

A. 我（作为家长）主动较多　　　　B. 孩子主动较多

C. 双方都很少主动

6. 您对与孩子的沟通满意度打几分？（满分 10 分）（　　　）

A. 1~4　　　　　　　　　　　　　B. 5~6

C. 7~8　　　　　　　　　　　　　D. 9~10

7. 您日常与孩子交流、沟通最多的话题？（　　　）

A. 生活琐事　　　　　　　　　　　B. 行为习惯

C. 学习问题　　　　　　　　　　　D. 交友问题

E. 休闲娱乐　　　　　　　　　　　F. 道德品行

G. 班级情况　　　　　　　　　　　H. 社会热点

I. 无话沟通

8. 您认为孩子最难和您沟通的主题是哪些?（多选题）（　　）

A. 情感/恋爱问题　　　　　　　　B. 自我认同或价值观冲突

C. 学业压力和未来规划　　　　　　D. 其他

9. 您认为导致亲子间沟通障碍的主要原因是什么?（多选题）（　　）

A. 代际差异，缺乏共同语言

B. 孩子处于叛逆期，不愿配合交流

C. 自己不善于表达，无法引导有效对话

D. 缺乏关于青春期心理发展特点的了解

10. 您觉得孩子在与您沟通时,有哪些常见表现?（多选题）（　　）

A. 愿意主动聊天

B. 只聊表面话题，不涉及内心感受

C. 不愿说话，经常沉默

D. 容易情绪化或顶撞

11. 您与孩子发生冲突后,您最常用的处理方式是?（　　）

A. 批评指责　　　　　　　　　　　B. 压抑自己的情绪

C. 讲道理　　　　　　　　　　　　D. 平等交流

二、调查结果

1. 您是孩子的?

选项	小计	比例
A. 父亲	305	19.18%
B. 母亲	1269	79.81%
C. 爷爷/奶奶/外公/外婆	5	0.31%
D. 其他监护人	11	0.69%
本题有效填写人次	1590	

2. 孩子的年龄阶段?

选项	小计	比例
A. 小学 5~6 年级	917	57.67%
B. 初一	346	21.76%
C. 初二	209	13.14%
D. 初三	118	7.42%
本题有效填写人次	1590	

3. 您对自己的亲子关系是否满意?

选项	小计	比例
A. 满意	1193	75.03%
B. 一般	373	23.46%
C. 不满意	24	1.51%
本题有效填写人次	1590	

4. 您目前与孩子（青春期阶段）沟通时，是否经常感到困难?

选项	小计	比例
A. 经常	253	15.91%
B. 偶尔	972	61.13%
C. 几乎没有	365	22.96%
本题有效填写人次	1590	

5. 在家庭互动中，谁更主动开启沟通?

选项	小计	比例
A. 我（作为家长）主动较多	1175	73.90%
B. 孩子主动较多	309	19.43%
C. 双方都很少主动	106	6.67%
本题有效填写人次	1590	

6. 您对与孩子的沟通满意度打几分（满分 10 分）？

选项	小计	比例
A. 1~4	67	4.21%
B. 5~6	327	20.57%
C. 7~8	817	51.38%
D. 9~10	379	23.84%
本题有效填写人次	1590	

7. 您日常与孩子交流、沟通最多的话题？

选项	小计	比例
A. 生活琐事	224	14.09%
B. 行为习惯	407	25.60%
C. 学习问题	619	38.93%
D. 交友问题	43	2.70%
E. 休闲娱乐	52	3.27%
F. 道德品行	107	6.73%
G. 班级情况	109	6.86%
H. 社会特点	23	1.45%
I. 无话沟通	6	0.38%
本题有效填写人次	1590	

8. 您认为孩子最难和您沟通的主题是哪些？（多选题）

选项	小计	比例
A. 情感/恋爱问题	180	11.32%
B. 自我认同或价值观冲突	680	42.77%
C. 学业压力和未来规划	1040	65.41%
D. 其他	461	28.99%
本题有效填写人次	1590	

9. 您认为导致亲子间沟通障碍的主要原因是什么？（多选题）

选项	小计	比例
A. 代示差异，缺乏共同语言	490	30.82%
B. 孩子处于叛逆期，不愿配合交流	719	45.22%
C. 自己不善于表达，无法引导有效对话	600	37.74%
D. 缺乏关于青春期心理发展特点的了解	824	51.82%
本题有效填写人次	1590	

10. 您觉得孩子在与您沟通时，有哪些常见表现？（多选题）

选项	小计	比例
A. 愿意主动聊天	879	55.28%
B. 只聊表现话题，不涉及内心感受	606	38.11%
C. 不愿说话，经常沉默	242	15.22%
D. 容易情绪化或顶撞	732	46.04%
本题有效填写人次	1590	

11. 您与孩子发生冲突后，您最常用的处理方式是？

选项	小计	比例
A. 批评指责	192	12.08%
B. 压抑自己的情绪	143	8.99%
C. 讲道理	664	41.76%
D. 平等交流	591	37.17%
本题有效填写人次	1590	

三、调查分析

本次调查显示，绝大多数家长与孩子的关系良好，75.03% 的家长对亲子关系感到满意。然而，尽管满意度较高，仍然有 61.13% 的家长在与孩子沟通时偶尔感到困难，15.91% 的家长则经常遇到沟通障碍。

在家庭互动中，73.9% 的家长表示自己更主动开启沟通，表明家长在亲子交流中扮演着主导角色。大多数家长与孩子讨论的话题集中在学习问题（38.93%）和行为习惯（25.6%），而对于孩子最难沟通的主题，学业压力和未来规划占据了 65.41% 的比例，显示出这一话题在亲子沟通中的重要性。

调查还揭示了导致沟通障碍的主要原因，其中 51.82% 的家长认为缺乏对青春期心理发展特点的了解是一个重要因素，45.22% 的家长则指出孩子的叛逆期使得交流变得困难。此外，家长在处理冲突时倾向于"讲道理"（41.76%）和"平等交流"（37.17%），而"批评指责"的比例相对较低（12.08%），这表明家长在面对冲突时更倾向于寻求理性解决。

总体来看，虽然家长与孩子之间的沟通存在一定的挑战，但多数家长依然保持积极的态度，愿意努力改善亲子关系。

第四部分
亲子教育，从助力成长开始

　　社会发展到今天，人们已经非常重视家庭教育了。但这种"重视"更多体现在父母对教育的焦虑及教育的过度功利上，这已经成为大部分人对家庭教育现状的普遍认识。

　　然而，这种"重视"给家庭教育带来了巨大的影响。在教育剧场效应的影响下，孩子的心理健康水平越来越令人担忧，"空心病"、抑郁等心理问题已变得常见。如果教育只聚焦在孩子学业的提升上，人的成长是不可能完整的。在当前国内教育优质资源发展不均衡的背景下，教育过早引入了竞争，"成才"成为天下父母共同的心愿，也成为当今选拔教育的"帮凶"，忽视了家庭教育最重要的使命——对孩子健康人格的培养。

　　导致出现上述现象的主要原因是，父母对教育本质的了解不够，对孩子的了解不够，对未来教育的了解不够。为了不再盲目，看清教育本质，了解孩子，理解未来教育，父母需要不断学习。正如古希腊哲学家苏格拉底所说："教育不是灌输，而是点燃火焰。"在学习中，父母需要明确自己的角色，把教育的眼光放长远。培养孩子具备终身发展的能力，应以发展孩子健全的人格为基础。健全的人格就像一栋高层建筑的地基与框架，是一切发展的根本。

现实中，不少父母盲目追求孩子学业的发展，却忽视了孩子情绪、情感的发展，导致孩子发展受限。北大教授徐凯文在论文中描述到，他在高校工作期间发现，近30.4%的北大新生（包括本科生和研究生）都厌恶学习，40.4%的学生认为人生没有意义，有自杀倾向。这些"天之骄子"有着聪明的头脑、良好的人际关系和光明的前途，为何还会出现严重的心理健康问题，甚至屡次想要放弃自己的生命？塑造我们人生观的教育，真的是完美的吗？这个社会到底需要什么样的年轻人？我们又该如何教育我们的下一代？如何才能让生命之花终身绽放，值得父母们好好思考。

著名教育家陶行知先生说过："教育就是让孩子养成良好的行为习惯。"看似简单的一句话，却包含着丰富的内容，凸显了良好习惯的养成对终身成长的意义。

良好的教育是一种主动行为，否则这种行为很难持久。主动行为需要内在动机的支撑，不能依从于外在驱动来实现。美国心理学家爱德华·德西的"自我决定理论"指出，不恰当的外在驱动甚至会削弱孩子的内在动机。

对大多数父母来说，他们教育孩子的方法或准则，大多来源于父辈。然而，时代在变化，教育理念也需要与时俱进。家庭教育的核心是塑造孩子健康的人格。在家庭教育中，父母应有长远的眼光，摒弃功利心态，回归教育本质。家庭教育应以健康人格为基础，以内在动机为驱动，以终身发展为目标，才能真正培养出适应未来社会的优秀人才。让我们共同努力，为孩子的成长点燃一盏明灯，让他们的生命终身绽放光彩。

第 7 课　唤醒孩子内在学习动力

课程内容大纲

一、孩子内在学习动力的现状

（一）学习动力的模型

（二）学习动力的分类

（三）学习动力的现状

二、孩子内在动力不足的原因

（一）降低孩子的成就感

（二）破坏孩子的自主感

（三）削弱孩子的归属感

三、唤醒孩子内在动力的法宝

（一）修复关系，给予孩子爱与接纳

（二）转变信念，提升孩子胜任感

（三）清晰身份，尊重孩子自主权

课程研修背景

当牙牙学语、蹒跚学步的小宝贝渐渐长大，背起书包步入校门，当宝贝回家之后的亲子时光里开始有了作业、复习、考试这些内容，那些父母和宝宝之间的温暖、柔软和甜蜜，那些耐心呵护似乎都忽然悄悄躲起来了，取而代之的是父母提高的嗓门，是父母生气的样子，是让孩子恐惧的话语，还有一些孩子看不见的、属于父母的自责和歉疚。

学习、写作业，这些都是属于孩子的事。对学习缺乏兴趣，不积极不主动，写作业拖拉磨蹭，注意力不够集中甚至出现严重偏科、厌学等情况，这些都是孩子成长中的常见现象。作为父母，到底要不要管？要管到什么程度？这是很多家长困惑的问题。

有些学生一旦顺利完成高考，人生似乎就进入了迷茫的阶段，失去了前行的方向。北京大学徐凯文老师在《时代空心病与焦虑经济学》的演讲中提到北大有 30% 的学生有"空心病"——缺乏价值观，不知道自己要什么，不知道自己为什么活着。

这些现象都促使我们去反思——在基础教育、家庭教育方面应该如何保护和促进孩子的内在学习动力，让孩子能够学会学习，主动学习。如今的社会已经进入终身学习的时代，如果我们的教育短视，采取简单粗暴的教育方式，为了今天的分数而牺牲孩子未来长远的发展，这将是孩子成长过程中的巨大损失。

爱尔兰诗人叶芝说："教育不是注满一桶水，而是点燃一把火。""填鸭式教育"肯定不是好的教育，它会让孩子丧失学习的兴趣，以及主动学习的能力。只有点燃孩子对知识的渴望，培养孩子主动学习、主动汲取知识的热情，才是教育的最高境界。

随着国内经济的快速发展，物质生活获得极大的满足，孩子的成长更需要内在动力的引领，这是○○后的孩子具有的时代特征之一。

　　国内外关于学生内在学习动机的理论、实践研究的书籍和文献非常丰富。我们希望通过本课题的整理、探索，与当前的家庭教育的现状相结合，为广大家长、教育工作者提供一些可借鉴的思路、方法与实践经验，以唤醒更多孩子的学习内动力，培养孩子真正热爱学习、学会学习、终身学习的能力和热情。

课程实录文稿

作为家长，面对孩子的学习问题，往往会感到焦虑。有些家长常常会有这样的感触，不管用什么姿态和孩子进行交流，孩子对学习始终缺乏兴趣。那么如何唤醒孩子内在的学习动力呢？作为家长，我们应该点燃孩子对知识的渴望，培养孩子主动学习、主动汲取知识的热情。

一、孩子内在学习动力的现状

我们发现，许多孩子对于学习缺乏内在动力，可能是受到各种外界压力的影响，他们会因为父母的期望、老师的要求或是同学间的竞争，而投入到学习中。

作为一线教师，在笔者曾经从教的七年级班级过六一儿童节时，其中有一个追忆童年的环节，我要求每个学生活动前给我发一张童年照片。当我收到小 A 同学的照片时，我非常惊讶，儿童时期的他显得活泼可爱、聪明伶俐，可是在初中的课堂上他除了睡觉就是发呆，成天一副无精打采的样子。他什么时候开始这样，我很想知道。其实，像小 A 这样的学生并不在少数，很多家长抱怨，说自己的孩子不写作业时，母慈子孝；一写作业家里就鸡飞狗跳。有时孩子干脆把门一关，父母就不知道他在里面做什么，孩子也拒绝和父母交流，家长时常感到无可奈何。比如小 A 同学，小学时每天都开开心心地去上学，可是为何到了初中就不学了，放弃了？是什么导致孩子在成长过程中的内在学习动力减弱了？

（一）学习动力的模型

家长们在日常交流中，经常会说："我家孩子成绩还行，就是有点粗心大意。"或者"小学时成绩挺好的，怎么上了初中就不那么上心了呢？"其实，这些说法往往是对学习本质的一种误解，也是对孩子成绩未达预期的一种错误归因。要知道，学习力是一个综合的概念，包括学习动力、学习能力和学习毅力三大方面。

（二）学习动力的分类

一个鸡蛋，如果从外面打破，可以做成食物；如果从内部打破，却能孵化一个新生命。动力分外在动力和内在动力。内在动力是指出于内心的需要，产生一种做事的动力。外在动力包括分数、赞扬、奖励、惩罚等，内在动力包括个体的成就感、自豪感、兴趣、好奇心等。

很明显，内在动力对孩子行为的激励更持久有效。那是不是外在动力就没有作用了呢？当然不是，当孩子完全没有动力的时候，外在刺激是非常必要的一个手段，但是外在动力若使用不当，学习动力也可能持续不长。就像心理学家李雪曾说："外驱力，也能驱动一个人，但它带来的感觉是较劲、痛苦和内耗。"被外力推着向前走的孩子，当阻力大过推力，又缺乏内在动力，往往走不了多远就"没劲了"，容易半途而废。所以使用外在动力的时候，一定要想办法把它转化为内在学习动力。

（三）学习动力的现状

网上曾流传深圳某中学运动会的班级口号——学习使我妈快乐，我妈快乐，全家快乐！爆笑之余网友们对此进行了广泛的讨论：学习到底为了谁？这是一个全民教育焦虑的时代，孩子的厌学、基础教育形势的压力，深深地牵动着很多父母的神经。而父母依然需要面对一个事实——孩子的内在学习动力不足的现实。

有数据显示：我国小学生的厌学比例为 14.88%，中学生厌学的比例为 42.5%。一位家长说："晚餐和睡觉之间的这段时间让我们很发愁，因为我们在这段时间会不停地'战斗'。家里简直就像一个战区。"当前，学生群体中学习动力不足的情况正愈发普遍，学生厌学的现象也逐渐低龄化。这一现象还诱发了青少年诸多困扰身心的问题，诸如失眠、焦虑、甚至抑郁等。

根据最近一项覆盖了全国 30 多个大中城市的 500 所学校和约 3 万名学生的调查数据显示，在过去的 20 年间，我国中小学生的厌学率已升至 73.3%。其中经济较发达的城市如北京、上海、杭州等地的厌学率最高，有些地区甚至超过了 80%。2023 年 10 月，中国教育学会高中教育专业委员会理事长、北京四中原校长刘长铭在中国教育三十人论坛主办的首届青少年心理安全论坛上的演讲中也提道："我们的教育今天遇到的最大挑战是什么？是学生厌学，是学生不想上学。"更让人担心的是，如果孩子学习动力不足，一些家长不仅难以给予支持，还会把压力传给他们的孩子，导致孩子面临巨大的心理负担。孩子可能会由此感到焦虑、沮丧甚至自我怀疑。在这种情况下，孩子的学习积极性可能会进一步受挫，甚至陷入恶性循环。家长的不当行为可能会影响孩子的身心健康和未来发展。比如，孩子可能会由此变得胆小、自卑，对学习产生抵触情绪，影响学业成绩和个人成长。

二、孩子内在动力不足的原因

孩子内在学习动力不足的原因，是每一位关心孩子成长的家长和教育者不可忽视的重要课题。理解这些因素，不仅能帮助我们避免无意中挫伤孩子的学习热情，还能为我们指明方向，采取有效措施，重新点燃他们对知识的渴望与探索的激情。

（一）降低孩子的成就感

对于大多数孩子而言，驱动他们学习的核心动力并非单纯的兴趣，而是学习所带来的成就感。因为有了成就感，孩子才能主动学习。

1. 成就感的心理价值及养育方式

成就感，是一种难以言表的满足感，一种由内心深处涌出的欣喜与自豪。它源自我们对目标的追求、对梦想的执着、对成功的渴望。无论是在学业、事业、生活还是个人成长中，成就感的追求都是个体前进的动力。当个体收获成功时，他会感受到自己的能力并获得愉悦感，获得更多挑战未来的动力。同时，获得成就感还可以促进心理健康，缓解长期以来的压力和焦虑，让个体感受到生活的意义和价值。对于一个孩子来说，成就感是其自信的力量源泉，是学习积极主动的关键。如果孩子缺乏成就感，他们就会变得消极、自卑，缺乏积极性和主动性。在养育过程中，我们可以通过以下方式培养孩子的成就感。

（1）设定恰当的目标

设定恰当的目标，是助力孩子收获成就感的关键。那么，何为恰当的目标呢？有人用"跳起来摘苹果"来阐述：目标应当既不太高也不太低——过高则难以达成，容易使人逐渐丧失信心；过低则缺乏挑战性，难以激起奋斗的意志。唯有当我们需稍稍努力、跃起摘取那苹果时，心中才会洋溢着满满的喜悦。试想，若有一个苹果，虽令人垂涎，却无论如何努力也无法触及，那份摘取的兴趣与随之而来的喜悦、成就感，自然也就无从谈起了。

（2）关注成长和进步

有一项针对初中生学业的调查显示：62.71% 的学生表示，在学习方面"最不希望父母总拿我和别人比"。父母首先要清楚的是，孩子的学习动力源自其自身想要变优秀，而不是为了超过别人。有些家长认为通过比较可以激发孩子的斗志，让孩子发愤图强，其实这样往往起到的是反作用。因为孩子总被比较，会产生挫败感，挫败感会让孩子对学习失去信心，从而失去学习兴趣。

（3）鼓励孩子探索

给孩子足够的空间和自由，让他们自主探索和尝试新事物。在这个过程中，孩子会发现自己的兴趣和潜力，取得新的成就。有些孩子对学习抱有抵触情绪，这主要是因为父母倾向于很功利地将学习与分数紧密相连。因此，孩子们不仅无法体会到学习的乐趣，反而在求学过程中承受了沉重的心理负担。

2. 现实中难以企及的成就感

从小学到初中，由于学习科目增多，学习难度和深度加大，对于在小学时没有养成良好学习习惯的孩子来说，进入初中后可能会出现不适应。有一些孩子也会努力调整，如果一直经受着收获和付出不成正比的打击，他们会备感无助，这种无能为力感可能会让他们不得不选择放弃努力和尝试，孩子们会发出这样的声音："看不到希望了""破罐子破摔""听天由命吧"。于是，这部分孩子在课堂上，开始经常走神，不认真听讲，偶尔破坏课堂纪律，面对稍有难度的任务很快放弃；课后作业拖拉甚至拒绝完成。现实生活中的一些成绩中下的同学，到了初一、初二，就开始呈现放弃的学习状态。很多家长以为这是青春期的叛逆，其实这是一种习得性无助的表现。

习得性无助会把孩子的生活拖入恶性循环的泥潭，因为孩子会在多次努力、反复失败之后，产生"行为与结果无关"的无助感，这种从自身经验中习得的无助感会泛化到其他情境中。当孩子以后再遇到困难挫折的时候，他们本来能够采取行动避免不好的结果，但是因为之前的经历让他们坚信"无论自己怎样努力尝试都无法改变失败的结局，痛苦一定会到来"，于是，他们放弃努力，放弃改变。

当孩子面临习得性无助带来的自我效能感低的情况时，父母需要加强与孩子的沟通交流，了解孩子的问题和不足，把握孩子的需求与兴趣爱好，帮助孩子突破心理层面上的无助和不良感受，着重对孩子进行自主学习能力的培养，并通过恰当的抗挫教育来挖掘孩子的内在潜能。除了学业成绩的打击导致习得性无助以外，家长要特别注意的是在家庭生活中对孩子否定性的语言，如下所示。

"为什么别人能做到你就做不到！"（对比）

"没见过你这么笨的！"（贬低）

"回来那么久还不洗澡？"（质疑）

"你除了会玩手机以外，还能干什么？"（讽刺）

"只要好好学习就行了，家里的事不用你管。"（包办代替）

……

其实，失败并不可怕，"否定"才是对孩子精神世界的电击。家长习惯于干涉，习惯于控制，习惯于挑毛病，看不到孩子的优点、优势，也没有培养孩子自主学习的能力，孩子不能从学习中获得正向反馈，就会缺失胜任感，长久下来，也就没有了继续学习的动力。

（二）破坏孩子的自主感

自主感是一种重要的人格特质，它可以帮助一个人建立自信、自尊、自律和责任感，从而更好地适应社会。

1. 自主感的心理价值及养育方式

什么是自主感？自己愿意主动去做的这种感觉就是自主感。当有选择的时候，自己就会更愿意去做，就会投入更多的精力和时间，就会更有热情，就能去坚持和负责任。

让孩子凡事听话，这是破坏孩子自主感的最常见的做法。当我们要孩子听话的时候，孩子就在渐渐失去自主感。没有自主感的孩子，可能会顺从，但是却会渐渐失去主动性、创造性、热情、兴趣、探索精神。没有自主感的孩子，在成年以后，也不一定会获得自己想要的人生。因为听父母的话，有可能成为父母欲望、期待的延续，并带到自己的新家庭里。有位女性朋友跟笔者分享了她父亲近日的一番言辞："你家住得近，你只能又当女儿又当儿子。以后养老主要靠你。"她坦言，听完父亲的话，她深感压力倍增，没有选择。一位男性，他的亲密关系已出现裂痕，近期因孩子的事宜向笔者寻求意见。笔者问道："既然你感觉到与伴侣的关系无法修复，同时也不愿选择原谅，那为何还不选择分开呢？"他回答道："我不忍心让我的母亲难过，因为她患有心脏病。"

他们都是听话的孩子，但遗憾的是，他们在做选择和决定时往往缺乏自主性，这些选择本可以让他们的人生更加美满。事实上，他们无须如此过度压抑自我。其实，每位父母都衷心希望孩子能幸福，但太过乖巧的孩子往往过于在意他人的感受，有时甚至会牺牲自己的快乐。因此，在陪伴孩子成长的过程中，我们应该给予更多的许可与尊重，允许他们去尝试，去犯错。在养育过程中，可以通过以下方式培养孩子的自主感。

（1）多听孩子表达

我们要做孩子的倾听者，避免加入个人的评判。很多时候，正是因为我们的评判，孩子们才选择沉默，不再与我们交流。例如，某天孩子说："小明踩了我的脚。"你可以问:"你当时感觉怎么样?"孩子回答:"气死我了!"这时,你可以共情地说:"换成是我,我也会很生气。那你打算怎么处理这件事呢?"孩子如果说:"踩回去。"你可以回应:"这确实是个方法。"(而不是说:"他又不是故意的,别太计较了。")接着,你可以继续引导:"还有别的方法吗?比如告诉他你踩到我了,以后走路小心点。"然后再问:"这也是个办法,还有吗?或者,算了,他也不是故意的。面对这样的情况,你会选择怎么做呢?"对于非原则性的问题,多给孩子一些选择的权利,让他们决定何时做、做还是不做。比如,孩子提出:"我想放学后先看会儿书再写作业。"你可以回答:"可以的,你自己决定。"

（2）多听孩子安排

计划与安排,即便不够周全,也能让孩子在实践中、在尝试里,感受到自主性与自我掌控的乐趣。当孩子面临困难向你求助时,你可以提出这样的建议:"如果是我,我可能会这样处理,但最终的决定权在你手中,我的意见仅供你参考。"让孩子掌握主动权。在这个过程中就会唤起孩子的自主感,随着孩子慢慢长大,对事物的掌控感也会越来越强,内心才会越来越强大,等他长大就会拥有一个能自己说了算的人生。人本主义流派心理学家罗杰斯曾说过,生命的本来动力就是做自己,做自己就会有无限的创造性和潜能发挥。如果孩子选择自己喜欢做的事,并能养活自己;选择和喜欢的人呆在一起,并让对方开心,孩子有这样的人生,不是我们父母所期待的吗?

2. 教育中的德西效应消耗自主感

对于孩子来说,学习的动力应源自内心,既非为了取悦父母,也非为了避免惩罚。然而,在现实生活中,不少孩子学习的动机却是出于对外在因素(如家长或老师)的考量。为了促使孩子持续学习,一些家长会采取奖励机制,但随后却可能发现,一旦停止奖励,孩子的学习动力便随之消失。这种现象的产生,往往是因为孩子将学习与奖励直接挂钩,而非真正从学习中找到乐趣和价值。这种现象,可以用德西效应来解释。

德西效应源自一个故事。一群孩子常在一位老爷爷家门前嬉戏,其吵闹声严重干扰了老爷爷的休息。尽管老爷爷尝试通过怒斥和劝说让孩子们离开，但均未奏效。随后，老爷爷转而采取了一种策略，他告诉孩子们："你们在此玩耍让我感到很开心，作为感谢，我给你们每人一元钱。"次日，孩子们又如约而至，这次老爷爷只给了他们五角钱，尽管金额减半，孩子们依然欣然接受。到了第三天，老爷爷仅给出一角钱，这引起了孩子们的不满，他们决定不再像之前那样尽情玩耍。到了第四天，当孩子们期待再次获得报酬时，老爷爷却分文未给，这彻底激怒了孩子们，他们愤怒地对老爷爷说："你真是个小气鬼，我们以后再也不来你家门前玩了。"这便是广为人知的德西效应的由来。

心理学家爱德华·L. 德西在 1971 年专门做了一个实验。德西在实验中发现：在某些情况下，人们在外在报酬和内在报酬兼得的时候，不但不会增强工作动机，反而会降低工作动机。此时，动机强度会变成两者之差。人们把这种规律称为"德西效应"。它证明了当一个人进行一项愉快的活动时，如果给他提供奖励，反而会减少这项活动对他内在的吸引力。原因很简单，当孩子因为快乐或兴趣做某事时，他们不需要外部刺激。如果用外部的物质诱惑他们，只会转移他们的关注点，让他们只盯着奖励的物品，长此以往，就会丧失对某项事物的兴趣，这样的转变绝对不是家长所期盼的。

其实，孩子需要的往往不是物质上的奖励，而是精神上的支持。引导孩子树立远大的目标，激发孩子对学习和生活的兴趣，帮助孩子获得成功的体验，才是家长真正应该做的。当孩子出色地完成一件事时，家长只需对他说："孩子，你真棒！我真为你感到骄傲。"当孩子尚没有形成自发内在学习动机时，我们给予一些物质激励，也是可以的。但是，如果活动本身使人们很有兴趣，此时再给奖励不仅多此一举，反而适得其反。著名教育学家苏霍姆林斯基曾说过，如果你只指望靠表面看得见的刺激来激发学生的兴趣，那就永远也培养不出学生对脑力劳动的真正热爱。

不久前，一位家长提出了一个问题：给予孩子物质奖励究竟是否适宜？这确实是一个复杂且难以一概而论的问题。可以用一个不够精确的例子来说明：假设有个人频繁遭受唇炎的困扰，就医后得知，其唇炎的根源在于脾湿，而脾湿又是由肾寒所引起的。面对这样的情况，如果该患者使用了一种能暂时缓解唇炎症状的药物，但这种药物却可能加剧肾寒的问题，那么他是否应该使用这种药物呢？这显然是一个需要深思熟虑的决定。同样，对于学习，也是一样。

在小学教育一线，尤其是低年级教学中，不少教师倾向于采用物质奖励作为激励学生努力学习的手段。这些奖励形式多样，包括积分兑换奖品、小组竞赛获胜后享受奶茶、考试成绩优异者获得奖品、连续多次作业表现突出可赢得美食大奖（如大鸡腿）等。俗话说，"重赏之下，必有勇夫"，这样的激励方式在短期内确实能显著提升孩子的学习积极性，促使一些原本懒散的学生变得主动自觉，无须催促便能自发学习。然而，这种激励模式也可能导致孩子形成"奖品依赖"心态。他们会主动询问老师："如果我好好学习，会得到什么奖励？""如果我考试达到 90 分，会有什么奖品呢？"当老师提出颁发奖状作为奖励时，孩子可能会感到失望，并反问："奖状有什么用啊？会不会有好吃的奖励？"更有甚者，会直接向老师提出："老师，如果我完成今天的作业，你会给我什么奖励？"面对这样的情况，老师可能会感到不满，并批评孩子："学习是你自己的事情，完成作业还要老师奖励，你的想法有问题！"其实，孩子这种"功利性"的学习态度，在很大程度上可能与我们现行的奖励机制密切相关。

同时，我们可以看出，过度的外在奖励可能会削弱孩子的学习内在动机，当我们过分依赖物质奖励来激励孩子学习时，孩子可能会逐渐丧失对学习的兴趣和好奇心，以及长远的目标。

（三）削弱孩子的归属感

心理学家马斯洛认为，归属和爱是个体重要的心理需要，只有满足了这一需要，人们才可能达成自我实现的目的。

1. 归属感的心理价值及养育方式

归属感是指个体无论表现如何，无论取得多大的成功或遭遇多大的失败，都能感受到一种无条件的被接纳与关爱。关于归属感，心理学科普网站上有这样一段描述：当孩子在一个包容性的环境里，受到关心和尊重，感知到他人在倾听和回应的时候，他们就能体验到归属感。

拥有归属感的人会感到安全、满足，内心丰盈。例如，漂泊异乡的人渴望拥有一个家，因为家能给予他们安全与稳定；过年时我们期盼回家，因为家会带给我们快乐与温暖；心灵受伤的人寻求一个温馨的避风港，渴望能找到一个理解自己的人倾诉，这同样是在追寻一种归属感。成年人对工作和家庭的归属感较强，儿童主要对人的归属感较强，最重要的归属就是来自他们的父母，父母的接纳和爱让孩子觉得安全、温暖，内心充满勇气和力量，而缺乏归属感的孩子，对学习和生活缺乏热情，动力和责任感不足。当孩子无法从父母那里获得稳定、持久的爱和归属，他就会变得冷漠，与父母之间爱的连接就会断开。在养育过程中，父母可以通过以下方式提升孩子的归属感。

（1）创建温馨的家庭氛围

打造一个充满爱和关怀的家庭环境，让孩子感受到家庭的温暖和支持。尊重孩子，保持良好的沟通和互动，让孩子感受到自己是家庭中重要的一员。

（2）关注孩子的情感需求

家长要关注孩子的情感需求，及时给予关爱和陪伴。与孩子保持良好的沟通，关心他们的生活、学习和情感。当孩子遇到问题时，要站在他们的立场考虑，给予理解和支持，让孩子感受到家庭的依靠。

（3）培养孩子的家庭责任感

让孩子参与家庭事务，培养他们的家庭责任感。通过分担家务、参与家庭决策等方式，让孩子感受到自己在家庭中的重要地位和价值。

2. 家庭及社会现实削减归属感

每个孩子都不能脱离环境独立存在，都生活在系统里，这个系统包括家庭、学校和社会。按照马斯洛需求层次理论，只有当底层的生理需求、安全需求、归属需求、尊重需求被满足之后，学习和自我实现的需求才会产生。道理很简单，如果一个孩子的生理所需无法得到满足，安全都无法得到保障，其自我追求是很难实现的。因此，唤醒学习内在驱动力的前提是，先满足底层的需求。对孩子而言，父母需要先保证他身心健康，有自信、有价值感、有良好的人际关系，在此基础上，再来思索如何唤醒孩子的内在驱动力。试想，身处以下家庭环境中的孩子，是否会有努力学习的动力。

夫妻整天吵架，家庭随时面临崩溃。

亲子关系极差，孩子经常遭受批评、指责，甚至被打骂。

有了弟弟妹妹，家长没有时间陪伴和教育年长的孩子。

每天都担心朋友不理他，没有朋友。

每当父母思考如何提升孩子的学习成绩时，可以先从以上几个方面进行思考，因为这是父母唤醒孩子内在驱动力的基础和前提。感受不到爱，缺乏安全感的孩子没有精力思索如何更好地学习。就像《小欢喜》里的乔英子，成绩那么优秀，却觉得配不上妈妈的爱，想从妈妈的身边逃离。

城市化把每个人的生活空间都压缩得极小。孩子们的课余时间被各种兴趣班填满，小伙伴渐渐变成手机里联机玩游戏时的队友或者对手。而手机和电脑，又常常是家长的眼中钉。城市孩子的课余总在路上奔波，就连想在小区楼下玩耍，也是急匆匆，因为时间有限，时间一到就得被赶回家写作业。尽管如此，家长们都还抱怨孩子身在福中不知福，条件这么好还不知足。于是，焦虑、压抑和不被理解一起涌向了孩子，孩子背负重重压力，内心其实十分孤独。

如今，有大量青少年痴迷于电子游戏。让我们试着去寻找游戏的魅力所在。

入门门槛低——让孩子建立自信心，建立胜任感。

群体参与——满足孩子的社交归属，建立归属感。

跳一跳能够到——正向鼓励促使孩子不断进取，建立自主感。

勋章荣誉——促进再升级，循环往复，让孩子获得成就感。

所谓激发孩子对学习的积极感受，实则是点燃其内在学习动力的开始。这种积极感受具体体现为能够拥有归属感、成就感（或胜任感）以及自主感。为了确保孩子的学习动力充沛，我们必须重视这三种感受的培育，让孩子深切体会到爱、尊重与接纳，让孩子感受到自己的行为能够自主决定，同时让孩子确信自己有能力达成目标等。

三、唤醒孩子内在动力的法宝

通过对孩子内在学习动力受损的原因进行深入剖析，并结合孩子所喜爱的游戏设计原理进行研究，可以总结出激活孩子内在学习动力的法宝。

（一）修复关系，给予孩子爱与接纳

爱，是一种强大的力量。当我们努力给予孩子爱与接纳时，孩子能够真切地感受到这份温暖。它可以表现为对孩子耐心的陪伴、认真的倾听，以及理解他们的喜怒哀乐。一个温暖的拥抱、一句鼓励的话语、一次共同的游戏，都能让孩子体会到爱的存在。接纳意味着接受孩子的全部，包括他们的优点和不足。不因为孩子的错误而过分指责，而是以平和的心态引导他们成长。当孩子感受到被接纳时，他们会更有安全感，更敢于展现真实的自己。

家庭的温暖、集体的融入、社会责任感都能让孩子保持充盈的内在学习动力。家长们可以尝试：保持夫妻关系和谐，创造良好的家庭氛围；与老师保持良好沟通，了解孩子在校情况；培养孩子良好的性格，有利于孩子建立健康的人际关系；自己做好榜样，积极参加家委会工作；多带孩子做义工，了解社会，感受社会温暖，树立远大目标。

给孩子无条件的爱，支持他，理解他，关心他，爱护他，鼓励他，这些都是父母应该努力做到的。强烈的归属感和良好的亲子关系，就是孩子内在学习动力产生的肥沃土壤。

（二）转变信念，提升孩子胜任感

很多时候，家长的焦虑情绪会在无意识中传递给孩子，进而影响孩子的心态与表现。一旦我们察觉到自身的焦虑状态，就应当学会调整与管理它。我们可以通过深呼吸、冥想等方式让自己平静下来，更加理性地看待孩子的成长。其实，每个孩子都有自己的闪光点和擅长的领域。我们要用心去发现这些优

点，给予孩子充分的肯定和鼓励。当孩子在自己擅长的事情上取得成功时，他们会体验到强烈的胜任感。这种胜任感会逐渐迁移到其他方面，让他们更有信心去尝试新的挑战。

就手机游戏而言，假设某款游戏难度颇高，孩子在数次尝试未果后，往往会迅速选择放弃，因为无法攻克难关，频繁受挫的滋味着实令人苦恼。这一情形在学习领域同样适用：倘若课程内容过于艰涩，孩子难以掌握，同样容易心生退意，选择放弃。

游戏生产商最重要的工作，就是在游戏中设置各种反馈，打死一只小怪有小奖励，干掉一个 boss 有大奖励，打游戏的过程，就是不断接收反馈的过程。对应到学习方面，孩子感受到的正面反馈相对较少，更多的是挫折，是卡壳。基于以上两点，父母可以给孩子适当降低要求。父母可以适当调整对孩子的当前学习要求，设定一个既具挑战性又可通过努力达成的目标。例如，若发现孩子在初二课程上遇到困难，不妨回溯到初一的内容进行补充学习，使孩子能够体验到学习的乐趣和成功的滋味，从而树立起"我也能学好"的信心，并收获学习上的成就感。此外，增加正面反馈也是极为重要的一环。看过《垫底辣妹》的人都知道，只要主人公有一丁点儿进步，补习班老师都会玩命地表示欣赏，玩命地鼓励，这就是正面反馈。跟游戏一样，孩子能感觉到自己的力量在增强。慢慢地，孩子会把这种反馈转移到学习本身，他会从做题过程中找到快感。

没有人天生倾向于经历挫败，人们更倾向于从事那些能带来益处的事情。若要激发孩子对学习的投入与热爱，关键在于设法让他们感知到学习所带来的益处，并让他们亲身体验到学习成就的喜悦。

（三）清晰身份，尊重孩子自主权

每个孩子都是独特的个体，有着自己的思想、情感和创造力。我们应该相信孩子内在的力量，给予他们足够的空间去探索和发展。不要过分干涉他们的选择和决定，而是在一旁观察和引导，让他们在实践中不断成长。这并不意味着对孩子放任自流，而是在尊重他们自主权的基础上，设定一些基本的规则和原则。

当孩子可以决定什么时候学、学什么的时候，他的自主权也就释放出来了。特别对于青春期的孩子，他们对"自己做主"这件事毫无抵抗力，只要能自己说了算，他们很少会反抗。

我们可以尝试不替孩子做决定。比如在兴趣班的选择这件事上，孩子掌握一两个技能是有必要的，但是，家人应当尊重孩子的意愿，而不是只考虑父母的想法。要知道，兴趣班之所以叫兴趣班，是因为它基于兴趣。孩子没有兴趣的事情，你非要强加给他，这就剥夺了他的自主权。让孩子学会对自己的行为负责，摆正家庭序位，孩子才会自动归位。

我们在生活上不大包大揽。孩子上中学后，他自己可以做的事太多了，可我们总是觉得孩子没长大，学业很忙碌，因此，把孩子生活中的各种事情大包大揽。渐渐地，孩子觉得这些事情都是父母负责的，自己没有必要去参与，逐渐没有了责任感。

家庭成员合作制定合适的家庭公约。在家庭生活中，很多的好想法可以用家庭公约固定下来。比如说，约定家庭阅读的时间，约定家庭日，约定手机的使用时间和地点，等等。家庭公约可以帮助孩子建立自主感。制定家庭公约时，要注意以下技巧：尊重孩子，共同协商；讲究原则，奖惩分明；长期跟进，给予自主等。

总之，要想唤醒孩子学习的内在驱动力，主要依靠三点：一是帮助孩子建立良好的归属感，二是帮助孩子拥有学习的自主感，三是让孩子体验到学习的成就感。只有当孩子内心的引擎被发动，他们才能在学习的道路上奋勇向前，绽放自己的光彩。

课程内容理论

基于家庭教育中许多现实问题的需要，笔者将本课程内容作为课题进行思考与研究。

解读内在学习动机的影响因素时，其背后都有一定的教育理论和心理理论支撑。想要更好地培养孩子内在学习动力，那我们就有必要了解这些方法背后的理论，从而更加科学地教育孩子。

一、自我决定理论

自我决定理论，是由美国心理学家爱德华·L. 德西和理查德·瑞安等人在 20 世纪 80 年代提出的一种关于人类自我决定行为的动机过程理论。自我决定是一种关于经验选择的潜能，是在充分认识个人需要和环境信息的基础上，个体对自己的行动做出的自由选择，它强调了个体在动机过程中的能动作用。

人们的动机类型分为：自主动机和控制动机。当孩子真正有意愿、有兴趣去完成一件事时，他就具备了自主动机。当孩子是出于压力、要求，或是在逼迫下去做一件事时，他所具备的动机类型就属于控制动机。控制动机是指为了获得回报或者为了避免惩罚而去做事情。虽然在生活中，孩子和我们自己都无法避免带着控制动机去完成任务。但研究发现，当孩子拥有自主动机时，他们的表现、状态、参与度都要远远好于只有控制动机的人。

那么，如何培养孩子的自主动机呢？自我决定理论提出了另一个关键概念，即基本的心理需求。该理论认为，我们每个人都起码具有三种基本的心理需求。首先，是对能力的需求，即相信自己有能力完成某件事。其次，是对关系的需求，能够感到被他人关心以及关心他人，能够与生活中的重要他人建立积极的关系，感到自己归属于在意的群体。最后，是对自主性的需求，认为自己能够自主选择和掌控。作为家长和老师，在与孩子互动的过程中需要注重满足孩子在这三方面的需求，帮助孩子建立对自身能力的信心，与孩子建立温暖稳定的关系，并鼓励孩子在学习和生活中独立解决问题，培养其自主性。当孩子这三方面的基本心理需求得到满足时，他们更容易具备自主动机。

人们可以将外在动机转化为内在动机。当我们理解因奖励或要求去做的事情的价值，并且能够认同这一价值，将其和自身发展相结合时，我们也就获得了自主动机。在这种情况下，做事的结果将会非常可观。

孩子迟早要长大，需要独立面对人生中的每个关卡。从小培养孩子的自主性，学着适当放手，是我们能给予孩子的宝贵财富。

二、德西效应

德西效应是由心理学家爱德华·L. 德西提出来的。德西效应与动机相关，认为人的行为动机有两种：内部动机和外部动机。

1971 年，德西和他的助手通过实验，证明了德西效应的存在。他们邀请一些大学生作为实验对象，请大学生单独解决一些很吸引人的测试题目。实验分成三个阶段：第一阶段，由每个实验对象自己解题，不给他们任何奖励；第二阶段，实验对象被分成两组，其中一组学生每解决一个问题就能得到 1 美元的奖励，而另一组和第一阶段一样，自己解题，没有任何奖励；第三阶段，自由休息时间，此时两组实验对象人员都可以自由活动。心理学家的测试目的，就是要考察这些实验对象是否能在休息的时间里继续维持对解题活动的兴趣。

实验结果显示，那些被分在没有奖励组的大学生有很多人在休息时间里仍然继续解题，而被分在有奖励组的大学生虽然在有奖励的时候很努力地解题，但是在没有奖励的休息时间里，几乎没人解题，因为他们明显失去了解题的兴趣。

德西的实验表明，当人们在进行一项愉快的活动时，如果再提供外部的物质奖励，反而会减少这项活动对参与者的吸引力。适度的奖励有利于巩固个体的内部动机，但过多的奖励却有可能降低个体对事情本身的兴趣，因为外部动机的物质奖励，降低了人们从事活动的内部动机。

德西效应给教育的启发是：当孩子尚没有形成内在学习动机时，必要、及时的物质激励，不但是有效的，也是必需的。但是，如果活动本身使孩子感到很有兴趣，此时再给奖励不仅多此一举，反而适得其反。

三、习得性无助

美国心理学家塞利格曼曾经在狗身上做过一个实验：将狗放进一个设有电击装置的笼子里。电击的强度虽然不会伤到狗的身体，但是能够给狗带来一定程度的痛苦。最初，狗在被电击时，会拼命挣扎、想要逃脱笼子，但若干次地尝试后，狗发现这种挣扎是没有意义的，它的挣扎次数慢慢减少。

从小学到初中，学习科目数量陡增，学习难度和深度加大，如果不在小学时期形成良好的阅读习惯和学习习惯，进入初中后很多孩子会面临不适应的现象。努力过后的他们备受打击、备感无助，这种无能为力感让他们不得不选择放弃努力和尝试。

于是，他们在学习上开始变得不认真，这类学生常常被认为是"懒散、怠慢，有时是破坏性的"。久而久之，他们的厌学情绪会日益严重。这种在多次受挫后产生的强烈的无能为力感就是习得性无助。习得性无助会把孩子的生活拖入恶性循环，因为孩子会在多次努力、反复失败之后，产生"行为与结果无关"的无助感，这种从自身经验中习得的无助感会泛化到其他情境中。当孩子以后再遇到困难和挫折的时候，他们本来能够采取行动避免不好的结果，但是因为之前的经历让他们坚信"无论自己怎样努力尝试都无法改变失败的结局，痛苦一定会到来"，于是，他们放弃努力，放弃反抗，放弃改变。

习得性无助的理论给教育带来的启发是：当孩子面临习得性无助带来的自我效能感低的情况时，父母需要加强与学生的沟通交流，了解孩子的问题和不足；把握孩子的需求与兴趣爱好，帮助孩子突破心理层面上的无助和不良感受，着重对孩子进行自主学习能力的培养，并通过恰当的抗挫折教育来挖掘孩子的内在潜能。

四、胜利者效应

"胜利者效应"是指动物在战胜一些较弱的对手后，再与更强的竞争者较量时，胜算将比直接面对强敌大得多。这个效应同样适用于人类。成功将会改变人脑中的化学效应，使人能够更加集中注意力，变得更加聪明、自信，且更具攻击性。获得的胜利越多，人们就越能持续下去。浙江大学胡海岚教授研究发现，先前 6 次胜利的经验彻底重塑了地位低的老鼠的大脑结构和功能，使其不需要外力便可重拾信心。北京师范大学边玉芳教授认为，教育界存在"马太效应"，即失败的人总是越来越无助，成功的人总是越来越勤奋。

　　这个理论启发我们：要引导学生习得勤奋。有关研究表明，失败是对自我的威胁，它破坏了学习动机。真正的改变，从来都不靠威胁自己实现，只有强调一个人的进步，及时给予奖励，才能驱动大脑有效学习。正所谓："胜利，才是成功之母"。

　　如果家长能帮助孩子识别其性格优势，会增强其成就感和自我价值感，在生活中家长对孩子进行积极的正面反馈，将有助于孩子实现更大的突破。

　　如果孩子因为成绩不好而缺乏自信，可以利用家庭公约帮助孩子设立目标和规划。制定家庭公约时，和孩子一起，将大目标分解为小目标，制定短期的、具体的、可执行的、有及时反馈的目标以及实施办法，收获每次达成一个小目标所带来的胜利感。小目标的胜利可以增强个体控制感，并把内在控制感转换为现实控制力，积小胜为大胜。根据心理学上焦点解决技术原理，"成功一小步"有助于"成功一大步"。"小步子"计划启动慢，但是加速度很快。"小步子"有滚雪球的效应，一旦获得了起始的优势，"雪球"就会越滚越大，优势会越来越明显。

课程互动体验

活动一：现场问卷调查

（一）活动目的

（1）了解学生真实的学习动机现状。

（2）现场实时反馈，增强数据的可信度。

（二）操作流程

步骤一：讲座开始前的准备。用问卷星提前做好量表，生成二维码插入 PPT 课件中。讲座开始前提前打开问卷星网页。

步骤二：让参与课程培训的每位家长拿出手机，扫描二维码，完成调查问卷。

步骤三：展示问卷调查结果，挑选学生学习动机中存在的典型问题让现场的家长讨论，如"当孩子在家写作业时磨蹭、小动作特别多、作业拖拉时，你内心的感受是什么？""你会如何教育引导他，效果如何？"。

步骤四：讲师对家长的讨论做出回应，同时注意与课程的内容相联系。

（三）注意事项

（1）为确保活动的顺利开展，讲师在授课前应与主办单位联系，确保讲座现场有网络，家长手机有信号。

（2）如果讲座现场不具备网络条件，则讲师应该准备备用方案：请学校提前把二维码发给家长扫码完成调查，或者呈现其他学校的调查结果。

活动二：归属感体验活动

（一）活动目的

（1）体会归属感对孩子的重要性。

（2）体会丰富的情感联结对孩子内在学习动机的意义。

（二）操作流程

步骤一：现场询问有没有家长经常在家里对孩子说："你只要好好学习，其他什么事情都不要管。"如有，邀请他扮演学生角色，并对他说"只要好好学习，其他啥都不要管"。

步骤二：情景表演，模拟家庭里以下几种场景。

"为什么别人能做到你就做不到！"

"没见过你这么笨的！"

"回来那么久还不洗澡？"

"你除了会玩手机以外，你还能干吗？"

"只要好好学习就行了，家里的事不用你管。"

步骤三：邀请一位家长扮演学生，邀请另外六位家长分别代表：父亲、母亲、爷爷、奶奶、外公、外婆。按照代际顺序，男左女右的位置依次站在孩子身后，并把手搭在孩子肩膀上。对孩子说："孩子，我们相信你""你是我们的骄傲，我们整个家族都支持你""咱家所有人都支持你"。

步骤四：询问这位家长的感受，内在动力是否充足。

（三）注意事项

（1）为确保体验效果，授课教师可以提前邀请一位家长朋友或学校老师作为本次体验活动的助手。

（2）活动结束后，安抚扮演学生的家长的情绪，对他说："感谢您为大家做了这么精彩的展示，所有的体验都是基于角色设计，请把感受留在现场。"

课程研究报告

一、调查问卷

1. 您是孩子的？（　　　）

A. 母亲　　　　　　　B. 父亲　　　　　　　C. 其他监护人

2. 孩子的学龄阶段是？（　　　）

A. 初一　　　　　　B. 初二　　　　　　C. 初三

3. 孩子对学习提不起兴趣？（　　　）

A. 是　　　　　　　　　　　　B. 否

4. 孩子不愿尝试新的学习任务？（　　　）

A. 是　　　　　　　　　　　　B. 否

5. 孩子作业磨蹭，质量不高，时间管理不当？（　　　）

A. 是　　　　　　　　　　　　B. 否

6. 孩子的学习以应付老师的任务为主，主动思考很少？（　　　）

A. 是　　　　　　　　　　　　B. 否

7. 在学习方面，孩子觉得别人很厉害，自己能力不够（考的好也是运气）？（　　　）

A. 是　　　　　　　　　　　　B. 否

8. 孩子有偏科的情况？（　　　）

A. 是　　　　　　　　　　　　B. 否

9. 孩子在学习上经常找借口，有迟到甚至旷课的情况？（　　　）

A. 是　　　　　　　　　　　　B. 否

二、调查结果

本次调查共收回有效问卷 1596 份。具体数据如下。

1. 您是孩子的？

选项	小计	比例
A. 母亲	1115	69.86%
B. 父亲	321	20.11%
C. 其他监护人	160	10.03%
本题有效填写人数	1596	

2. 孩子的学龄阶段是？

选项	小计	比例
A. 初一	1210	75.81%
B. 初二	206	12.91%
C. 初三	180	11.28%
本题有效填写人数	1596	

3. 孩子对学习提不起兴趣？

选项	小计	比例
A. 是	969	60.71%
B. 否	627	39.29%
本题有效填写人次	1596	

4. 孩子不愿尝试新的学习任务？

选项	小计	比例
A. 是	1083	67.86%
B. 否	513	32.14%
本题有效填写人次	1596	

5. 孩子作业磨蹭，质量不高，时间管理不当？

选项	小计	比例
A. 是	1173	73.50%
B. 否	423	26.50%
本题有效填写人次	1596	

6. 孩子的学习以应付老师的任务为主，主动思考很少？

选项	小计	比例
A. 是	1156	72.43%
B. 否	440	27.57%
本题有效填写人次	1596	

7. 在学习方面，孩子觉得别人很厉害，自己能力不够（考的好也是运气）？

选项	小计	比例
A. 是	676	42.36%
B. 否	920	57.64%
本题有效填写人次	1596	

8. 孩子有偏科的情况？

选项	小计	比例
A. 是	1287	80.64%
B. 否	309	19.36%
本题有效填写人次	1596	

9. 孩子在学习上经常找借口，有迟到甚至旷课的情况？

选项	小计	比例
A. 是	65	4.07%
B. 否	1531	95.93%
本题有效填写人次	1596	

三、调查分析

根据抽样调查结果的分析显示，当前初中生在学习动机方面面临着显著挑战：具体而言，有 60.71% 的学生明确表示不喜欢学习，而 67.86% 的学生对于尝试新的学习任务持拒绝态度，显示出学习兴趣的普遍降低。进一步地，高达 73.50% 的学生在写作业过程中表现出磨蹭行为，缺乏有效的时间管理，且需要外部提醒和督促才能完成作业；同时，72.43% 的学生很少主动思考学习任务，他们的学习活动主要围绕完成老师的作业展开，凸显出学习主动性的不足。在自我效能感方面，42.36% 的学生认为他人在学习上更为优秀，而自己在该方面不如别人，即便是取得了好成绩也倾向于将其视为意外。

最后，值得注意的是，80.64% 的初中生存在偏科现象，而 4.07% 的学生更是表现出了厌学情绪，这种行为具体体现为经常性的迟到、旷课，甚至逃学，以上这些问题共同构成了当前初中生学习动机不足的现状。

第 8 课　助力孩子生命力更加绽放

课程内容大纲

一、观察孩子生命力现状

（一）生命力的内涵

（二）当前社会中的孩子生命状态

（三）成长、成功与幸福的关系

二、阻碍孩子生命力之因

（一）尊重生命不够——控制型父母

（二）渴望成功太过——贬低型父母

（三）教导动力太足——好为人师型父母

（四）过度付出失衡——包办型父母

三、绽放孩子生命力之道

（一）关注孩子生理健康

（二）关注孩子心理健康

课程研修背景

根据世界卫生组织的数据，中国人近 20 年抑郁症人数逐年递增。抑郁症也正在困扰着我国的青少年，这已经是一个不争的事实。2021 年 3 月份出来的《中国国民心理健康发展报告（2019—2020）》指出，我国中学阶段的学生抑郁症检出率达 30%；重度抑郁症的检出率约 7.6%～8.6%，也就相当于每个班有 3～4 个重度抑郁的孩子。2020 年 9 月份，国家卫生健康委员会发文将抑郁症筛查纳入中学生、大学生的体检项目中。

2019 年《中国儿童自杀报告》数据显示：中国每年有约 10 万青少年死于自杀，平均每分钟就有 2 人自杀，有 8 人自杀未遂。有 24.39% 的中小学生曾有过结束自己生命的想法，有 15.23% 的中小学生认真考虑过自杀，有 5.85% 的孩子曾计划自杀。

据统计，目前全国有农村留守儿童约 902 万人。其中由祖父母或外祖父母监护的约 805 万人，占 89.3%；由亲戚朋友监护的约 30 万人，占 3.3%；无人监护的约 36 万人，占 4.0%；父母中一方外出务工另一方无监护能力的约 31 万人，占 3.4%。留守儿童由于父母长期缺位，很难感受到父母的爱和家的温暖，他们对于安全感和归属感的基本心理需求得不到满足，心理问题较非留守儿童更为突出，主要表现在情绪控制、注意力、社会适应能力、自伤行为风险等方面。因为缺乏关爱，发生在他们身上的意外伤害事件的风险也较大。另外，随着城市化进程的推进、城市居民工作节奏加快，生活成本增加，越来越多的父母不得不在工作中投入更多的精力、更长的时间。这导致有些父母一周才能与孩子相见一次，这就催生了"城市留守儿童"的出现。深圳作为改革开放前沿城市，一直是全国经济发展最快的地方。在这里，城市人口相对密集，工作的压力和竞争相对较大，父母在家庭上投入的时间相对较少，陪伴孩子的时间也相对不足。而父母陪伴不足的孩子，通常显得比较自卑、胆小、易挫败等。

随着经济的发展，人们的物质生活越来越丰富，青少年的物质需求也越来越被充分满足，但是青少年的心理需求并没有引起充分关注，心理健康问题并没有因此减轻，反而越来越严重。不可否认，一部分父母还停留在只满足孩子的物质需求阶段，并没有从满足物质需求转化为关注孩子的心理需求。而有的父母虽然已经重视孩子的心理需求，却总因理念和方法不当，并没有取得好的效果。根据埃里克森人格发展理论：12～18 岁是人格发展的最后一个阶段，也是人格修正的最后一个机会，过了这个时期孩子就是成人了，人格就会相对固定。而青春期的孩子，随着生理与心理的发育、自我意识的增强，与家长、学校甚至同学的各种冲突矛盾日益明显，父母的科学引导正是孩子人格修正的一个契机。

家是温暖的港湾，是孩子最坚强的后盾，是孩子获得归属感、安全感、力量感的第一场所。父母是孩子的起跑线，父母的人格特点是孩子心灵的底色，父母的智慧筑起孩子能力的大厦。青春期得到父母理解和支持的孩子，会更有自信，会更坚强、坚韧，更有力量。父母的肯定和欣赏，就是孩子的价值感来源，就是孩子确定的明天。

为此，深圳市龙岗区家庭心理教育研究工作室专门研发这一课程，希望能与各位家长携手凝聚成更大的力量，来支持更多的孩子。

课程实录文稿

在自然界，我们总能看到一些令人惊叹的生命现象，比如屹立于黄山悬崖峭壁上的迎客松，它扎根在石缝间，无惧风雨，耐住严寒酷暑，顽强生长，向我们展现出令人惊叹的生命力。又比如我们偶尔看到的那些"受伤"的树木，它们仍然能够突破树干上的深痕继续向上生长，长得郁郁葱葱，向我们展示了树木强大的生命力。正是这些自然界中的生命奇迹，激发了我们对于生命无限可能的深刻思考。在人类的世界中，孩子们正如这些顽强生长的树木，他们拥有着无限的潜力和可能，而我们要做的就是助力让孩子生命力更加绽放。

一、观察孩子生命力现状

自然界的生命力现象无处不在，它是一种难以言喻的内在力量，展示着生命的多样性和活力。促进孩子生命力绽放，不仅需要锻炼他们健康的体魄，更需要发展他们健康的心理和健全的人格。一个充满生命力的孩子，如同拥有无穷能量的太阳，可以拥抱成功、成就，也可以平静面对失败挫折，继续蓄积力量。

（一）生命力的内涵

什么是生命力呢？就是维持生命生存发展的能力。对于一个孩子来说，就是既有力量处理好当下的生活、学习，又有力量着眼于未来的发展。生命力是指一个人生存、发展、突破困境的内在力量，也是受挫时复原的力量。生存、发展、突破困境是奋斗的力量，就像太极中的阳极，是一种阳性力量；受挫时复原的力量是一种蓄积发展力量的过程，有点像太极里的阴极，是一种阴性力量。这两者相辅相成，共同构成了我们完整的人格与生命力。只有同时拥有了这两种力量才是一个拥有完整人格的人，一个拥有绽放生命力能力的人。

在家庭教育中，家长需要引导孩子树立正确的人生观、价值观和世界观，培养他们正确看待成功与失败。家长的共情和支持，如同阳光雨露，滋润着孩子的心田，促进其茁壮成长。

（二）当前社会中的孩子生命状态

对于儿童而言，生命力的充分展现依赖于一个有营养的养育环境。近些年，某些常见的养育方式导致了一些令人担忧的社会现象，例如"空心病"的出现。北京大学徐凯文教授做过一项调查：北大的新生，包括本科生和研究生，其中有 30.4% 的学生厌恶学习，或者认为学习没有意义。还有 40.4% 的学生认为人生没有意义。

笔者在大学期间从事家教工作时，曾遇到一位母亲，她频繁地向孩子灌输这样的观念：唯有努力学习，考入大学，才能到达幸福的彼岸。当孩子最终达成父母的心愿，踏入大学校门之时，却意外地发现自己的内心陷入了空虚，对于生存价值与意义产生了深刻的迷茫。此刻，孩子会感到茫然无措，不清楚自己真正追求的是什么，生活似乎失去了方向。更有甚者，一些孩子逐渐对周遭的一切呈现出麻木不仁的态度。这恰恰印证了德国哲学家康德的观点："无人能强迫我以他人的方式去追寻幸福。"我们期待孩子按照我们规划的路线来获得美满幸福的人生是不现实的。现在，我们会发现患上"空心病"的人年龄越来越小，甚至我们身边就有这样的孩子：他们无目标、无动力、无兴趣、无感受，他们越来越不快乐。

《2022 国民抑郁症蓝皮书》显示，青少年抑郁症持续高发。我国 18 岁以下抑郁症患者占抑郁症患者总人数的 30.28%。在抑郁症患者群体中，50% 的抑郁症患者为在校学生，这其中有 41% 的学生曾因抑郁症休学，学业压力已经成为压在青少年抑郁症患者身上的一座大山。其中，学生患者中有 77.39% 的青少年在人际关系中易出现抑郁，学生患者中有 69.57% 的青少年在家庭关系中易出现抑郁症状，学生患者中 53.91% 的青少年在学业中变得抑郁。

一个初一的学生向笔者倾诉，当他发现自己的某一科成绩不尽如人意时，他坦言曾有过自扇耳光的冲动，并且确实这么做了，因为他深感自己表现糟糕，十分羞愧。当笔者进一步询问他是否还有其他极端的想法时，他表示自己甚至有过轻生的念头。

我们可以看到，有些孩子在面对学业困难时，承受了巨大的压力。可能是我们对孩子的评判标准相对单一，成绩成了唯一的评判标准。而在家庭中，孩子也没有被培养出很多生活上的能力和现实中的技能。就像儿童心理学家陈默所说："孩子一切现实事务都被替代了，他们只知道好好学习。"一旦学习不够理想，孩子就变得无路可走了。为此，国家出台了"双减"政策和《中华人民共和国家庭教育促进法》。希望通过家庭、学校的合力，相互配合，培养出不仅学业优秀，而且身心健康的孩子。

（三）成长、成功与幸福的关系

对成功的追寻，是每个人生活的动力。对孩子而言，成功可能是一场比赛的胜利，也可能是一次考试的满分。然而，真正的成功，并非仅仅在于这些外在的成就，更在于内心的满足和成长。当孩子不断学习、积累经验、克服困难，其自身的能力就会得到提升，内心就能获得一份成长和幸福感。其实，成长还包括在失败中吸取教训、在挫折中磨炼意志、在平凡的日子里不断完善自我等。所以，成功并非成长的唯一标准。

成长是孩子实现成功和获得幸福的重要基石。成长后的孩子具备良好的情绪管理能力、坚韧的意志品质、清晰的自我认知以及正确的价值观。这样的孩子在面对困难和挫折时，能够以积极的心态应对，不断调整自己的策略和行动，从而更容易在学业等方面取得成功。同时，他们更加懂得如何感知和珍惜生活中的美好，能够从简单的事物中获得快乐，对于物质和外在的追求不过于执着。他们能够建立健康、和谐的人际关系，能从家庭、朋友和社会中获得情感支持，从而拥有更高的幸福感，实现更有意义的人生。

二、阻碍孩子生命力之因

阻碍孩子生命力绽放的原因，往往来自家庭、学校及社会环境等多重因素的交互作用，探究这些原因，对于促进孩子生命的全面发展具有重要意义。在多种因素中，家庭的影响力最为重要。家庭原本应该托举孩子的成长，但是现实中总会有一些家庭因素阻碍孩子生命力绽放。

（一）尊重生命不够——控制型父母

生命，是一场宏大而奇妙的旅行，从诞生的那一刻起，我们便踏上了这段充满好奇与可能的征途。所谓尊重生命，是指要以生命本来的面目去对待它，尊重生命本来的样子。在这个过程中，我们并非被动地接受外界的塑造，而是将外在的力量内化，从而拥有着无尽的能量，并驱动着自我的成长与发展。

人本主义心理学，作为心理学的一个重要流派，强调个体在成长过程中的自主性、创造性和独特性，其认为每个个体都有实现自我潜能的内在动力。人本主义心理学家罗杰斯认为，每个人都有一个内在的驱动力，那就是实现自我潜能的愿望，这种愿望驱使个体不断追求着自我成长和自我完善。在人的生命历程中，个体需要被"无条件积极关注"，即个体在成长过程中需要得到他人的关爱、理解和接纳，以实现自我潜能。马斯洛称，人有五个层次的心理需求。在这个过程中，个体不断探索、尝试，克服困难，追求自我完善。只有完成了自我实现，活成了自己想要的样子，才能更好地彰显生命的意义。

曾经看过一个很讽刺的视频《脐带》，虽然很短，但却让我印象深刻。

一个母亲含辛茹苦地生下孩子，不舍得让医生剪断脐带。因为留着这根脐带，母亲就可以随时随地掌控孩子。当孩子用剪刀碰插座、在水坑里乱蹦乱跳、在墙上胡乱涂画时，妈妈都能用脐带一把拽回。但渐渐地，这根脐带对孩子的阻碍越来越明显。比如，孩子的同学取笑他、孤立他，甚至肆意玩弄他的脐带；孩子渴望外面的世界，去结交朋友；孩子长大了，有了喜欢的对象，半夜想去约会，妈妈一次次用力拽回。就这样，孩子经历一次次分离的失败、自我探索的失败，一辈子形同木偶，被妈妈控制着，按她的意愿活着。而当母亲离世时，孩子陷入了前所未有的崩溃，因为他早已经没有了自我，生命失去了精神和意义。

我们身边有很多父母，打着爱的名义，却用隐形的"脐带"控制着孩子。在一句句"我都是为了你好，所以你必须听我的！"的背后，可能充满了父母的自恋、无法转化的焦虑，以及对未来的恐惧，并非父母最纯粹的爱。

美国明星"小甜甜"布兰妮·斯皮尔斯，她的演唱事业曾经极度成功。然而，这个备受宠爱的甜心宝贝，日后的人生却坎坷不堪……这源于其母亲对她的过度控制，使布兰妮的人生缺失了正常女孩必经的成长经历和生活体验。在其母亲的操控下，她沦为了母亲实现自己野心的牺牲品，父亲更是限制她的人身自由，让她成为赚钱的工具，使得布兰妮无法完成自我的成长和蜕变，过着让人唏嘘的人生。

著名的心理学家武志红说，生命的根本动力在于做自己。如果只能按照别人的意志，被动参与，那么生命就丧失了本身的活力、动力和创造性。纪伯伦的诗里写道："你的孩子，其实不是你的孩子/他们是生命对于自身渴望而诞生的孩子……"尊重生命，相信生命是值得相信的，生命具有生长性、向上性、向善性以及智慧性，尊重孩子发展的自然规律。为人父母，要学会克服自己的控制欲，把握好亲子之间的界限，引导孩子走向独立、活出自我的人生。

（二）渴望成功太过——贬低型父母

改革开放几十年来，我们国家进入了一个经济快速发展的时代。在经济的推动下，有些父母过度焦虑，他们害怕自己的孩子在有限的资源竞争中失败，没有一个好未来。

一些父母觉得，夸赞孩子会让孩子骄傲，因此他们总是习惯找孩子的不足，以为这样，孩子就会知耻而后勇，不断向别人学习，成为父母期待的样子。

在《我妈，一个挑剔的女人》视频中，一个妈妈，总是不断挑剔自己的孩子："语文 99，数学 99，怎么没考双百啊，那一分扣哪去了？"当妈妈开完家长会回来时会说："我听小姜的妈妈说小姜每天晚上学习到 12 点，你怎么每天 10 点就睡了？""作业写完了可以复习，复习完了可以预习。人家小姜学习从来都不要妈妈督促的，人家都是很自觉的。""人家小姜的书都被翻烂了，你的书怎么那么新？哪里有像翻过的样子？"……

视频中，孩子在这种不断的被贬低、比较的过程中，渐渐感受到自己无能、无用。

深圳市龙岗区家庭教育中心曾在全区范围内的中小学校举办了一场名为"我最喜爱的父母"的征文活动。笔者也在自己所教授的班级中进行了相应的调查。在调查问卷中，有一个问题是："你最希望你的父母具备哪种品质？"结果显示，70.1%的学生表示，他们最希望父母能够接纳自己。在这部分学生中，有39%的孩子给出了更为具体的期望，即希望父母不要将他们与其他同学进行比较，尤其是不要与成绩排名靠前的同学相比。此外，如果一个班级的氛围中充斥着不断的比较，学生往往会陷入恶性竞争，导致攀比心理的产生，甚至可能滋生嫉妒情绪。我们偶尔在网络上也会看到关于学校宿舍内发生投毒事件的新闻，其中有些案例正是由于对某些同学才华的嫉妒而心生怨恨，最终导致了悲惨的后果。

作为一线教师，笔者在教授的两个班级，经常采用一种"比较与崇拜"的正面激励方法。比如，在教英语课时，笔者会把一班出色的课堂听写展示给他们看，并告诉他们："二班的同学们总是夸你们书写整洁，准确率高，他们特别崇拜，还打算悄悄向你们学习呢。"到了二班，笔者则用一班同学的名义称赞他们，这样，两个班级之间就形成了相互欣赏、合作与良性竞争的良好氛围。记得有次出黑板报时，二班同学还没画好，就主动把彩笔借给了一班同学先用。在年级篮球联赛，最后决赛是一班对阵四班。得知这个消息后，二班的同学比一班的还紧张，有几个学生甚至跑到年级长办公室，问能不能让他们也加入一班，因为四班的篮球队员实力太强了。从这个例子中可以看出，相互欣赏可以获得力量，合作则能实现共赢。

既然比较、贬低的方式对孩子的发展有害，那父母为什么还要拿孩子去做比较呢？家长的心里有这样的声音："不行更要努力，取得更好的成绩"。往往有部分孩子会加倍努力，因为他们渴求父母的爱，他们要证明自己是可爱的，是值得被父母爱的。因为他们努力的背后是内心深深的匮乏。有时候父母的一句话，会让孩子受到深深的伤害。

我有一个朋友说，在她青春期的时候，她的父母经常对她说："你要是能考出好成绩，我就给家里的狗缝顶帽子。"但她从不敢问爸妈，到底要考得多好才算好。为了这句话，她拼命学习，不仅成了班里的尖子生，还一路领先到了全年级、全县。可即便如此，爸妈也从没给狗缝过那顶帽子。她始终搞不清楚，爸妈心里的"好"到底要多好才行。这让她觉得很无助，慢慢地，她开始在心里否定自己。

（三）教导动力太足——"好为人师"型父母

在孩子年幼时，父母常常教导他们要听话，听从父母教导的孩子才是乖巧懂事的。一直以来，很多父母爱子心切，担心孩子走弯路，让孩子听话成了他们一贯的育儿准则。

有个家长从小就教育孩子一定要听父母的话，从小到大父母的教养方式一贯如此，孩子也将父母奉为权威，对父母的话言听计从。然而，当孩子步入青春期后，却仿佛霜打的茄子一般，失去了往日的活力与朝气。与此同时，孩子在学校里还会频频挑战规则，如在课堂上与老师针锋相对，与同学发生冲突乃至打斗，甚至做出一些其他孩子不敢尝试的"惊世骇俗"之举，比如用篮球撞破学校的窗户，这让家长颇感头疼。

此时，孩子正处于自我认同的关键时期，他不断地在内心探索："我是谁？我具备哪些能力？我是否强大？"在这个阶段，他极度渴望得到外界，尤其是同学、老师以及父母的认可。然而，在家中，由于始终无法违抗父母的意愿，孩子渐渐失去了活力与自信。但在学校里，他却能通过与老师对抗在同学中树立威信，感受到一种"唯我独尊"的虚荣。

因此，当父母与青春期的孩子产生矛盾时，若非原则性问题，不妨适当放手，让孩子在争执中占据上风。这样，孩子才能在胜利中有"我很厉害"的自豪感，从而在春风得意中逐渐建立起自我认同。如果孩子正向的自我认同找不到，就有可能转向破坏性的行为，比较极端的是成为负向的典范——这就是心理学上的反向形成。所以，让孩子按照父母的教导或要求、听话照做，背后往往映射了父母的极度自恋和对孩子的不信任。父母可能认为孩子没有足够的能力做出正确的决策或独立完成任务。他们担心孩子会犯错，因此试图让孩子听自己的经验教导来避免可能的失败。当孩子被要求事事按照父母的意愿行事时，孩子探索的热情和勇气很可能会被逐渐消磨。他们的想象力和创造力被限制，难以创新。一个总是听从他人指挥的孩子，很难形成清晰的自我认知，也无法自主决定自己的人生方向。

在一次心理学的课堂上，有一个学员问导师："我家的孩子太叛逆怎么办？"当时导师微微一笑说，青春期的孩子都是踩着父母的尸体成长的。笔者当时大为震惊，导师怎么会说出这么恐怖的话？于是笔者下课后拼命找资料，终于找到了心理学家温尼科特说的"倘若孩童将成为成年人，那么这个进展是踩着一个成年人的尸体来达成的"。同时，温尼科特还说了另外一句话："你播种一个婴儿，却收成一颗炸弹。"尽管说法略显夸张，但不难察觉到，在孩子追求自我成长的道路上，他们的内心充满了强大的动力和紧张感。假若遭遇控制欲强的父母，一味要求孩子绝对服从，孩子或许会因无奈而勉强顺从父母的意愿。然而，这种顺从往往以牺牲孩子对未来的憧憬和热情为代价，导致他们内心深处产生巨大的消耗与冲突。更糟糕的是，孩子可能会变成一个外表顺从，内心却充满反抗的个体，生活在一种表里不一的状态中。

有一个青春期的学生，他的语文老师对学生要求极为严格，所以多数学生内心深处对这个老师抱有强烈的抵触情绪，处于一种既厌恶又无可奈何的状态。在这个老师的语文课上，这个学生总是端坐得笔直，看似全神贯注，实则思绪早已飘远，沉浸在自己的世界里。这一现象让他的母亲和语文老师感到困惑不解：为何孩子课上姿态端正、专心听讲，学业成绩却始终不尽如人意。这恰恰说明，即便没有表现出明显的叛逆行为，孩子仍会以自己独特的方式，悄然无声地塑造自我，成为真正的自己。

（四）过度付出失衡——包办型父母

在传统文化中，家庭一直被认为是温暖、提供庇护的场所，而父母的爱是孩子成长的养料，它是一种持续的能量，滋养着孩子的成长。然而，有位母亲这样说："孩子是我的整个世界，为了他我放弃了工作，做起了全职保姆，我做的一切都是为了他好。"其实这就暗示了母亲对孩子的依赖，同时也将自己的未来依附或绑架于孩子身上，这可能带给孩子莫大的压力，对孩子的独立性和自信心产生负面影响。过度付出的表现多种多样，比如不让孩子做任何家务，自己揽下了所有的家庭责任；比如不告诉孩子父母的病情，甚至是亲人的离世，好让孩子不为家人担心。这些表现都反映了父母的过度关心和过分保护。

心理学家武志红曾经说过：父母付出的越多，孩子就越要逃离，最终形成恶性循环，直到亲子关系破裂。这句话深刻揭示了许多家庭所面临的亲子困境。在快节奏的生活压力下，父母往往倾注全部心血于孩子，却忽略了孩子内心的真实需求，导致原本应该紧密的亲子关系渐渐疏远，甚至走向崩溃的边缘。

不可否认，"父母之爱子，则为之计深远"。他们辛勤工作，为孩子提供优渥的物质条件，孩子们衣来伸手、饭来张口，父母承担了孩子所有的生活琐事，给孩子报各种补习班、兴趣班，只为他们能在未来的竞争中占据一席之地。然而，这种过度付出往往伴随着对孩子的过高期望，当孩子的表现与期望不符时，父母便会感到失望和焦虑，而这种情绪又会在无形中传递给孩子，形成孩子沉重的心理负担。他们开始逃离、反抗或者接受这所有的安排，因此，一味地为孩子倾尽所有，可能换来的却是孩子的不知感激，甚至稍有不如意还会引发孩子的怨恨。

"一得他爹"曾经是个育儿类博主，他的微博有几十万的粉丝，他的育儿经验被很多妈妈推崇。他曾经为了儿子辞去工作，卖掉房子，搬到了郊区的山上，全职带娃。在儿子一得成长的十七年间，他拍摄了二十多万张照片。为了拍摄这些照片，"老得"用坏了五部相机。他每天变着花样给孩子做饭，挖空心思把饭菜做得充满着诗情画意，十多年里菜单几乎没有重复的。他是一个近乎完美的爸爸，爸爸牺牲自己的全部为孩子付出。但有几个孩子能承受住这份沉重的爱？后来，一得选择结束自己的生命。对此，有一个网友总结了一句话：走孩子的路，让孩子无路可走。一得在结束自己的生命时写道：生活还要继续，生活也还会继续。可是他的生命就停在了那一刻，如同他文字中所配的图片：一块石头压瘪了一个塑料水瓶，他再也走不动了。

经常有人说，现在的孩子打不得骂不得，越来越"玻璃心"。何为"玻璃心"？顾名思义，就是心像玻璃一样易碎、很脆弱。这样的孩子太过敏感，极易受到外界看法的影响，很难处理好别人的批评甚至自己的负面情绪，又极易受到伤害，甚至做出极端的行为。

有心理学家的调查结果显示，我国 46% 的儿童，有不同程度的"玻璃心"。为什么现在"玻璃心"的孩子越来越多？记得笔者在上小学五年级时，班上的一个男同学，被他爸爸拿着树枝绕学校追了三圈，要去打他，结果没追上。后来这个爸爸非常生气，到办公室找老师，让老师给他教训教训自己家的小孩。当天下午放学这个男同学不敢回家，怕被爸爸揍，好在班主任陪着孩子回家，才免了一顿皮肉之苦。

为何这个男同学会让父亲如此愤怒呢？在过去，孩子们通常需要承担许多家务，以减轻家庭的负担。那天中午，由于语文老师延长了上课时间，孩子们都比平时晚了几十分钟到家。其父母从田间劳作归来，发现饭菜尚未准备，家中的鸡鸭鹅因饥饿而吵闹不休，一见到孩子，便不问缘由严厉责骂。这使得这个男同学满心委屈，在煮饭时，冲动之下抓起一把地上的沙土混入米饭中，盖上锅盖后便匆匆上学去了。这一行为彻底激怒了父亲，他愤怒地从树上折下树枝追了出去，从而发生了之前提及的那一幕。此事在我们全班传得沸沸扬扬，但那个孩子并未因此产生轻生的念头。因为这个同学每天除了上学，还有很多家务事要做，比如，每天家里的各种牲畜需要他喂，父母需要他做饭、干农活，这种深刻的被依赖感使孩子意识到自己是不可或缺的，每个角落都需要他的参与。然而，在当下的环境中，孩子们的生活被全方位照顾，他们唯一的任务就是好好学习。一旦考试成绩不尽如人意，父母或许会责备道："你怎么考得这么差？我们为了让你专心学习，不让你洗衣服、拖地、做饭，可你现在却学成这个样子，让我觉得自己养了个没用的孩子。"这样的话语会让孩子感到自己一无是处，仿佛是个毫无价值的人。

三、绽放孩子生命力之道

每个孩子都是独一无二的，他们拥有各自独特的天赋、兴趣和梦想。我们如何助力孩子，去绽放自己的生命之花呢？

（一）关注孩子生理健康

1. 健康的定义

世界卫生组织认为，健康是指躯体健康、心理健康、社会适应和道德良好。也就是说，一个真正健康的人，不仅仅是指身体没有疾病，心理也应该是健康的。孩子的身体正处于发育阶段，健康的身体是他们正常学习和生活的基础。如果孩子身体不健康，可能会导致其出现注意力不集中、学习成绩下降、情绪不稳定等问题。心理健康是一种良好的心理状态，处于这种状态下，孩子不仅有安全感、自我状态良好，而且与社会契合和谐，能以社会认可的形式适应外部环境。所以，关注孩子身体健康的同时，还要滋养孩子的心灵，让他们在爱与关怀中茁壮成长。

2. 重视孩子的睡眠、饮食、运动

如果青少年长期熬夜学习，其专注力将逐步降低。在家长课堂上，我时常会向初中生的家长提出这样一个问题："请举手示意，您的孩子每天睡眠时间能达到 6 小时、7 小时、8 小时，以及 9 小时的分别有多少人？"结果总是发现，随着睡眠时间的增加，举手的家长数量逐渐减少。有一次竟没有一位家长举手表示自己的孩子每天能睡足 9 小时。对于中小学生来说，根据教育部办公厅发布的要求：小学生每天睡眠时间应达到 10 小时，初中生应达到 9 小时，

高中生应达到 8 小时。我们知道，充足的睡眠能让我们第二天醒来后感到精力充沛，并且一整天都能保持能量满满。睡眠不足的原因多种多样，或因学习至深夜，或因拖延玩耍，或因家庭成员晚睡的习惯影响，孩子亦随之熬夜。

在饮食方面，应当注重营养均衡，鼓励孩子多吃蔬菜、水果，摄入适量蛋白质，同时避免摄入过量高糖、高脂的奶茶。运动同样至关重要，家长可陪伴孩子多参与户外活动，以增强体质，提升抵抗力。尤其是初中生，运动对其身体成长尤为重要，因为这个阶段是身体快速发育的关键时期。适宜的运动可加速新陈代谢，促进血液循环，增强心肺功能，同时提高身体的整体耐力和活力，使身体更加灵活协调。不仅如此，运动还能缓解初中生的学业压力及青春期烦恼，一场球赛往往能让他们重新燃起青春的活力与奋发向上的热情。

（二）关注孩子心理健康

在孩子的成长过程中，除了物质上的满足、生理上的健康，他们还需要心理上的健康。而心理健康更需要恰当的心理营养，这种心理营养如同阳光雨露，能够让孩子的心灵得到充分的成长和发展。

1. 我是安全的

一颗种子能够茁壮成长，离不开肥沃的土地；一个孩子能够健康成长，离不开有心理营养的家庭。如果孩子能在一个温暖、安全的家庭环境里，家庭成员之间互相尊重、相处和谐，也将内化为孩子的心理环境，孩子就会长成一个有爱、温暖、有安全感的人。同样，孩子也会更愿意打开自己，接触更多的环境，更有力量去迎接创新和挑战。如果孩子在一个充满抱怨、指责、紧张的家庭氛围内成长，孩子也更容易退缩、自卑，充满戒备和恐惧，人际交往中就容易缺乏信任，更容易抱怨和指责。

笔者的一位警察朋友提及近年来他们到学校出警的次数显著增加，部分孩子开始选择拨打 110。这一现象既体现了当前孩子们较强的维权意识，也从侧面反映出他们对周围环境的信任度有所下降。例如，某天上午自习时，有位同学报警，班主任对此还一无所知时，警察便已到达现场。事情的起因是这位同学在自习时不慎撞到了后桌，导致后桌同学正在写的字被碰歪，后桌同学一怒之下用书本敲了他的头。于是，他报警称自己遭受了暴力攻击。这让当时正在守自习的老师十分惊讶，孩子的反应似乎有些过激。那么，孩子为什么会有这样的行为呢？值得我们一起去思考。其实真正缺乏安全感的孩子，面对他眼前的世界，是充满了不信任感的。那么我们如何能让孩子感受到自己是安全的、被爱的呢？

自体心理学流派代表人物海因茨·科胡特提到"母亲眼里的光芒"。比如小婴儿在妈妈眼里都是完美的，宝宝一举手一投足，妈妈总会用眼神，甚至用语言表达，"宝宝好厉害""这么完美啊"，在母亲爱的目光注视下，小宝宝觉得自己是被爱的、安全的、完美的。如同温尼科特的"母亲眼里的光芒"及话语带来的小婴儿的无所不能感是每一个后来的成年人自尊、雄心、创造力及成就的核心基础，是他们在人生路上遭遇到失望、挫折而感到羞耻和愤怒时能够相对快速"回弹复原"的动力源泉。

其实，孩子所需要的安全感，无非就是两个字：被爱。而现在很多家长传递给孩子的信息是：你满足了我的要求，我就会爱你。实际上孩子渴望父母给予的爱是：我永远爱你，无论你优秀与否。比如当孩子的成绩离理想成绩还有很大差距时，我们可以平静地告诉孩子："虽然暂时做不到，但是在爸爸妈妈眼里，并不代表你不够好。"当孩子被老师批评，甚至叫家长，并罗列出孩子的种种错误，孩子很委屈、很羞愧时，我们能温柔地跟孩子说："爸爸妈妈小时候，也做过很多错误的决定。"

如果孩子感受到自己生活在一个安全、充满爱的环境中时，他们的心灵才能得到充分的滋养和成长。这种安全感将为他们未来的生活奠定坚实的基础，让他们在面对困难和挑战时更加自信和勇敢。

2. 我是有用的

中国有句古语，叫望子成龙。望子成龙成了当今千百万父母的期望。中国台湾著名漫画家蔡志忠先生说："父母望子成龙、望女成凤，不是去要求他，而是去帮他完成他的梦想。"我们不仅要望子成龙，还要助子成龙。比如相信孩子是龙，助力孩子成为龙。

　　发展的螺旋型进程：做决定→（促进）付诸行动→（促进）胜任感→（促进）自我价值感→（促进）做决定。这是一个螺旋上升的过程。孩子在父母的鼓励下做决定，愿意尝试，并通过被肯定的技能或行为，获得胜任感。当孩子获得多次的胜任感时，渐渐由量变到质变，孩子就获得了自我价值感。

　　其实，作为父母发自内心地接纳孩子、欣赏孩子、肯定孩子，不需要方法，父母的真诚，孩子总能感受得到。若父母尚未习惯给予孩子肯定，可以尝试以下方法：多运用描述性语言来赞扬，特别是针对孩子的具体行为和态度，如努力、细心、认真、坚韧和勇敢等。例如，可以说："我注意到你一直在努力解这道题，即使遇到困难也没有放弃，妈妈为你的坚持和认真感到骄傲，换成是我可能都做不到呢！"同时，应避免使用评价性语言来强调结果，比如"你真聪明，下次一定要再考 100 分哦！"这样的表扬可能会让孩子感到压力和恐惧，担心自己下次如果考不到 100 分，是不是就不再聪明了。所以肯定过程可控，肯定结果不可控。在这个不断肯定的过程中，孩子获得了自信，变得自爱、自尊，获得了自我价值感。那么他们将会更有能力，有信心去过好自己的生活。

　　3. 我是好样的

　　每个孩子都是独一无二的个体，他们有自己的兴趣和特长。我们要尊重孩子的个性差异，鼓励他们追求自己的梦想和兴趣。那么如何看待兴趣呢？这个兴趣究竟是源自父母对孩子应有兴趣的设想，还是孩子内心真正的热爱？举例来说，有个学习能力出众的孩子，近期却显得精神萎靡，课堂上缺乏活力，作业也完成得马虎潦草。于是，在老师的询问下，她透露说周末要参加五个兴趣班，感觉身心俱疲。老师进一步询问哪个兴趣班让她感到最疲惫，如果让她重新规划，她会如何调整这些兴趣班。孩子回答说是周六下午的舞蹈课，每次要练习三个小时，她对此并无兴趣，而且觉得非常耗时。老师又问，如果由她自己来决定，哪个兴趣班是她最不想参加的，或者想要取消的，她依然说是舞蹈课。之后，老师与孩子的母亲进行了沟通，随后了解到，舞蹈兴趣班是父亲坚持要让孩子参加的，目的是培养孩子的坚持精神。这显然反映了舞蹈是父亲希望孩子能拥有的兴趣。

兴趣，指的是个人对特定事物或活动所持有的偏好及关注情绪。它体现为个体在面对某一事物或参与某项活动时展现出的选择性倾向及积极的情感反馈。真正的兴趣源自孩子内心的喜爱，这种喜爱会驱使孩子自发地行动起来，这正是自我驱动力的初步体现。因为热爱，所以能够持之以恒，更愿意深入探索；而持续的探索与坚持，又会进一步培养孩子的主动性、坚忍不拔的精神，使他们更有可能在该领域表现出色，从而获得成就感与价值感。这种积极向上的状态与优秀品质是能够迁移的，有助于孩子在学习文化课程时也能取得更好的成绩。因此，兴趣应当是赋予孩子力量，使他们充满活力，而非让他们感到疲惫不堪、精神萎靡。

每个孩子都拥有自己独特的兴趣爱好，没有好坏之分。有这样一个故事，心理学家贺岭峰先生的女儿对动漫充满热情，她不仅在墙上自由涂鸦，还沉迷于日本动漫。某次，她在自习课上画动漫时被老师发现，并因此被请来了家长。贺岭峰先生当场向老师致歉，但回家后，他并未责备女儿，也没有撕毁她的画作或烧毁她的漫画书，只是提醒她不要挑战老师的权威。后来，女儿成功获得了七所大学的录取通知书。回顾这段经历，贺岭峰先生认为，他做得最正确的事就是没有反对、没有干涉，更没有将自己的意愿强加于女儿。相比之下，笔者的一个男性同事对女儿热爱日本动漫和 cosplay 的态度截然不同。他不仅强烈反对，还愤怒地指责女儿"不学无术"，声称正常人不会喜欢这些。结果，女儿对父亲充满了怨恨，父女关系紧张，其女儿甚至在半年前因一点小事就拒绝上学。这两个案例引发了我们不同的思考。

有人说，每个孩子降生到这个世界上，都带着自己心爱的玩具。有的孩子迷恋手工，有的孩子迷恋画画，有的孩子迷恋踢球……但是有一天父母把他的玩具没收了，因为父母觉得这个玩具耽误了他，阻碍他获得这个世界的通行证。但事实是，如果孩子没有了自己心爱的玩具，就算他得到了世界的通行证，得到了全世界的认可，又有什么意义呢？那不是他自己想要的。当我们允许孩子成为独一无二的自己时，便是在尊重生命的多样性。每个孩子的兴趣爱好各不相同：有的孩子热爱绘画，用色彩和线条勾勒出心中的奇妙世界；有的孩子钟情于音乐，让美妙的旋律在指尖流淌；有的孩子痴迷于阅读，在书的海洋中畅游，汲取知识的养分。这些不同的兴趣爱好是他们个性的体现，也是他们探索世界、发现自我的途径。

每个孩子都有自己独特的性格特点：有的活泼开朗，像温暖的小太阳，给周围带来无尽的活力；有的安静内敛，如同深邃的湖水，在沉默中有着细腻的思考。无论哪种性格，都有其价值和魅力。每个孩子都有自己的成长节奏，有的孩子在某些方面可能发展得稍快一些，而有的孩子则需要更多的时间。我们不能用统一的标准去衡量他们，应该耐心等待，陪伴他们按照自己的节奏成长。在孩子的成长道路上，让我们以开放的心态接纳他们的独特性，允许他们成为独一无二的自己。因为每个孩子都是这个世界上最珍贵的宝藏，都有着无限的可能，都是最好的自己。

青春就是一个追梦的过程。要想培养优秀的孩子，你首先要成为优秀的父母。作为父母，我们需要不断给孩子赋能，肯定孩子，让孩子确信自己有能力、有勇气去追梦。孩子的生命力也会在追梦的过程变得更加绽放。

课程内容理论

本课程内容重点探究孩子生命状态的影响因素，并期望指导家长在养育过程中给到孩子需要的心理营养，从而让孩子绽放生命，具备旺盛、顽强的生命力。而"生命力"这一概念本身很抽象，要挖掘真正影响孩子生命力的核心因子，我们需要了解相关的教育学、心理学理论，探究孩子深层次的心理需求，从而更加科学地教育孩子。

一、正面管教中的冰山模型

著名的心理学家阿德勒在他的个体心理学中指出，一个行为不当的孩子是自信缺失的孩子，自信缺失源于归属感和价值感缺失。正面管教理论以阿德勒心理学为理论基础，提出了一个冰山模型，如图 8-1 所示。

图 8-1　心理学冰山模型

在教育中，我们经常只看到孩子的行为（露出水平面的那一小部分冰山），而看不到其行为背后的感觉、信念、归属感和价值感。我们常常盯着孩子的问题行为，想尽办法消除其不良行为，但纠正孩子问题行为的经历常常像"打地鼠"游戏，消除了一种不良行为后又可能出现新的问题行为。因为真正影响冰山本质特征的是我们看不见的海水之下最底层的部分——归属感和价值感（归属感是孩子作为社会人最基本的需求，他要感受到自己能够融入家庭或集体，在其中找到自己的位置，这样的孩子相应也会有安全感；价值感是孩子感受到自己或所做的事情的价值和重要性，并为之做出贡献）。

因此，要真正从根本上改善孩子的不良行为，我们首先要去体会孩子当下行为的感受，了解并理解孩子的不当行为背后的信念，并努力通过恰当的方式满足孩子的归属感与价值感，这样才能从根本上改善孩子的不良行为。

【案例】

四年级男生小 A，经常因一点小事而跟同学发生冲突，表现得脾气暴躁，甚至曾在教室掀翻课桌。某一次午餐时光，小 A 独自在看书，两名同学找他借书，他没借。之后，两名同学在一旁小声说话，并发出一些笑声，小 A 又发脾气了，跟两位同学争吵起来。这是为什么呢？经与小 A 深入沟通后了解到如下信息。

行为：与同学发生冲突，情绪易激怒。

感觉：生气、恼怒、懊恼。

信念：我没借书给他们，他们在嘲笑、讥讽我。××总是针对我，总来惹我生气。

归属感：对班级归属感不强，总觉得同学们不喜欢他、排斥他，课间常见他一个人独来独往。

价值感：不自信，认为同学们不认可自己，会在背后嘲笑自己等。

从小 A 的情况来看，他没有建构起良好的归属感和价值感，以致他内心是极其不自信的，对待外界的评价过于敏感，像刺猬一般，竖起全身的刺来捍卫自己的自尊。结果，同学们对他"另眼相看"，又进一步加剧了他的敏感和攻击性。

二、自我同一性

新精神分析派的代表人物埃里克森认为，人的自我意识发展持续一生。他把自我意识的形成和发展过程划分为八个阶段，这八个阶段的顺序是由遗传决定的，但是每一阶段能否顺利度过却是由环境决定的，所以这个理论可称为"心理社会"阶段理论。

埃里克森提出，12~18 岁的孩子，正处于"自我同一性"发展阶段，如果发展不好，就会导致角色混乱。近些年，随着生理等因素的影响，有些专家指出，大部分孩子在 9 岁左右就会出现青春期心理特征，而一部分孩子的青春期会持续到 30 岁才结束。这一阶段发展的任务是培养自我同一性，即通过不断探索与尝试，确立"我是谁"。在卢梭看来，青春期的孩子就是"孩子心中的大人，大人心中的孩子"。由于生理的发育，孩子的力量得到前所未有的增强，有一种无所不能的冲动，却不知道如何去驾驭。这个过程让青春充满勇气和活力、创造性和刺激、蹩脚和不协调，让很多父母无法消化青春期孩子阴晴不定的情绪，找不到自己的位置。青春期孩子的这些尝试都是在构建"自我理论"，开始思考"我是谁""我将会成为什么样的人"等，匹配自己的"位置"与"价值"，处于建立自我同一性的过程。

在自我同一性的构建中，这股来自青春的力量，在与父母分离寻找自我的过程中，并不都是一帆风顺的。心理学研究发现，心理控制会导致同一性扩散和同一性早闭。有的孩子遇到专制型父母，可能只能在父母的理想下湮灭了"我自己"，根本没有经过"我是谁"的寻找就成了父母希望成为的样子。还有的孩子，自我价值感弱，没有力量寻找自己，整体上可能就像个无头苍蝇乱撞，不知道自己是谁、要成为谁。慢慢地就对学习、生活失去了兴趣，变成无能无力无助的状态。还有的孩子，一直在寻找中，可能要持续很久，直到三四十岁，才能找到"我是谁"。只有一部分很幸运的孩子，在合适的时间，完成了"我是谁"的探索，成为自己想成为的那个"唯一"。在我们周围，父母对于青春期的孩子，强加了很多目标，比如，要学习好，要上某某中学、某某大学……这就像让孩子只管往前冲、去努力拿到一个虚幻的象征或符号，很多时候孩子的动力是不够的。如果能让孩子的目标有一些色彩，在孩子的现实与理想之间搭一座桥，比如让孩子具体了解这所大学的某专业，让孩子知道学习后将来会做什么，成为怎样的人，这样孩子的动力会更足。

三、习得性无助

"习得性无助"的概念由美国心理学家塞里格曼提出，指的是多次努力仍无法达成目的后，习得的一种对现实绝望和无可奈何的行为及心理状态。他做了这样一个实验，把狗关在笼子里，只要蜂音器一响，就给狗电击。一开始狗会挣扎想逃跑，多次尝试未果后，尽管笼子的门已打开，蜂音器响起时，狗并没有逃走，而是不等电击出现就先倒在地上开始呻吟和颤抖。狗因为重复的电击和逃跑失败，形成了听任摆布的行为。

塞里格曼曾将习得性无助感的产生分为四个阶段。

第一阶段：人或动物努力改变现状却始终没能成功，由此产生了挫败感、失落感。（孩子考试失利，产生自我怀疑：为什么我努力了，还是没有考好？）

第二阶段：意识到自己即便努力，事情也不会按期待的方向发展，得不到想要的结果，进而产生"自己不能控制行为结果"的认知。（孩子花更多时间和精力学习，甚至参加了补习班，结果依旧没考好，意识到有时候努力和成功没有必然联系。）

第三阶段：反复失败，逐渐产生无力、无助、绝望的感受，以及很低的自我价值感。（孩子认为自己是怎么也考不出优异成绩了。）

第四阶段：习得性无助带来认知层面的偏差和行为层面的放弃。（孩子自我否定：我生来不是读书的料，读完初中就算了，自此作业不做、上课不听。）

【案例】

被细绳索拴在小木桩上的大象

大象幼年时被训练师拴在一根杆子上。小象一开始每天数小时企图挣脱绳子，连续挣扎数天，结果发现无力挣脱。于是，小象放弃挣扎，乖乖地接受绳子的束缚，待在狭小的活动范围内。等小象长大后，即便它有足够的力量来挣脱绳子，它也从不会试图挣断绳子，因为大象幼年期已经习得"挣扎是无用的"。

四、空心病

"空心病"的概念由北京大学心理健康中心主任徐凯文教授提出，其症状表现为觉得人生毫无意义，对生活感到迷茫，看不到希望，有强烈的自杀意念。

这种感受到无意义的同时又无力改变的状态其实也是一种"习得性无助"。一些考入重点大学的学生在高中阶段通常名列前茅，有傲视群雄之感，他们的自尊和自信、目标和动力通常建立在学业成就上。进入大学尤其是进入重点大学之后，他们感受到学霸如林，强中更有强中手，此时一部分学生会体验到从未有过的挫败感和失落感，并且加倍努力也可能难以实现名列前茅的愿望。这些天之骄子如果没能认清现状，及时调整目标，依旧将"名列前茅"作为自己的追求，那么就很容易产生"怎么努力也无济于事"的心理失控状态，最终产生"能力不足"的归因偏差，进而放弃对未来的期待，活成了无助无能无力的状态。

课程互动体验

活动一：体验归属感

（一）活动目的

（1）在讲到归属感时，让家长即时、真实体会归属感的重要性。

（2）活动内容与"绽放生命力"主题相契合，为本课学习做好铺垫。

（二）操作流程

（1）边讲课边走到教室中央，随机选定一位家长。

（2）对这位被选定的家长，说以下的话："这位家长您好，我现在不能告诉您原因，但是我请您带上自己的物品，离开这个课堂。"

（3）当家长起身离开，走到门口的时候，请他留步，分享此时此刻他的感受。

（4）谈活动体会：通常情况下，当一个人被迫从隶属的一个集体里离开时，会感到伤心，觉得自己不够好，有被遗弃的感受，等等，这就是失去归属感的体验。

（三）注意事项

说话时保持中立；活动结束后安抚好这位家长，并请全体家长用热烈的掌声表示感谢。

活动二：体验来自父母沉重的爱

（一）活动目的

通过体验者的真实分享，让家长感受到我们给到的孩子支持（兴趣班/特长班）对孩子来说意味着什么？

（二）操作流程

（1）请 1 个家长扮演孩子，5 个家长分别扮演其妈妈或者其他亲人。

（2）5 个家长分别说："妈妈都是为你好，你要做个才女，所以你要有特长，会弹钢琴""妈妈都是为你好，懂礼貌的孩子，别人才喜欢你""妈妈都是为你好，你要把字练好，奥数学好""你要多吃肉，多吃青菜，才能身体好"。说完从后面和两侧用力按压"孩子"的肩膀、手臂、背。

（3）体验者（孩子）分享感受。

（4）老师："孩子，你往前走吧。"

（5）体验者（孩子）再分享感受。

（三）注意事项

（1）每个扮演者都做好自己的身份定位。

（2）创造安全的场域，对体验者说："你们只需用心体会、体验感受就可以了。"

课程研究报告

一、调查问卷

1. 您是孩子的？（　　　）

A. 父亲　　　　　　　　　　　　B. 母亲

C. 其他监护人＿＿＿＿＿＿（选填）

2. 您的文化程度是？（　　　）

A. 硕士及以上　　　　　　　　　B. 本科、专科

C. 高中　　　　　　　　　　　　D. 初中及以下

3. 孩子年龄阶段？（　　　）

A. 初中一年级　　　　　　　　　B. 初中二年级

C. 初中三年级

4. 您觉得以下哪些一定是孩子生命力绽放的特征？（多选题）（　　　）

A. 学习成绩好　　　　　　　　　B. 有特长

C. 受欢迎　　　　　　　　　　　D. 能力强

E. 以上答案都不对

5. 您觉得以下哪些一定是孩子生命力不绽放的特征？（多选题）（　　　）

A. 学习成绩不好　　　　　　　　B. 没有特长

C. 不受待见　　　　　　　　　　D. 胆小怕事

E. 以上答案都不对

二、调查结果

1. 您是孩子的？

选项	小计	比例
A. 父亲	541	25.19%
B. 母亲	1585	73.79%
C. 其他监护人_____（选填）	22	1.02%
本题有效填写人次	2148	

2. 您的文化程度是？

选项	小计	比例
A. 硕士及以上	9	0.42%
B. 本科、专科	230	10.71%
C. 高中	735	34.22%
D. 初中及以下	1174	54.65%
本题有效填写人次	2148	

3. 孩子年龄阶段？

选项	小计	比例
A. 初中一年级	823	38.31%
B. 初中二年级	686	31.94%
C. 初中三年级	639	29.75%
本题有效填写人次	2148	

4. 您觉得以下哪些一定是孩子生命力绽放的特征？（多选题）

选项	小计	比例
A. 学习成绩好	1053	49.02%
B. 有特长	1272	59.22%
C. 受欢迎	1261	58.71%
D. 能力强	1347	62.71%

续表

选项	小计	比例
E. 以上答案都不对	326	15.18%
本题有效填写人次	2148	

5. 您觉得以下哪些是孩子生命力不绽放的特征？（多选题）

选项	小计	比例
A. 学习成绩不好	697	32.45%
B. 没有特长	1776	82.68%
C. 不受待见	1002	46.65%
D. 胆小怕事	1375	64.01%
E. 以上答案都不对	294	13.69%
本题有效填写人次	2148	

三、调查分析

本次参与调查的家长人数为 2148 人，其中父亲填写问卷 541 人，母亲填写问卷 1585 人，其他监护人 22 人。在养育孩子的过程中，母亲作为主要参与者的比例占多数，这可能与传统的家庭角色分工以及社会文化因素有关。母亲通常在孩子的日常生活照料和情感陪伴方面投入更多的时间和精力。而父亲的参与相对较少，可能是由于工作压力、社会期望等原因导致的。其他监护人的比例较小，说明在大多数家庭中，父母仍然是养育孩子的主要责任人。

关于学历的调查中，养育者初中及以下学历者有 1174 人，占 54.65%，高中学历者有 735 人，占 34.22%，大学学历者有 230 人，占 10.71%，硕士及以上的学历者有 9 人，占 0.42%。有研究显示，高学历父母更倾向让孩子受到良好教育，可能对孩子学业上有一个更积极的影响。低学历父母相对收入低、压力大，更倾向于关注孩子目前学习的效果。

初一家长填写的问卷占 38.31%，初二家长填写的问卷占 31.94%，初三家长填写的问卷占 29.75%，不同年级的孩子面临的成长期现象不同，对实际分析数据有意义。

在孩子生命力绽放的特征调查里，选择学习成绩好的家长占 49.02%，有特长的占 59.22%，受欢迎的占 58.71%，能力强的占 62.71%，以上都不对的占 15.18%。同时，在孩子生命力不绽放的特征调查，选择学习成绩不好的家长占 32.45%，没有特长的占 82.68%，不受待见的占 46.65%，胆小怕事的占 64.01%，以上都不对的占 13.69%。可以看出，家长们对孩子生命力绽放和不绽放的特征有不同的认知和期望。这反映了家长们对孩子未来发展的关注和担忧，也为我们提供了了解孩子成长需求的重要线索。学习成绩在家长们的认知中仍然占据着重要地位，但特长、受欢迎程度和能力等因素也受到了广泛关注。这表明家长们逐渐认识到了孩子的全面发展的重要性，不再仅仅局限于学习成绩。家长们对孩子生命力不绽放的特征也有较为明确的认识，如学习成绩不好、没有特长、不受待见和胆小怕事等。这些特征反映了家长们对孩子在学习、社交和性格方面的担忧。总体而言，家长们对孩子的成长和发展充满了期望，希望孩子能够在学习、社交、性格等方面都能够健康成长，呈现生命力绽放的状态。为了实现这一目标，家长们需要关注孩子的全面发展，尊重孩子的个性和兴趣，为他们提供良好的成长环境和教育支持。

家庭教育 8_堂必修课

肖红春　皮青标 ◎ 主编

初中
家长卷

湖南大学出版社
· 长沙 ·

图书在版编目（CIP）数据

家庭教育 8 堂必修课. 初中家长卷／肖红春，皮青标主编.

长沙：湖南大学出版社，2025.3. --（新家长学校系列

丛书／肖红春，皮青标主编). -- ISBN 978-7-5667-4071-7

Ⅰ. G78

中国国家版本馆 CIP 数据核字第 2025W8P386 号

家庭教育 8 堂必修课·初中家长卷
JIATING JIAOYU 8 TANG BIXIUKE·CHUZHONG JIAZHANG JUAN

主　　编：肖红春　　皮青标	
责任编辑：饶红霞	
印　　装：长沙雅捷印务有限公司	
开　　本：710 mm×1000 mm　1/16	印　　张：11.5　字　　数：176 千字
版　　次：2025 年 3 月第 1 版	印　　次：2025 年 3 月第 1 次印刷
书　　号：ISBN 978-7-5667-4071-7	
定　　价：68.00 元（全两册）	

出 版 人：李文邦
出版发行：湖南大学出版社
社　　址：湖南·长沙·岳麓山　　　　邮　　编：410082
电　　话：0731-88822559（营销部），88649149（编辑室），88821006（出版部）
传　　真：0731-88822264（总编室）
网　　址：http://press.hnu.edu.cn
电子邮箱：749901404@qq.com

前　言

"家庭是人生的第一所学校，家长是孩子的第一任老师，要给孩子讲好'人生第一课'，帮助扣好人生第一粒扣子。"这是在 2018 年 9 月 10 日全国教育大会上，习近平总书记在对教育的论述中重点强调的内容。这句话凸显了家庭教育的重要地位，也为家庭教育工作指明了前进方向。

基层家庭教育指导单位，要贯彻落实习近平总书记的重要讲话精神，科学规划并系统推进家庭教育指导工作。自 2015 年深圳市龙岗区教育系统成立家庭教育指导中心以来，一直将规范区域内中小学、幼儿园家长学校建设，科学统筹推进家庭教育指导作为核心举措，特别是家长学校课程的体系化建设、师资的专业化培养、指导工作的持续化推进，成为家长学校建设的重中之重。经过持续探索与实践，目前区内家长学校课程建设已实现质的跃升：从初期随意性、碎片化探索，到逐步构建了具有规范化标准、专业化分类、体系化结构的"五段四类四块"课程体系，建立了贯通家长成长全周期的学段衔接机制、统整家校社资源的场域联动机制、覆盖全体家长群体的全员培育机制，成功创立了具有科学性、可操作性、可持续性的区域家庭教育指导新范式。

本系列课程内容基于初中阶段家庭教育的现实需要，经过龙岗区家庭心理教育研究工作室多年研究与实践，最终得以整理出版。

本书中课程研修内容分为课程研修背景和课程实录文稿两部分。这两部分内容彰显了对课程研修者自我专业水平的极高要求，突出了课程系统性、科学性、实践性、互动性的特点。

我们期待，本系列课程成果的推广为构建初中阶段家长学校课程体系奠定坚实的基础。同时，也能为家庭教育学习者和研究者提供参考。课程成果还在不断完善中，如有不足之处请给予指正。

目　次

第一部分
亲子教育，从读懂自己开始

在家庭教育中，父母常常容易把自己的付出简单等同于对孩子的爱。孩子"听话"就表示自己的教育很成功。这可能导致孩子在成长过程中因为过分"听话"而失去自我。心理学家荣格认为每个人都是独一无二的个体，实现自我是人生的最高目标。一个意识不到自己"存在"的个体，长大成为教育者后，很容易将"人"与"事"混淆，在否定事情时，也容易否定被教育者，使教育难以达到预期效果。

亲子教育不是一个简单的过程，不能仅仅依靠家长的意志左右孩子的行为，否则教育将变成一种控制。它应以情感为基础，以稳定的情绪为支撑，在陪伴互动中促进孩子健康成长。

榜样教育在亲子教育中非常重要。孔子曰："其身正，不令而行；其身不正，虽令不从。"作为教育者，如果由于自身成长不足而对孩子成长产生不利影响，却又不自知，就容易出现教育问题；同时，希望被教育者成为自己理想中的样子，就像自己不会飞却希望孩子会飞一样，这样的教育很难有积极效果。

心理学家阿德勒曾说过，幸运的人用童年治愈一生，不幸的人用一生治愈童年。教育者的内心世界直接影响着教育效果。如果教育者的内心世界还未成长得足够好，那么他对外部世界的看法就容易出现问题，教育效果又如何能得到保证呢？

　　老子在《道德经》中说："知人者智，自知者明。胜人者有力，自胜者强。"这句话深刻揭示了自我认知的重要性。所以，最好的亲子教育，首先是父母专注于成长自己，而非其他。父母应当持续进行自我反思与成长、培养情绪管理能力、建立健康的自我认知、保持开放的学习心态、尊重孩子的独立性。正如纪伯伦在《先知》中所说的，孩子不是父母孩子，他们是生命对自身渴望所产生的儿女。父母唯有不断进行完善自我，才能真正理解并尊重孩子的独特性，给予他们最适宜的成长环境和教育方式。这种以自我成长为基石的亲子教育，才能真正培养出独立、自信、有主见的孩子。

第 1 课　有效管理自己情绪的密码

课程研修背景

情绪，这一人类与生俱来的情感，无论我们对其持何种态度，它都如影随形，贯穿于我们生命的每一个瞬间。在我们的日常生活里，情绪的波澜随境遇起伏，描绘出一幅幅生动多彩的生活画卷。当喜悦涌上心头，我们会不禁开怀大笑，分享那份由内而外的畅快；而当悲伤来袭，我们或许会放声大哭，让泪水成为心灵的慰藉。这些外在的情绪表达，正是内心世界最真实的映照，无关对错，只关乎生活的本真与丰富。

情绪的世界里，正面情绪如同温暖的阳光，照耀着我们的心田，促进我们的身心健康，赋予我们前行的力量。它们像一股不竭的动力，推动我们追求更好的自己，享受生活的美好。然而，负面情绪则如同阴霾，不仅影响我们的工作效率、生活品质，甚至侵蚀着我们的身体健康，严重时还可能将我们的生活搅得支离破碎，导致自我伤害，乃至家庭破裂情况的发生。

现实生活中，因情绪失控引发的悲剧屡见不鲜。这些悲剧无不警醒我们，情绪的失控是何等可怕，它能瞬间摧毁一切美好，留下无法弥补的伤痛。孩子是父母的软肋，随着孩子的成长，他们带给父母的体验也在不断变化着。许多父母在孩子的成长中，会时常产生焦虑、恐惧、愤怒、愧疚、抑郁等负面情绪。如果家长不重视自己的情绪，不重视家庭教育的学习，负面情绪就会像病毒一样传染给孩子，从而影响亲子关系。

因此，父母要深入了解自己情绪管理的现状，认识到无效管理的情绪对自己及他人的负面影响；要学会觉察情绪的来源，真正洞察自己或他人情绪背后所隐藏的真实需求；要掌握科学的情绪管理方法，减少强烈负面情绪带来的伤害，为孩子树立一个良好的榜样，共同营造一个和谐、健康的家庭环境。

课程实录文稿

情绪，作为人类内心世界的晴雨表，不仅影响着我们的心理健康，更深刻地塑造着我们的行为模式和人际关系。当情绪得不到妥善管理时，它便如同锋利的刀剑，既伤害自己，也刺痛他人。因此，理解情绪管理的现状，认清情绪失控的根源，成为我们探索情绪智慧、掌握管理密码的必经之路。

一、情绪管理的现状

在快节奏的现代生活中，情绪管理成了每个人都需要做的功课。然而，面对纷繁复杂的情感世界，我们往往陷入两种极端：一是过度压抑，将情绪深埋心底，任其发酵至难以承受之重；二是随意发泄，不顾及后果，让情绪如脱缰野马，伤人伤己。这两种状态，都反映了我们在情绪管理上的困境与挑战。

（一）情绪的压抑及宣泄

1. 情绪的压抑

情绪的压抑是许多人在日常生活中可能经历的一种心理状态，它指的是个体在面对压力、挫折或不满时，选择将情感深埋心底，不轻易表露出来的现象。压抑型个体的内心深处，其实是在积累着未经释放的情感压力，如同蓄水池般，水位不断上升。当外界因素突破他们的忍耐极限时，这股被长期压抑的情绪便可能如火山般猛烈爆发，其强度往往超乎想象。正如弹簧受压至极点，一旦释放，反弹之力势不可当，这正是"物极必反"的生动写照。

我们在家庭关系中、在工作环境中、在社会压力下都可能会压抑自己的情绪。特别是在家庭生活琐事中，情绪压抑往往源自一些看似微不足道的小事，但这些小事累积起来却能对人的情绪产生深远的影响。如家务分工不均的烦恼、孩子教育观念的冲突、家人生活习惯的差异、家庭成员间的误解，这些小事虽然看似微不足道，但在家庭生活中却可能引发情绪压抑。情绪压抑看似是一种自我保护机制，实则是对内心世界的忽视与压抑。长此以往，不仅会导致心理问题，如焦虑、抑郁等，还会影响身体健康，如免疫系统功能下降、出现慢性疼痛等。压抑的情绪如同涌动的暗流，一旦找到突破口，便可能以更猛烈的方式爆发出来，造成不可预料的后果。

2. 情绪的宣泄

与情绪的压抑形成鲜明对比，情绪的发泄往往被视为一种更为直接且表面上看似有效的心理管理方式。然而，正如一枚硬币的两面，发泄情绪若缺乏必要的控制和引导，同样可能带来一系列不良后果。在快节奏、高压力的现代生活中，人们感到情绪累积到难以承受的地步时，时常会渴望通过某种途径来释放内心的重负。但关键在于，如何以一种健康、理性的方式进行情绪的发泄，而非任由其失控蔓延。

有些人在公众场合对无辜者指责谩骂，无疑是情绪失控的典型表现。它们不仅无法帮助个体真正面对并解决问题，反而可能将负面情绪像野火般蔓延至周围人群，从而加剧矛盾冲突，破坏和谐氛围。更甚者，这些行为还可能触犯法律红线，导致个人承担社会舆论的谴责和不必要的法律责任。

在家庭中，我们有时会因为压力、疲惫或其他个人情绪，而在无意中向孩子发泄。这种行为可能是通过言语上的批评、责备，或是情绪上的不耐烦和愤怒表达出来的。然而，重要的是，我们要认识到这样的发泄对孩子是不公平的，还可能对他们的心理健康产生负面影响。作为家长，我们应当努力控制情绪，寻找更健康的方式来处理自己的情感。

（二）情绪的伤害与影响

1. 情绪的伤害

情绪，这一内心世界的波动，既是我们感知生活色彩的棱镜，也是影响自身与他人福祉的重要因素。当情绪得不到适当的管理与表达时，它不仅会对个体自身造成深远的伤害，还会波及周围的人，破坏原本和谐的人际关系网。

情绪的失控如同一场内心的风暴，席卷侵蚀着个体的心理健康。长期的负面情绪，如抑郁、焦虑、愤怒，会逐渐侵蚀个体的自我认知，导致自我价值感下降，自信心丧失。个体可能陷入自我怀疑的旋涡，从而认为自己无能、不值得被爱，这种消极的自我评价会进一步加剧情绪问题，形成恶性循环。此外，负面情绪还会影响个体的生理健康，引发或加重慢性疾病，如心血管疾病、消化系统疾病等，使身体与心灵一同承受重压。在认知层面，情绪的波动会干扰个体的注意力与决策能力。当情绪占据主导地位时，理性思考往往会被边缘化，导致个体做出不理智的选择，这些选择可能对其个人生活、学业或职业造成不可逆转的影响。

情绪不仅关乎个体，更影响着个体自身与他人的互动。情绪的失控，尤其是愤怒、攻击性的表达，会直接伤害到身边的人。朋友、家人、同事可能因个体的不当情绪表达而感到被冒犯、被忽视或被伤害，这种情感的创伤往往比肢体上的冲突更为深刻。长此以往，这种负面的情绪交流会破坏亲密关系的信任基础，导致关系疏远、隔阂加深。在社交环境中，情绪的管理尤为重要。个体若频繁表现出负面情绪，可能会被视为难以相处、情绪不稳定，从而影响其在社交圈中的形象与地位。这不仅限制了个体的社交机会，还可能导致其错失重要的合作与发展机遇。

情绪的伤害，往往比身体上的伤痛更加难以令人察觉，却更加深刻而持久。它不仅影响个体的心理健康，导致自信心下降、自我价值感丧失，还可能引发一系列行为问题，如逃避、攻击或依赖。负面情绪如愤怒、恐惧、悲伤等，如果得不到妥善处理，会不断累积，最终爆发为破坏性的行为。这些行为不仅伤害自己，也会伤害到周围的人，从而破坏人际关系的和谐。

2. 情绪的影响

情绪，这一微妙而强大的心理现象，其影响力远远超越了个人界限，展现出不容忽视的传染性。它好像有种魔力，能在不经意间就"传染"开来。情绪的传递性使得负面情绪容易在人群中蔓延。个体的不良情绪可能会引发他人的共鸣，导致集体情绪的波动，进而影响整个团队的氛围与效率。情绪不仅影响个体的心理健康和生理健康，还深刻地塑造着我们的人际关系和社会行为。

　　想象一下，如果你心情不好，满脸愁云，那么身边的朋友、同事，甚至只是擦肩而过的陌生人，都可能会感受到这股负能量，就像被一片乌云笼罩着。这种情绪上的连锁反应，让本来可能轻松愉快的氛围，一下子就变得沉重起来。更糟糕的是，这种负面的情绪氛围一旦形成，就像滚雪球一样，越滚越大。每个人都沉浸在消极的情绪中，更容易放大自己的烦恼和不满，形成一个个负面的情绪循环。在这样的环境里，想要保持好心情，简直是难上加难。而且，这种氛围会进一步加剧个体的负面情绪，从而形成恶性循环。因此，情绪管理不仅是个人的事，也是社会的事。我们每一个人都应该努力成为情绪的管理者，而不是情绪的奴隶。如同下文《踢猫效应》所示：

　　老板被女主人大骂，老板被骂后有了自己的情绪（委屈、生气、愤怒）。第二天去上班，女主人的骂声还在老板的头脑中挥之不去，他越想越气，把气撒向他的员工，这是老板的情绪以及行为后果。而那名员工受老板批评后，带着情绪回家去，见到孩子不是先写作业而是先做饭，于是将孩子批评一顿。孩子受了委屈，把气撒在猫身上，踢了猫一脚，猫也遭了殃。

　　"踢猫效应"就是指强大者向弱于自己或者等级低于自己的对象发泄不满情绪，而产生的一系列连锁反应，是一种典型的情绪传染，就像传染病一样，它会蔓延。人的不满情绪和糟糕心情，一般会沿着等级和强弱组成的社会关系链条依次传递，由金字塔尖一直扩散到最底层，无处发泄的最弱小的那一个元素，则成为最终的受害者。其实，这是一种心理疾病的传染。

　　在探讨"踢猫效应"时，我们不难发现，一旦个人情绪未得到妥善处理，便容易将这股情绪倾泻于他人，而承受者又可能将这份负面情绪继续传递给下一个无辜者，如此循环往复，最终受伤的往往是那些最为亲近或弱小的存在。当孩子们在餐桌上挑食、不慎打碎花瓶、将牛奶洒落一地，或是考试成绩不尽如人意时……我们往往会因他们的种种行为而失控怒吼，孩子们仿佛成了那无助的小猫，承受着我们的"踢猫"之举。尽管我们如此宣泄情绪，孩子们却依然深爱着我们，他们多数时候默默承受；但不可否认的是，我们的情绪失控，无疑给他们带来了伤害。在我们的厉声责备中，有的孩子开始效仿我们，无法妥善管理自己的情绪；有的则变得胆怯自卑，选择以压抑情绪作为自我保护的方式……作为他们生命中的重要导师，我们的应对方式，正是他们学习如何与外界相处的模板。

让我们共同回溯，当孩子对学习失去兴趣或成绩下滑时，我们是否曾冷酷地对他们说："我看你以后怎么办，别念了，回去种地吧……"当这些话伴随着愤怒的表情刺向孩子时，他们的内心所承受的重创，远胜于任何肉体上的疼痛。每个家长都渴望培养出优秀的孩子，却往往忽视了自身处理情绪的方式对孩子产生的深远影响。

在长期不恰当的情绪处理过程中，孩子们逐渐向家长关闭了心扉。当他们选择沉默或撒谎时，家长或许会质问他们为何如此，却很少反思，自己究竟做了什么，导致孩子变成这样。孩子们与家长相处的方式，正是他们未来与世界互动的预演。很多时候，当学校老师向家长反映孩子的某些行为时，家长们会感到震惊，从未意识到自己的教养方式竟会给孩子带来如此大的伤害。更有甚者，家长因缺乏情绪管理能力，在无意或有意间伤害了孩子，导致一些孩子长期承受父母情绪的伤害，最终出现了严重的心理问题，甚至产生了抑郁和自杀倾向，而家长们却浑然不知。

二、情绪失控的根源

情绪失控并非无缘无故，其背后往往隐藏着深层次的原因。这需要我们学会识别自己的情绪，理解其背后的原因，只有深入剖析这些原因，我们才能找到解决问题的钥匙。

（一）情绪的觉察力不足

情绪的觉察力是指个体对自己情绪状态的感知和识别能力。如果觉察力不足，我们就容易陷入"情绪盲"的状态，对自己的情绪变化毫无察觉或反应迟钝。这会导致我们错过处理情绪的最佳时机，使情绪逐渐失控。

在日常生活中，我们常常忽略了自身情绪的微妙变化，这种情绪觉察力的不足，往往会在不经意间对我们的生活产生深远的影响。面对工作压力时，我们可能过于专注于任务的完成，而忽视了内心积累的疲惫与焦虑。这种情绪的忽视，不仅会导致工作效率的下降，还可能引发身心健康的问题，如失眠、头痛等。长此以往，甚至可能引发更严重的心理疾病，如抑郁症、焦虑症等。在人际交往中，我们也常常因为缺乏情绪觉察力而错失很多重要的情感交流机会。比如，当朋友或家人向我们倾诉烦恼时，我们可能因为自己的情绪状态不佳，而无法真正倾听和理解他们的感受。这种态度不仅会让对方感到被忽视和不被理解，还可能破坏我们之间的亲密关系。在自我成长与提升的过程中，情绪觉察力的不足也会成为我们前进的绊脚石。我们可能无法准确识别自己的兴趣与激情所在，也无法及时察觉自己在面对挑战时的恐惧与逃避。这种自我认知的缺失，会让我们在追求梦想和目标的过程中迷失方向，甚至放弃努力。

（二）情绪本质认识不够

情绪乃与生俱来之物。神经科学研究揭示，大脑构造繁复，其功能布局遵循演化历程。观察大脑功能图示时，可见最内核区域，即大脑的原始起点，亦称原始脑或爬虫脑，其掌控着最原始、最基本的功能。在原始脑内，藏有一关键器官——杏仁核，它在情绪处理方面起关键作用。同时，杏仁核也参与情绪记忆，形成并储存信息，当遇到紧急情况时，杏仁核会让身体进入应激状态，进而使人产生恐惧、愤怒、焦虑等负面情绪。因此，原始脑亦得名情绪脑。一旦遭遇危险，杏仁核便迅速响应，例如，见路上车辆疾驰而来，人会本能避让，以免受伤。又如，远古时期，人类祖先居于原始森林中，需时刻警惕猛兽袭击。因此，人们常需保持警觉，随时准备战斗或逃亡。正是有了杏仁核，人类才得以生存繁衍。

情绪是与生俱来的，并无对错之分，它实则是我们内心需求的反映，类似于一种信号。事实上，每种情绪都蕴含着一定的积极面，即便是看似不佳的情绪也不例外。

愤怒之时，意味着我们对某些事物无法容忍，内心深处涌动着改变的渴望。恐惧之际，我们变得格外谨慎，本能地寻求自我保护，正如乘坐惊险过山车时，恐惧驱使我们紧握扶手以确保安全。焦虑之时，表明某事对我们至关重要，值得我们密切关注。例如，孩子初入初中，我们的焦虑促使我们格外关注，一旦发现孩子出现不适应、厌学、学习困难或拖延，焦虑便驱使我们采取行动，为孩子投入更多时间，助力小初衔接，加强学业辅导。正因焦虑，我们便重视并努力使得孩子逐渐适应初中学习生活，孩子学习也能随之进步。

此外，情绪还是我们与世界沟通的桥梁，它让我们感受到生活的酸甜苦辣，体验到人生的丰富多彩。当我们快乐时，我们会分享欢笑，传递正能量；当我们悲伤时，我们会寻求安慰，得到支持。这些情绪的交流，让我们更加紧密地联系在一起，共同面对生活的挑战。因此，我们应该珍惜每一种情绪，学会倾听它们的声音，理解它们的意义，让它们成为我们成长的助力。当我们能够真正接纳并理解自己的情绪时，就能更好地掌控自己的生活，成为自己情绪的主人，从而享受更加充实和有意义的人生。所以，适度的恐惧与焦虑有其益处，这正是它们的正面价值所在。

（三）情绪产生来源不明

情绪的产生往往与我们的认知、价值观、经历等密切相关，我们会在头脑中形成自己独特的认知合成。如果我们对这些来源缺乏清晰的认识，就难以准确把握情绪的产生机制，从而无法有效地管理情绪。我们的面容透露出情绪，言语间亦夹杂着情绪。情绪，作为生活中最普遍、最繁复、最关键的议题，其起因绝不能简单归咎于某人某事，而是在于我们自己。

1. 情绪 ABC 理论

在日常生活，面对同一只小狗，有人畏惧，有人喜爱，亦有人漠不关心。何以同一只小狗能激发人们迥异的感受？原因在于每个人对它的评价及观感各不相同。惧怕者视其为凶猛、攻击的象征，故避之不及；喜爱者或因它像自家宠物，或视狗为人类好友，或因其独特外貌而被吸引，故多看几眼；无感者则径直走过，毫不在意。面对这只小狗，个人想法的差异导致了情绪体验的多样性和行为反应的不同。

这说明，同一事物在不同人眼中，因看法和评价的不同，会引发各异的情绪与行为反应。甚至同一人，对同一事的前后看法的变化，也会带来情绪与行为的差异。针对这一现象，心理学家埃利斯提出了情绪 ABC 理论。A 代表触发事件，C 代表情绪和行为后果，而 B 则是介于两者之间的信念、想法和评价。这个理论强调，是 B 而非 A 直接导致了 C 的发生。A 仅是诱因，重要性占比 20%，而 B 才是关键，占 80%。

小狗为触发事件 A，仅占 20%；人们对它的思考 B，即评价，占 80%，决定了喜爱、恐惧或无感的不同反应。正如莎士比亚所言，哈姆雷特在千人心中有千种形象，皆因信念各异。

当孩子打碎玻璃杯时（A），家长们的情绪与行为会如何？有的生气责备（C1），认为孩子行为不当（B1）；有的淡然收拾（C2），觉得此乃常事，成人亦会犯错（B2）；有的担忧孩子（C3），认为孩子安全最重要，杯子碎了也无妨（B3）。

因此，面对孩子的问题，家长们的不同情绪和行为，根源在于各自的认知差异。认知不同，处理问题的方式自然大相径庭。我们常发现，有人情绪稳定，不易动怒，而有人则易受情绪影响。这主要是因为后者存在有不合理的信念。

2. 不合理信念

情绪的产生，和我们的信念认知息息相关，不合理信念通常源于个体对事物的绝对化、过分概括以及恐怖化思考。这些不合理信念能够引发个体的情绪失调和行为失常。

（1）绝对化的思维

绝对化的思维，作为一种认知偏差，根植于个体对于世界和自身过度简化和僵化的理解之中。这种信念体系以个人的主观意愿为基石，构建出一系列关于事物发展必然性或不可能性的严格规定，其中，"必须"和"应该"成了这种思维模式的标志性词汇。例如，"我必须获得成功"，这种观念忽略了成功背后的多元因素，如努力、机遇、环境等，而是将成功视为一种个人不可剥夺的权利；"别人必须很好地对待我"，则是一种对外界无条件正面反馈的期待，它忽视了人际关系中的复杂性、差异性和相互性；"生活应该是很容易的"则是对生活本质的一种理想化设想，它否认了挑战、困难和挫折是生活不可或缺的一部分。

这种绝对化的思维方式，实质上是对现实世界复杂性和多变性的一种逃避或否认。它建立在一个假设之上：如果一切都能按照个人的意愿进行，那么生活就会是完美无缺的。然而，现实往往充满了不确定性和变数，当这些"必须"和"应该"遭遇现实的阻力，无法如愿以偿时，个体便会遭遇强烈的心理冲击。这种冲击可能表现为挫败感、失望、愤怒、焦虑甚至抑郁等负面情绪，因为个体感到自己的控制力被削弱，对于未来的预期会变得模糊和不可控。

长期持有绝对化的思维的个体，还可能在面对失败或挑战时，倾向于采取消极的应对策略，比如逃避、否认或过度自责，这些都不利于个人的成长和问题的解决。

（2）过分概括化思维

过分概括化思维是一种以偏概全、以一概十的不合理思维方式。作为一种扭曲性认知方式，它使个体在面对具体事件时，倾向于过度泛化、夸大其影响，进而形成对自我或他人的全面而负面的评价。拥有这种思维方式如同戴上了一副有色眼镜，使个体无法客观地看待事物，而是将一次性的、特定情境下的结果，错误地当作普遍性、永恒性的真相。

当个体遭遇失败或挫折时，过分概括化的思维会迅速启动，将这一偶发事件视为对自己整体价值或能力的全面否定。比如，仅仅因为一次考试成绩不理想，就全盘否定自己的学习能力和未来潜力，认为自己"永远也学不好"，这种自我评价忽略了学习是一个渐进过程，成绩只是某一阶段学习效果的反映，而非决定个人学习能力的唯一标准。同样，一次创业的失败，也可能会被过分概括为个人缺乏创业能力的证据，而忽视了创业成功需要多方面的因素，包括市场环境、资源配置、团队协作等，而不仅仅是个人能力的问题。

对他人的过分概括化思维同样具有破坏性。当某人偶尔犯错或表现不佳时，若以偏概全地评价其为"一无是处"，不仅忽视了对方在其他方面的优点和成就，也剥夺了对方改正错误、成长进步的机会。这种评价方式往往基于偏见和刻板印象，缺乏公正和客观性，容易引发人际交往中的误解、冲突和隔阂。

（3）恐怖化思维

恐怖化思维是一种认为如果一件不好的事发生了，将是非常可怕、非常糟糕，甚至是一场灾难的思维方式。作为一种极端的消极思维倾向，是个体在面对生活中的不如意或挑战时，会过度夸大其负面后果，将其视为无法承受之灾的一种认知扭曲。这种思维方式的核心在于，它将任何微小的挫败或不幸都放大到无以复加的地步，仿佛一次小小的失误就能颠覆整个世界，导致无法挽回的灾难性后果。

举例来说，当个体在一次考试中未能取得理想成绩时，恐怖化的思维会让他们立刻陷入绝望，从而认为这次失败不仅意味着自己在学业上的彻底崩溃，更预示着未来人生的黯淡无光，仿佛一次考试的失利就等同于人生价值的全面否定。同样，在遭遇失恋这样的情感挫折时，个体可能会认为自己会再也无法找到真爱，余生都将笼罩在孤独与不幸之中，而忽视了时间的力量、个人成长的可能性以及新机遇的出现。

恐怖化的思维方式之所以具有如此强大的破坏力，是因为它剥夺了个体面对困难时的积极应对能力和对未来的希望。在这种思维模式下，个体往往无法客观地评估现实情况，也无法理性地分析问题的可解决性，而是会被一种过度的恐惧和绝望所笼罩。这种情绪状态不仅阻碍了问题的有效解决，还可能引发一系列的心理问题，如抑郁、焦虑、自我否定等，使个体陷入一种恶性循环之中，难以自拔。

（4）其他不合理信念

除了上述三种常见的不合理信念外，还有一些其他的不合理信念也可能引发个体的情绪困扰。

"人应该得到生活中所有对自己重要的人的喜爱和赞许"这一信念，显然忽视了人与人之间的差异性和独立性。在现实生活中，每个人的喜好、价值观和评价标准都是独一无二的，因此不可能得到所有人的喜爱和赞许。当个体坚持这种信念时，一旦遭遇他人的不满或批评，就可能感到极度失落和沮丧，甚至对自己的价值产生怀疑。这种情绪困扰不仅影响了个体的自我认同，还可能破坏其人际关系，导致社交焦虑或孤独感。

"有价值的人应在各方面都比别人强"这一信念，则忽视了个体的多样性和独特性。每个人都有自己的长处和短处，没有人会在所有方面都能超越他人。当个体将自我价值与他人进行比较，并苛求自己在各方面都达到最高标准时，不仅会感到巨大的压力，还可能会因为自身无法达到这种不切实际的标准而感到挫败和自卑。这种信念不仅阻碍了个体的自我接纳和成长，还可能导致其过度竞争、嫉妒他人或逃避挑战。

"任何事物都应按自己的意愿发展，否则会很糟糕"这一信念，则忽视了客观事物的不可控性和多变性。生活充满了不确定性和意外，很多事情并不受我们个人意愿的控制。当个体坚持这种信念时，一旦事情没有按照预期发展，其就可能感到极度失望、愤怒或焦虑。这种情绪困扰不仅影响了个体的情绪稳定，还可能导致其对现实世界的认知扭曲，而无法客观地看待和处理问题。

这些不合理信念都是个体情绪困扰的重要来源，它们不仅扭曲了个体对现实世界的认知，还阻碍了其自我接纳、成长和人际关系的发展。

（四）情绪表达能力不强

情绪表达是情绪管理的重要环节，如果我们不表达情绪，就难以将内心的情绪以适当的方式传达给他人，也无法从他人那里获得理解和支持。

初中时候读过《小木偶》的故事，小木偶一开始只会笑，遇到不开心的事也还是笑，别人就不知道他心里到底怎么想，也没法帮他。后来，他学会了各种表情，才能真实地表达自己。所以说，"只会笑可不够"。生活复杂多变，有高兴也有伤悲，不同的事情让我们有不同的感觉，我们要用真心去感受这一切。人的情绪就像调色盘，有各种各样的颜色，这才让世界变得多姿多彩。

我们每天都会有好多情绪，有时候自己都没发现。重要的是我们要知道如何控制自己的情绪，学会做情绪的主人。比如，我们可以生气，但是生气了就去打人、骂人是不对的。正确的做法是表达自己的情绪，比如可以说"我现在很生气"，而不是带着气去说话或做事。每个人处理坏情绪的方式也不一样，有的人会偷偷哭，有的人会大吃一顿，有的人会去吵架，有的人会摔东西。就像小孩子想要糖果没得到会生气一样，生气是情绪，但是打人、摔东西就是不对的。同样，你上班迟到被扣钱，心里不舒服是正常的，但是由此去跟领导吵架、乱骂人也是不对的。所以，我们要明白，怎么想和怎么做是两回事，如何正确地表达自己的情绪，是需要我们学习的。

三、情绪管理的密码

情绪管理并非一蹴而就的，它如同一场漫长的修行，需要我们不断地学习、实践与反思。在这场修行中，我们会遇到各种各样的情绪挑战，无论是突如其来的愤怒、难以名状的悲伤，还是挥之不去的焦虑，都是对我们情绪管理能力的考验。然而，正是这些挑战，为我们提供了成长的机会，让我们学会如何解锁内心的平静与力量。

（一）提高情绪觉察力

提高情绪觉察能力，是通往内心平和与人际关系和谐的重要途径。在快节奏的现代生活中，我们往往被外界事务所牵绊，忽略了对自身情绪的细腻感知，这不仅影响了我们的心理健康，也阻碍了与他人的有效沟通。因此，培养并提升情绪觉察能力，对于促进个人成长、维护人际关系具有重要意义。情绪觉察力，简而言之，是指个体能够准确识别、理解自己当前情绪状态的能力。它要求我们在情绪高涨时，能够暂停自动化的反应模式，转而以一种非评判性的态度去观察和感受自己的情绪。这一过程并非一蹴而就，而是需要通过持续的练习和自我反思来逐渐培养的。

首先，提高情绪觉察能力需要建立自我观察的习惯。在日常生活中，我们可以设定定期"情绪检查点"，比如在每天早晨起床时、工作间隙或睡前，询问自己："我现在感觉如何？"通过这样简单的提问，我们可以引导自己将注意力转向内在，开始关注自己的情绪状态。

其次，学会区分情绪与想法是关键。很多时候，我们的情绪被混杂在思绪之中，难以分辨。通过正念冥想等练习，我们可以学习如何以旁观者的角度观察自己的思维流，从中识别出情绪的成分，进而更加清晰地感受到情绪的存在。

此外，记录情绪日记也是提高情绪觉察力的有效方法。每天记录下自己经历的主要情绪、触发这些情绪的事件以及当时的身心感受，可以帮助我们回顾并理解自己的情绪模式，逐渐认识到哪些情境或想法容易引发特定的情绪反应。

另外，提高情绪觉察能力还意味着学会接纳自己的情绪，不论是积极的还是消极的。接纳并不意味着放任自流，而是以一种温柔、理解的态度对待自己的情绪，认识到每种情绪都有其存在的合理性，是内心世界的真实反映。通过接纳，我们可以减少因抵抗情绪而产生的额外痛苦，为情绪的自然流动创造条件。

最后，情绪觉察能力的提升是一个持续的过程，需要耐心和坚持。在这个过程中，我们可能会遇到挑战，比如情绪的强烈波动或是对某些情绪的恐惧。面对这些困难时，保持开放和好奇的心态，寻求必要的支持，如参加心理咨询或情绪管理课程，都是非常有帮助的。

总之，提高情绪觉察能力是一个深刻而有益的内在探索之旅。它不仅能帮助我们更好地理解自己，还能促进与他人的共情与连接，为我们的生活带来更多的平静与满足。

（二）增强自我价值感

有效管理自己情绪的密码，往往隐藏在增强自我价值感的深处。自我价值感，作为个体对自我价值和能力的认知与评价，是情绪稳定的基石，也是面对生活挑战时不可或缺的心理资源。当我们拥有强大的自我价值感时，便能够更好地抵御外界压力，有效管理自己的情绪，让生活充满正能量。

增强自我价值感，首先要从自我接纳开始。每个人都是独一无二的，有自己的优点与缺点。学会接纳自己的全部，包括那些不完美的部分，是提升自我价值感的第一步。当我们不再苛求自己，而是以一种温柔和理解的态度对待自己时，内心的平和与自信便油然而生，情绪也就更容易得到调控。

其次，积极肯定自己的成就与努力。在日常生活中，不妨多给自己一些正面的反馈。无论是完成了一项工作任务，还是学习了一项新技能，都值得我们为自己鼓掌。这些小小的成就，如同积累起来的砖石，逐渐构建起我们内心的价值感大厦，使我们在面对困难时更有底气和勇气。

再次，设定并追求个人目标也是增强自我价值感的有效途径。目标不仅能够激发我们的动力，还能在达成的过程中不断验证我们的能力和价值。选择那些对自己有意义且可实现的目标，一步步地去实现它们，每一次的成功都会成为增强自我价值感的宝贵养分。

同时，培养自我成长的心态也至关重要。将挑战视为成长的机会，相信自己有能力克服困难，这种积极的心态能够帮助我们在逆境中保持情绪的稳定，并从中汲取力量。不断学习新知识，开拓自己的视野，让自我成长成为生活的一部分，我们的自我价值感也会随之提升。

最后，建立健康的社交关系也是增强自我价值感不可忽视的一环。与那些支持我们、鼓励我们的人在一起，能够让我们感受到被爱和被尊重，从而增强内心的安全感。同时，通过帮助他人、分享自己的知识与经验，我们也能在给予中获得自我价值的实现感。

总之，增强自我价值感是有效管理自己情绪的密码。通过自我接纳、积极肯定自己、设定目标、培养成长心态以及建立健康社交关系，我们可以逐步形成强大的自我价值感，使自己在情绪的海洋中更加从容不迫，享受更加充实和谐的生活。

（三）拓宽情绪释放路径

有效管理自己情绪的密码，往往蕴含在拓宽情绪释放的路径之中。情绪，作为人类内心世界的直接反映，其合理释放对于维护心理健康、促进人际关系和谐至关重要。当情绪被压抑或忽视时，它们并不会消失，反而可能以更激烈或更具破坏性的方式爆发。因此，学会拓宽情绪释放的路径，是我们有效管理情绪、保持内心平衡的关键。

首先，拓宽情绪释放的路径意味着要认识和接纳自己的情绪。情绪没有好坏之分，它们只是我们对外界刺激的自然反应。当我们能够正视自己的情绪，无论是喜悦、悲伤还是愤怒，都给予它们应有的关注和尊重时，就已经为情绪的合理释放奠定了基础。

其次，寻找多样化的情绪表达方式。不同的人有不同的情绪释放方式，有的人喜欢通过运动来宣泄情绪，有的人则倾向于通过艺术创作来表达内心感受。拓宽情绪释放的路径，就是要鼓励自己尝试不同的方式，找到最适合自己的那一种。无论是写日记、画画、唱歌还是向朋友倾诉，都是有效的情绪释放途径。这些活动不仅能够帮助我们排解负面情绪，还能让我们在创造和分享的过程中获得满足感和成就感。

此外，培养正念冥想等内在管理技巧也是拓宽情绪释放路径的重要一环。正念冥想能够教会我们以旁观者的角度观察自己的情绪，而不是被它们所牵引。通过正念冥想，我们可以学会在情绪高涨时保持冷静和客观，从而避免做出冲动的决定或行为。这种内在管理技巧不仅能够帮助我们更好地管理情绪，还能提升我们的自我觉察能力和情绪智慧。

最后，不要忽视社交支持在情绪释放中的重要作用。与家人、朋友或专业人士分享你的情绪，可以获得他们的理解和支持，从而减轻你的心理负担。有时候，一个简单的拥抱、一句温暖的话语或一次深入的交流，就能让我们感受到被接纳和关爱，进而使情绪得到有效的缓解和释放。

通过认识和接纳自己的情绪、寻找多样化的情绪表达方式、培养内在管理技巧以及寻求社交支持，我们可以更加灵活地应对生活中的各种情绪挑战，保持内心的平和与稳定。在这个过程中，我们不仅能够更好地理解自己，还能与他人建立更加深厚和真挚的关系，共同享受生活的美好与丰富。

情绪管理是一门需要不断学习和实践的功课。通过提高情绪的觉察力、增强自我的价值感以及拓宽情绪释放路径，我们可以更好地管理自己的情绪，保持内心的平静与力量。在这个过程中，我们不仅会收获更加健康、和谐的人际关系和社会行为，还会发现更加真实、强大的自己，在情绪管理的智慧之路上不断探索和前行。

第 2 课　建立和谐亲密关系的密码

课程研修背景

亲密关系的和谐不仅关乎伴侣双方，还深刻影响着亲子关系的和谐与健康发展。在所有社会关系中，夫妻关系应被视为比亲子关系更为基础的关系。然而，在采访过程中，我们发现许多夫妻并不赞同这一观点，他们倾向于认为孩子出生后，夫妻的焦点应完全转向孩子，仿佛夫妻存在的主要目的就是抚养子女。但讽刺的是，这种全情投入于孩子的家庭中，孩子反而更容易出现问题，因为父母将自己在婚姻与夫妻关系中未满足的需求转嫁给了孩子，使孩子承受了额外的压力。此外，夫妻间教育理念的不同也会对孩子产生各异的影响，导致夫妻关系紧张的家庭中，孩子的教育问题更为突出。因此，探索夫妻和谐亲密关系的真谛，对孩子的健康成长至关重要。

为了提升课程的针对性，我们参考了某权威机构针对全国范围内婚姻满意度的调研结果，其中显示：40% 的人对婚姻满意，50% 的人感觉一般，10% 的人勉强维持。同时，我们也对本地区的 154 对夫妻进行了调查，结果显示：67.53% 的人对婚姻满意，30.25% 的人感觉一般，仅有 2.22% 的人勉强维持。这些抽样数据是中国城市居民婚姻现状的一个缩影，即多数人对婚姻表示满意或一般，少数人勉强维持，对婚姻感到不满。这些数据为我们的课程设计提供了依据和方向，有助于我们更深入地理解和研究课程，从而为学员提供更加有效的帮助。

和谐的亲密关系能增进伴侣间的幸福感，促使孩子更加积极向上，并确保家庭氛围的稳定与和谐。每一对步入婚姻殿堂的伴侣，都怀揣着对和谐亲密、温馨亲子及欢乐家庭关系的渴望。然而，有时这些美好愿景却导致原本相爱的双方陷入相互厌倦甚至发生冲突的境地，这正是我们共同探索如何构建和谐亲密关系的重要意义所在。

为了建立和谐的亲密关系，我们必须考虑当前的时代特征和社会环境，认识到男女因大脑结构差异而形成的不同沟通方式，并深入了解婚姻关系中可能存在的五大破坏性因素。在此基础上，我们应视对方为挚友，掌握有效的沟通技巧，共同参与愉悦的活动，同时给予彼此足够的个人空间，并努力理解对方表达爱意的方式，从而成功构建并维护和谐的亲密关系。

本课程内容聚焦于亲密关系的互动现状剖析，旨在使家长意识到当前所采用的互动模式在解决亲密关系问题上存在的不足，鼓励他们正视自身亲密关系中存在的问题。通过展示视频资料和实际案例，本课程将揭示导致亲密关系不和谐的关键因素，并激发家长寻求改变的意愿。最终，通过一系列体验式学习活动，家长将真正掌握一系列有效的亲密沟通技巧，以促进亲密关系的和谐，为家庭带来福祉，确保孩子能够在健康快乐的环境中成长。

课程实录文稿

亲密关系是所有关系中的第一大关系，也是家庭中所有关系的核心。要想塑造幸福的人生，女人就要好好爱自己的先生，男人就要用心呵护自己的妻子。在有爱的家庭里，家庭会运用自组系统雕刻属于自己的独特人生。

一、亲密关系的现实状况

有人说，当两个人结婚后，一般要经过漫长的过程，两颗心才能合二为一。现实生活中，这个过程是复杂多样的。

（一）亲密关系中的互动模式

在亲密关系中，每个人因其独特的性格，表现的方式都不一样。美国知名的家庭治疗专家维吉尼亚·萨提亚提出了家庭治疗中的四种典型的不良应对姿态：指责型、讨好型、超理智型以及打岔型。

首先，指责型个体倾向于将所有责任归咎于对方，拒绝接纳对方的任何解释或理由。他们坚信，若非对方的过失，自己的生活本可以更加美满。这类人往往自我标榜，将成就归功于自己，而将失败归咎于他人。他们的言辞中鲜少提及他人的付出，例如，一位不停忙碌于家务的妻子，可能会不断指责悠闲的丈夫，而丈夫在频繁的指责下，可能会感到自己在家庭中的价值被忽视，进而选择不作为，导致双方情感进一步疏远。

其次，讨好型个体总是试图通过牺牲自我，无论是时间还是金钱，来取悦他人，主动扛下所有责任，渴望以此换取他人的喜爱与认可。比如，在节日购物时，一位妻子可能为家人选购了众多礼物，唯独忽略了自己，内心虽感不公，却选择默默承受，但最终可能发现，这样的付出并未赢得预期的尊重与喜爱。

再次，超理智型个体以冷静客观著称，他们倾向于用长篇大论的说教来回应，却往往忽略了对方的情感需求，给人以冷漠且刻板的印象。比如，当妻子满怀期待地询问丈夫对新菜品的评价时，丈夫可能过于直率地指出其不足，甚至贬低妻子的努力，无意间伤害了对方的积极性。

最后，打岔型个体则擅长用无关的话语转移话题，常使得对话偏离正轨。如当一方提及某个问题时，另一方可能故意谈论其他不相关的事情，以此逃避问题。

在亲密关系中，若双方未能深入理解彼此，又未能及时坦诚表达内心的真实想法与自我价值感受，这四种应对姿态极易引发夫妻间的误解与敌意，不仅会给双方带来心理上的不适，还会严重阻碍夫妻间的深入交流，从而降低亲密关系的质量。

（二）亲密关系对孩子的影响

亲密关系不仅是成年人之间的事，它对孩子的影响同样深远。一个和谐、稳定的家庭环境，对孩子的心理健康、社会适应能力以及未来的人际关系都有着积极的影响，反之则会产生消极的影响。

父母之间的亲密关系是孩子安全感的来源之一。当孩子看到父母之间充满爱与尊重时，他们会感到自己是安全的。他们通过观察父母之间的互动，学习如何处理人际关系，如何表达自己的情感和需求。因此，父母的亲密关系模式会成为孩子未来建立亲密关系的模板。亲密关系中的价值观传递，对孩子的人生观、世界观有着深远的影响。父母对待彼此的态度，无论是尊重、理解还是包容，都会深深烙印在孩子的心中，成为他们看待事物、选择生活道路时内在的价值标尺。父母处理冲突的方式，无论是通过沟通寻求解决方案，还是选择冷战或暴力，都会直接或间接地影响着孩子面对困难和挑战时的应对策略。孩子价值观的形成，往往是在日常生活的点滴中悄然发生的，却能在其成年后，深远地影响着他们。

然而，夫妻关系不和或紧张，潜在的负面影响对孩子而言是深远且多方面的。这种弥漫于家庭中的不和谐氛围，如同一层厚重的阴云，遮蔽着孩子心灵成长的阳光。长期处于这样的环境下，孩子可能会逐渐变得内向、孤僻，他们或许会渐渐将真实的自我隐藏起来，以避免触及家庭中的敏感神经。更为严重的是，一些孩子可能会因此出现心理问题，如抑郁和焦虑，他们常常感到无助和迷茫，生活在一种持续的恐惧和不安之中，对于周围的世界和人际关系缺乏基本的安全感和信任感。在这样的家庭中，孩子可能很少有机会观察到健康的沟通方式和冲突解决方式，他们可能学会压抑自己的情感和需求，以避免引起更多的家庭纷争。这种习惯会延续到他们的社交生活中，使得他们在与他人交往时显得笨拙和不自在，难以建立起深厚的友谊和信任关系。他们可能会因为害怕被拒绝或误解，而选择保持距离，从而错过了许多宝贵的人际交往经验。

因此，为了孩子的身心健康和未来发展，夫妻之间应该努力维护良好的关系。一个和谐、稳定的家庭环境，是孩子健康成长的沃土，也是他们未来人生道路上最坚实的后盾。夫妻之间的相互理解、尊重和支持，不仅是对彼此负责、对孩子负责，更是对整个家庭未来的美好期许。

二、亲密关系不和谐因素

在当今社会，亲密关系作为人际关系中最为核心和复杂的一种，其互动模式呈现出多样性和复杂性的特点。

（一）社会发展对婚姻的影响

随着社会的发展，婚姻观念也在不断演变。经济压力、职业竞争、文化冲突等因素，都对亲密关系产生了潜在的影响。传统的"男主外，女主内"模式逐渐被打破，夫妻双方在职场与家庭中的角色定位更加灵活多变。这种变化既带来了更多的可能性，也带来了新的挑战。

高昂的生活成本、房价、教育费用等，使得许多年轻人在婚姻面前望而却步。即使步入婚姻，经济压力也常常成为夫妻关系紧张的导火索。现代社会对个人的职业要求越来越高，加班、出差成为常态。这种高强度的工作节奏，不仅剥夺了夫妻相处的时间，还可能导致双方因缺乏沟通而产生隔阂。原生家庭的影响、生活方式的不同等各种差异带来的价值观冲突，如育儿观念、家庭责任分配等，都可能成为亲密关系中的不和谐因素。

（二）亲密关系的认知与挑战

我们对亲密关系的认知会因原生家庭的影响、天生气质的差异以及男女性别的本质区别而不同。亲密关系的建立和维护，需要双方对亲密关系有正确的认知，并勇于面对各种挑战。许多人认为亲密关系应该是完美的，一旦出现问题就意味着关系失败。这种认知误区会导致双方在面对困难时，选择逃避而不是积极解决。

1. 亲密关系的认知

亲密关系的形成会受到多种因素的影响，这些因素可以从显性到隐性，从个体到互动等多个层面进行分析。

（1）受原生家庭影响

原生家庭作为个体成长的摇篮，对个体的亲密关系模式有着深远的影响。这种影响不仅源于幼年的依恋关系，还涉及家庭背景、文化背景、宗教信仰以及社会经济地位的差异。具体来说，个体在幼年时期与"重要他人"——父母或其他照顾者的互动模式，往往会成为其后续爱情模式的原型。这种内化的依恋模式，无论是安全型、焦虑型还是回避型，都会在婚恋生活中体现出来。同时，不同家庭背景所带来的价值观念差异，也是导致亲密关系不和谐的重要原因之一。此外，儿童期个体在家庭中的地位、家中孩子的数目、社会阶层以及生活环境等因素，也会对个体的亲密关系模式产生潜移默化的影响。

（2）受天生气质影响

天生气质作为个体与生俱来的特质，对亲密关系同样产生着重要影响。心理学上将气质分为胆汁质、多血质、黏液质和抑郁质等四种类型，每种类型都有其独特的情绪反应、行为方式和思维特点。在亲密关系中，这些气质类型的差异可能会导致双方在处理问题、沟通方式以及情感表达上产生分歧。互补吸引和同类吸引是两种常见的亲密关系模式，但无论是哪种模式，都需要双方能够理解和接纳对方的气质特点，否则就可能因为日常琐事而引发矛盾，甚至导致关系破裂。

（3）受男女性别影响

男女性别的本质区别也是影响亲密关系的重要因素之一。男女在生理构造、思维方式以及沟通表达方式上都存在着显著差异。这些差异导致男女在处理问题时往往采取不同的策略和方法，如果双方不能相互理解和尊重彼此的差异，就可能导致沟通障碍和误解。例如，女性在沟通时更注重情感和细节的表达，而男性则更注重问题和解决方案的呈现。这种差异如果得不到妥善处理，就可能成为亲密关系中的隐患。

婚姻生活中，不难发现一些男性在婚后变得较为沉默，这很大程度上是因为他们觉得伴侣的话语过于繁多。当男性结束一天的忙碌归家时，女性可能会滔滔不绝地分享，而男性则希望对方能简明扼要地表达。女性认为每件事都值得分享，都是重点，但男性可能对此感到难以承受，进而产生抵触情绪。若男性表现出不愿倾听的态度，女性则可能感到被忽视，进而引发抱怨，甚至争吵，这无疑会对夫妻关系造成负面影响。因此，男女和谐相处的关键在于，首先要学会尊重并接纳彼此的不同。女性渴望得到伴侣的关心、深入的了解、全神贯注的倾听、无条件的尊重和认同以及适时的安慰，而男性则更需要伴侣的信任、对自己的全然接受、由衷的感激、适时的赞美、明确的肯定以及不断的鼓励。

亲密关系中双方对婚姻本质认知的不足是导致亲密关系出现问题的重要原因之一。为了建立和维护健康的亲密关系，双方需要深入了解彼此的原生家庭背景、天生气质以及性别差异，并学会在差异中寻求共识和平衡。只有这样，才能共同创造出幸福和谐的婚姻生活。

2. 亲密关系的挑战

爱情三元理论，由美国心理学家罗伯特·斯滕伯格提出，也称为爱情三角理论，它认为爱情由三个基本元素组成：亲密、激情和承诺。这三个元素在婚姻中起着至关重要的作用，它们相互交织，共同影响着婚姻的质量和稳定性，给我们的亲密关系带来各种挑战。

在婚姻中,亲密感是维系夫妻关系的重要纽带。亲密是指两人之间的情感连接,建立在相互信任、公开和分享的基础之上。当夫妻之间能够坦诚相待,彼此关心、理解和支持时,他们的婚姻就会更加稳固。亲密感不仅体现在言语上的交流,更体现在日常生活中的点点滴滴,如共同的兴趣爱好、相互扶持的生活态度等。缺乏亲密感的婚姻往往容易出现隔阂和冷漠,夫妻之间缺乏共同话题和情感交流,导致关系疏远。

在婚姻中,激情虽然会随着时间的推移而逐渐消退,但它仍然是维系夫妻关系的重要因素之一。激情在亲密关系中通常包含着强烈的感情体验和身体反应。身体感受和热情程度,是爱情中的原始冲动和性吸引力的体现。激情还包括对共同目标的追求、对新体验的渴望、对彼此独特之处的着迷等。激情能够激发夫妻之间的新鲜感和浪漫情怀,为婚姻生活增添色彩和活力。缺乏激情的婚姻可能会显得平淡无奇,甚至陷入沉闷和乏味。

在婚姻中,承诺是夫妻之间对彼此的庄重誓言和责任担当;承诺也指保持爱情关系的意愿和责任感,使婚姻关系更加稳定和可靠。夫妻之间的承诺不仅体现在口头上,更体现在实际行动中,如共同面对生活的挑战、携手走过每一个重要阶段等。缺乏承诺的婚姻往往难以长久维持。承诺的缺失会导致夫妻之间缺乏责任感和稳定性,容易因为一些琐事或困难而产生分歧和矛盾。

爱情的这三个基本元素:亲密、激情和承诺,它们不同的组合方式,会给我们的婚姻带来不同的挑战。

(1)无爱状态

当亲密、激情和承诺这三个关键元素都缺失时,关系便陷入了所谓的"无爱状态"。

这种状态意味着双方不仅失去了情感上的亲密无间,不再有分享生活点滴、相互理解和支持的渴望;同时,激情的火花也已熄灭,那些曾经让彼此心动不已的瞬间变得遥远而模糊;更为严重的是,连最基本的承诺也荡然无存,双方不再视对方为生命旅程中不可或缺的伴侣,对未来不再有共同的规划和期待。

当婚姻陷入这样一种名存实亡的境地，即双方仅维持着法律上的夫妻关系，缺乏真正的情感联系、相互支持和共同目标时，这段婚姻便失去了其本质意义。在这种情况下，双方或许需要重新审视婚姻的价值，寻找重燃爱火的可能；或是勇敢地面对现实，做出对双方都更为负责的选择。

（2）喜欢状态

当亲密、激情和承诺这三个关键元素中只有亲密元素存在时，关系表现为"喜欢状态"。

这种关系往往表现为一种深切的喜欢或是深厚的友情，这意味着夫妻双方能够享受到彼此间的温暖、理解、尊重与关怀。他们可能有着共同的兴趣爱好，享受彼此的陪伴，愿意在对方需要时伸出援手。这样的婚姻，基于一种深厚的情感基础，双方之间的相处如同多年老友，充满了默契与舒适。

长期而言，这种缺乏激情的仅依赖亲密元素维持的婚姻，可能难以满足双方对爱情更深层次的需求。双方虽然可能相互尊重、关心和支持，但缺乏激情可能使婚姻显得平淡无奇，缺乏浪漫和吸引力。人们往往渴望在婚姻中能找到一份既稳定又充满激情的爱，希望与伴侣共同经历生活的起起伏伏，同时享受那些只属于两人的浪漫时刻。因此，对于这类婚姻中的双方来说，寻找激情的重燃、加深承诺的层次，或许是使婚姻更加完整、满足双方爱情需求的关键所在。

（3）迷恋状态

只有激情元素存在时，关系往往呈现出一种"迷恋状态"。这种类型的关系可能最初源于一见钟情或是强烈的性吸引，双方都被对方的某些特质或外在表现所深深吸引，从而迅速陷入爱河。然而，这种基于激情的婚姻，在缺乏亲密和承诺的支持下，往往显得尤为脆弱。

迷恋带来的通常是短暂的狂热和浪漫，它如同璀璨的烟火，虽然绚烂夺目，但难以持久。随着时间的推移，当最初的激情逐渐消退，双方开始面对现实生活的琐碎和挑战时，他们可能会发现彼此之间的关系变得空洞而缺乏实质。没有亲密的情感联系作为基础，也没有对未来的共同承诺作为支撑，这样的婚姻往往难以经受住时间的考验。

在这种只有激情的婚姻中，双方可能会经历情感上的不稳定和脆弱。他们可能会因为一点小事而争吵不休，也可能会因为对方无法满足自己的期望而感到失望和沮丧。由于缺乏深入的了解和真正的关心，他们往往难以建立起真正的信任和依赖关系，这使得婚姻关系变得岌岌可危。

（4）空爱状态

只有承诺元素存在时，婚姻关系便陷入了"空爱状态"。这种婚姻往往不是基于双方内心深处的情感需求，而是受到社会、家庭或法律等外部因素的压力和影响而形成的。在这样的婚姻中，夫妻双方可能出于各种原因，如家庭期望、社会责任或是经济利益等，选择了走进婚姻的殿堂，但他们之间却缺乏真正的亲密和激情。

空爱婚姻中的夫妻，虽然生活在同一屋檐下，共同面对生活中的种种挑战，但他们之间却难以建立起深刻的情感连接和共鸣。他们可能各自忙碌于事业和生活，很少有时间或意愿去深入了解对方的内心世界，分享彼此的梦想和忧虑。这种缺乏情感交流的状态，使得婚姻变得空洞乏味，缺乏真正的爱情和幸福感。

在这样的婚姻中，双方可能会感到孤独和失落。他们可能会怀念起曾经拥有的激情与浪漫，或是羡慕那些能够真正相互理解和支持的夫妻。然而，由于各种原因，他们可能无法或不愿意改变现状，只能默默地承受着这种缺乏情感的婚姻生活。

空爱婚姻的存在，提醒我们婚姻不仅仅是社会或法律上的一种形式，更是两个人内心深处情感的结合。没有亲密和激情的支撑，婚姻便失去了其本质意义。这种婚姻可能显得空洞乏味，缺乏真正的爱情和幸福感。

爱情三元理论中的亲密、激情和承诺在婚姻中相互依存、相互影响。只有当这三个元素同时存在且相互平衡时，婚姻才能达到最佳状态。夫妻之间应该注重培养和维护这三个元素之间的平衡关系，通过积极的沟通和互动来加深亲密感、点燃激情和履行承诺。只有这样，才能建立起稳定、健康且充满爱的婚姻关系。

（三）亲密关系常见五大伤害

随着个人阅历的增长，人们的需求和期望也会发生变化。如果双方不能及时调整自己的角色和期望，就可能导致关系出现裂痕。在亲密关系中，有五种常见的伤害行为，它们对关系的破坏力极大，需要双方特别警惕。

1. 坚持"我是对的"

设想一下，若夫妻间凡事皆固执己见，认为唯有自己才是对的，那将会如何？让我们做个假设：餐后，妻子主张立即清洗碗碟，以防细菌滋生；而丈夫则认为，洗碗不必急于一时，看完一集电视剧，或是结束一局游戏，乃至抽一支烟后再处理也不迟。究竟谁的观点更为合理？面对生活中这些琐事，若双方都固执地坚持"我是对的"，互不妥协，势必会引发夫妻间的矛盾，甚至争吵不休。

在每一件小事上都强调自己正确无误的人，其婚姻关系往往难以和谐，因为婚姻意味着两个人共同生活，而世间并无两人在所有事情上都能看法一致。一个人若不愿放弃部分个人见解，不愿接纳与自己相异的观点，便无法与任何人和谐共处。因此，一味坚持己见，认为对方必错，最终只会导致家庭破裂。

2. 托付心态

托付心态，就像是婚姻里的一个温柔陷阱，让人不自觉地想要把自己整个人生的遥控器交到对方手里，以为这样就能换来一世的无忧与宠爱。就像是《我的前半生》里的罗子君，她满心欢喜地把自己的一生"托付"给了陈俊生，那句"他说要养我一辈子，让我别出去工作"的话语，背后藏着的是对伴侣无尽的依赖和期待。

这样的"托付"，其实是给另一半的肩上压上了一座看不见的大山。时间一长，那山越来越重，压得人喘不过气来，直到有一天，对方或许会因为这份沉重的爱而选择逃离。婚姻生活，本应是两人并肩前行的旅程，若是一方停下了脚步,只等着另一方拖拽前行,那么,自己不仅在思想上会渐渐脱节,在心态和能力上也会慢慢拉开距离,就像两艘船,在生活的河流中越漂越远,直至彼此看不见对方的身影。

3. 不愿分享内心感受

在中国社会,不愿分享内在感受的现象颇为普遍,尤其在婚姻关系中,通常男性相较于女性更倾向于隐藏自己的真实情感。这种沉默的壁垒,在亲密无间的伴侣关系中,往往被一层看似善意的借口所掩盖——不想让对方担心。然而,这个不充分的借口之下,实则隐藏着对伴侣间沟通与理解的深刻误解。

人们以为,通过掩饰自己的情绪和感受,可以为对方营造一个舒适的环境,殊不知,这种做法恰恰适得其反。当一方的情绪通过微妙的语言变化、行为举止不经意间流露时,另一方能够感受到那份难以言喻的异样,却因不知晓具体原因而感到更加焦虑与不安。这种猜疑与顾虑,如同无形的枷锁,不仅加重了双方的心理负担,也悄然侵蚀着彼此间的信任与亲密。

有时候,这种不愿分享的行为,虽然出发点是好的,却无意中剥夺了伴侣履行其重要责任的机会,那就是在对方需要时给予支持与安慰。婚姻,是两个人共同面对风雨、分享喜悦与忧伤的旅程,而拒绝分享内心世界,无疑是在这条路上筑起了一道高墙,阻止了对方深入自己心灵深处的尝试,这是对伴侣角色的一种不尊重,也是对自己情感需求的一种忽视。

长此以往,这种缺乏深度沟通的状态,会导致双方的情感连接逐渐淡化,甚至可能引发更多的误解与冲突。婚姻中的幸福与和谐,建立在相互理解与支持的基础之上,而分享内在感受,正是搭建这座理解与支持桥梁的关键所在。因此,勇于打开心扉,真诚地交流内心的想法与感受,不仅是对伴侣的信任,更是对自己情感需求的正视,是维系婚姻幸福不可或缺的一环。

4. 维持苹果皮似的和谐

在中国社会的传统观念中,婚姻被视为一种长久且稳定的结合,而维持这种结合的表面和谐,有时会被错误地等同于无条件的谦让与忍让。这种观念下,夫妻间遇到冲突时,往往选择避而不谈,或是以沉默和忍耐作为解决方式，生怕一旦揭开矛盾，就会破坏看似平静的家庭氛围。然而，这种建立在压抑和牺牲真实感受基础上的"和谐"，实则如同一个外表光鲜、内里却已腐败的苹果，我们形象地称之为苹果皮似的和谐。

这种和谐背后，隐藏着无数未被正视和解决的问题，它们像暗流一样在婚姻关系中涌动，逐渐侵蚀着双方的情感基础。随着时间的推移，这些累积的不满和失望最终会达到一个临界点，到那时，即便是最微小的争执也可能成为压垮这段关系的最后一根稻草，导致婚姻的破裂。而这一过程，往往是在孩子们成长的关键时刻，比如当他们即将踏入大学校门，满怀希望与梦想之时，却不得不面对父母婚姻解体的现实。

因此，社会上出现了一种现象，即大学录取季也成了父母离异的高发期。这一幕对即将开始新生活的孩子来说，无疑是一次情感上的巨大冲击。他们不仅要适应即将离家独立生活的变化，还要承受家庭结构突变带来的心理压力。这提醒我们，真正的婚姻和谐不应仅仅是表面的维持，而是建立在相互理解、尊重和有效沟通的基础之上。只有当双方都能够真诚地面对问题，共同寻找解决方案时，婚姻才能成为彼此成长和幸福的港湾，而非一个徒有其表的空壳。

5. 不会有效处理冲突

婚姻关系中，有效处理冲突是维系双方情感纽带、促进关系深化的关键所在。遗憾的是，许多夫妻在面对分歧时，往往未能把握住这一优化关系的契机，而是陷入了不良的冲突处理模式中。他们或是固执地坚守着自己的立场，拒绝倾听对方的声音；或是被情绪所主导，无法理性地分析问题；更有甚者，采取了一系列破坏性的行为，如翻旧账、恐吓对方、将家人拉入争端、寻求外部势力的支持、实施经济封锁，甚至进行跟踪调查等。

这些不当的处理方式，不仅无法解决问题，反而会在夫妻之间筑起一道道高墙，让彼此的心灵越来越远。特别是猜忌，它如同婚姻中的一颗毒瘤，不断侵蚀着双方的信任和亲密感。当一方开始怀疑另一方的动机和忠诚时，原本微小的矛盾也会被无限放大，导致关系进一步恶化。

有效的冲突处理，需要双方都能够跳出原先的思维模式，以开放和包容的心态去理解对方的立场和感受。对于婚姻关系中的冲突，我们应该视其为一次成长和提升的机会，而不是一场必须分出胜负的战争。只有当我们学会以积极、理性的态度去面对和处理冲突时，才能够创造出那个温馨、和谐的港湾，让婚姻成为我们生命中最美好的陪伴。

这些亲密关系中常见的、容易给我们带来伤害的现象，不仅侵蚀着夫妻间的情感基础，还可能对孩子、家庭乃至社会造成深远的影响。它们可能会导致双方情感疏远，信任破裂，甚至家庭破裂，给孩子带来心理创伤，影响他们的健康成长。面对这些伤害，我们需要采取积极的行动。只有这样，我们才能避免婚姻中出现伤害，从而创造出和谐、幸福的家庭环境，让婚姻成为我们生命中最美好的陪伴。

三、亲密关系和谐的秘密

有人说，幸福的婚姻千篇一律，似乎都遵循着某种不为人知的默契与和谐，而不幸的婚姻却各有各的不幸，仿佛每一对陷入困境的伴侣都在经历着独一无二的挑战与挣扎。每一对幸福的伴侣都在用自己的方式诠释着这一秘密，让我们一起试着来揭开这层神秘的面纱，从而更好地探寻那些让婚姻绽放光彩的秘密。

（一）创造机会表达过往情绪

在亲密关系中，过往的情绪积累往往成为双方沟通的障碍。为了消除这些障碍，双方需要创造机会，坦诚地表达自己的感受和想法。

情绪的表达是沟通的基础。婚姻中的双方都是独立的个体，拥有各自的情感世界和经历。当过往的情绪被压抑或忽视时，它们往往会以不健康的方式爆发出来，导致冲突和误解。通过创造机会表达这些情绪，双方可以更好地理解彼此的感受，增进沟通的效果，从而建立更加紧密的情感联系。在婚姻生活中，我们难免会遇到挫折和困难，这些经历可能会在我们的内心留下痕迹。如果这些情绪没有得到适当的释放和处理，它们可能会逐渐累积，最终导致夫妻双方情感上的疏离和隔阂。当我们分享自己的情感和经历时，对方有机会更深入地了解我们的内心世界，从而更加理解和支持我们。通过创造机会表达这些情绪，可以减轻内心的负担，让夫妻关系更加轻松和自在。这种共情和理解是婚姻亲密关系中不可或缺的要素，它们能够增强双方的信任感和依赖感，让关系更加稳固和持久。

因此，在婚姻亲密关系中，我们应该创造机会表达过往的情绪，让双方能够更好地沟通、理解和支持彼此。比如我们可以设定一个固定的时间，如每周或每月一次，进行深入的沟通。在这个时间里，双方可以放下手机、关掉电视，专注于彼此的感受和需求。这样，我们才能共同走过人生的起伏和波折，建立起更加和谐、幸福的婚姻关系。

（二）努力扮演好自己的角色

在亲密关系中，每个人都有自己的身份。只有双方都努力扮演好自己的角色，关系才能和谐稳定。

双方应明确自己在关系中的角色和责任。这些明确的角色定位，如同在一个详细的剧本中规定的那样，指导着双方在婚姻生活中的每一个场景，如此才有助于减少双方因角色模糊而引发的冲突和误会，从而确保家庭剧情的顺利推进。比如，谁是家庭的经济支柱，谁是孩子的主要照顾者，等。明确的角色定位有助于减少冲突和误会。扮演好自己的角色，不仅需要明确责任，还需要付诸行动。比如，作为经济支柱的一方应努力工作，为家庭提供物质保障；作为孩子主要照顾者的一方应细心照料孩子的成长。在亲密关系中，双方的角色并不是孤立的，而是需要相互补充和支持。比如，当一方工作压力大时，另一方应给予理解和支持；当一方需要个人空间时，另一方应给予尊重和包容。

（三）掌握表达爱的五种语言

爱是需要表达的，而不同的人对爱的表达方式有着不同的理解和需求。掌握并运用爱的五种语言，可以帮助双方更好地传递和接收爱。

1. 经常肯定：爱的细雨润无声

在亲密关系中，经常肯定对方，是维系婚姻幸福的重要一环。当对方完成一项家务，自己不妨由衷地赞叹："你把家里打理得真是井井有条啊！"当对方在工作中取得成就，自己应及时送上鼓励："你真的很厉害！"当结束了一天的忙碌工作，拖着疲惫的身躯回到家中，迎接你的是一桌精心准备的佳肴，那不仅仅是食物的香气，更是爱的味道。此时，一句由衷的赞美："你做的饭菜，美味至极！"不仅是对对方厨艺的认可，更是对这份默默的付出与爱的深刻理解。这样的肯定，如同温暖的阳光，会照亮对方的心灵，也会加深彼此之间的情感联系。

肯定是一种积极的情感交流方式，它能够传递出爱、欣赏和感激之情。当一方经常得到另一方的肯定时，双方之间的情感联系会更加紧密，从而形成更加稳固的伴侣关系。每个人都有自己的价值追求和存在感需求。通过经常肯定对方，可以使其感受到被认可、被尊重，从而提升其自我价值感和自信心。在婚姻中，学会感恩对方的付出和努力，是维系长久幸福的关键。通过肯定，双方可以更加珍惜彼此，共同创造美好的婚姻生活。

2. 珍惜相处：每一次相聚都是爱的重逢

在夫妻亲密关系的构建与维系中，"珍惜相处"是爱的五种语言中不可或缺的一环，它强调的是在日常生活的点滴中，通过实际行动表达对伴侣的珍视与爱护。它要求我们在平凡的日子里，用心去感受、去创造、去维护那份只属于两人的亲密与和谐。

当晨光初破晓，不妨比平时早起几分钟，为对方准备一杯温热的牛奶，轻声唤醒沉睡中的伴侣，用一句"早安，亲爱的"开启充满希望的一天。这样的举动虽小，却能让对方感受到被呵护的温暖。忙碌一天后，无论多晚，都应尽量安排时间一起用餐。餐桌上，不仅是食物的分享，更是心情的分享。关掉电视和手机，专注地和对方聊聊一天中的趣事或烦恼，让晚餐时间成为情感交流的黄金时刻。我们还可以利用周末，规划一些共同参与的活动，如一起烹饪、打扫房间、户外徒步或进行简单的家庭游戏等。这些活动不仅能增进彼此间的默契，还能在合作中发现对方的新面貌，加深情感联结。无论是结婚纪念日、生日还是情人节，都应给予特别的重视。不需要昂贵的礼物，一份手写的卡片、一束鲜花或是一份精心准备的晚餐，都能让对方感受到被爱和被记住的幸福。不时地为对方制造一份小惊喜，比如突然带回对方喜爱的小吃、留下一张甜蜜的便签在枕边，或是安排一次说走就走的短途旅行。这些不经意间的举动，能让平凡的生活充满爱意和乐趣。

通过这些日常场景中的朝夕相处，夫妻间的情感得以不断滋养和深化，共同构建出一个充满爱与和谐的温馨家园。无论是外出旅行的探索，还是节假日里温馨的相聚，都应被视为爱情中的宝贵时光，如同初恋时的每一次约会，充满珍惜与期待。在这些特别的时刻，让我们放慢脚步，用心感受彼此的陪伴，让爱在每一个瞬间都闪耀着新鲜与热烈的光芒。

3. 常做身体接触：拥抱，爱的温暖传递

身体接触是情感沟通的一种直接而有效的方式。在夫妻关系中，言语虽然能够传达很多信息，但身体语言往往更能传递深层的情感和亲密感。一个拥抱、一次亲吻或牵手，都能让对方感受到彼此的温暖和爱意，这种非言语的交流方式有助于加深夫妻之间的情感联系。

身体接触能够释放身体的紧张和压力，促进身心健康。在忙碌的生活和工作中，夫妻双方都可能积累了一定的压力和疲惫。通过身体接触，如按摩、拥抱等，可以有效地缓解这些压力，让双方感受到放松和舒适，从而有助于维护良好的身心状态。适度的身体接触可以刺激双方的性神经，增加性生活的满足感和幸福感。同时，身体接触也是夫妻之间表达爱意和亲密感的重要方式，有助于维护和谐的性生活和夫妻关系。

在维护夫妻亲密关系的众多要素中，身体接触，尤其是拥抱，扮演着不可或缺且意义深远的角色。它不仅是情感交流的一种直接方式，更是爱的温暖与力量的无声传递。身体接触不仅能够激发身体的正面反应，如释放内啡肽等"快乐激素"，还能在心理上构建安全感与信任感。当夫妻间经常通过拥抱来表达爱意时，这种肢体上的亲密会转化为情感上的依赖。因此，为了维护夫妻之

间的亲密关系，应常做身体接触，它不仅能够增进双方的情感交流，提升关系的满意度，还能在无形中巩固彼此间的情感纽带。

4. 常为对方服务：行动中的爱意流淌

在维护夫妻亲密关系的征途中，行动的力量远胜于千言万语。常为对方服务，不仅是对爱的深刻诠释，更是关系稳固与深化的重要基石。行动，作为爱的直观体现，能够让伴侣真切感受到被爱与被重视。在日复一日的生活中，简单的行动，如为对方准备一顿早餐、熨烫衣物，或是倒上一杯温水，都是无声却有力的爱的证明。

常为对方服务，还能促进双方的情感交流与理解。在服务的过程中，我们需要倾听对方的需求，了解对方的喜好，这样的互动加深了彼此间的了解，让夫妻间的沟通更加顺畅。同时，服务也是一种给予，它教会我们如何更好地去爱，如何在付出中找到自己的价值，这种相互成就的感觉是夫妻关系中最宝贵的财富。更重要的是，通过行动为对方服务，能够形成一种积极的循环。当一方感受到来自另一方的关爱与照顾时，往往会以同样的方式回馈，这样，夫妻之间的爱与关怀就形成了一个良性循环，使得关系更加紧密和谐。

因此，维护夫妻亲密关系，关键在于用行动来证明爱。不必等待特殊的日子，也不必追求昂贵的礼物，只需在日常生活的点滴中，用心去感受对方的需要，用行动去满足这些需要。这样的爱，虽不张扬，却如细水长流。

5. 特殊的时刻：惊喜，爱的火花再燃

在维护夫妻亲密关系的旅程中，特殊的时刻往往成为加深彼此情感、增添生活情趣的关键节点。制造惊喜，不仅是对平凡生活的一次浪漫点缀，更是对伴侣深情厚意的独特表达。

特殊的时刻，可以是纪念日、生日，或是某个对双方都具有重要意义的日子。在这些时刻，精心策划一场惊喜，能够让对方感受到被珍视和特别对待的幸福感。惊喜的形式多种多样，关键在于了解对方的喜好与期待，以及那份想要让对方快乐的真心。

一次意外的旅行安排，可以是对方梦寐以求的目的地，也可以是未曾踏足

的新鲜之地。在旅途中，共同探索未知，享受彼此的陪伴，这样的经历无疑会成为夫妻间珍贵的记忆。或者，在平凡的日子里突然出现的浪漫晚餐，烛光摇曳，音乐轻柔，营造出只属于两人的温馨氛围。这样的惊喜，不仅满足了味蕾的享受，更是心灵的慰藉，让双方在忙碌的生活中找到片刻的宁静与甜蜜。还有，亲手制作的礼物，无论是一张手工贺卡，还是一件精心挑选的小物件，都承载着满满的心意与爱意。这样的惊喜，不在于价值的高低，而在于那份独一无二的用心与创意。

制造惊喜，是为了让对方感受到生活的美好与多彩，也是为了提醒自己，在平凡的日子里也要不忘浪漫与激情，始终保持着对彼此的新鲜感与好奇心，共同创造更多属于两人的美好回忆。因此，在特殊的时刻，不妨大胆一些，用心一些，用惊喜来点亮婚姻生活。

夫妻从最初的相识相知，到后来的相濡以沫，每一步都蕴含着对彼此深刻的理解与包容。在探索建立和谐亲密关系的旅途中，我们不难发现，这既是一场内心的修行，也是一次双方共同成长的旅程。在冲突面前，我们不再逃避，而是勇敢地面对，用沟通和理解去化解误会，让爱情在挑战中更加坚韧。我们不再把对方的付出视为理所当然，而是用感恩的心态去回应每一份关爱，让这份关系充满温暖和力量。同时，用爱去滋养，让这段关系如同细水长流，经得起时间的考验。

第二部分
亲子教育，从理解孩子开始

有效引导被教育者非常重要，这就需要教育者充分了解被教育者。未成年人的成长有特定的年龄特征，他们在不同的阶段，有不同的心理发展需求。这种发展存在一定的"敏感期"，过了这个时期再去发展某项能力，往往事倍功半。

孩子的发展既有普遍的共性，又存在个体差异。美国心理学家霍华德·加德纳的多元智能理论告诉我们，每个孩子都是独特的个体，他们都拥有自己的优势发展区。如果教育者盲目推崇"别人家的孩子"，就容易陷入"木桶理论"的误区，忙于"补短"教育。结果是孩子真正的发展受到限制，无法成为独特而更好的自己，这样的教育显然不是我们想要的。

每个被教育者都是成长中的个体，这意味着在成长过程中会出现各种问题。瑞士心理学家皮亚杰的认知发展理论指出，这些问题很可能都是成长中需要面对的普遍现象。如果教育者不了解这些发展规律，教育就容易遇到很大阻碍，还可能导致亲子关系紧张。此外，孩子的"问题"行为只是表象，孩子未被满足的心理需要才是真正的原因。这些都需要教育者通过学习才能真正理解和把握。

第 3 课　与青春期孩子"问题"行为共成长

课程研修背景

现代社会网络和媒体高度发达，我们的孩子很容易就能接触到海量的资讯，而青春期的孩子则更甚。据统计，青少年每天接触各类信息时长可达数小时，其中不良信息，如暴力、色情、不良的消费观念等，容易干扰孩子的价值观，引发行为问题，如沉迷网络、盲目追求物质等。

同时，社会竞争压力逐渐增大，这种压力也传导到了孩子身上。例如，升学竞争激烈，孩子面临巨大的学业压力。家长往往不知道如何帮助孩子应对，导致孩子可能出现焦虑、厌学等行为问题。

青春期孩子身体快速发育，激素水平变化大，这会引起心理上的变化，如情绪多变、对他人评价过于敏感等。家长可能对孩子的这些变化缺乏理解，处理不当就会引发孩子的逆反行为。例如，孩子因为身体发育对自身形象更加敏感，可能因为家长的不恰当评价，而陷入自我怀疑中或出现反抗情绪。

面对青春期孩子的诸多"问题"，很多家长往往因为缺乏相关知识和技能，如不知道如何与青春期孩子进行有效沟通或采取错误的应对方式，从而导致亲子关系紧张、矛盾升级。家长若不能掌握正确的沟通方法，可能会误解孩子的行为和想法，导致孩子会通过更多不良行为来表达不满和困惑，行为问题不断增多。孩子在成长中遇到问题，是成长过程中的必然现象。孩子从幼年到青春期再到成年，会不断面临各种挑战，从而出现不同的问题。

青春期是孩子身心变化最为剧烈的时期。不管是由于孩子成长形成的"假问题"还是真实存在的问题，家长需要适应孩子的这种变化，学会尊重孩子的想法，以平等的姿态与孩子沟通，而不是一味地强硬要求。这就需要家长不断提升自己的教育理念，学习青春期孩子的心理知识，跟着孩子的问题一起成长，不能用一成不变的态度和方法去应对孩子在不同成长阶段出现的问题。

基于此，本课程的内容包含了解孩子"问题"行为的现状，孩子行为"问题"产生的原因，以及针对这些原因探讨解决"问题"行为的方法，旨在向家长们传达一种理念："每个孩子都是伴随着问题成长的，作为家长也需要随着孩子的问题一同成长。"在孩子成长过程中，这些问题既是孩子成长的机遇，也是对家长的考验。作为家长，是需要不断学习并反思自己的教育方式，不断提升自己的教育能力的，只有这样，家长才能准确判断孩子出现的问题的本质，从而找到合适的解决方法。希望家长们通过相应的课程学习，能够多了解孩子心理发展规律，思考孩子行为背后的心理需求，深入了解孩子出现行为"问题"的深层原因，学习科学的教养方式，从而降低家长育儿过程中的焦虑，进而以平和的心态助力孩子成长，真正成为孩子成长道路上的引路人，与孩子共同成长。

课程实录文稿

青春期是每个孩子都会面临的一个重要且关键的时期，每个孩子在这个特殊的时期都会面临很多成长的"课题"，当然，也会在这个阶段遭遇很多的变化、矛盾甚至是"问题"。很多时候，当家长在意识到孩子的这些变化和"问题"时，会焦灼不安，甚至情绪失控。

不同家庭的孩子面临的问题也各不相同，但本质上都属于青春期"问题"，伴随着显著的生理变化和心理发展，孩子可能会在情绪管控、自我认同、学业压力、同伴关系、亲子沟通等方面遇到挑战。当然，有些家长会因为过度关注或误解而将一些原本普通的问题夸大或视为严重"问题"，反之，有些家长则会因为各种各样的原因忽视孩子出现的"问题"。

那么，究竟该如何对待青春期孩子出现的这些"问题"，是父母需要去深入了解的课题。

一、了解"问题"行为之现状

很多青春期孩子的父母在这一阶段都会产生教育困惑，觉得孩子有"问题"，比如，孩子脾气暴躁，动不动就发火，好像专门跟自己对着干；因为孩子沉迷于手机（电子产品等），失去对学习和生活的兴趣而感到焦虑；担心孩子过早萌发性意识，从而早早与身边的同龄人建立男女朋友关系，影响了孩子的学业和身心健康等。

（一）"问题"行为现状

在心理学上，"行为'问题'"是一个相对宽泛且复杂的概念，它通常指的是个体在行为上表现出的不适应、异常或与特定环境、社会规范不相符的现象。它涉及个体的生理、心理、家庭、学校和社会等多个方面。比如，一个一两岁的小朋友为了得到家长不愿意购买的玩具而在地上撒泼打滚，在特定的环境下，这个小朋友的行为是属于符合年龄特征的正常行为；但如果一个十几岁的青春期的孩子或者一个成年人，为了达到自己的某个目的而在地上打滚撒泼，那就可以判断这个行为是和他年龄不相符合的问题行为了。同样是为了达到自己目的出现在地上撒泼打滚的行为，对于一两岁的孩子来说，就算不上是行为"问题"，或者可以认为这是一个假问题；而对于青春期的孩子或者成年人来说，这就是一个问题行为，是真正的问题。

在这一概念之下，我们其实可以把青春期孩子的问题分成两大类型，一类是假的"问题"，是因为孩子处于青春期这个年龄阶段出现的一些特定性表现与行为，另一类才是确切的真的问题，是由于异常的或与特定环境、社会规范不相符而出现的，这才是需要家长重视并进行积极处理的。

据统计，当下家长比较在意的孩子青春期问题包括：叛逆行为、网络成瘾、学习困难或厌学等。

1. 叛逆行为

青春期的孩子常常表现出对权威的挑战、规则的违反和不合作的态度，喜欢与家长和老师对着干。他们可能拒绝服从合理的要求，表现出强烈的独立意识和自我意识。

2. 网络成瘾

青春期的孩子由于自我控制能力比较弱，生活中，为了躲避矛盾和冲突，有时会过度使用电子设备，沉迷于网络游戏、社交媒体等虚拟世界之中，导致学业成绩下滑、睡眠质量下降，甚至影响现实生活中的人际交往。

3. 学习困难或厌学

对于青春期的孩子来说，学习是一种压力源，所以他们会出现躲避压力的行为，从而导致出现学习困难的问题。有时由于学习上频繁遭遇困难或者失败，无力感逐渐积累可能使孩子对学习失去兴趣和信心，最终产生厌学的情绪。

4. 其他的不良习惯

抽烟、喝酒、赌博等不良行为的出现，不仅危害孩子的身体健康，还可能影响他们的道德观念和法律意识的养成。

对青春期孩子真假"问题"的探讨，是一个复杂且多维度的话题。

（二）真假"问题"探讨

青春期是孩子从儿童向成年过渡的关键时期，伴随着显著的生理变化和心理发展，孩子们可能会表现出一些看似有"问题"的行为，但实际上这些行为往往是成长过程中的正常现象。

在情绪方面，青春期孩子由于激素等生理变化的影响，可能会经历情绪的剧烈变化，如情绪低落、焦虑、易怒等，这是青春期常见的心理现象。还有，青春期孩子在学业和社交方面会面临着更大的压力，可能对未来感到焦虑不安。这些压力如果得不到有效缓解，可能会成为真正的"问题"影响孩子的身心健康。另外，青春期孩子开始关注自己的外貌和形象，并可能出现自卑、对自己的形象不满意等心理问题。同时，青春期孩子逐渐脱离父母，与同伴的关系变得更加重要，但也可能面临新的挑战，如人际关系的不稳定等困扰，这些问题需要得到及时关注和解决。

青春期孩子的真假"问题"需要我们从多个维度进行深入探讨和理解。家长应以开放、理解和支持的态度面对孩子成长过程中的挑战和困惑，无论是情绪问题、行为问题还是人际交往和沟通方面的问题都是真实存在的，不管是真实存在的问题还是看似虚假却暗藏隐患的问题都需要家长进行深层次的分析，探寻这些问题背后的根源，并给予足够的关注和理解，及时为他们提供必要的引导和支持，助力他们健康、积极地度过青春期。

二、分析"问题"行为之根源

（一）青春期孩子的普遍特点

进入青春期后，孩子们身心发育加快，表现出一些这个阶段的发展特点，主要有以下三个典型的表现：

1. 身心变化快，情绪波动大，易冲动

由于身心发展加剧、激素的影响等，孩子们的情绪在这个阶段波动比较大。表现出来的"表象问题"就是整天发脾气，一会儿天晴一会儿下雨，也不知道他的情绪什么时候突然就爆发了，容易冲动。

2. 独立意识增强，心理性断乳

青春期的孩子跟父母和家庭开始有一个心理上的分离，想作为一个独立的个体从家庭走向世界，想要表达自己的独特观点。表现出来的"表象问题"可能就是叛逆、听不进去家人的劝告和师长的教导等。

3. 性意识急剧发展，对异性感到好奇

开始关注到男女之间的差异，甚至开始对异性产生好奇心，乃至好感，这都是青春期孩子正常发展的一个表现，是如同脚丫会变大、身体会长高一样的一种成长发育的必经之路。他们开始在意自己的外表，如穿着、五官、身材等，有的人还会关注起某一位异性，闲暇时刻浮想很多……这些在很多家长眼中如临大敌，觉得必须加以解决，但实际上，这些表象都是青春期孩子的阶段性特点，并非真正的行为问题。

（二）孩子发展的个别差异性

1. 孩子成长过程中的独特性

每个孩子就像一颗独特的种子，拥有自己特定的生长周期和节奏，需要在合适的环境中，以自己的方式慢慢发芽、生长、开花、结果。

首先，每个孩子都有自己的成长节奏。这种节奏可能受到遗传、环境、教育等多种因素的影响，因此每个孩子在身体发育、智力发展、情感成熟等方面都会存在差异。有的孩子可能早慧，早早地展现出超乎常人的能力；有的孩子则可能相对沉稳，需要更多的时间和经验来逐渐成长。但无论哪种情况，都是孩子自然成长的体现，都值得被尊重和理解。

其次，每个孩子都是独一无二的。他们拥有自己独特的性格、兴趣、爱好和潜能。有的孩子可能擅长绘画，用色彩和线条表达自己的内心世界；有的孩

子可能热爱音乐，用旋律和节奏抒发自己的情感；还有的孩子可能在数学、科学等领域展现出非凡的天赋。这些独特之处构成了每个孩子独特的魅力，也是他们未来成长和发展的重要基础。

作为家长，我们应该尊重每个孩子的成长节奏和独特性，给予他们足够的关爱、支持和引导。以下视频案例是以孩子性格的内向和外向为例。

【案例】

某央视纪录片，讲述了一个叫一一的女孩子的成长故事，她从小就习惯了一个人的独处方式，并没有不自在、不开心，但是当她上幼儿园的时候，她的园长非常担心，反复跟她强调朋友的重要性，团体生活的必要性。众人对她的评价——孤僻。然而当她上了初中，她开始喜欢上跟同学的相处，初中的时候已经交到了很多性格开朗的好朋友了，并没有发展不畅。

一一小时候是一个内向的孩子，因为在社会的某些层面和某些文化中，外向性格往往被视为更加优越或受欢迎的，这种认为外向更好的观念并不全面也不准确，因为无论是内向还是外向，每个人都应该被允许以自己的方式成长和发展，追求自己的梦想和目标。社会应该为每个人提供平等的机会和支持，让每个人都能够发挥自己的潜能，实现自我价值。性格内向本身并不会影响人的发展，真正会影响孩子发展的是父母对孩子性格的态度。纪录片中的小女孩一一是幸运的，她的爸爸妈妈也是偏安静型的性格，所以他们并没有觉得内向的一一有什么问题，所以对一一的态度是接纳的、喜欢的，并没有过多的担心，一一在这样的氛围下慢慢养成了许多优良的品质。当父母认识到每个孩子的性格都有其独特之处时，就不会把孩子的内向当成"问题"了。

2. **每个孩子的能力结构都有自己的独特之处**

孩子的能力结构确实具有其独特之处，这是由他们的个体差异、遗传背景、成长环境以及个人经历等多种因素共同塑造的。根据现代心理学多元智能理论的研究，有的孩子可能在数学逻辑方面表现出色，而有的孩子则可能在语言艺术或空间想象上更为擅长。这种差异使得每个孩子在学习新知识时都有自己的优势和面临的挑战。有些孩子可能更容易表达自己的情感，善于与他人建立情感联系；而有的孩子则可能更加内敛，需要更多的时间和空间来处理自己的情感。有的孩子可能天生就具备良好的运动协调性，擅长跑步、跳跃等；而有的孩子则可能更喜欢静态的活动，如绘画、阅读等。能力结构可以进一步细化为多种具体的能力类型，如下表所示。

表 3-1　能力结构细分表

A 言语—语言	B 音乐—节奏	C 视觉—空间	D 逻辑—数理	E 身体—动觉	F 自然—观察	G 自知—自省	H 交往—交流
倾听阅读书写演讲	辨别音调唱歌打节拍会乐器	辨方向走迷宫搭乐高画图	学数学猜谜语推理下棋	运动手工表演拆装东西	辨别植物观察动物适应世界	了解自己自觉性强自律	与人交流与人合作理解关心他人

备注：请将自己擅长的事情数量填写到表格每一列的最下面

能力的独特之处如何体现呢？我们可以根据上表来找一找自己的能力数字系列。表格一共分为八列，八个字母分别对应着不同类别的能力。请根据自己的真实情况选择自己所擅长的事情，并将自己擅长的事情的数量填写到每一列最下方的表格里。比如：如果在 A 列对应的倾听、阅读、书写、演讲中这四件事情你都比较擅长，在 A 列最下面的表格里就可以填写数字 4；如果在 B 列里面辨别音调、唱歌、打节拍、会乐器这几件事情上你表现比较差，只会简单地打打节拍，那就在 B 列最下面填写数字 1，以此类推。按照自己的真实情况逐一填写，就会获得八个数字，将这八个数字做好记录，然后去和身边的家人、朋友或同事进行对比，看看能不能找到跟自己写的数字序列完全相同的一个人。假设你的数字序列是 41021143，看看能否找到和你的数字序列一模一样的人。一般来说，遇到一模一样的数字序列的概率是非常小的，这正体现了我们每个人的能力结构都是不一样的。

从多元智能理论的角度来分析，每个人的智能并不是单一的结构，每个孩子都有自己特有的能力结构，家长需要帮助孩子找到他最擅长的方面，然后加以引导和培养，这样孩子就可以找到自己擅长的能力方向，让自己得到更加有效和全面的发展，所以作为家长不应该总是把孩子某方面的能力不足当成是"问题"。

（三）孩子的行为在表达需求

孩子的行为在很大程度上是在表达他们的需求、感受或是对周围环境的反应。青春期孩子的"问题"行为往往是他们未被满足的需求的表达。家长可以通过观察和理解孩子的行为，深入孩子的内心世界，发现他们真正需要的是什么，然后去满足孩子合理的需求。通过这样的方式，家长可以帮助孩子更好地度过青春期，从而促进孩子的健康成长。

孩子的行为表达需求可以用心理学上的冰山理论来进行解释。冰山理论，作为萨提亚家庭治疗概念中的一个重要概念，实际上是一个隐喻，它指一个人的"自我"就像一座冰山一样，我们能够看到的只是表面的一部分——行为，而更大一部分的内在世界却藏在更深层次，不为人所见，恰如冰山一般。如图3-1所示：水平线相当于水平面，浮在水平面上的只是冰山一角，象征着能够被看到的每个人外显的行为，这些行为是可以被直接看见的，而更多行为都是隐藏在水面之下，是看不到的。

冰山理论提醒我们，孩子的行为只是他们内心世界的一小部分外在表现。家长需要超越表面的行为去深入了解孩子的感受、观点、期待和渴望。这意味着家长需要花时间倾听孩子的想法，关注他们的情绪变化，并尝试理解他们行为背后的原因。尤其是当孩子出现我们认为的"问题"行为时，家长更需要深入地去思索，出现这个"问题"行为背后的原因是什么。

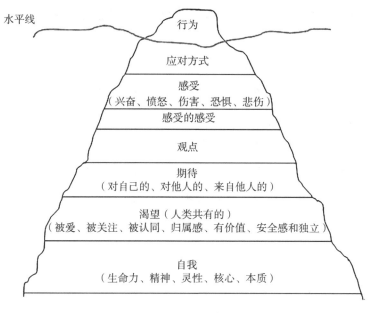

图 3-1　冰山理论图

【案例】

初二的小文，对上学产生了强烈的抵触情绪，每天早上去学校都变得异常艰难。他常常找各种理由拖延时间，甚至有时会假装生病不去上学，有时到了学校也以身体不舒服为由让家长到学校来把自己接回家。若用冰山理论图来分析小文的行为，孩子的外显行为是不愿意上学，经常找理由拖延或逃避；在学校表现不积极，对学习失去兴趣。家长需要反复催促小文起床上学，并担心他的学业和未来，有时还会因为小文逃避上学的行为而生气甚至会责备他。

小文"问题"行为背后是要表达什么需求呢？小文可能感到学习压力大、课程难度增加、与同学或老师的关系紧张等，这些负面情绪逐渐积累导致了他对学校的抵触。小文外显的行为或许是在表达内心深处的渴望，希望自己能够被理解、被支持，他需要一个可以倾诉和提供指引的人。他渴望找到学习的乐趣和意义，重新找回对学校的热情和兴趣。

这个时候他的家长要尝试站在小文的角度去理解他的感受和需求，与小文进行深入沟通，了解他产生厌学情绪的具体原因，并在这一过程中保持耐心和理解，避免指责和批评。当他内在的需求得到了满足时，逃避学校的"问题"行为也会逐渐减少。

青春期的孩子容易与父母产生冲突，其实也是类似的道理。青春期孩子常常表现出叛逆、冷漠、不合作等行为，这些行为往往直接触发了与父母的冲突。青春期的孩子希望自己是一个独立的个体、拥有独立的人格，他们就需要通过表达和父母不一样的观点来体现自己长大了。所以青春期孩子与父母产生亲子冲突行为的背后是在表达内心需求：希望自己的观点被父母看到，希望自己的观点被父母认可、尊重。当这些需求得到满足，亲子冲突这样的"问题"行为也会变少，家庭关系也就会变得更加融洽。

（四）成长遇到了现实的阻力

1. 学生成绩遭挫败

青春期的孩子身体、心理都会遭遇巨大变化。在这个过程中，孩子们往往会遇到多种现实的阻力，这些阻力可能来自家庭、学校、社会以及他们自身。

【案例】

小美是一名初中生，小学时期的她学习成绩一直名列前茅，但进入初中后，随着学习难度的增加和竞争的加剧，她感到前所未有的压力。小美对自己有着极高的期望，希望能够在每次考试中都取得优异成绩，但现实往往不尽如人意，几次测试自己的成绩都很不理想。长时间的紧张学习和高期望值的压力导致她出现了焦虑、失眠等问题，并开始怀疑自己的能力，整日都非常沮丧，甚至在课堂上也反复担忧自己考试可能出现的失误，连老师都看出来她反常的行为。

学业压力和过高的自我期望构成了小美成长的现实阻力。她需要学会调整自己的心态，设定合理的目标，并寻找有效的学习方法来应对压力。

2. 网络成瘾添苦恼

还有孩子网络成瘾是令现在很多家长都头痛的一个问题，网络成瘾的孩子可能是在现实中遇到了什么样的阻力呢？

【案例】

小明是一名初中二年级的学生，从上初一开始父母就给他配备了智能手机，起初，小明都能遵守和父母的手机使用约定，只是偶尔在课余时间上网浏览信息、玩一些小游戏来放松自己。然而，随着时间的推移，他发现自己越来越依赖手机，逐渐难以控制上网的时间和频率。

小明的父母平时工作繁忙，晚上回家也往往身心疲惫，对小明的关注相对较少，后来发现小明网络成瘾后，又开始过度控制，反而激起了小明的反感和反抗。尤其是进入初二之后学习难度和作业量都有所增加，小明在学业上遇到了一些困难，特别是数学和英语成绩下滑明显，又没有特别好的方法来应对。面对家长的期望，他感到压力很大，上网可以让他逃避现实的学习压力。同时，在网络世界中，小明找到了归属感和成就感。

网络成瘾的孩子可能在现实生活当中没有得到认同、尊重，在现实中他可能不受同伴欢迎或者经常感到不开心。所以他可能需要在网络的虚拟世界当中找到一些存在感、成就感、安全感和归属感等等。

当孩子出现行为问题时，正是父母需要高度重视的信号。首先，父母一定要积极地去观察孩子的日常表现，深入地了解孩子的内心世界，判断孩子是否遭遇了一些现实中的阻力或者困难。在孩子的成长过程中，有些看似是问题的现象可能只是假问题，当然也可能是孩子遇到了实实在在的真问题，比如他不想去上学有可能是在学校遭受了霸凌，或者在学习上遇到了难以克服的困难等。

无论是成长中的假问题，还是棘手的真问题，父母都不能忽视更不能逃避。父母应该主动地站出来，与孩子站在同一战线上，共同去面对这些问题，一起寻找解决的办法。因为在孩子的成长道路上，父母是孩子最坚实的依靠。当孩子面对的是假问题时，父母的陪伴和引导可以帮助孩子顺利度过这个特殊的成长阶段，让孩子感受到父母的理解和支持，从而更加健康自信地成长。而如果是真问题，那父母的参与就更为关键了，可以凭借自己的经验、资源和智慧，与孩子携手克服困难，让孩子知道自己不是孤单一人在面对问题，增强孩子解决问题的能力和面对困难的勇气。

三、解决"问题"行为之方法

（一）接纳孩子——向孩子表达爱

接纳青春期的孩子是一项尤为重要的任务，因为青春期是孩子身心发生巨大变化的时期，他们正在经历自我认知、情感波动、身份探索和社会适应等多方面的挑战。对如何接纳青春期孩子有如下的一些建议。

第一，理解青春期的变化。青春期是一个正常的生理和心理发展变化的阶段，认识到这些变化是成长的一部分，有助于我们以更宽容和理解的心态去接纳孩子。

第二，尊重孩子的个人隐私和个人空间。青春期孩子开始更加注重个人隐私和个人空间，他们可能希望有更多的自主权来决定自己的穿着、发型、社交活动等。家长应该在确保他们的安全和健康的前提下尊重孩子的选择，给予他们适当的自由。

第三，倾听孩子的想法和感受。青春期孩子常常会有许多新的想法和感受，他们渴望被理解和认同。家长应该耐心倾听孩子的想法，并给予积极的反馈和支持。

第四，鼓励孩子表达自己的观点和意见。青春期是孩子形成独立思考能力和批判性思维的重要时期。家长应该鼓励孩子表达自己的观点和意见，即使这些观点和意见可能与自己的不同。

第五，提供适当的引导和支持。当孩子面临困惑或挑战时，家长可以给予建议和鼓励，帮助他们找到解决问题的方法。同时，也要关注孩子的情感需求，给予他们足够的关爱和支持。

第六，接纳孩子的不完美。青春期的孩子正处于成长的过程中，他们可能会犯错或做出不理智的决定，也会有许多家长难以接受孩子的不良情绪。家长应该以宽容的心态去接纳孩子的不完美，理解他们是在不断学习和成长的过程中。通过给予孩子支持和帮助，可以让他们从错误中吸取教训，成为更加成熟和自信的人。

"接纳"并非指面对孩子错误时不会生气的单一表现，我们在此强调的"接纳"是一种积极的态度和理念。

作为家长，要认识到错误和失败是孩子成长过程中的自然组成部分。错误和失败可以帮助孩子理解世界的运作方式，并学会适应和调整。父母不要畏惧孩子的失败，而要把孩子成长过程中遭遇的失败视作特别的礼物，允许孩子犯错误并鼓励和帮助孩子走出失败。孩子只有"输得起"才能从失败中汲取力量，赢得人生的精彩。

孩子的情绪被接受时，他们会更愿意去调整自己的行为。接纳孩子的负面情绪是陪伴孩子成长过程中至关重要的一环，它能够帮助孩子培养情绪管理的能力，增强亲子之间的信任与沟通。

【案例】

小林是一名初中三年级的学生，面临着升学的压力。某天晚上，他因为一道难题解不出来，加上最近的考试成绩不理想，心情异常烦躁。当他母亲进房间询问他是否需要吃点水果时，小林突然大发雷霆，将书本和笔摔了一地，并大声抱怨说："你什么都不懂，别烦我！"

小林的父母感觉到被冒犯并立即愤怒地反驳："我怎么不懂了？我这么辛苦都是为了谁？你怎么能这样跟我说话！"还指责小林的不懂事和不知感恩，强调作为父母为他付出了多少努力和做出多少牺牲。

小林看到父母的反应，感到更加委屈和愤怒，他选择沉默，但心中对父母的信任和依赖感却大打折扣。此后，他更不愿意与父母沟通，甚至产生叛逆心理。

小林父母的应对方式会导致以下结果。

亲子关系紧张：不接纳孩子的情绪表达，会让孩子感到自己的感受被忽视或否定，从而加剧亲子间的矛盾和隔阂。

孩子情绪问题加剧：孩子的负面情绪没有得到有效的疏导和理解，可能会积累成更严重的心理问题，如焦虑、抑郁等。

沟通障碍：长期的情感疏远会导致亲子之间的沟通变得越来越困难，家长难以了解孩子的真实想法和需求，孩子也难以感受到家长的关爱和支持。

这些表现可能就是父母或者别人眼中的"问题"行为。父母应该进一步理解孩子的抱怨也许并非针对父母，而是源于对自己不懂的题目而生出的气恼。孩子在面对难题时，束手无策，内心挫败，以看似对父母发火的方式进行宣泄，实则只是对自我能力不足的无奈。父母应理解孩子，以耐心和关爱帮助孩子平复心情，共同寻找解决问题的方法。

（二）看见孩子——转变教育观念

当家长未能看见并满足孩子的需求时，孩子可能会通过问题行为来表达自己的不满和困惑。这种行为往往是一种非言语的沟通方式，孩子试图通过这种方式引起注意或满足自己的需求。

孩子渴望得到关注、理解和爱。如果他们感到被忽视或不被理解，可能会通过反抗、发脾气或寻求负面关注来填补这一空缺。青春期孩子特别重视同伴关系，如果他们在社交方面遇到困难或感到孤独，可能会通过欺凌、挑衅或逃避社交来应对。青春期是孩子探索自我身份的重要时期。如果他们感到迷茫或不确定自己的价值，可能会通过叛逆、挑战权威或尝试危险行为来寻找自我认同感。面对繁重的学业任务和考试压力，孩子可能会感到焦虑和挫败。如果家长过于强调成绩而忽视孩子的心理需求，孩子可能会通过逃避学习、拖延或反抗来应对。青春期孩子渴望独立和自主，希望能够在一定程度上由自己做决定。如果家长过度控制或干涉他们的生活，孩子可能会通过反抗、秘密行动或挑衅来争取自由。

看见青春期孩子的需求需要家长具备高度的敏感性和理解力。通过倾听孩子的声音、关注他们的情感、社交和独立需求以及建立良好的家庭氛围等方式，可以更好地理解和满足孩子的需求，帮助他们健康、快乐地度过青春期。

我们可以尝试用以下的方法来更好地看见孩子的需求。

1. 倾听孩子的声音

给予孩子充分的时间和空间来表达自己的想法和感受。当孩子说话时，我们要全神贯注地听，避免打断或急于给出建议。通过倾听，我们可以直接了解孩子的需求和困扰。我们和孩子沟通时多问一些开放性问题，如"你今天感觉怎么样？"或"有什么事情让你感到开心或难过吗？"，这样的问题可以鼓励孩子分享更多信息，帮助我们更深入地了解他们的需求。

2. 观察孩子的行为变化

注意观察孩子的行为变化，包括他们的面部表情、肢体语言以及日常活动的习惯等。这些细微的变化往往能反映出孩子的内心需求，将孩子的行为与其所处的情境联系起来，尝试理解他们行为背后的原因和需求。

3. 互动与沟通

与孩子建立信任关系，让他们知道自己可以信任和依赖你。通过积极的互动和沟通，可以加深彼此的了解和信任，使孩子更愿意分享自己的需求和想法。家长可以与孩子分享自己的生活经验和感受，同时也鼓励他们分享自己的经历和需求。通过双向的交流和反馈，可以增进彼此的理解和认同。

4. 了解孩子的兴趣和需求

了解孩子的兴趣爱好和特长，关注他们在这些领域的发展。通过参与孩子的兴趣活动，可以更深入地了解他们的需求和期望。每个孩子都是独一无二的个体，尊重孩子的个性差异，理解并满足他们的个性化需求，有助于促进他们的全面发展。

即使当我们看到孩子出现了一些"问题"，也不要着急，要试着从孩子的行为或问题中发掘其潜在的积极面，这就是积极诠释，即看见孩子问题背后的正面意义，是一种积极、正面的教育方式，以下是一些具体的方法和建议。

一是，理解孩子的行为动机。每个孩子的行为背后都有其特定的动机和原因。当孩子出现问题行为时，家长首先要做的是理解这些行为背后的动机，而不是简单地进行批评或指责。通过理解孩子的动机，我们可以更准确地把握他们的需求，从而给予更有针对性的帮助和支持。

二是，发掘问题行为中的积极面。在理解孩子行为动机的基础上，我们要努力发掘问题行为中的积极面。例如，孩子可能因为好奇心强而做出一些破坏性的行为，但这也表明他们有着强烈的探索欲和求知欲。如果我们能够引导孩子将这种探索欲转化为积极的学习动力，就可以促进他们的智力发展和创造力提升。

三是，采用正面肯定的方式与孩子沟通。与孩子沟通时，我们要尽量采用正面肯定的方式，避免使用消极负面的语言。例如，当孩子犯错时，我们可以说："我知道你不是故意的，而且我相信你能从这次经历中学到很多东西。"这样的沟通方式既表达了对孩子的理解，又鼓励了他们积极面对错误并从中成长。

四是，关注孩子的优点和长处。每个孩子都有自己的优点和长处，家长和教育者要时刻关注孩子的优点和长处，并给予充分的肯定和赞扬。这样可以增强孩子的自信心和自尊心，使他们更加积极地面对生活中的挑战和困难。

五是，提供积极的反馈和支持。当孩子取得进步或做出积极的行为时，我们要及时给予积极的反馈和支持。这种反馈和支持可以是言语上的赞扬，也可以是行动上的奖励。通过积极的反馈和支持，我们可以进一步强化孩子的积极行为，促进他们的健康成长和全面发展。

六是，树立积极的教育观念。家长要树立积极的教育观念，相信每个孩子都有无限的潜力和可能性。我们要以开放、包容的心态去看待孩子的成长过程，鼓励他们勇敢地尝试和探索未知领域。同时，我们也要不断学习和提升自己的教育能力，以更好地满足孩子的成长需求。

比如，孩子早恋背后有什么样的意义呢？我们可以试着对青春期孩子的早恋进行积极诠释：恋爱是孩子情感发展过程中的一个自然阶段。在这个过程中，孩子开始学会如何与人建立亲密关系，处理情感波动，理解爱与被爱的感受。这是他们学习如何在人际关系中表达自己、理解他人和建立情感边界的重要机会。与异性交往或许能促使孩子学会与异性沟通、协商和解决问题，这些技能对于孩子未来的社交生活和职业发展来说都是宝贵的。通过与异性的交往，孩子可以更深入地了解自己的情感需求、兴趣爱好和价值观。这种自我认知有助于他们形成更加清晰和成熟的自我认同，为未来的人生选择打下基础。早恋关系中的孩子可能会开始承担一些责任，比如关心对方的感受、维护关系的稳定等。这种责任感的培养对于他们的成长是非常重要的，可以帮助他们学会如何对自己和他人负责。与异性建立关系并维护这种关系需要一定的社交自信。通过早恋，孩子可以在实践中增强自己的社交自信，学会如何在社交场合中表现自己，如何与他人建立良好的关系。

总之，积极诠释是一种积极、正面的教育方式，通过理解孩子的行为动机、发掘问题行为中的积极面、采用正面肯定的方式与孩子沟通、关注孩子的优点和长处、提供积极的反馈和支持以及树立积极的教育观念等方法，我们可以更好地了解孩子问题背后的正面意义，促进他们的健康成长和全面发展。

当我们能够转变教育观念，就会发现孩子的"问题"似乎也不再是"问题"了。

（三）审视自己——与孩子共成长

1. 审视需求，做更好的自己

陪伴青春期的孩子，并在这个过程中审视自身需求以成为更好的自己，是一项既充满挑战又极具意义的任务。青春期是孩子身心发生巨大变化的时期，他们开始更加独立地思考、感受世界，并逐渐形成自己的价值观和人生观。作为家长，我们需要在理解和支持孩子的同时，也不忘自我成长和提升。家长，应该是一位引导者、陪伴者，而非控制者、上位者。我们要看到青春期的孩子需要更多的自由和空间去探索自我，因为对孩子的期望要符合他们的实际能力和兴趣，避免过高的期望给他们带来过大的压力。面对青春期的孩子的"问题"，我们感受到了挑战的压力和情绪的波动，那么就需要重视自我的成长，一方面保持自己的兴趣爱好，追求个人发展；另一方面不断学习不断进步，可以让我们能够更加笃定，更加自信地用较平和的心态管理自己的情绪，保持冷静和理性同时，清楚关于青春期孩子的心理、生理变化以及教育方法等方面的知识，以便更好地帮助孩子，即解决所谓的"问题"。

2. 审视自己的行为，做更好的父母

视频《孩子就是我们的一面镜子》：

父母每天都在做正确的事吗？孩子每天其实都在模仿着父母。当父母随意将香蕉皮扔到地上的时候，孩子也会随意丢果皮；当父母随手把喝掉的啤酒罐扔到地上的时候，孩子也会将喝过的饮料罐扔到地上；当父母面目可憎地跟别人争吵的时候，孩子也学会了随意指责、辱骂别人……

作为父母我们要时刻审视自己的行为，做更好的父母，成为孩子的榜样。因为，作为他们生命中最重要的他人，无论是好的还是坏的行为他们都会模仿学习。

有一项关于中学生亲子关系的小调查，调查中的第一个问题是"你认为父母爱你吗？"，有95%以上的孩子都会回答"爱"。第二个问题是"父母爱你的方式你喜欢吗？"，只有50%左右的孩子表示是喜欢的。看来很多孩子会用客观理性的态度去看待自己与父母的关系，去看待父母的教育方式。第三个问题是"你最不能接受的父母的行为有哪些？"，经过统计，以下的答案就是孩子们最不接受的父母的行为的前五名。

①总说别人家的孩子好。

②不守信用。

③只有否定，没有表扬。

④父母把自己当出气筒。

⑤偷看隐私。

"总说别人家的孩子好"稳居榜首，的确很多父母都想通过与别人家孩子进行比较，让自己的孩子变得更加优秀，但是在比较当中，孩子们听到的却是父母对自己的不接纳和否定。第二是父母"不守信用"，有些父母工作很忙，很多时候的确没有做到答应孩子的事情，如果父母真的做不到给孩子的承诺时，可以向孩子做一个慎重的、严肃的、认真的解释和道歉，以及跟孩子讨论如何弥补等。第三是"只有否定，没有表扬"，很多父母认为多挑出孩子的不足可以激励孩子变得更好，于是习惯否定孩子，其实每一个人都是需要接纳和肯定的，当孩子感受到接纳和肯定之后，自然就会呈现出更多的动力。第四是"父母把自己当出气筒"，家长在工作上遇到挫折或者心情不好的时候，就会拿孩子当出气筒，发泄自己的情绪。第五是部分家长喜欢偷看孩子的隐私。这些孩子选出来的最不能接受的父母的行为，可以提示家长更好地审视自己的行为。

陪伴青春期的孩子是一项艰巨的成长任务，当我们发现孩子出现一些行为"问题"的时候，不要着急，先去判断孩子表现出来的是真问题，还是假"问题"。如果是与其年龄特点相匹配的假"问题"，我们就不需要担心，只需要调整一下心态就好。如果是真问题，那就去了解孩子行为问题的背后是不是在表达什么需求？还是孩子遇到了现实中的阻力？这时候，不要去指责孩子，而是要考虑如何支持、帮助孩子。

教育是一个持续的过程，在生活中无论孩子出现什么样的问题，作为父母都可以尝试着走近孩子，帮助孩子一起克服困难，和孩子的"问题"一起成长，做更好的父母！

第 4 课　读懂孩子萌动的青春期

课程研修背景

　　孩子进入青春期后，如何对孩子进行教育，是很多家长都比较头疼的问题。如果父母对孩子要求过多，就可能会激起孩子的逆反心理，如果对孩子缺乏足够的尊重，就可能难以与孩子进行平等的交流，所以很多父母会抱怨教育青春期的孩子很难，使用了很多方法手段，但都达不到期望的效果。

　　我们要知道，青春期作为人生发展中一个特殊的时期，孩子的成人感、自我意识等心理特点都在这个阶段快速发展，他们也因此表现得越来越有主见，如果家长们仍然用他们小时候的方式方法对待相处，就容易导致亲子关系变得不够融洽，亲子关系的紧张也会导致家庭教育的效果大打折扣。

　　青春期孩子的生理变化最为明显，他们的身高、体形、声音等都会随着年龄快速变化。这个时候，多数孩子心理上也会出现不安、不自信。因此在外显行为的表现上，家长会觉得小学时期那个可爱、听话、友好的孩子变叛逆了、变尖锐了、变情绪化了，他们有时爱争论、爱跟他人"唱反调"，有时又沉默寡言，甚至是孤独抑郁。

　　这是因为青春期孩子的自我意识在不断增强，他们开始关注跟思考自我与他人、与社会的关系，也会不断自我怀疑、自我否定，在一些"人生大事"的问题上有自己一些稚嫩的但非常自我的见解，也会对那些找不到答案的思考感到迷茫和困惑。父母与他们虽然有天然的亲密关系，却因为年龄不同，阅历不同，思维、观念也都不一样，因此他们更渴望获得同龄人的共鸣与共情，也正因如此他们在这个阶段会远离父母等成年人。

在生活中，很多家长不了解孩子青春期的特点，在家庭教育中的做法并不科学、不合理，破坏了亲子关系，导致教育效果收效甚微，有时甚至还会产生副作用。因此，面对青春期孩子的教育，父母要改变以往的方式方法，让自己变得更聪明，更有智慧和耐心。

友好的沟通是教育青春期孩子的重要方法，进行平等的亲子交流，一定要学会正确关注和尊重孩子成长的心理需求。

基于此，本课程的设计旨在让父母了解青春期孩子的发育成长规律，理解孩子行为背后的原因，从而有针对性地开展家庭教育，全面助力孩子的成长。包容、轻松的成长环境对孩子非常重要，父母要接纳孩子的一切，包容孩子的不足和过错，多给孩子信任、爱、支持和肯定，这会让孩子开心成长，充满信心和力量。

课程实录文稿

青春期是孩子从儿童期向成年期过渡的重要阶段，充满了探索、挑战与自我发现。在这个阶段，孩子经历着复杂的心理与生理变化。随着性激素分泌增加，孩子会出现第二性征，并对自我身体形象变得敏感。在心理层面，孩子开始寻求独立，渴望被理解和尊重，同时也可能遭遇情绪波动、焦虑、抑郁等情感挑战。在社交方面，孩子开始构建更广泛的社交圈，对同伴关系尤为重视，同时也可能面临人际关系的冲突和困惑。

进入青春期的孩子，身体发育会出现显著变化，同时，也会出现心理上的变化。他们开始具备独立思考的能力，并渴望摆脱父母的"束缚"，追求独立。当父母认为孩子过于"自我"或"不尊重父母"时，往往会加强管理和控制，这导致许多孩子表现出逆反、固执、任性，有时甚至与父母发生冲突。此时，如果父母缺乏应对策略，一味采取强硬态度，最终可能会破坏亲子关系，甚至对父母与孩子之间的感情造成不可逆转的伤害。

因此，父母需要深入了解青春期孩子的阶段性特质及需求，以便更好地理解和应对青春期孩子出现的问题。

一、站在青春期的入口

站在青春期的入口，意味着孩子即将踏入一个充满变化、探索与成长的全新阶段。无论对孩子还是家长都是一种新的挑战。

（一）青春期孩子家长的困惑

面对青春期的孩子，家长的第一种感受往往是，这个阶段的孩子与以前相比有了很大的不同。小学时明明很乖很听话，但上了初中后，似乎就不再那么听从指挥了。有些家长发现，自家的孩子进入初中后，性格变化尤为明显，以前放学回到家总有说不完的事要跟爸爸妈妈分享，现在却常常关上房门，很少再和父母交流了。

1. 沟通方面的困惑

（1）代沟问题

年长的父母与青春期的孩子之间的代沟确实存在，这是由于父母成长的时代背景与孩子当前生活的环境大相径庭。例如，当代的父母在他们年幼时，生活中并没有如今众多的电子产品，而现在的孩子几乎整天与平板、手机、电脑等电子产品相伴。约 80% 的父母表示难以接受孩子对网络游戏、短视频等的痴迷程度，而孩子则觉得父母不理解自己的兴趣爱好，因此双方难以进行有效沟通。

（2）孩子的沉默与抵触

青春期的孩子常常变得沉默寡言，不愿意与父母分享内心的想法。当父母试图开启话题时，孩子可能会流露出抵触情绪。例如，父母想了解孩子在学校的情况，但孩子往往只是简单地回应"还好"，然后就不再多言，这让父母感到十分无奈，不知道如何才能真正走进孩子的内心世界。

2. 教育引导方面

（1）教育方式的转变

孩子年幼时，父母的指令式教育可能还颇见成效，但进入青春期后，这种方法便不怎么奏效了。父母意识到需要赋予孩子更多的自主权，却又担心孩子会因此偏离正轨。例如，当孩子想要自己决定穿什么衣服去学校时，父母可能会认为孩子的选择不符合学校的着装要求或不够得体，但又不确定是否应该强行介入。

（2）应对孩子的变化

面对孩子在青春期出现的各种新挑战，如早恋、成绩下滑等，父母往往感到困惑，却不知如何正确加以引导。例如，当孩子早恋时，父母若处理不当，可能会伤害到孩子的感情，进而影响亲子关系；而若置之不理，又担心孩子会因此受到伤害或学业受到影响。

3. 关系处理方面

（1）平衡权威与朋友角色

父母既希望在孩子面前保持权威，让孩子能够听从自己的合理建议，又渴望成为孩子的朋友，与孩子平等相处。然而，这两者之间的平衡确实难以把握。例如，当孩子犯错时，如果父母过于严厉地批评，可能会破坏与孩子之间的亲密感；而如果过于宽容，又难以体现父母的权威。

（2）与孩子同伴及家庭关系

父母在处理与孩子同伴的关系时常常感到困惑。当孩子带朋友回家时，父母不确定应以何种态度对待这些小客人。同时，在家庭关系中，青春期的孩子情绪变化可能会对家庭氛围产生影响，父母不知道如何调整家庭关系以适应孩子的变化。

家长理想中的青春期的孩子形象是：上进、健康、快乐、诚实、全面发展、身心健康，并具有自我规划能力。然而，现实中的青春期的孩子却往往表现得像一只小刺猬，冲动、脆弱，还会与家长顶嘴，有时甚至显得自以为是。理想与现实之间确实存在差距。

随着身心的不断发展，青春期的孩子也会遇到成长中的种种困惑。

（二）青春期孩子成长的困惑

青春期是孩子成长过程中的一个重要阶段，伴随着身体、心理和社会角色的多方面变化，孩子在这个阶段常常会遭遇诸多困惑。

第一，身体变化与性发育的困惑。青春期的孩子会经历显著的身体变化，如身高增长、体重增加、性器官发育等，这些变化对他们而言既剧烈又陌生，尤其是性发育的过程，如乳房发育、喉结突出、声音变化等。随着性发育的加速，孩子对性的兴趣和好奇心也日益增强，但由于可能缺乏正确的性知识和教育，他们可能会感到困惑和不安。

第二，心理变化与情绪波动的困扰。青春期的孩子开始更加关注自我，形成了独立的思考能力和判断能力，但同时也可能因为自我认知的不稳定而感到困惑。由于身体和心理的急剧变化，青春期的孩子的情绪容易波动，可能出现焦虑、抑郁、易怒等情绪问题。在这个阶段，孩子可能会面临理想与现实、独立与依赖等心理冲突，导致他们感到迷茫和困惑。

第三，人际关系与社交问题的迷惑。青春期的孩子更加重视同伴关系，但也可能因为交友困难、被排挤或遭受霸凌等问题而感到困扰。随着自我意识的增强，孩子与父母之间的冲突和分歧也可能增多，导致家庭关系紧张。

第四，对于学业压力与未来规划，孩子同样充满了迷茫。青春期的孩子面临着更重的学业负担和更高的学习要求，可能会因此感到巨大的学业压力。随着年龄的增长，孩子开始思考自己的未来规划，但由于对自我认知不足或对世界了解不够，他们往往会感到迷茫和不确定。

二、青春期孩子的特点

儿童心理学将孩子的成长划分为不同的阶段，青春期的孩子通常处于 10 岁至 20 岁之间。青春期是孩子身体快速发育的时期，伴随着性激素分泌的增加，孩子会出现第二性征，并对自身形象变得敏感。在心理上，孩子开始寻求独立，渴望被理解和尊重，同时也可能经历情绪波动、焦虑、抑郁等情感挑战。在社交方面，孩子开始构建更广泛的社交圈，对同伴关系尤为重视，同时也可能面临人际关系的冲突和困惑。这一时期的孩子正经历着身体、心理和社会性方面的显著变化，其特点可以概括为以下几个方面。

（一）生理的变化

身体发育迅速，青春期是孩子生长发育的高峰期，孩子在这一阶段身高、体重快速增长，第二性征（如男性喉结突出、体毛生长、声音变低沉等，女性乳房发育、骨盆变宽、声调变高等）逐渐显现。随着生理发育的日趋成熟，青春期的孩子的性意识逐渐觉醒。他们开始对异性产生浓厚兴趣，关注与性相关的话题，并可能产生性冲动和性好奇等。然而，由于知识和经验的欠缺，他们可能会面临性困惑或问题。

（二）心理的发展

1. 自我的发展

青春期是自我意识发展的第二个飞跃期。青少年开始更加关注自己的内心世界，思考关于价值观、兴趣爱好和未来规划等方面的问题。他们常常在内省中探寻"我到底是一个什么样的人？""我的特征是什么？""别人喜欢我还是讨厌我？"等议题。

青少年对自己的外貌产生强烈的关注，开始注意自己的形象，并可能因此产生焦虑或不自信等情绪。这种关注在一定程度上映射出青少年对自我价值的认知。青少年深切重视自己的学习能力和学业成绩，开始意识到学习对未来的重要性，并努力提升自己的能力。同时，他们也可能因为学业压力而感到焦虑或挫败。

青少年十分关注自己的人格特征和情绪特征，开始形成独立的个性，并尝试控制自己的情绪。然而，由于心理发展的不成熟，他们可能在情绪调节方面遇到挑战。青少年能够完全意识到自己是一个独立的个体，因此要求独立的愿望日益增强。他们渴望摆脱父母的束缚，自主做出决策并承担责任。但这种对独立性的追求往往伴随着与父母的冲突和矛盾。

一方面，他们特别渴望独立，觉得自己已经长大，不希望父母过多干涉，包括使用手机、网络，以及在周末与小伙伴外出玩耍等方面。另一方面，他们对父母依然保持着依赖，总希望父母能关心自己，注意到自己内心的变化。因此，青春期阶段的孩子表现出一定的矛盾性，他们既渴望独立，但又因尚未完全成熟而在某种程度上依赖于父母。

孩子的自我发展还体现在他们的叛逆行为上，这种"叛逆"是成长过程中必经的阶段，表明孩子开始有了自己的想法和主张。我们需要接纳孩子出现"叛逆"的情况。当然，有时孩子过度"叛逆"可能与家庭教育方式有一定的关联。

2. 情绪的表现

（1）情绪波动较大

青春期是情绪发展的过渡阶段，青少年在这一阶段经历了许多身体和心理上的显著变化。由于激素水平的剧烈波动，青春期孩子往往情绪波动较大，容易感到焦虑、沮丧、易怒或兴奋。他们可能对自我形象、同伴关系、学业成绩等方面过度关注，容易受到外界环境的影响，这使得情绪波动更为剧烈。这种情绪波动可能时而表现为兴高采烈，时而转变为沮丧低落，给人一种阴晴不定的印象。

（2）情绪反应较强烈

青春期的青少年在情绪反应上通常较为强烈。他们可能会因为一些微不足道的小事而产生极大的情绪反应，如狂喜、暴怒、极度悲伤或恐惧等。这种强烈的情绪反应往往与青少年缺乏经验和自信有关，导致他们难以控制自己的情绪，容易冲动行事。

（3）情绪表现的两极性

青春期的情绪表现呈现出两极性的特征。青少年的情绪反应可能时而极其强烈，时而又温和细腻。他们可能在一个瞬间从极端高兴转变为极端悲伤，或者在某个问题上采取极端的立场和态度。然而，在另一些情境下，他们也可能展现出温和、理智和体贴的一面。

（4）情绪调节能力的发展

青春期的青少年在情绪调节能力上正处于逐渐发展的阶段。他们开始学习如何控制自己的情绪，以避免冲动行为。然而，由于大脑发育尚未完全以及经验的不足，他们在情绪调节方面仍面临一定的挑战。因此，家长需要给予他们充分的理解和支持，帮助他们逐步学会有效地调节自己的情绪。

3. 性心理成熟

青春期性心理的发展可以划分为以下几个阶段。

（1）性别认同与自我意识的觉醒

随着青春期的到来，青少年开始明确自己的性别角色，并对自己的身体和性别特征产生强烈的认同感。他们逐渐意识到自己与异性的区别，并在心理上形成对性别角色的固定认知。这一阶段对青少年建立自我概念和形成独立个性至关重要。

（2）对异性的关注和情感的变化

青春期开始后，青少年会对异性产生更多的关注，这种关注可能伴随着生理上的冲动和情感上的波动。男生在这个阶段常常喜欢在异性面前展示自己，如渊博的知识和阳刚之气。例如，在参加篮球赛或足球赛等竞技体育运动时，如果有女生观战助威，男生往往会表现得更加勇猛，以展示自己的阳刚之气和男性力量。而女生则更注重自己的衣着和外貌，关心异性对自己外貌和女性特质的评价。她们可能会尝试与异性建立更亲密的关系，但也会因为缺乏经验和不确定性而感到困惑或害羞。这种情感变化是青春期性心理发展的正常表现，有助于推动青少年情感的成熟和发展。

（3）性知识的寻求和探索

随着对性的好奇和关注不断增加，青少年通常会积极寻求性知识，通过阅读、观察或与同龄人讨论等方式来了解更多关于性和情感的信息。这是一个健康且必要的过程，有助于他们更好地理解自己和他人的身体及情感需求。

4. 学业与兴趣

青春期的孩子正处于学习的黄金时期，家长应关注孩子的学业和兴趣发展。面对较大的学业压力，家长应及时给予孩子适当的支持和鼓励，帮助他们制定合理的学习计划，并鼓励孩子发展自己的兴趣爱好。

了解了青春期的重要性以及青春期阶段孩子的特点，就能更好地读懂孩子，了解如何与青春期的孩子相处，从而更有效地帮助他们健康成长。

三、读懂孩子萌动的青春

青春期确实是一个难以轻易读懂的阶段，若真想要读懂它，父母确实需要投入一番心思。

（一）尊重孩子的差异性

青春期是孩子身心快速发展、个性逐渐形成的阶段，每个孩子都有其独特的成长路径和发展节奏。为了尊重孩子发展的个体差异性，我们应避免频繁对孩子进行比较，因为不恰当的比较可能给孩子带来一系列负面影响。

有些家长经常将孩子的学业成绩与其他同学或兄弟姐妹相比较，却忽视了孩子自身的努力和取得的进步。不恰当的比较会让孩子觉得自己的努力被忽略，让孩子感觉到自己不够好，从而降低自我价值感。当家长过于关注结果（如成绩）时，可能会导致孩子的学习动机减弱，甚至对学习失去兴趣，产生厌学情绪。青春期正是孩子形成自我认同感的关键时期，不恰当的比较还可能会让孩子对自己的身份和价值产生困惑。

家长应当关注孩子的成长过程，重视孩子所付出的努力和取得的进步，而不仅仅是关注最终的结果。我们应该鼓励孩子享受学习的过程，培养他们的学习兴趣和动力。同时，要尊重孩子的独特性，认识到每个孩子都是独一无二的，尊重他们的兴趣、爱好和个性特点，并鼓励孩子发展自己的特长和潜能。家长还需要营造积极的家庭氛围，创造一个温馨、支持的家庭环境，让孩子能够感受到家人的关爱和支持。在家庭中，我们应避免进行不恰当的比较和批评。

以下这些话语应当杜绝在家庭中出现。

"你看看隔壁的孩子，你要多学学他。"

"你看看你姐多认真。"

"你看别人的成绩多么好。"

"你看看妹妹都比你乖。"

……

家长应更多地教育孩子关注自己的内在品质和能力，而非仅仅追求外在的成就和认可。帮助他们树立正确的价值观和人生观，引导孩子学会自我反思和自我评价，让他们认识到自己的优点和不足，并鼓励他们努力改进。同时，也要教会孩子接受自己的不完美，学会自我接纳和自爱。

可能很多家长认为，不比较就无法激发孩子的上进心，比较就是为孩子提供一个努力的方向。然而，这样的比较真的能让孩子有上进心吗？有些青春期阶段的孩子曾表示，父母这样的比较只会让他们感到深深的挫败感，并且非常反感这样的比较。

实际上，这样的比较并不能激发他们学习和进步的动力，反而可能让孩子感受到不被认同和不被接纳。青春期的孩子更渴望得到父母的肯定，给予孩子认同和鼓励会让他们变得更加自信，更加爱自己，从而提升他们的自尊和自我价值感。一个自我价值感高的孩子在未来生活中会更有力量，也更愿意去面对和解决生活中的困难。因此，我们需要多给孩子一些肯定，而不是总将他们与其他孩子进行比较。有些孩子从小到大一直生活在"别人家孩子"的阴影里，事实上，不恰当的比较并不能让孩子变得更加优秀。每个孩子都是独一无二的，我们应尊重孩子发展的个别差异性，给予他们更多的肯定和鼓励。

（二）与孩子一起谈性

青春期是个体从儿童向成年人过渡的关键时期，伴随着身体的快速发育，性意识也逐渐觉醒。孩子开始对性产生好奇，可能会主动寻求与性相关的知识和信息，如性器官的变化、性行为等。这种觉醒是正常的生理和心理现象，但需要家长给予正确的引导和教育。然而，许多中国家长羞于与孩子谈论性的话题。但我们必须要正视一个现实：在孩子的成长过程中，性教育是家长不可推卸的责任，因为我国学校的性教育尚显不足。随着孩子逐渐具备成人感，生理逐渐成熟，他们渴望得到成年人的尊重。作为父母，我们需要勇敢地面对孩子的青春期，与孩子坦诚地交流"性与爱"的话题。

【案例】

小乐是一名初三男生，初二时有一次手淫并感到愉悦，后来就变得越来越频繁。后来，在得知手淫可能有危害后，他开始自责并尝试控制自己，但越控制越难以自拔。这种心理冲突导致他学习成绩下降，甚至出现严重的睡眠障碍。

小乐的案例揭示了青少年对手淫行为的误解和由此产生的心理困扰。正确的性教育应该帮助青少年了解手淫的生理和心理机制，以及如何正确对待和处理这种行为。家长应该提前为青少年准备相关的生理知识和应对措施，以减少他们在面对这些生理现象时的尴尬和恐惧。

青春期孩子性心理的发展，是身心发展的必然过程。作为父母，我们能做的就是接纳孩子身心的发展和成长。那么，究竟如何对青春期的孩子进行性教育呢？

第一，营造良好的家庭氛围。青春期的性教育无须过于刻意，家长营造出的良好家庭氛围本身就是最好的性教育。在孩子面前，父母展现出适当的亲密行为，同时在遇到矛盾时能够相互体谅、理解，这种家庭氛围对孩子来说极为有益。在和谐、支持性的家庭环境中，孩子能够感受到家庭的温暖和父母的关爱，这种安全感有助于他们形成积极的自我形象，增强自信心，从而更好地应对生活中的挑战。而这种自信和安全感的建立，也能使孩子在性教育中更好地保护自己，避免受到伤害。良好的家庭氛围还能引导孩子形成正确的性观念和价值观，父母通过日常生活中的言传身教，向孩子传递尊重、理解、接纳性的正确态度，帮助他们形成健康的性心理，避免对性产生过度的羞耻感或神秘感。

第二，坦然面对孩子的困惑。家长应当认识到，孩子的性好奇是正常的生理现象和心理发展阶段。随着年龄的增长，孩子会逐渐对自己的身体和性别产生好奇，这是他们探索世界、认识自我的一部分。因此，家长不应回避或打压孩子的性好奇，而应以开放、包容的态度去面对。家长可以主动与孩子进行关于性的对话，这并不意味着要深入探讨复杂的性学知识，而是要根据孩子的年龄和理解能力，用符合他们年龄特点的语言解答他们的疑问。例如，对于年幼的孩子，家长可以简单介绍男孩和女孩的不同之处，以及如何保护自己的身体；对于青春期的孩子，则可以进一步讨论青春期的生理、心理变化，性健康，性关系等话题。面对孩子提出的相关问题，家长无须尴尬，应坦然告诉孩子答案，因为家长越放松、自然，孩子的好奇心就会越少，他们会觉得青春期讨论与性有关的话题是非常自然的。

有研究表明，和孩子谈论性教育越早越好。目前，我国的性教育普及面正在逐渐扩大，幼儿园也会通过绘本等方式向孩子传授一些与性有关的知识。在与孩子讨论性时，家长应使用准确、恰当的语言和术语，避免使用模糊或误导性的词汇。同时，也要根据孩子的年龄和理解能力，选择合适的表达方式。家长在回答孩子的问题时，应传递正确的性价值观和道德观，强调尊重他人、保护自己、避免性侵犯等的重要性。

鼓励孩子提出问题：家长应鼓励孩子随时提出关于性的问题，并承诺会给予真实、坦诚的回答。这有助于建立孩子对家长的信任感，并促使他们更加积极地探索和了解自己的身体。在青春期，与孩子有意识地谈论这些话题是可以的。另外，平日里对孩子提出的与性相关的问题，父母一定要给出适当的反应，这样在潜移默化中，孩子就会觉得当他们遇到与性有关的话题时，无须通过其他途径如网络、书刊等去了解，因为父母就能提供给他们最科学的信息。

（三）父母自身的成长

孩子青春的叛逆，很多时候源于孩子每天都在成长，而父母却未能同步成长，依旧沿用着过时的教育方法。孩子如同屋内的树苗，不断长大长高，终有一天会长成参天大树。如果房子（即父母的思维和教育方式）没有随之变化，这棵逐渐长高的树苗就会触碰到房屋的顶端。父母就像那座有屋顶的房子，为了更好地承载这棵不断长大长高的树苗，房子需要不断加固结构，并允许大树冲破屋顶的束缚。这个加固与允许成长的过程，正是家长自我成长的过程。

《人民日报》曾登载一篇题为《教育改革要从家庭教育开始》的文章，文章指出父母在教育孩子时存在不同的层次。

第一层次的父母愿意为孩子花钱，这一层次几乎所有的父母都能做到，中国的父母普遍愿意为孩子投资。

第二层次的父母愿意为孩子花时间。这一点也毋庸置疑，绝大部分家长都愿意花时间陪伴孩子成长，并投入时间学习更多的育儿知识。

第三层次的父母愿意为孩子思考教育的目标。在我国，绝大部分家长都能为孩子设定教育目标，并愿意陪伴孩子做好生涯规划。

第四层次的父母愿意为孩子提升和完善自我。孩子的成长与父母的成长息息相关。父母愿意为孩子提升和完善自我，是一个充满爱和责任的过程。通过不断学习、成长和进步，父母能更好地理解和教育孩子，为孩子的成长提供有力支持。

第五层次的父母愿意以身作则，成为最好的父母。这是一种极其崇高和值得尊敬的态度。这种态度不仅体现了父母对孩子深沉的爱，也彰显了他们对自己角色的深刻理解和高度责任感。以身作则意味着父母在日常生活中要求自己成为孩子的榜样，向孩子展示正确的价值观、道德观和行为规范。他们明白，孩子的成长过程中，模仿是最主要的学习方式之一，因此他们会在言行举止、待人接物、工作态度、生活习惯等各个方面都力求做到最好，为孩子树立一个正面、积极的形象。

最高层次的家长认识到每个孩子都是独一无二的，支持并鼓励孩子成为最好的自己。这样的父母明白，每个孩子都有自己独特的性格、兴趣、才能和学习方式。他们不会简单地将孩子与其他孩子进行比较，而是致力于发现和培养孩子自身的优势和特点。他们相信，每个孩子都有能力在自己的领域里发光发热，成为独一无二的存在。

越是高层次的父母，越需要不断提升自我。因此，当我们面对青春期的孩子时，需要做的就是不断地让自己成长。孩子青春的叛逆，很多时候正是因为孩子在不断成长，而父母却未能跟上步伐，依旧沿用着老旧的教育方法。孩子就像那棵不断长高的树苗，如果父母（即那座房子）不随之加固并允许其成长，就会产生冲突。所以，父母需要不断自我成长，以更好地适应和支持孩子的成长。

1. 积极诠释、言传身教

最智慧的父母，不仅在于为孩子提供优越的物质条件和教育资源，更在于懂得如何巧妙地言传与身教，让孩子在成长过程中受到全面而深远的影响。言传，即言语上的教导与沟通。智慧的父母懂得运用恰当的语言与孩子交流，既传授知识，又培养情感。他们的话语中充满了爱与尊重，能够激发孩子的思考和好奇心。

有些家长可能会觉得，尽管给孩子讲了许多正确的道理，但孩子却并未听从。实际上，孩子不止听父母讲道理，更重要的是还观察父母的行为。在日常生活中，父母对孩子提出诸多要求：你应该认真完成作业，你要专心阅读书籍，你要在课堂上专心听讲，你不能沉迷于电视，不能过度使用手机。然而，孩子却常常看到父母自己一边刷着手机，一边看着电视，有些父母甚至很久没有阅读过书籍，却要求孩子去认真读书。这表明，仅仅依靠言传是不够的。在孩子的成长过程中，他们更多的是通过观察和学习来形成自己的行为和观念。因此，身教显得尤为重要。智慧的父母会以身作则，用自己的行为为孩子树立榜样。

在诠释言传与身教时，智慧的父母还会注重两者的结合与平衡。他们深知，言传可以为孩子指明正确的方向，提供必要的指导；而身教则能让孩子更直观地感受到这些指导的实际意义和价值。因此，他们会在言传中融入身教的元素，同时也在身教中体现言传的精神。

做最智慧的父母，不仅意味着要成为孩子成长道路上的引领者和支持者，更意味着要成为孩子心中的榜样和偶像。通过言传与身教的完美结合，他们能够培养出既具备良好品德，又拥有独立思考能力的新一代。

2. 做温和而坚定的父母

家庭中应当制定明确的规则，家长需要清晰地界定自己认为重要的家庭原则和价值观，并与孩子进行开放、坦诚的沟通。解释这些原则背后的原因，让孩子理解为何这些规则至关重要。在传达规则和要求时，应采用温和、鼓励的语气，避免使用指责和恐吓的方式。运用"我"来表达自己的感受和需求，例如"我感到担忧，因为……我希望你能……"这样的句式，有助于减轻孩子的抵触情绪。同时，应给予孩子充分的机会来表达自己的想法和感受，认真倾听他们的观点。这不仅能增强亲子关系，还能帮助家长更好地理解孩子的需求和面临的挑战，从而更有针对性地调整教育方式。尽管态度要温和，但在执行原则时必须坚定。当孩子违反规则时，应给予适当的惩戒，并坚持到底。同时，要解释这些后果与违规行为之间的逻辑关系，帮助孩子理解规则的重要性。

家长自身的行为对孩子有着深远的影响。因此，家长应努力成为孩子的良好榜样，通过自己的言行来践行家庭原则和价值观。在坚持原则的同时，也要给予孩子鼓励和支持，肯定他们的努力和进步，帮助他们建立自信心和积极的心态。这样，孩子会更容易接受并内化家庭原则。

【案例】

小霖是一名八年级的男生，上了八年级后开始频繁地熬夜玩手机游戏，这严重影响了他的学业和日常生活。他的父母决定与他谈谈，并重申家庭中关于合理使用电子产品和保证充足睡眠的原则。

小霖的父母选择一个相对轻松的时刻，在某个周末的午后，邀请小霖坐下来谈谈。妈妈以关心的语气开始对话："小霖，妈妈注意到你最近晚上经常熬夜玩手机游戏，我很担心这样会影响你的学习和健康。我知道你可能觉得这是放松的方式，但我们也想听听你的想法。"

这样的开场白让小霖感受到妈妈的关心和理解，减少了他的防御心理，这就是"温和"。

在倾听小霖的想法后，他的父母坚定地表达家庭的原则："我们之前讨论过，晚上 10 点之后是休息时间，需要保证充足的睡眠来支持第二天的学习和活动。同时，我们也约定了每天使用电子产品的时间限制，以确保你不会沉迷于其中。这些原则是为了你的健康和未来发展着想，我们希望你能理解和遵守。"父母的语气坚定而诚恳，让小霖明白这些原则是不可动摇的。

在这个过程中，父母需要保持与小霖的持续沟通，关注他的变化和进步。当他取得一些积极的成果时，及时给予肯定和鼓励；当他遇到困难或挑战时，给予支持和帮助。通过父母温和而坚定的态度，就可以帮助小霖克服对电子产品的依赖。

做"温和"的父母并不意味着放弃原则或设定好的界限。温和的父母在表达爱意、理解和支持的同时，也会明确地设定并坚持家庭的价值观和规则。他们深知，孩子的成长需要引导和设定界限，而这些界限正是基于对孩子的深切关爱和对他们未来发展的深思熟虑而设定的。同样，做"坚定"且有原则的父母并不意味着要严厉或苛刻地对待孩子，而是在理解和尊重孩子的基础上，坚持并传达家庭的原则和价值观。温和与有原则是可以并存的，它们共同构建了一个健康、积极的家庭教育环境。这种温和而坚定的态度有助于孩子建立健康的自我认知和行为习惯。

面对青春期的孩子，父母此时的自我成长是一个持续不断的过程。它要求父母不断更新教育观念、适应家庭关系的变化、提升个人能力和素质，以更好地陪伴孩子成长并享受自己的人生旅程。在这个过程中，父母需要保持开放的心态、积极的学习态度和坚忍不拔的毅力，不断挑战自我、超越自我，成为更加优秀的父母和更加完整的人。这样，父母就能更好地适应孩子的成长需求，促进家庭关系的和谐与幸福。

每个孩子的成熟度和对性教育的需求都有所不同，因此，家长应根据孩子的年龄和具体情况来调整性教育的内容和方式。通过持续和定期的沟通，家长可以更好地了解孩子的想法和需求，并给予他们适当的指导和支持。同时，家长也应不断学习和更新自己的性知识，以提供更准确和全面的性教育给孩子。

总而言之，读懂孩子萌动的青春，需要家长的耐心、智慧和爱心。愿我们都能以开放的心态、平等的姿态，与孩子一同走过这段充满挑战与机遇的旅程，成为孩子成长道路上的朋友、导师和支持者，陪伴他们健康、快乐地成长。

第三部分
亲子教育，从提升关系开始

在中国的亲子教育中，传统观念一直提倡"父命过天""父母为大，子女为小"，认为孩子事事听从父母是理所应当之事，这也是中国传统孝道文化的一部分。《孝经》有云："夫孝，天之经也，地之义也，民之行也。"父母认为，"我是你爸（妈），你得听我的""我说得对，你就得听我的""我养了你，你就得听我的"。然而，时代在不断变化、不断进步，越来越多的人提倡平等、尊重、自由的亲子关系。法国思想家卢梭在《爱弥儿》中就指出："儿童不是小大人，他们有自己独特的发展规律。"过去那些看似合理的教育观念，现在却未必适用。这种现实与传统文化的差异，是亲子教育中经常产生冲突的原因之一。

单向教育已不适合现代教育，而双向教育的理念在《礼记·学记》中早有提及："亲其师，信其道；尊其师，奉其教；敬其师，效其行。"它明确指出了教育者与被教育者之间良好关系的重要性。然而，许多教育者却经常高估自己，违背这一教育原则，导致教育效果大打折扣。美国心理学家卡尔·罗杰斯曾说："教育的本质是关系的建立。"

在与众多家长的交谈中，我们得知，其实一部分父母已经开始学习、成长，在这个过程中也使用了许多方法，但教育效果仍不显著。细问后发现，这些父母所说的改变也只是一种对孩子变相的"控制"。究其原因，还是教育者与被教育者彼此没有互相接纳、信任、尊重，这也直接导致彼此关系的被破坏。德国教育家第斯多惠指出："教学的艺术不在于传授本领，而在于激励、唤醒和鼓舞。"因此，我们认为，有效的教育一定要建立在良好关系的基础之上。

基于这样一个前提，在实际教育中，我们往往需要用沟通去建立良好的关系，通过学习沟通来觉察自己的沟通语言、沟通方式、沟通动机中可能存在的不恰当、不合理之处，以便我们教育者学习和改变。具体而言，在亲子教育中采用"我信息"而非"你信息"的表达方式；培养同理心，设身处地为孩子着想；学会积极倾听，给予孩子充分表达的机会；建立平等对话的机制，尊重孩子的意见；创造安全、开放的沟通环境等。

美国心理学家丹尼尔·戈尔曼的"情商理论"指出，情绪智力对个人发展至关重要。因为关注孩子的情绪，就是有效关注被教育者的具体表现。关注被教育者的情绪，就是关注被教育者需要的开始。如果能够满足孩子的正当需要，我们就容易与孩子建立良好的关系，而建立关系的过程，也是给予孩子爱的过程。正如德国哲学家雅斯贝尔斯所说："教育就是一棵树摇动另一棵树，一朵云推动另一朵云，一个灵魂唤醒另一个灵魂。"唯有建立在理解、尊重、信任基础上的亲子关系，才能真正实现家庭教育的价值。

第 5 课　教育从关系开始

课程研修背景

在家庭教育越来越被重视的今天，亲子教育却不易反难，原因何在？这是每个家庭教育工作者都不得不思考的一个问题。

每次开展家庭教育课程，不管走到哪里，被家长提得非常高频率的问题是"孩子不听话"，严重点的表述还有"对也不听，错也不听，怎么说都不听"。一些家庭在孩子进入青春期后，父母"说"与孩子"听"冲突尤为突出。于是，为了解决"说了不听"的问题，焦虑的、急于解决问题的家长们纷纷走进各种家庭教育的课堂，买来家庭教育类书籍，学习那些应对这个特殊时期的孩子的实用沟通技巧。然而，那些所谓的"方法""技巧""妙招"……似乎也不是特别管用，有的一开始还能跟孩子对话上一阵，有的一张嘴孩子就已经觉察到父母的用心。当沟通无果，教育无力之时，家长们就容易搬出父母权威，强迫孩子"听话"——"我是你爸/你妈，你什么都是我给的，你必须听我的""我走过的路比你吃过的盐还多，听我的还能有错？"，可这种"权威式"的教育，结果往往是激发与孩子更多的冲突，严重影响正常的亲子关系。

雅思贝尔斯在他的《什么是教育》一书中有这么一句话："教育的本质意味着，一棵树摇动另一棵树，一朵云推动另一朵云，一个灵魂唤醒另一个灵魂。"如何去"摇动""推动"，又如何去"唤醒"呢？大多数人对教育方式的理解可能就是言语上的教育，当作"摇动、推动、唤醒"他人最主要的途径，把教导、教化、服从等同于教育。但是在两千多年前的《礼记·学记》中就提到了"亲其师，信其道"，实际上，"关系"才是一切教育的前提。

基于教育的这一基本原则，以及当代父母通过"教育"来更好推动孩子、改变孩子，乃至成就孩子的迫切需要。本课程旨在帮助家长们认识到关系在教育中的重要作用，并能全力去经营这种关系，找到真正的教育之道，让中国古老的智慧在家庭教育中发光。

课程实录文稿

良好的家庭关系是家庭教育取得成效的基础。著名教育专家李希贵曾提出："教育学首先是关系学，没有关系就没有教育。"他强调，人是关系的动物，社会是关系的产物，良好的关系是优质教育的关键。在教育过程中，关系的建立既是教育的起点，也是人格塑造的基石。

一、家庭教育的现状

在当代，典型的家庭结构通常由父亲、母亲和孩子组成，有时还包括祖父母。在家庭关系中，夫妻关系是最核心的，孩子的性格特征往往受到父母的深刻影响。父母的性格特征又受到祖父母的影响。因此，我们可以发现，一个孩子背后不仅有父母，还有家族的传承。从这个角度来看，解决孩子成长中的问题，可能需要更多关注并解决父母自身的问题。

（一）家庭教育困惑

孩子进入初中后，有些家长突然发现，亲子关系变得紧张起来。父母与孩子的交流模式跟小学时期很不一样，有的孩子只听不说，对父母的话基本不回应或者敷衍式消极回应；有的孩子回到家就喜欢把自己关在房间，拒绝家长进入，家长无法知悉孩子在房间的行为；还有的孩子越来越不听父母的，完全管不住……这些现象，都让父母们非常困惑、焦虑，他们毫无例外地萌生了一个念头：明明还是我的孩子，为什么小时候那么可爱，现在这么难对话？

家长们所反映的困惑，实质上是家庭教育中的沟通问题。

（二）家庭教育模式

常见的家庭教育模式有以下三种。

第一种是讲道理。

父母们往往习惯于经验教育，喜欢用自己的成长经历告诫孩子珍惜现在的生活，用自己对社会和生活的认知来规范和约束孩子的言行。他们的统一认知理念是——这是为孩子"好"的教育。

第二种是管束控制。

当父母发现普通的讲道理式说教无法达到教育目的时，他们可能会提醒、警告，乃至批评、指责孩子。这种方式表达了父母对孩子行为的不满和失望，他们希望用"孝"的道德伦理绑架孩子，激起孩子的愧疚感或道德耻辱感，迫使孩子屈服于家长的意愿。

第三种是正面管教。

一些具有教育智慧的家长重视用表扬和鼓励的方式对孩子进行教育。但当孩子的问题不断或看不到进步时，表扬和激励就难以持续。

以上三种家庭教育模式，各有侧重，各有优劣。但无论运用哪种教育模式，到了孩子的初中时期，也就是青春期时，父母们都会感到面临着严峻挑战。这种教育无效、沟通不畅的根本原因在于，传统的家庭教育模式都着眼于从外部打破孩子的现有状态，试图通过外力促使孩子改变，而不是给予孩子内心的力量，促进生命的内在成长。

二、破坏关系的因素

从家庭教育的现状和传统的家庭教育模式来看，我们需要深入剖析破坏良好家庭关系的因素。

（一）教育逻辑错误

一个人的认知决定了其行为方式。家庭教育中，破坏关系的根本原因，在于家长的教育逻辑基本都建立在成长经验的积累或者个人对社会、对世界的认知上。某种意义上讲，心中有怎样的世界，眼中就有怎样的孩子。

1. 有效教育的本质

目前普遍的现象是家长们认识不到教育的真正有效性，而是倾向于用最为直观的标准来衡量教育的成果——听话与否，懂事与否，仿佛这些简单的标签就能定义教育是否成功。然而，真正有效的教育不能被如此狭隘定义。

我们可以看到，家长们常以自身的经验为"尺"，以个人的认知为"据"，坚定地相信只要孩子听从父母的教诲，便是教育的成功。但那些"正确"的道理，却脱离了孩子的实际认知，家长们忘记了考量孩子当下的成长环境，及孩子自身独特的个性特点。于是，在父母的这种"正确"的教育坚持下，孩子往往会选择默默承受，但那份所谓的正确，实则成了束缚他们心灵的枷锁，让他们在无声中展开一场场消极的抗争。

真正的教育应该是对生命差异的深刻理解与包容、对成长规律的尊重与顺应、对孩子品性的信任与欣赏、对孩子未来发展的温柔且坚定的期许。当忽视了这些，家庭教育就如同失去了灵魂的躯壳，只有行为，却难达效，父母的话难以触及孩子的内心，更无法引领他们真正成长。

教育的成功绝非简单地让孩子听话与懂事所能概括，它要求家长们拥有更加广阔的视野、更加细腻的情感，以及更加深邃的智慧。假如，家长在实施教育的时候，能够用心去倾听孩子的声音，用爱去滋养他们的心灵，用智慧去启迪他们的智慧，那么真正的教育才会发生，也才能够真正地助力孩子走向更美好的未来。

2. 家庭教育核心

家，这个温馨的词汇，承载着无尽的温暖与依靠。在许多人心中，家并非一个冰冷的说教场所，而是一个充满爱意、尊重与理解的避风港。家庭教育的核心，正是来自家庭的这份深沉而细腻的爱，为孩子的成长提供着坚实的基础。

爱，是家庭教育的灵魂。它不仅仅体现在父母的呵护与关怀上，更在于那份对孩子个性的尊重与接纳。每个孩子都是独一无二的个体，他们拥有自己的梦想、兴趣和追求。父母的责任是提供一个宽松的环境，让孩子能够自由地探索自我，而不是用一堆"道理"去束缚他们的天性。真正的爱，是包容孩子的不足，鼓励他们发扬优点，让他们在爱与尊重的氛围中茁壮成长。

尊重，是家庭教育的基石。它意味着父母要放下身段，倾听孩子的声音，理解他们的感受。青春期是一个充满变化的时期，孩子们在这个阶段开始形成独立的个性和价值观。他们渴望被理解、被尊重，甚至在某些时候，他们可能会表现出对父母的反叛和不满。但这并不意味着他们不爱父母，而是他们在寻找自我认同的过程中，需要更多的空间和支持。因此，作为父母，我们应该学会倾听孩子的内心声音，尊重他们的选择和决定，给予他们足够的信任和自由。

理解，是家庭教育的桥梁。它帮助家长跨越代沟，走进孩子的内心世界。在忙碌的生活中，我们往往容易忽视孩子的情感需求，用成人的标准去衡量他们的行为。然而，孩子毕竟是孩子，他们有着自己的思维方式和情感表达方式。作为父母，我们需要学会换位思考，站在孩子的角度去理解他们的想法和感受。只有这样，我们才能更好地与他们沟通，帮助他们解决问题，引导他们健康成长。

包容，是家庭教育的润滑剂。它让我们在面对孩子的错误和不足时，能够保持一颗宽容的心。孩子的成长是一个不断试错和修正的过程，他们不可能一开始就做得完美无缺。作为父母，我们应该允许孩子犯错，鼓励他们从错误中吸取教训，不断进步。同时，我们也要学会接纳孩子的不同观点和想法，尊重他们的个性和差异。

综上所述，家庭教育的核心应该是爱、尊重、理解与包容。高接纳、高共情的温馨、安全家庭生活体验，是孩子前行的底气与保障，是孩子成长的坚强后盾与温暖港湾。在充满爱与理解的环境中成长的孩子，会拥有探索自我与世界、直面困难与挑战的心理能量，并逐渐成长成适应社会、适应未来的独立、自信、有爱的个体。

（二）教育互动越位

教育，实质上是一个互动的过程，互动意味着双向沟通。在传统教育模式中，常常会看到破坏亲子关系的行为，其中比较突出的就是教育互动的越位。

互动越位的原因在于沟通的动机与指向的控制性。以控制为目的的互动，在孩子眼里，正面管教也会成为父母下的套、挖的坑，最终得不到想要的教育效果。这种越位的互动，在以下两个方面比较常见。

1. "我要"与"我帮"

父母对孩子实施教育，其目的基本上是希望孩子变成自己期望的样子。常见的沟通句式是"我要你……"，比如"我要你回家主动学习""我要你考试班级前 10 名""我要你晚上 10 点前完成作业""我要你高高兴兴和我聊天""我要你阳光自信""我要你热爱运动"……孩子的样子是父母"要"的，他们却在这一声声的"我要你……"中变得越来越无助，或越来越逆反。

如果换一种沟通句式呢？将"我要"换成"我帮"，孩子的感受可能立刻就不一样。比如，"我可以做点什么帮你更好地学习""我可以做点什么支持你考得更理想""我可以做点什么帮你早点完成作业""我可以做点什么让你更愿意与我沟通""我可以做点什么，让你更自信""我可以做点什么，让你更愿意出门运动"……

两种不同的表达方式，"我要你……"置孩子的自主发展于不顾，是命令，是要求，是凌驾，是打着爱的旗号对平等肆无忌惮的侵犯，是借口"为你好"而以父母威权对孩子自我追求与发展的蔑视侵扰。而"我帮你……"，是始终关注着孩子的自主需求，尊重孩子的自主发展，是将孩子的发展与自己的期待相融合，是边界分明的尊重。

2. "我说"与"你听"

许多的家庭中，这种"我说""你听"的传统教育模式根深蒂固，这是一种单方面的亲子对话，基本上只有父母"说"的行为，没有小孩发言的空间，但是这种单向的沟通方式在面对青春期的孩子时，局限性愈发凸显。父母们苦口婆心，滔滔不绝，言辞间饱含深情与期待，试图以自己的经验和智慧引领孩子前行。然而，令人沮丧的是，即便话语如春风化雨，温柔细腻到足以感动自己，却常常在孩子那里遭遇了"石沉大海"的回应，仿佛千言万语都化作了轻风，拂过无痕，让说教的父母心中生出了深深的无力与挫败。

这种情感上的落差，根源在于父母不自觉地将教育的重心放置于一个难以驾驭的阶段——青春期。青春期，一个充满变数与挑战的时期，孩子的身心都在经历着剧烈的变革，对独立与自由的渴望愈发强烈。父母若一味试图通过外在的言语力量去塑造这一时期的孩子，无异于用千斤之力去击打松软的棉花，结果只能是徒劳无功，反增内心的挫败与无助。

这一教育沟通的核心问题，在于父母的教育焦点出现了偏差，他们往往过度聚焦于孩子应当达成的目标，却忽视了这些期待本质上应由孩子内在驱动去实现。父母渴望通过一种近乎控制的方式达到教育的目的，却忽略了教育的本质应是引导而非操控，是激发而非强加。这种预设与现实之间的错位，使得教育过程充满了不必要的焦虑与紧张，亲子关系也因此蒙上了一层阴影。

当父母意识到教育无力的本质是自己的问题时，就有机会去调整自己的角色与期望，将教育的焦点从孩子身上转移回自己身上，一种全新的可能便悄然开启。这意味着，父母需要首先成为自我成长的典范，通过自己的言行举止，为孩子树立一个积极、正面的榜样。当父母能够不断提升自我，那么他引导孩子的时候就更有力量，更有示范性。

当父母学会了如何在自我成长的道路上前行，他们不仅能够收获内心的平和与满足，还能以一种更加健康、积极的方式与孩子建立联系，共同探索成长的奥秘。这样的教育方式，不仅让家庭氛围变得更加和谐，也为孩子的未来铺设了一条更加坚实、宽广的道路。

（三）父母主体本位

"养不教，父之过"，自古以来，教养好孩子不仅是传统文化重要的道德伦理，更是为人父母的责任使命。《中华人民共和国家庭教育促进法》的颁布，更是明确了家庭是孩子成长的重要场所，父母是孩子的第一任老师。因此，在孩子教育上，父母天然就是主体本位。正是这种天生的主体本位和社会文化，导致了父母在青春期孩子教育上，坚守主体本位成为惯性，而忽视了自身童年时期物质匮乏的记忆、求学时期未能实现的梦想等自身成长的缺失在孩子教育上的投射，这也是破坏亲子关系的重要因素。

1. 自我觉察有欠缺

从孩子呱呱坠地的那一刻起，父母的心便紧紧系在了这个小小的生命上，孩子的健康成长无时无刻不在牵动着他们的心。于是，生活中便出现了这样一幕幕场景：有一种冷，是妈妈凭借自己的感受断定孩子冷；有一种饿，是妈妈主观认为孩子饿了；有一种好，是妈妈单方面觉得对孩子有益；更有一种爱，是妈妈自以为是的爱。妈妈用自己的"觉得"，悄然间剥夺了孩子对天气冷暖的自主感知、对饥饱状态的本能反应、对喜好厌恶的独立判断。

为何妈妈们会如此紧张孩子，以至于近乎"过度保护"呢？这背后，既有深厚的历史文化渊源，也有现代家庭伦理观念的交织。古人云："父母之爱子，则为之计深远。"这仿佛成了父母的一种本能，一种无须言说的责任与担当。而现代社会的流行语——"无论长多大，都是父母的孩子！"更是深刻体现了中国人从古至今的家庭伦理观念，强调了子女在父母心中永远的孩子属性。

然而，当这份深沉的爱与关怀，变成了以"小孩子"的标准去衡量和对待孩子的成长时，问题便悄然浮现。在孩子的成长过程中，他们的自主性、独立性被剥夺，个性发展受到压制。这一切，很大程度上源于父母自我觉察的欠缺。他们未能意识到，随着孩子年龄的增长，他们的心理、生理都在发生深刻的变化，需要更多的空间去探索、去尝试、去犯错。而父母过度的干预和保护，只会让孩子在成长的道路上步履维艰。

因此，当面对青春期孩子的教育时，父母们往往容易陷入唠叨的旋涡，焦虑的情绪如影随形，甚至会在不经意间失去了那份纯粹而深沉的爱。他们忘记了，真正的爱是给予孩子自由，是尊重他们的选择，是陪伴他们成长，而不是用自己的"觉得"去束缚他们。

所以，作为父母，我们需要不断提升自我觉察的能力，学会放手，让孩子在成长的道路上自由奔跑。我们要相信，每个孩子都有属于自己的天空，只要我们给予足够的信任和支持，他们定能翱翔于蓝天之上，绽放出属于自己的光彩。

2. 自我投射的影响

在探讨家庭教育的复杂性与微妙性时，一个不可忽视的重要因素便是父母的自我投射影响。这一现象深植于人性的复杂层面，体现了父母在养育子女过程中，往往不自觉地以自己的认知框架、情感体验乃至未竟之志去塑造孩子的成长路径。

以隔代教养为例，许多老一辈人在经历了物质匮乏的年代后，对食物的珍视与偏爱往往超出了现代人的理解范畴。在他们看来，肉类不仅是营养的象征，更是对过往匮乏岁月的一种补偿。因此，在孙辈的饮食上，他们更倾向于提供充足的肉类，以此来弥补自己年轻时未能享有的物质条件。然而，这种出于好意的"补偿"行为，却可能在不经意间导致孩子偏食问题的出现，影响了其营养均衡摄入的机会与健康成长。这背后，实则是老一辈人将自己成长中的缺失，以一种无意识的方式投射到了孩子身上。

类似的情况在现实生活中屡见不鲜。不少父母会将自己未完成的梦想、未达成的愿望，作为一种潜在的驱动力，强加于孩子身上。比如，当父母因种种原因未能进入心仪的大学深造时，心中难免留下遗憾。这种遗憾，有时会转化为一种内心深处的声音："如果当年我再努力一点，结果或许就会不同。"这种自我责备与遗憾，在潜意识中驱使他们将这份未竟之志寄托于下一代，希望通过孩子的成功来弥补自己曾经的不足。于是，便有了"我就是吃了没上大学的亏，所以你得好好读书，将来考个好大学"这样的期待与鞭策。

然而，这种看似合理的期待背后，实则隐藏着父母深层次的自我需求与情感投射。他们期望通过孩子的成就来证明自己的价值，弥补自己的遗憾，却往往忽视了孩子作为一个独立个体的意愿与感受。这种以父母自我为中心的教育方式，不仅容易引发孩子的逆反心理，还可能剥夺他们探索自我、追求梦想的权利。

因此，作为父母，我们需要深刻反思并警惕自我投射的影响。在教育孩子的过程中，我们应当努力克服自身的局限性，尊重孩子的个性与选择，给予他们足够的空间与自由去探索属于自己的未来。同时，我们也应勇于面对并接受自己的不足与遗憾，学会从内心深处放下那些未竟之志，以更加开放与包容的心态，陪伴孩子健康成长，共同创造属于家庭的幸福与美好。

三、改善关系的智慧

从家庭教育现状以及破坏关系的因素来看，青春期孩子家庭教育问题，症结还是在父母身上，如果父母能看见自己的问题，并且进行调整，那么父母与孩子的关系自然会得到改善。

【案例】

小 A 三年级时，来到父母工作的城市读书。父母想办法把小 A 转进了当地著名的小学。为了小 A 将来能考入当地有名的初中学习，小 A 的妈妈帮小 A 报了很多补习班。于是，周末与寒暑假，小 A 不是在补习班就是在去补习班的路上。妈妈风雨无阻，亲自接送小 A。听话懂事的小 A 在妈妈的督促下，顺利考入了妈妈期望的初中。

进入初中后，小 A 过起了住校的生活。妈妈每周都抽时间去看望小 A，给小 A 送汤送菜，同时，也给小 A 的同寝室同学捎带一份，让小 A 很是有面子。初中后的小 A，成绩在班上起伏不定，周末在家的表现也渐渐不如人意。这让妈妈很是焦虑，跟老师反映得最多的就是孩子不像小时候那样听话了，希望老师能帮忙管管孩子："成绩不好，考不上理想的高中，将来怎么办？难道让孩子像自己一样，没读多少书，过得这么辛苦？"小 A 爸爸从来不管孩子，好不容易在家时，竟然还陪着儿子打游戏，这一点也让小 A 妈妈很是生气。为此，妈妈也没少唠叨小 A 爸爸。

小 A 知道父母的辛苦，也明白妈妈的期望，知道妈妈对自己的好，从小到大都没反抗过父母。中考前 1 个月左右，小 A 没有与同学或老师发生过矛盾，也没有觉得中考压力大，但是他突然决定不上学了。这让小 A 的妈妈很是焦虑不解，无所适从，只好向班主任老师求助。

班主任老师非常了解小 A 的情况，也非常了解小 A 的家庭，在与小 A 妈妈深入交谈后，小 A 妈妈终于明白了事情发展到今天，其实是必然的结果，也明白了自己在教育孩子上的问题所在，妈妈终于接受了老师的建议。

妈妈回去后，与小 A 进行了平等而深入的谈话。首先她表达了自己在家庭教育上的反思，表达了她基于母亲身份而来的对孩子自然的关爱，基于自身经历而来的对孩子的期望，更重要的是认识到自己给孩子带来的束缚与无形压力，表达了对孩子选择的充分尊重，以及基于家庭条件对孩子成长的坚强保障和坚定支持。然后表达了自己愿意从孩子的世界里撤出，尊重彼此边界，保证停止唠叨，保持交流的渴望。最后，与孩子约定、平等、尊重的相处方式。

之后班主任从家里把小 A 接到学校上学。小 A 顺利完成了中考，尽管不是妈妈期待中的理想高中，但小 A 开开心心在高中进行学习，母子之间的相处更和谐了。此时，妈妈欣喜地发现，小 A 身上居然有那么多以前没发现的闪光点，儿子很是让自己有底气。因为母子关系的改变，家庭氛围也变得温暖起来。

这个案例中，小 A 妈妈的问题与其惯性教育模式有关，有自我觉察欠缺和自我投射影响的因素，最终亲子关系得到改善，也与妈妈的转变有直接的关系。想要改善与青春期孩子的关系，父母至少要关注以下四点。

（一）提高父母感受力

越是面对青春期的孩子，父母越是要提高自己的感受力。青春期的孩子，本身就是一个矛盾综合体，既追求独立自主，又重视外界看法；既想成人化，又不愿意长大；既开放又封闭；等等，心理上的矛盾会外显在行为上。面对青春期的孩子，家长要理解孩子行为背后隐藏的真实自我，包括他对外界的应对方式、感觉、观点、期待以及灵魂深处的价值与渴望，从而找到解决问题的办法，改善亲子关系。

案例中小 A 突然不愿意上学只是表面现象，从小 A 的行为应对方式而言，是对妈妈带来的压力或不适感爆发的消极应对。在最深层，是小 A 对自主性、独立性的渴望。

小 A 妈妈从小学开始就对小 A 采取强势安排，并且经常唠叨，导致小 A

逐渐失去对学习的兴趣和自主性。长期的高压环境和缺乏选择权使小 A 感到无力，逐渐失去对学习的积极性，进而产生厌学情绪。

青春期孩子的父母，要注意关注孩子情绪化的表达，感受孩子情绪背后的真实目的，是倾诉宣泄还是纠结困扰，然后采取正确的应对方式，做到既尊重孩子的自主成长，又在必需时为孩子提供成长的支持，使亲子关系保持和谐状态。

（二）提升父母安全感

"仓廪实而知礼节"，说的是人首先要解决温饱问题才能考虑更高的精神追求，即人只有在基本生理需求得到满足的情况下才有更高的精神追求。著名的心理学家马斯洛提出需求层次理论。人只有在感觉到安全的前提下，才可能有交往的欲望，进而在交往中产生对尊重的需求，有了尊重，才有自我实现的可能。

在与青春期孩子相处的过程中，提升父母安全感，会让父母更有底气去面对孩子成长过程中的问题。小 A 妈妈放下了对小 A 的担忧，认识到小 A 的健康成长和保持学习的兴趣对于小 A 而言更重要。小 A 获得了成长的尊重，妈妈与小 A 的关系得以修复、改善，小 A 妈妈看到了小 A 身上的闪光点，妈妈内心觉得更安全了。

学习对孩子成长很关键，但是，在这个终身学习的时代，保持学习兴趣和学习能力比获得好的学习成绩更重要。父母对生活、对孩子成长多一分坦然，孩子平稳度过青春期就多一分保障。

（三）父母放下评判心

良言一句三冬暖，话不投机半句多，教育离不开"说"，但"怎么说""说什么"很重要，然而，更重要的是要懂得"停止说"。

案例中小 A 的妈妈，就是说得太多，停不下来，最终导致小 A 在临考前的关键时期，产生了"不去上学"的行为。父母要注意，"说"往往包含着评价。例如：孩子考试进步了，回来告诉父母，父母也高兴，高兴之余总要说些话。对比下面几种说法，会发现"说"是门学问。

有的父母可能会这样说："考得不错，继续努力！"也有父母可能这样说："这次是进步了，但是……"还有父母会这样说："考得很好，听我的没错吧，注意了……成绩就上了吧？"当然，也不乏这样说的："考得真好，我感受到了你的开心和满足，真为你高兴！"四种说法，前三种的重点都不在孩子的感受上，而在语意的转折上，都是对孩子当下成就的轻视，甚至漠视，是对孩子未来的评价与操控。

父母的评判通过"说"传递给孩子，孩子的当下没有被真正接受和肯定，这也是为什么小 A 进入青春期后会采取消极的方式来应对妈妈唠叨的原因。

所以，和青春期的孩子处好关系，父母要有一份自觉，放下对孩子的评判心。

（四）找准育人真方式

在探讨育人的广阔领域中，我们不难发现，尽管育人方式与技巧五花八门，令人眼花缭乱，但真正能够触及教育本质、引领孩子健康成长的关键，往往需要我们回归到一个最朴素的起点——那就是对"人"的深刻理解与尊重。

写下一个"人"字，不过一撇一捺，简洁至极，但做人的复杂程度，却远远超出了这简单的笔画所能承受。生命是独一无二的，无论我们如何努力，都无法定制一个完美的成长轨迹，未来更是充满了不可预知性。在这样的背景下，育人所能把握的，唯有当下。唯有通过深入理解人心与人性的奥秘，才能构建和谐的关系，进而实现教育的真正价值。

读懂人心，理解人性，是教育的第一步，也是最重要的一步。这不仅仅是对孩子而言，更是对父母自身的挑战。人，作为世间最复杂的生物，其内在的两面性是不可忽视的事实。优点与缺点，如同阴阳两极，共同构成了我们丰富多彩的人性画卷。因此，面对孩子的种种不足，父母应当学会换位思考，以更加包容的心态去接纳他们的缺点。或许，那些看似令人头疼的特质，换一个角度审视，便是孩子性格中不可或缺的一部分。比如，一个反应较慢的孩子，或许正是如此，而拥有了更加沉稳的性格，能够更加细致地观察世界，拥有更加深刻的思考。这样的转换，不仅能够帮助父母更加积极地看待孩子，也能够激发孩子内在的潜能，让他们在自我认同中成长。

此外，读懂人心，理解人性，还需要我们认识到人的发展性。生命的成长，是一个动态的过程，每个个体都有其独特的成长节奏与路径。正如自然界中的万物，各有其时，各有其美，孩子的成长亦如此。我们不能盲目地以"别人家的孩子"为标杆，去衡量自家的宝贝，因为这样的比较，只会让孩子在无形的压力下迷失自我，失去成长的动力。正确的做法，应当是尊重孩子在不同阶段的不同需求，给予他们恰到好处的引导与支持，让他们在最适合自己的节奏中，绽放出属于自己的光彩。案例中的小 A 妈妈，正是通过认识到青春期孩子的自我需求，适时调整了自己的期望值，增加了孩子的自主性，以明确的支持与鼓励，以及充分的尊重，改善了与孩子的关系，使得家庭教育得以顺利进行，小 A 也在这样的环境中，逐渐找到了自己的方向。

读懂人心，理解人性，还需要父母对自身的不足保持清醒的认识。育儿之路，实际上是父母与孩子共同成长的旅程。在这个过程中，父母不仅是教育者，更是学习者。学会如何做父母，往往比学习如何教育孩子更加重要。因此，父母应当不断加强自我学习，提升自己的认知水平，以更加开放的心态，去接纳孩子的不同，尊重他们的成长节奏。同时，也要保持足够的耐心，给予孩子适当的引导与教育，用和谐的亲子关系，为良好的教育效果奠定基础，为孩子的健康成长保驾护航。

最终，当父母能够真正读懂人心，理解人性，并做到以上几点时，亲子关系自然会变得更加和谐，孩子在父母眼中的形象也会更加正面。因为，关系好了，孩子的一切行为，在父母眼中都会变得合理而可接受。这样的教育环境，不仅能够促进孩子的健康成长，更能够让家庭成为孩子最坚实的后盾，让他们在爱的滋养中，勇敢地去探索这个多彩的世界。

第 6 课　与青春期孩子有效沟通的密码

课程研修背景

青春期是孩子成长的重要阶段。青春期的话题，也是家庭教育中比较能引发讨论的焦点问题。

许多家长反映，孩子上小学的时候，回家后都愿意和家长说说，老师说了什么，和同学玩了什么，有什么任务要完成……觉得和孩子的沟通还是顺畅的，对孩子的行为、想法都较为了解，也就能有的放矢地去引导他、帮助他、支持他，亲子关系比较和谐。可是当孩子到了青春期，慢慢地父母和孩子的关系似乎变得陌生了：孩子回家基本不愿意主动谈及学校的情况，尤其是家长特别关心的学习情况。孩子所表现的状态——玩游戏、化妆、追星、交网友、晚睡等，都让家长非常担心。家长除了对孩子的学习很忧虑，还对孩子的成长和安全感到焦虑不安。

父母想要通过"说教"纠正孩子的一些"问题"行为，让他们专注课业、谨慎交友、注意身体健康……但孩子却反感、抗拒，要么充耳不闻，要么反驳顶嘴。久而久之，家长与孩子之间的沟通，陷入了恶性循环。因此，与青春期孩子的有效沟通，是家有青春期孩子的家长们需要研究的课题。

心理学家埃里克森提出的心理社会发展八阶段的理论认为，青春期的孩子已经开始思考"我是谁？""我从哪里来？""要到哪里去？"之类的人生话题。这一阶段的青少年，自主观念正在形成，自我意识正在不断发展，内心的冲突困扰加剧。遗憾的是，有的家长并不了解青春期的孩子，忽视孩子的个体性、独特性，习惯以简单、命令、比较的方式来教育管理孩子，要求孩子以家长期待的方式成长，导致许多孩子在"自我"成长的需求与家长的要求之间手足无措，甚至痛苦难过。

正确认识青春期孩子的身心特点，了解青春期对心理发展的积极意义，认识到孩子每一个"问题行为"背后，都有父母需要看见的需求……这样，父母才能读懂孩子，以更科学、更智慧的语言、方式、方法，与青春期孩子进行沟通，助力孩子安然度过青春期。

本课程内容，是基于与青春期孩子沟通困难的出发点。青春期孩子更容易受到外界环境的影响，所以离不开父母的有效陪伴。而有效的陪伴来自对青春期孩子的理解与尊重。了解孩子真正的内心需求，怎样的"尊重"是孩子想要的，怎样的语言表达是孩子能够接受的……解读家长的无助与困惑，解决家长与青春期孩子无法有效沟通的问题，是本课程的意义所在。

课程实录文稿

青春期是一个充满变化的时期，孩子们在这个阶段经历着生理上的快速发育、心理上的逐渐成熟以及社会角色的变化。与青春期孩子沟通的关键在于建立相互尊重的关系，理解他们的需求，鼓励开放和诚实的交流，同时提供必要的指导和支持。这样的沟通方式有助于构建父母与孩子双方的信任，使青少年能够更好地面对成长中的挑战。

一、与青春期孩子沟通障碍的现状

在家庭教育中，与青春期孩子的沟通，是大多数家长要面临的挑战与课题。综合来看，与青春期孩子沟通的问题，一般有以下几种方式。

（一）父母与孩子日常沟通方式

1. 讲理型

以道理说教似乎是父母教育子女最常见的手段。因为，作为有生活经验的成人，父母的道理中往往饱含着"正确的"规矩，满怀着美好的期望。在中国传统文化中，"不以规矩，不能成方圆"。因此，当父母每每看到孩子行为不端，表现不佳时，便急切想要去纠正，去指错。这个时候，使用最多的教育方式便是对话，这种对话有一种"过来人"的絮絮叨叨，有时还会带着不可反驳的权威感，因为道理是父母个人的成功经验之谈。

2. 批评型

但我们也看到，父母有父母的道理，可孩子有孩子的想法，孩子有时不认同父母的说教，有时不只内心不接受，行为上也依旧我行我素。于是，父母通过批评孩子来规范、警示孩子，给予他们强烈的情绪刺激，希望孩子因严肃批评而产生羞愧，知耻后勇，改正错误，这是父母教育子女的通常路径。

【案例】

小羽是一名九年级的学生。从七年级开始，小羽各科成绩都不太好，期中、期末测试成绩基本都是不及格。上课时总走神、发呆、打瞌睡。老师想办法帮助小羽解决上课的问题，在她专注听讲的时候提问她，并且巧妙指向刚讲过的知识，便于小羽能顺利回答。一次、两次、三次，同学们看她的眼神就有了惊讶、认同、欣赏！她自己感觉也很好，眼睛里满是笑意。很快期中考试到了，之前成绩很少及格的她，历史考了 89 分，老师在课堂上让她分享她努力的过程与感受，充分肯定了她！

几天后，小羽上课又开始发呆、走神，作业也很敷衍。小羽的朋友了解情况才知道，小羽回到家，和妈妈兴高采烈地说历史成绩怎么怎么好的时候，妈妈问："那你其他科呢？"接着说："光历史成绩好有什么用？其他学科不及格不还是考不上高中！"小羽好不容易建立起来的学习信心被瞬间浇灭。她很沮丧地和朋友说："我再也不想学了，再努力又有什么用？"

小羽的妈妈可能是担心小羽骄傲，想鞭策小羽更努力、更上进，结果孩子不仅没有朝着妈妈所想的方向发展，反而是走到了相反的方向，感觉学习没劲，不想学了。这就是批评所产生的沟通效果。

3. 权威型

那么，当父母的道理与批评，都遭遇孩子的强硬反驳时，便会陷入理屈词穷的尴尬境地。这时候，为了能让教育进行下去，父母便会摆自己的权威，拿父母的身份说事："我是你爸妈，你什么都是我给的，你有什么权利不听我的？你有什么资格不听我的？即使我说的不对，不也是为你好？"诸如此类的话语，目的就是希望孩子会因家长的威严而听从自己的教育。但当孩子进入青春期，摆权威的沟通方式，很容易招致孩子的逆反心理，因为，青春期的孩子，最不怕的就是权威。

4. 讨好型

与"摆家长架子"相反的另一种沟通模式就是讨好孩子。有些家长会苦口婆心地说："我辛辛苦苦为什么？不就是为了给你创造更好的条件，让你好好读书，将来出人头地，不用像我们现在这样，过得这么辛苦！我在自己身上省吃俭用，你要什么给你买什么，哪样没有满足你？说你两句还不干了，你怎么对得起我？"

父母往往爱罗列自己的辛酸与不易，以期博取孩子的同情，让孩子因愧而生孝，顺从父母意愿，接受父母要求，好好学习，天天向上，规规矩矩，给父母争光。但要看到的是，青春期的孩子，本就敏感，如果总是生活在对父母的愧疚之中，不仅自我得不到舒展，而且会十分危险。

青春期的孩子，独立自主意识增强，自我价值感剧增，已不再是"幼童"，如果家长还用过去对待小孩子一样的方式对待青春期的他们，孩子的感受可想而知。对青春期的孩子而言，父母一开口进行常规性说教，孩子就知道要讲什么，会怎么讲。尤其是遇到问题的时候，父母讲不通道理，就会批评，批评无效就摆权威，有时则是用讨好……三板斧，老套路，毫无新鲜感可言。孩子从父母那里感受不到真诚与尊重，只有满满的指责、纠错，身份、角色完全不对等，孩子根本不想对话，连对话都没有，哪里又有沟通呢？

（二）父母与孩子日常沟通中的困惑

因此，当下的父母多多少少都会反馈与青春期的孩子沟通有一定难度，以下为常见沟通难题。

1. 沟通无效

与青春期的孩子沟通，有些父母会发现：虽然我说了，但没什么效果。孩子能坐在那里听父母说，只是不愿意主动分享他们的经历与感受，当话题触及敏感领域时，孩子要么对父母的话持反对态度，要么试图转移话题或结束对话，有时还会因谈话内容的敏感而出现一些过度的情绪反应，如内心焦灼、坐立不安。当下可以看到，大多数青春期的孩子对用手机等电子产品进行互动社交的兴趣明显大过与父母面对面沟通交流。这可以看作一种无效沟通的状态。

2. 沟通不畅

有些父母在与青春期的孩子沟通的过程中，会发现，大多数情况下，孩子对父母想谈及的问题或表现的关心无动于衷，回应冷漠。不仅不太愿意与父母分享自己的想法、感受、日常生活中的事情，还会经常因为小事而与父母发生争吵或产生对立情绪，甚至会因为父母的话有过激反应，如言辞犀利、行为忤逆。言行上表现不一致，对某些事情，表面上答应，但实际上不做。父母与孩子间的日常沟通能否顺利进行，往往看孩子心情，他心情好时，能说上两句；心情不好时，则拒人于千里之外，这便是亲子沟通不畅的表现。

3. 沟通无门

还有一种比较极端与危险的情况，那便是自我封闭，不愿与父母对话，表现为能不交流就不交流，电话不接，信息不回，更不用说面对面交谈。偶尔有机会，即使父母尝试开启话题，得到的也是最简短的回答。对父母指出的问题或提出的建议，表现出明显的抵触，故意唱反调，甚至对父母的关心都心存怀疑。当一些父母发现，比起家长，他们更依赖自己的朋友时，父母容易陷入深深的挫败感。青春期的孩子完全不与父母交流互动，这便会产生严重的家庭信任危机，属于沟通无门的情况。

二、与青春期孩子沟通障碍的原因

孟母择邻，智出于诚。自古以来，父母教养子女，可谓费尽心思，望子成龙望女成凤之心，人皆有之。父母对子女寄予厚望，希望孩子在学业、社交等方面取得成功，未来能出人头地，而青少年们则更在意当前的兴趣爱好和个人感受，追求自我独立和个性发展。当两者无法调和时，沟通障碍也因此产生。父母与青春期孩子的沟通障碍产生的原因，可归纳为以下三个方面。

（一）社会焦虑的裹挟

当下，多元文化并存带来价值观冲突，科技迅猛发展带来职业前景困扰，随之而来的是教育急剧变革带来的优质资源稀缺。同时，社会差距扩大夹杂着工作与家庭的矛盾，内卷、焦虑成为全社会都在关注的问题。

被社会焦虑裹挟的父母，在孩子的教育与发展上，更难保持平和心态。

"不能输在起跑线""某某家孩子又报了某某课，我们赶紧……""还不努力，考不上好的高中怎么办？"等等。绝大多数父母都担心自己孩子落后于人，从而可能会影响其未来的发展机会。

尽管在当代素质教育被提倡，但考试成绩仍然是学校和家庭评价孩子的主要标准，为了让孩子获得更好的成绩，父母们往往会给孩子施加额外的学习压力。高昂的教育成本、课外辅导班费用以及日益增长的生活开销增加了家庭的经济负担，父母可能会感到需要牺牲很多，才能为孩子提供最好的教育条件。而在这种技术不断进步、变革的社会里，父母们的担忧始终存在，因为，即使不断通过"培优""补差"来帮助孩子提高竞争力，可未来职业市场仍然充满不确定性。

身处社会变革的浪潮之中，很多父母被裹挟进焦虑的旋涡，从而导致在孩子成长的问题面前，难以独善其身，保持平和与清醒。尤其是当更年期的父母遇上青春期的孩子，两个情绪敏感者碰撞在一起，沟通障碍则更为突出和显著。

（二）家长意识主导

孩子从出生开始，父母会自然而然地主导孩子的生活，替孩子安排好一切。吃好穿暖是基本，培养教导是日常。孩子与他人发生矛盾了，孩子在学校犯错了，孩子在社会上出问题了，所有人都会来找家长。因此，无论是被动还是主动，从孩子出生开始，父母的家长地位就确定了。"养不教，父之过"，在孩子的教育上，自古以来，家长都是处于重要的主导角色。

然而孩子进入青春期后，在他们的心理发展中，自我主导需求强烈。自尊心强，独立意识增强，渴望寻找自我、成为自我，对自主、权利的需求日益增长，不再"听话"，而是强调"我要说了算""我要自己去体验""我要做主"，他们希望被肯定、被理解、被尊重，情绪上敏感、易冲动，容易引发冲突，遇到问题时，易极端，有时不惜伤害他人和自己。

而当青春期孩子对家长的权威地位产生抗拒时，父母的家长主导意识就会自动启动:"我是你爸妈,听我的,不害你!""你懂什么,对你将来负责,为你好!"……这样的话语屡"听"不鲜。但是,长此以往的结果是,孩子要么激烈反抗,把父母置于对立面;要么消极应对,对父母阳奉阴违;要么我行我素,对父母的话充耳不闻,沟通障碍也就日益严重。

(三)惯性模式被反噬

孩子进入青春期后,家长在行为模式上,仍然惯性延续小学时代的沟通模式,没能及时跟上孩子发展节奏,也是产生沟通障碍的原因之一。

孩子进入青春期后,家长与孩子沟通最常见的话题,仍然是学习、学习、再学习,无论交流什么内容,最终都会绕回到学习上。学习上谈什么呢?谈不足!父母在孩子学习成长上,把"不满足是向上的车轮"演绎得淋漓尽致。在孩子眼中,父母好像永不知足。在沟通方法上,命令式地说:"周一到周五上交手机!"说教式地说:"不学习你将来就考不上大学。"威胁式地说:"要是感冒了我可不管!"比较式地说:"人家小智期中考成绩进前 10 名了!"讽刺式地说:"你呢,退 50 名了!"甚至贬低式地说:"整天只知道玩,有什么出息?"

家长以为"说"就是沟通,讲道理就是沟通,但父母认为的"让对方听我的"就是有效沟通,这是对沟通的误解。真正的沟通是指向一定的目的,信息、思维和情感在双方间传递,并且达成共同协议的过程。有效沟通应该是以对方的有效回应为标准。当信息被表达之后,对方可能认同,也可能不一定同意,但是愿意进一步了解,提出自己的意见,这种双向情感与思维的互动、回应,才是有效沟通。心理学家艾伯特·梅拉宾经过 10 年研究,提出沟通的三要素:语言文字、语音语调和肢体语言,在沟通中分别占 7%、38%、55%。

因此,家长如何说其实不重要,怎样的状态下说才重要。家长说的时候,最不容易意识到的是肢体和表情,在还没有表达内容时,就已经暴露在孩子面前。青春期的孩子,敏感性强,只需要瞄一眼,甚至只闻其声,就知道父母想说什么,想怎么说,导致沟通往往还没开始就结束了。

以青春期的孩子对父母的了解,惯性的沟通模式,只会给父母带来反噬的结果。

三、与青春期孩子有效沟通的密码

因此，与青春期孩子的有效沟通，需要建立在对青春期孩子成长特点的把握上、对青春期孩子的充分尊重和理解上，尤其是对生命发展的规律性认识上。

（一）做"无情"的父母

父母与青春期孩子有效沟通，首先要解决的是情绪问题。成年人都有一个基本的经验，那就是带着情绪无法处理好事情。而青春期的孩子，处在激素分泌旺盛时期，他们对情绪很敏感，本身情绪波动就大，更容易受外界情绪的影响。因此，在面对青春期孩子的问题时，父母要学会"无情"——管理好自己的情绪，接纳孩子的情绪，平心静气才能看到"真"问题，解决"真"问题，从而实现与青春期孩子的有效沟通。

1. 管理好自己情绪

面对青春期的孩子，父母首先要有一份觉察，孩子在长大，自己对待孩子的方式也要跟着"长大"。父母要认识到青春期孩子对独立自主的需求、对尊重理解的渴望、对自主自我的重视，看到孩子情绪化、冲突性、纠结性的矛盾表现，理解他们的挣扎和困惑，明白其行为表现的正常性。保持耐心和同理心，允许孩子在父母面前有看似出格的表现，给予他们足够的支持和鼓励。

在与青春期孩子沟通时，也要意识到自己的情绪状态，察觉到自己的情绪是管理情绪的第一步。当感到愤怒、沮丧或焦虑时，先暂停一下，深呼吸，给自己一点时间冷静下来；或者暂时离开现场，给自己一些时间来平复情绪。保持情绪的平稳，态度的平静，头脑的清醒，以平和、理性的方式与孩子建立开放、诚实的沟通渠道，鼓励他们分享自己的想法和感受，同时也表达自己的感受，增进相互理解，减少误解和冲突。

当然，父母更要注意自己的身心健康，保持自己的热爱。通过运动、阅读或自己喜欢的活动来放松自己，减轻压力。只有自己感到充实和满足时，才更容易以积极、稳定的态度与孩子进行沟通。

在青春期孩子面前管理好自己的情绪，可以为孩子树立一个积极的榜样，帮助他们学会如何健康地处理自己的情绪和人际关系，对于维护家庭和谐、促进亲子关系至关重要。

2. 接纳孩子的情绪

作为父母，管理好自己情绪的同时，也要学会接纳青春期孩子的情绪。青春期的孩子，情绪可能会像过山车一样起伏不定，作为父母，要保持开放和倾听，给予孩子足够的时间和空间来表达他们的感受。

人类的喜怒哀乐，本就是生命中正常的情绪状态。情绪本身并没有对错，父母要学会对孩子的情绪表达理解和共情，可以用照相机一样的语言，只反映事情本来的模样，只说看到的和听到的，不带主观批判情绪。比如，你可以说："我知道你现在很沮丧（生气），这很正常，我愿意在这里陪你。"这样的表达能够让孩子感受到被理解和支持，从而更容易接受自己的情绪。

当父母在孩子情绪表达的时刻，因被孩子情绪裹挟而失去对孩子倾诉的判断与思考，会忽略了孩子内心真实的需求从而使孩子单纯的情绪倾诉变成真实的问题，让简单的事情复杂化。

青春期的孩子，向父母情绪化的倾诉，通常只是给自己的情绪找一个安全的宣泄出口，父母要珍视这种信任和安全感。当孩子需要时，给予他们适当的支持和指导，包括提供建议、分享经验或帮助他们制定解决问题的计划。同时，尊重他们的独立性和自主权，不过度干预或代替他们解决问题。给孩子强化一个认知，让孩子知道无论发生什么事情，父母都会在他们身边支持他们，这种信任和安全感可以让孩子更加自信地面对自己的情绪和挑战。

接纳青春期孩子的情绪并不意味着纵容他们的不良行为或忽视他们的问题。但是，接纳会让关系和谐，使沟通顺畅，从而有利于帮助孩子们解决一些成长中的真实问题，帮助他们成长为健康、独立的个体。

3. 平心静气理事

家长管理好自己的情绪，接纳孩子的情绪，是理性处事的基础。剥离情绪，事情的真相才能更容易浮出水面。带着情绪去处理事情，容易做出错误的判断和决定，伤害与青春期孩子良好的亲子关系，动摇有效沟通的根基。

平心静气的目的是帮助孩子厘清事情的来龙去脉，谈论问题时，可以用"我"开头，如："我看到……""我听到……""我感受到……"等句式，带动孩子平复情绪；描述问题时，用照相机式的语言，在尊重和理解的前提下，帮助孩子厘清事情的发展脉络，看到情绪是如何在事情中发生演变的以及其正常性，从而理解事情的是非对错，提升解决问题的思考能力，找到解决问题的办法。

在处理完问题后，家长还需要花些时间和孩子一起反思行为和决策。思考是否有更好的方式来处理问题，以及如何在未来避免类似的情况。这种反思和改进有助于父母成为更好的家长，并与孩子建立更加健康的关系。从而使沟通进入良性循环，真正发挥效用，产生价值。

（二）做"听话"的父母

与青春期的孩子沟通，学会倾听很关键，听清孩子的心声，听到成长的呼唤。做个"听话"的父母，是理解青春期孩子的特点，是尊重青春期孩子的自尊，是给予青春期孩子的成长空间。当然，做"听话"的父母并不意味着无条件地满足孩子的所有要求或愿望，而是以更加开放、理解和尊重的态度去倾听孩子的声音，理解他们的需求，并在适当的时候给予指导和支持。

1. 倾听青春心声

青春期是孩子情感丰富、思想独立的阶段，他们渴望被理解、被尊重，并希望自己的声音能被听见。这个阶段的孩子，需要的不是父母的道理，需要的是"我"的独立。他们尤其强调"我"的感受，"我"的想法，"我"来做主。如果能够看到、理解并尊重这一点，那么与青春期孩子沟通的有效性就会很明显了。

父母在倾听青春期孩子的表达时，首先，要确保态度的平和和尊重。抽出专门时间倾听他们的想法和感受，避免在倾听时分心或打断他们，让孩子感受到父母对他们的关注和重视。青春期的孩子一旦感觉到不被尊重，会立即生发情绪，用他们的方式和父母取消联结，关闭自己的心扉。

当孩子表达不够清晰或者表达没有条理时，或当孩子有时会反复强调同一件事情时，父母需要保持耐心，不急于打断或给出建议，避免对孩子的想法进行评判或指责。给予他们足够的时间来表达自己，让他们感受到自己被父母完全理解。

在倾听过程中，可以通过开放式问题来鼓励孩子更深入地表达自己的想法和感受。比如，"你觉得为什么会这样？""你能告诉我更多关于这件事的细节吗？"以引导孩子说出更多的信息，帮助父母更全面了解孩子的内心世界。当孩子分享自己的经历或感受时，尝试用简短的话语表达共鸣和理解。比如，"听起来你真的很难过（生气）""我能理解你为什么会有这样的感受"等，这些回应可以让孩子感受到被理解和支持，从而更愿意继续分享。同时，也要尊重他们的隐私和个人空间，不要强迫他们分享自己不愿意分享的内容。倾听中，即使父母不同意孩子的观点，也不要急于发表看法，要尊重他们的感受，并尝试从他们的角度理解问题。

倾听是一个双向的过程，需要建立在信任的基础上。通过持续的倾听和关注，可以和孩子建立更加紧密的关系，让他们有安全感，对父母有信任感，让他们知道无论发生什么事情，父母都会在他们身边支持他们，并愿意倾听他们。这样，我们就可以更好地帮助孩子平稳度过青春期，获得更好的成长和发展。

2. 听从成长的呼唤

成长，从来都是打破原有状态，向着全新的层面发展。成长，是提高，是精进，是突破。青春期是孩子从儿童向成人过渡的关键时期，并伴随着身体发育、性成熟、情感波动、认知发展和社会角色变化等一系列复杂变化。父母要敏锐地感知并尊重青春期孩子身心发展的自然规律和内在需求，为他们提供必要的支持和引导，以促进他们健康、顺利地成长。

听从成长的呼唤，需要尊重孩子的独立性。给予孩子适当的自由和空间，让他们学会独立思考和解决问题。同时，在必要时要给予孩子指导和支持，帮助他们树立正确的价值观和人生观。需要关注孩子的情感需求，如焦虑、抑郁、愤怒、孤独等，理解他们的感受，帮助他们学会表达和调节情绪，鼓励孩子参与社交，建立健康的人际关系，给予他们足够的关爱和支持。需要与孩子建立积极的沟通渠道，尊重孩子的隐私，保持开放、坦诚的对话渠道，通过倾听、理解和支持，增进彼此之间的了解和信任。

总之，听从青春期成长的呼唤，需要我们以开放、尊重、理解和支持的态度来面对孩子的成长过程，帮助孩子成长为健康、独立、自信的个体。

倾听青春的声音，听从成长的呼唤。听，很重要。基本原则是：共情、不评判、不指导。听什么？听内容，听情绪，听需求。如何听到真实需求？可以试着使用设问句："还有呢？""你觉得呢？""你是怎么做到的呢？"

【练习一】

儿子：我最讨厌吃饭时间了！

父母：我们感觉你心情不太好，你希望我们怎么做你能感觉好一点？

【练习二】

儿子：你们每次一上桌就唠叨我成绩不好、表现不好，要我好好学习，你们多么多么不容易，我很烦呢！

父母：嗯，想起来了，我们像你这么大的时候，爸妈说得多的时候也很烦。那你有什么想聊的呢？

"纸上得来终觉浅，绝知此事要躬行"，与青春期孩子沟通过程中，像这样的小情景经常会发生，有意识地进行练习，能提高父母与青春期孩子有效沟通的能力。

（三）做"放心"的父母

孩子长大是一个不必着急的过程，青春期再艰难也一定会过去。"江山代有才人出，各领风骚数百年"，相信孩子无论走哪条路，路上都能有不一样的风景。别人家孩子有别人家孩子的优秀，别人家父母也一定有别人家父母的困扰。自己家孩子有自己家的困扰，在别人眼中，自己家孩子可能也有别人羡慕的地方。因此，大可做"放心"的父母，放手让孩子成长。怎么做到"放心"呢？

1. 立足生命看问题

假如把自己放在孩子的青春期中，往往越看越焦虑，如果能跳出这个阶段，纵观整个生命发展轨迹，会发现，青春期只是孩子生命成长中极短的一段过程。青春期的问题，只是"纤芥之疾"，不足挂齿，更何况青春期中的沟通问题呢？

纪伯伦在他的诗中，这样描述孩子：

你们的孩子都不是你们的孩子，

那是生命为自己所渴望的儿女。

他们是借你们而来，却不是从你们而来，

他们虽与你们同在，却不属于你们。

你们可以给他们以爱，却不可以给他们以思想，

因为他们有自己的思想。

你们可以荫蔽，却不可以荫蔽他们的灵魂。

因为他们的灵魂，是住在明日的宅中，

那是你们在梦中也不能相见的。

你们可以努力去模仿他们，

却不能使他们来像你们。

因为生命是不倒行的，也不与昨日一同停留。

古诗有云："欲穷千里目，更上一层楼。"站在二十层楼上看路面，车水马龙，川流不息都是风景；站在二层楼上看路面，喧闹嘈杂，车堵人多，不由得让人心生烦恼。人的高度与格局不一样，眼中看到的就不一样。生命是复杂而多维的，每个生命个体都有其成长和发展的规律，每个人的经历、感受和需求都是独一无二的。立足生命看成长问题，就是从更广阔、更深远的角度去理解孩子，是尝试站在对方的立场，理解其背后的情感、需求和困境，是以积极、

全面且包容的视角和态度去陪伴和支持孩子。用这样的立场去养育、看待孩子，基于真诚与尊重，沟通便自然发生。

2. 立足成长看当下

以成长为导向来看待当前的生活和经历，青春期的每一个瞬间都会成为孩子成长的机会。无论成功还是挫折，都是成长道路上不可或缺的一部分，都蕴含着促进个人成长和发展的可能。

如此心态下，家长与青春期孩子的沟通，是不是会更加有耐心呢？

很多时候，父母之所以会焦虑孩子青春期的"问题"，是因为家长过于局限在某种固定的思维模式或价值判断中，假如家长能够换个角度去看待孩子问题，就能发现新的意义和价值所在。一次失败的沟通，可以让我们学会坚忍和反思；孩子一个看起来不经意的举动，也可能隐藏着温馨和感动。因此，换个角度来看，事情可能就不一样了。当父母找到了问题背后的成长价值时，无论与青春期孩子的沟通结果如何，父母都能保持一种积极的心态。看到问题背后的价值，与青春期的孩子就能始终保持合适的距离，从而为下一次的有效沟通奠定坚实的情绪基础。

3. 立足未来看发展

随着岁月不断前行，孩子也会不断发展。不管未来怎样，新生代总会有新生代的生活，在时代发展的浪潮中，新生代的生活与父辈们有很大的不同。不论是生活状态、生活场景、生活时代，未来一定属于年轻人。未来到底会怎样只能推测与想象，但是未来是不是我们推测与想象的样子，得让未来来证明。等到能证明的时候，未来就成了当下。因此，立足未来看今天，与其焦虑于知识的累积，技能的掌握，卷孩子成绩、卷孩子特长，不如树立一个坚定的信念，坚信孩子未来的无限可能。

作为家长，保持冷静、勇敢和坚持，相信社会和世界的美好和进步一定会使孩子未来的生活比父母更好，既关注孩子的努力和奋斗，又不纠结孩子当下的成败与未来可能之间的关联。在这一认知下，与青春期孩子的沟通，就有机会实现对孩子当下的理解与尊重，保持平和心态看待他们的成长问题，沟通自然就能生发力量，促进良好的亲子关系，促进青春期孩子的健康成长。

　　总之，与青春期孩子有效沟通的秘密，就是要正确定位父母角色，坚持学习，懂爱会爱；提高站位，打开格局，用智慧的沟通帮助孩子度过他们的青春期。

第四部分
亲子教育，从助力成长开始

  社会发展到今天，人们已经非常重视家庭教育了。但这种"重视"更多体现在父母对教育的焦虑及教育的过度功利上，这已经成为大部分人对家庭教育现状的普遍认识。

  然而，这种"重视"给家庭教育带来了巨大的影响。在教育剧场效应的影响下，孩子的心理健康水平越来越令人担忧，"空心病"、抑郁等心理问题已变得常见。如果教育只聚焦在孩子学业的提升上，人的成长是不可能完整的。在当前国内教育优质资源发展不均衡的背景下，教育过早引入了竞争，"成才"成为天下父母共同的心愿，也成为当今选拔教育的"帮凶"，忽视了家庭教育最重要的使命——对孩子健康人格的培养。

  导致出现上述现象的主要原因是，父母对教育本质的了解不够，对孩子的了解不够，对未来教育的了解不够。为了不再盲目，看清教育本质，了解孩子，理解未来教育，父母需要不断学习。正如古希腊哲学家苏格拉底所说："教育不是灌输，而是点燃火焰。"在学习中，父母需要明确自己的角色，把教育的眼光放长远。培养孩子具备终身发展的能力，应以发展孩子健全的人格为基础。健全的人格就像一栋高层建筑的地基与框架，是一切发展的根本。

现实中，不少父母盲目追求孩子学业的发展，却忽视了孩子情绪、情感的发展，导致孩子发展受限。北大教授徐凯文在论文中描述到，他在高校工作期间发现，近30.4%的北大新生(包括本科生和研究生)都厌恶学习，40.4%的学生认为人生没有意义，有自杀倾向。这些"天之骄子"有着聪明的头脑、良好的人际关系和光明的前途，为何还会出现严重的心理健康问题，甚至屡次想要放弃自己的生命？塑造我们人生观的教育，真的是完美的吗？这个社会到底需要什么样的年轻人？我们又该如何教育我们的下一代？如何才能让生命之花终身绽放，值得父母们好好思考。

著名教育家陶行知先生说过："教育就是让孩子养成良好的行为习惯。"看似简单的一句话，却包含着丰富的内容，凸显了良好习惯的养成对终身成长的意义。

良好的教育是一种主动行为，否则这种行为很难持久。主动行为需要内在动机的支撑，不能依从于外在驱动来实现。美国心理学家爱德华·德西的"自我决定理论"指出，不恰当的外在驱动甚至会削弱孩子的内在动机。

对大多数父母来说，他们教育孩子的方法或准则，大多来源于父辈。然而，时代在变化，教育理念也需要与时俱进。家庭教育的核心是塑造孩子健康的人格。在家庭教育中，父母应有长远的眼光，摒弃功利心态，回归教育本质。家庭教育应以健康人格为基础，以内在动机为驱动，以终身发展为目标，才能真正培养出适应未来社会的优秀人才。让我们共同努力，为孩子的成长点燃一盏明灯，让他们的生命终身绽放光彩。

第 7 课　唤醒孩子内在学习动力

课程研修背景

当牙牙学语、蹒跚学步的小宝贝渐渐长大，背起书包步入校门，当宝贝回家之后的亲子时光里开始有了作业、复习、考试这些内容，那些父母和宝宝之间的温暖、柔软和甜蜜，那些耐心呵护似乎都忽然悄悄躲起来了，取而代之的是父母提高的嗓门，是父母生气的样子，是让孩子恐惧的话语，还有一些孩子看不见的、属于父母的自责和歉疚。

学习、写作业，这些都是属于孩子的事。对学习缺乏兴趣，不积极不主动，写作业拖拉磨蹭，注意力不够集中甚至出现严重偏科、厌学等情况，这些都是孩子成长中的常见现象。作为父母，到底要不要管？要管到什么程度？这是很多家长困惑的问题。

有些学生一旦顺利完成高考，人生似乎就进入了迷茫的阶段，失去了前行的方向。北京大学徐凯文老师在《时代空心病与焦虑经济学》的演讲中提到北大有 30% 的学生有"空心病"——缺乏价值观，不知道自己要什么，不知道自己为什么活着。

这些现象都促使我们去反思——在基础教育、家庭教育方面应该如何保护和促进孩子的内在学习动力，让孩子能够学会学习，主动学习。如今的社会已经进入终身学习的时代，如果我们的教育短视，采取简单粗暴的教育方式，为了今天的分数而牺牲孩子未来长远的发展，这将是孩子成长过程中的巨大损失。

爱尔兰诗人叶芝说："教育不是注满一桶水，而是点燃一把火。""填鸭式教育"肯定不是好的教育，它会让孩子丧失学习的兴趣，以及主动学习的能力。只有点燃孩子对知识的渴望，培养孩子主动学习、主动汲取知识的热情，才是教育的最高境界。

随着国内经济的快速发展，物质生活获得极大的满足，孩子的成长更需要内在动力的引领，这是〇〇后的孩子具有的时代特征之一。

国内外关于学生内在学习动机的理论、实践研究的书籍和文献非常丰富。我们希望通过本课题的整理、探索，与当前的家庭教育的现状相结合，为广大家长、教育工作者提供一些可借鉴的思路、方法与实践经验，以唤醒更多孩子的学习内动力，培养孩子真正热爱学习、学会学习、终身学习的能力和热情。

课程实录文稿

作为家长，面对孩子的学习问题，往往会感到焦虑。有些家长常常会有这样的感触，不管用什么姿态和孩子进行交流，孩子对学习始终缺乏兴趣。那么如何唤醒孩子内在的学习动力呢？作为家长，我们应该点燃孩子对知识的渴望，培养孩子主动学习、主动汲取知识的热情。

一、孩子内在学习动力的现状

我们发现，许多孩子对于学习缺乏内在动力，可能是受到各种外界压力的影响，他们会因为父母的期望、老师的要求或是同学间的竞争，而投入到学习中。

作为一线教师，在笔者曾经从教的七年级班级过六一儿童节时，其中有一个追忆童年的环节，我要求每个学生活动前给我发一张童年照片。当我收到小 A 同学的照片时，我非常惊讶，儿童时期的他显得活泼可爱、聪明伶俐，可是在初中的课堂上他除了睡觉就是发呆，成天一副无精打采的样子。他什么时候开始这样，我很想知道。其实，像小 A 这样的学生并不在少数，很多家长抱怨，说自己的孩子不写作业时，母慈子孝；一写作业家里就鸡飞狗跳。有时孩子干脆把门一关，父母就不知道他在里面做什么，孩子也拒绝和父母交流，家长时常感到无可奈何。比如小 A 同学，小学时每天都开开心心地去上学，可是为何到了初中就不学了，放弃了？是什么导致孩子在成长过程中的内在学习动力减弱了？

（一）学习动力的模型

家长们在日常交流中，经常会说："我家孩子成绩还行，就是有点粗心大意。"或者"小学时成绩挺好的，怎么上了初中就不那么上心了呢？"其实，这些说法往往是对学习本质的一种误解，也是对孩子成绩未达预期的一种错误归因。要知道，学习力是一个综合的概念，包括学习动力、学习能力和学习毅力三大方面。

（二）学习动力的分类

一个鸡蛋，如果从外面打破，可以做成食物；如果从内部打破，却能孵化一个新生命。动力分外在动力和内在动力。内在动力是指出于内心的需要，产生一种做事的动力。外在动力包括分数、赞扬、奖励、惩罚等，内在动力包括个体的成就感、自豪感、兴趣、好奇心等。

很明显，内在动力对孩子行为的激励更持久有效。那是不是外在动力就没有作用了呢？当然不是，当孩子完全没有动力的时候，外在刺激是非常必要的一个手段，但是外在动力若使用不当，学习动力也可能持续不长。就像心理学家李雪曾说："外驱力，也能驱动一个人，但它带来的感觉是较劲、痛苦和内耗。"被外力推着向前走的孩子，当阻力大过推力，又缺乏内在动力，往往走不了多远就"没劲了"，容易半途而废。所以使用外在动力的时候，一定要想办法把它转化为内在学习动力。

（三）学习动力的现状

网上曾流传深圳某中学运动会的班级口号——学习使我妈快乐，我妈快乐，全家快乐！爆笑之余网友们对此进行了广泛的讨论：学习到底为了谁？这是一个全民教育焦虑的时代，孩子的厌学、基础教育形势的压力，深深地牵动着很多父母的神经。而父母依然需要面对一个事实——孩子的内在学习动力不足的现实。

有数据显示：我国小学生的厌学比例为 14.88%，中学生厌学的比例为 42.5%。一位家长说："晚餐和睡觉之间的这段时间让我们很发愁，因为我们在这段时间会不停地'战斗'。家里简直就像一个战区。"当前，学生群体中学习动力不足的情况正愈发普遍，学生厌学的现象也逐渐低龄化。这一现象还诱发了青少年诸多困扰身心的问题，诸如失眠、焦虑、甚至抑郁等。

根据最近一项覆盖了全国 30 多个大中城市的 500 所学校和约 3 万名学生的调查数据显示，在过去的 20 年间，我国中小学生的厌学率已升至 73.3%。其中经济较发达的城市如北京、上海、杭州等地的厌学率最高，有些地区甚至超过了 80%。2023 年 10 月，中国教育学会高中教育专业委员会理事长、北京四中原校长刘长铭在中国教育三十人论坛主办的首届青少年心理安全论坛上的演讲中也提道："我们的教育今天遇到的最大挑战是什么？是学生厌学，是学生不想上学。"更让人担心的是，如果孩子学习动力不足，一些家长不仅难以给予支持，还会把压力传给他们的孩子，导致孩子面临巨大的心理负担。孩子可能会由此感到焦虑、沮丧甚至自我怀疑。在这种情况下，孩子的学习积极性可能会进一步受挫，甚至陷入恶性循环。家长的不当行为可能会影响孩子的身心健康和未来发展。比如，孩子可能会由此变得胆小、自卑，对学习产生抵触情绪，影响学业成绩和个人成长。

二、孩子内在动力不足的原因

孩子内在学习动力不足的原因，是每一位关心孩子成长的家长和教育者不可忽视的重要课题。理解这些因素，不仅能帮助我们避免无意中挫伤孩子的学习热情，还能为我们指明方向，采取有效措施，重新点燃他们对知识的渴望与探索的激情。

（一）降低孩子的成就感

对于大多数孩子而言，驱动他们学习的核心动力并非单纯的兴趣，而是学习所带来的成就感。因为有了成就感，孩子才能主动学习。

1. 成就感的心理价值及养育方式

成就感，是一种难以言表的满足感，一种由内心深处涌出的欣喜与自豪。它源自我们对目标的追求、对梦想的执着、对成功的渴望。无论是在学业、事业、生活还是个人成长中，成就感的追求都是个体前进的动力。当个体收获成功时，他会感受到自己的能力并获得愉悦感，获得更多挑战未来的动力。同时，获得成就感还可以促进心理健康，缓解长期以来的压力和焦虑，让个体感受到生活的意义和价值。对于一个孩子来说，成就感是其自信的力量源泉，是学习积极主动的关键。如果孩子缺乏成就感，他们就会变得消极、自卑，缺乏积极性和主动性。在养育过程中，我们可以通过以下方式培养孩子的成就感。

（1）设定恰当的目标

设定恰当的目标，是助力孩子收获成就感的关键。那么，何为恰当的目标呢？有人用"跳起来摘苹果"来阐述：目标应当既不太高也不太低——过高则难以达成，容易使人逐渐丧失信心；过低则缺乏挑战性，难以激起奋斗的意志。唯有当我们需稍稍努力、跃起摘取那苹果时，心中才会洋溢着满满的喜悦。试想，若有一个苹果，虽令人垂涎，却无论如何努力也无法触及，那份摘取的兴趣与随之而来的喜悦、成就感，自然也就无从谈起了。

（2）关注成长和进步

有一项针对初中生学业的调查显示：62.71% 的学生表示，在学习方面"最不希望父母总拿我和别人比"。父母首先要清楚的是，孩子的学习动力源自其自身想要变优秀，而不是为了超过别人。有些家长认为通过比较可以激发孩子的斗志，让孩子发愤图强，其实这样往往起到的是反作用。因为孩子总被比较，会产生挫败感，挫败感会让孩子对学习失去信心，从而失去学习兴趣。

（3）鼓励孩子探索

给孩子足够的空间和自由，让他们自主探索和尝试新事物。在这个过程中，孩子会发现自己的兴趣和潜力，取得新的成就。有些孩子对学习抱有抵触情绪，这主要是因为父母倾向于很功利地将学习与分数紧密相连。因此，孩子们不仅无法体会到学习的乐趣，反而在求学过程中承受了沉重的心理负担。

2. 现实中难以企及的成就感

从小学到初中，由于学习科目增多，学习难度和深度加大，对于在小学时没有养成良好学习习惯的孩子来说，进入初中后可能会出现不适应。有一些孩子也会努力调整，如果一直经受着收获和付出不成正比的打击，他们会备感无助，这种无能为力感可能会让他们不得不选择放弃努力和尝试，孩子们会发出这样的声音："看不到希望了""破罐子破摔""听天由命吧"。于是,这部分孩子在课堂上,开始经常走神,不认真听讲,偶尔破坏课堂纪律,面对稍有难度的任务很快放弃;课后作业拖拉甚至拒绝完成。现实生活中的一些成绩中下的同学,到了初一、初二,就开始呈现放弃的学习状态。很多家长以为这是青春期的叛逆,其实这是一种习得性无助的表现。

习得性无助会把孩子的生活拖入恶性循环的泥潭,因为孩子会在多次努力、反复失败之后,产生"行为与结果无关"的无助感,这种从自身经验中习得的无助感会泛化到其他情境中。当孩子以后再遇到困难挫折的时候,他们本来能够采取行动避免不好的结果,但是因为之前的经历让他们坚信"无论自己怎样努力尝试都无法改变失败的结局,痛苦一定会到来",于是,他们放弃努力,放弃改变。

当孩子面临习得性无助带来的自我效能感低的情况时,父母需要加强与孩子的沟通交流,了解孩子的问题和不足,把握孩子的需求与兴趣爱好,帮助孩子突破心理层面上的无助和不良感受,着重对孩子进行自主学习能力的培养,并通过恰当的抗挫教育来挖掘孩子的内在潜能。除了学业成绩的打击导致习得性无助以外,家长要特别注意的是在家庭生活中对孩子否定性的语言,如下所示。

"为什么别人能做到你就做不到!"(对比)

"没见过你这么笨的!"(贬低)

"回来那么久还不洗澡?"(质疑)

"你除了会玩手机以外,还能干什么?"(讽刺)

"只要好好学习就行了,家里的事不用你管。"(包办代替)

……

其实,失败并不可怕,"否定"才是对孩子精神世界的电击。家长习惯于干涉,习惯于控制,习惯于挑毛病,看不到孩子的优点、优势,也没有培养孩子自主学习的能力,孩子不能从学习中获得正向反馈,就会缺失胜任感,长久下来,也就没有了继续学习的动力。

（二）破坏孩子的自主感

自主感是一种重要的人格特质，它可以帮助一个人建立自信、自尊、自律和责任感，从而更好地适应社会。

1. 自主感的心理价值及养育方式

什么是自主感？自己愿意主动去做的这种感觉就是自主感。当有选择的时候，自己就会更愿意去做，就会投入更多的精力和时间，就会更有热情，就能去坚持和负责任。

让孩子凡事听话，这是破坏孩子自主感的最常见的做法。当我们要孩子听话的时候，孩子就在渐渐失去自主感。没有自主感的孩子，可能会顺从，但是却会渐渐失去主动性、创造性、热情、兴趣、探索精神。没有自主感的孩子，在成年以后，也不一定会获得自己想要的人生。因为听父母的话，有可能成为父母欲望、期待的延续，并带到自己的新家庭里。有位女性朋友跟笔者分享了她父亲近日的一番言辞："你家住得近，你只能又当女儿又当儿子。以后养老主要靠你。"她坦言，听完父亲的话，她深感压力倍增，没有选择。一位男性，他的亲密关系已出现裂痕，近期因孩子的事宜向笔者寻求意见。笔者问道："既然你感觉到与伴侣的关系无法修复，同时也不愿选择原谅，那为何还不选择分开呢？"他回答道："我不忍心让我的母亲难过，因为她患有心脏病。"

他们都是听话的孩子，但遗憾的是，他们在做选择和决定时往往缺乏自主性，这些选择本可以让他们的人生更加美满。事实上，他们无须如此过度压抑自我。其实，每位父母都衷心希望孩子能幸福，但太过乖巧的孩子往往过于在意他人的感受，有时甚至会牺牲自己的快乐。因此，在陪伴孩子成长的过程中，我们应该给予更多的许可与尊重，允许他们去尝试，去犯错。在养育过程中，可以通过以下方式培养孩子的自主感。

（1）多听孩子表达

我们要做孩子的倾听者，避免加入个人的评判。很多时候，正是因为我们的评判，孩子们才选择沉默，不再与我们交流。例如，某天孩子说："小明踩了我的脚。"你可以问："你当时感觉怎么样?"孩子回答："气死我了!"这时,你可以共情地说："换成是我,我也会很生气。那你打算怎么处理这件事呢?"孩子如果说："踩回去。"你可以回应："这确实是个方法。"(而不是说:"他又不是故意的,别太计较了。")接着,你可以继续引导:"还有别的方法吗?比如告诉他你踩到我了,以后走路小心点。"然后再问:"这也是个办法,还有吗?或者,算了,他也不是故意的。面对这样的情况,你会选择怎么做呢?"对于非原则性的问题,多给孩子一些选择的权利,让他们决定何时做、做还是不做。比如,孩子提出:"我想放学后先看会儿书再写作业。"你可以回答:"可以的,你自己决定。"

(2)多听孩子安排

计划与安排,即便不够周全,也能让孩子在实践中、在尝试里,感受到自主性与自我掌控的乐趣。当孩子面临困难向你求助时,你可以提出这样的建议:"如果是我,我可能会这样处理,但最终的决定权在你手中,我的意见仅供你参考。"让孩子掌握主动权。在这个过程中就会唤起孩子的自主感,随着孩子慢慢长大,对事物的掌控感也会越来越强,内心才会越来越强大,等他长大就会拥有一个能自己说了算的人生。人本主义流派心理学家罗杰斯曾说过,生命的本来动力就是做自己,做自己就会有无限的创造性和潜能发挥。如果孩子选择自己喜欢做的事,并能养活自己;选择和喜欢的人呆在一起,并让对方开心,孩子有这样的人生,不是我们父母所期待的吗?

2. 教育中的德西效应消耗自主感

对于孩子来说,学习的动力应源自内心,既非为了取悦父母,也非为了避免惩罚。然而,在现实生活中,不少孩子学习的动机却是出于对外在因素(如家长或老师)的考量。为了促使孩子持续学习,一些家长会采取奖励机制,但随后却可能发现,一旦停止奖励,孩子的学习动力便随之消失。这种现象的产生,往往是因为孩子将学习与奖励直接挂钩,而非真正从学习中找到乐趣和价值。这种现象,可以用德西效应来解释。

德西效应源自一个故事。一群孩子常在一位老爷爷家门前嬉戏,其吵闹声严重干扰了老爷爷的休息。尽管老爷爷尝试通过怒斥和劝说让孩子们离开，但均未奏效。随后，老爷爷转而采取了一种策略，他告诉孩子们："你们在此玩耍让我感到很开心，作为感谢，我给你们每人一元钱。"次日，孩子们又如约而至，这次老爷爷只给了他们五角钱，尽管金额减半，孩子们依然欣然接受。到了第三天，老爷爷仅给出一角钱，这引起了孩子们的不满，他们决定不再像之前那样尽情玩耍。到了第四天，当孩子们期待再次获得报酬时，老爷爷却分文未给，这彻底激怒了孩子们，他们愤怒地对老爷爷说："你真是个小气鬼，我们以后再也不来你家门前玩了。"这便是广为人知的德西效应的由来。

心理学家爱德华·L. 德西在 1971 年专门做了一个实验。德西在实验中发现：在某些情况下，人们在外在报酬和内在报酬兼得的时候，不但不会增强工作动机，反而会降低工作动机。此时，动机强度会变成两者之差。人们把这种规律称为"德西效应"。它证明了当一个人进行一项愉快的活动时，如果给他提供奖励，反而会减少这项活动对他内在的吸引力。原因很简单，当孩子因为快乐或兴趣做某事时，他们不需要外部刺激。如果用外部的物质诱惑他们，只会转移他们的关注点，让他们只盯着奖励的物品，长此以往，就会丧失对某项事物的兴趣，这样的转变绝对不是家长所期盼的。

其实，孩子需要的往往不是物质上的奖励，而是精神上的支持。引导孩子树立远大的目标，激发孩子对学习和生活的兴趣，帮助孩子获得成功的体验，才是家长真正应该做的。当孩子出色地完成一件事时，家长只需对他说："孩子，你真棒！我真为你感到骄傲。"当孩子尚没有形成自发内在学习动机时，我们给予一些物质激励，也是可以的。但是，如果活动本身使人们很有兴趣，此时再给奖励不仅多此一举，反而适得其反。著名教育学家苏霍姆林斯基曾说过，如果你只指望靠表面看得见的刺激来激发学生的兴趣，那就永远也培养不出学生对脑力劳动的真正热爱。

不久前，一位家长提出了一个问题：给予孩子物质奖励究竟是否适宜？这确实是一个复杂且难以一概而论的问题。可以用一个不够精确的例子来说明：假设有个人频繁遭受唇炎的困扰，就医后得知，其唇炎的根源在于脾湿，而脾湿又是由肾寒所引起的。面对这样的情况，如果该患者使用了一种能暂时缓解唇炎症状的药物，但这种药物却可能加剧肾寒的问题，那么他是否应该使用这种药物呢？这显然是一个需要深思熟虑的决定。同样，对于学习，也是一样。

在小学教育一线，尤其是低年级教学中，不少教师倾向于采用物质奖励作为激励学生努力学习的手段。这些奖励形式多样，包括积分兑换奖品、小组竞赛获胜后享受奶茶、考试成绩优异者获得奖品、连续多次作业表现突出可赢得美食大奖（如大鸡腿）等。俗话说，"重赏之下，必有勇夫"，这样的激励方式在短期内确实能显著提升孩子的学习积极性，促使一些原本懒散的学生变得主动自觉，无须催促便能自发学习。然而，这种激励模式也可能导致孩子形成"奖品依赖"心态。他们会主动询问老师："如果我好好学习，会得到什么奖励？""如果我考试达到 90 分，会有什么奖品呢？"当老师提出颁发奖状作为奖励时，孩子可能会感到失望，并反问："奖状有什么用啊？会不会有好吃的奖励？"更有甚者，会直接向老师提出："老师，如果我完成今天的作业，你会给我什么奖励？"面对这样的情况，老师可能会感到不满，并批评孩子："学习是你自己的事情，完成作业还要老师奖励，你的想法有问题！"其实，孩子这种"功利性"的学习态度，在很大程度上可能与我们现行的奖励机制密切相关。

同时，我们可以看出，过度的外在奖励可能会削弱孩子的学习内在动机，当我们过分依赖物质奖励来激励孩子学习时，孩子可能会逐渐丧失对学习的兴趣和好奇心，以及长远的目标。

（三）削弱孩子的归属感

心理学家马斯洛认为，归属和爱是个体重要的心理需要，只有满足了这一需要，人们才可能达成自我实现的目的。

1. 归属感的心理价值及养育方式

归属感是指个体无论表现如何，无论取得多大的成功或遭遇多大的失败，都能感受到一种无条件的被接纳与关爱。关于归属感，心理学科普网站上有这样一段描述：当孩子在一个包容性的环境里，受到关心和尊重，感知到他人在倾听和回应的时候，他们就能体验到归属感。

拥有归属感的人会感到安全、满足，内心丰盈。例如，漂泊异乡的人渴望拥有一个家，因为家能给予他们安全与稳定；过年时我们期盼回家，因为家会带给我们快乐与温暖；心灵受伤的人寻求一个温馨的避风港，渴望能找到一个理解自己的人倾诉，这同样是在追寻一种归属感。成年人对工作和家庭的归属感较强，儿童主要对人的归属感较强，最重要的归属就是来自他们的父母，父母的接纳和爱让孩子觉得安全、温暖，内心充满勇气和力量，而缺乏归属感的孩子，对学习和生活缺乏热情，动力和责任感不足。当孩子无法从父母那里获得稳定、持久的爱和归属，他就会变得冷漠，与父母之间爱的连接就会断开。在养育过程中，父母可以通过以下方式提升孩子的归属感。

（1）创建温馨的家庭氛围

打造一个充满爱和关怀的家庭环境，让孩子感受到家庭的温暖和支持。尊重孩子，保持良好的沟通和互动，让孩子感受到自己是家庭中重要的一员。

（2）关注孩子的情感需求

家长要关注孩子的情感需求，及时给予关爱和陪伴。与孩子保持良好的沟通，关心他们的生活、学习和情感。当孩子遇到问题时，要站在他们的立场考虑，给予理解和支持，让孩子感受到家庭的依靠。

（3）培养孩子的家庭责任感

让孩子参与家庭事务，培养他们的家庭责任感。通过分担家务、参与家庭决策等方式，让孩子感受到自己在家庭中的重要地位和价值。

2. 家庭及社会现实削减归属感

每个孩子都不能脱离环境独立存在，都生活在系统里，这个系统包括家庭、学校和社会。按照马斯洛需求层次理论，只有当底层的生理需求、安全需求、归属需求、尊重需求被满足之后，学习和自我实现的需求才会产生。道理很简单，如果一个孩子的生理所需无法得到满足，安全都无法得到保障，其自我追求是很难实现的。因此，唤醒学习内在驱动力的前提是，先满足底层的需求。对孩子而言，父母需要先保证他身心健康，有自信、有价值感、有良好的人际关系，在此基础上，再来思索如何唤醒孩子的内在驱动力。试想，身处以下家庭环境中的孩子，是否会有努力学习的动力。

夫妻整天吵架，家庭随时面临崩溃。

亲子关系极差，孩子经常遭受批评、指责，甚至被打骂。

有了弟弟妹妹，家长没有时间陪伴和教育年长的孩子。

每天都担心朋友不理他，没有朋友。

每当父母思考如何提升孩子的学习成绩时，可以先从以上几个方面进行思考，因为这是父母唤醒孩子内在驱动力的基础和前提。感受不到爱，缺乏安全感的孩子没有精力思索如何更好地学习。就像《小欢喜》里的乔英子，成绩那么优秀，却觉得配不上妈妈的爱，想从妈妈的身边逃离。

城市化把每个人的生活空间都压缩得极小。孩子们的课余时间被各种兴趣班填满，小伙伴渐渐变成手机里联机玩游戏时的队友或者对手。而手机和电脑，又常常是家长的眼中钉。城市孩子的课余总在路上奔波，就连想在小区楼下玩耍，也是急匆匆，因为时间有限，时间一到就得被赶回家写作业。尽管如此，家长们都还抱怨孩子身在福中不知福，条件这么好还不知足。于是，焦虑、压抑和不被理解一起涌向了孩子，孩子背负重重压力，内心其实十分孤独。

如今，有大量青少年痴迷于电子游戏。让我们试着去寻找游戏的魅力所在。

入门门槛低——让孩子建立自信心，建立胜任感。

群体参与——满足孩子的社交归属，建立归属感。

跳一跳能够到——正向鼓励促使孩子不断进取，建立自主感。

勋章荣誉——促进再升级，循环往复，让孩子获得成就感。

所谓激发孩子对学习的积极感受，实则是点燃其内在学习动力的开始。这种积极感受具体体现为能够拥有归属感、成就感（或胜任感）以及自主感。为了确保孩子的学习动力充沛，我们必须重视这三种感受的培养，让孩子深切体会到爱、尊重与接纳，让孩子感受到自己的行为能够自主决定，同时让孩子确信自己有能力达成目标等。

三、唤醒孩子内在动力的法宝

通过对孩子内在学习动力受损的原因进行深入剖析，并结合孩子所喜爱的游戏设计原理进行研究，可以总结出激活孩子内在学习动力的法宝。

（一）修复关系，给予孩子爱与接纳

爱，是一种强大的力量。当我们努力给予孩子爱与接纳时，孩子能够真切地感受到这份温暖。它可以表现为对孩子耐心的陪伴、认真的倾听，以及理解他们的喜怒哀乐。一个温暖的拥抱、一句鼓励的话语、一次共同的游戏，都能让孩子体会到爱的存在。接纳意味着接受孩子的全部，包括他们的优点和不足。不因为孩子的错误而过分指责，而是以平和的心态引导他们成长。当孩子感受到被接纳时，他们会更有安全感，更敢于展现真实的自己。

家庭的温暖、集体的融入、社会责任感都能让孩子保持充盈的内在学习动力。家长们可以尝试：保持夫妻关系和谐，创造良好的家庭氛围；与老师保持良好沟通，了解孩子在校情况；培养孩子良好的性格，有利于孩子建立健康的人际关系；自己做好榜样，积极参加家委会工作；多带孩子做义工，了解社会，感受社会温暖，树立远大目标。

给孩子无条件的爱，支持他，理解他，关心他，爱护他，鼓励他，这些都是父母应该努力做到的。强烈的归属感和良好的亲子关系，就是孩子内在学习动力产生的肥沃土壤。

（二）转变信念，提升孩子胜任感

很多时候，家长的焦虑情绪会在无意识中传递给孩子，进而影响孩子的心态与表现。一旦我们察觉到自身的焦虑状态，就应当学会调整与管理它。我们可以通过深呼吸、冥想等方式让自己平静下来，更加理性地看待孩子的成长。其实，每个孩子都有自己的闪光点和擅长的领域。我们要用心去发现这些优

点，给予孩子充分的肯定和鼓励。当孩子在自己擅长的事情上取得成功时，他们会体验到强烈的胜任感。这种胜任感会逐渐迁移到其他方面，让他们更有信心去尝试新的挑战。

就手机游戏而言，假设某款游戏难度颇高，孩子在数次尝试未果后，往往会迅速选择放弃，因为无法攻克难关，频繁受挫的滋味着实令人苦恼。这一情形在学习领域同样适用：倘若课程内容过于艰涩，孩子难以掌握，同样容易心生退意，选择放弃。

游戏生产商最重要的工作，就是在游戏中设置各种反馈，打死一只小怪有小奖励，干掉一个 boss 有大奖励，打游戏的过程，就是不断接收反馈的过程。对应到学习方面，孩子感受到的正面反馈相对较少，更多的是挫折，是卡壳。基于以上两点，父母可以给孩子适当降低要求。父母可以适当调整对孩子的当前学习要求，设定一个既具挑战性又可通过努力达成的目标。例如，若发现孩子在初二课程上遇到困难，不妨回溯到初一的内容进行补充学习，使孩子能够体验到学习的乐趣和成功的滋味，从而树立起"我也能学好"的信心，并收获学习上的成就感。此外，增加正面反馈也是极为重要的一环。看过《垫底辣妹》的人都知道，只要主人公有一丁点儿进步，补习班老师都会玩命地表示欣赏，玩命地鼓励，这就是正面反馈。跟游戏一样，孩子能感觉到自己的力量在增强。慢慢地，孩子会把这种反馈转移到学习本身，他会从做题过程中找到快感。

没有人天生倾向于经历挫败，人们更倾向于从事那些能带来益处的事情。若要激发孩子对学习的投入与热爱，关键在于设法让他们感知到学习所带来的益处，并让他们亲身体验到学习成就的喜悦。

（三）清晰身份，尊重孩子自主权

每个孩子都是独特的个体，有着自己的思想、情感和创造力。我们应该相信孩子内在的力量，给予他们足够的空间去探索和发展。不要过分干涉他们的选择和决定，而是在一旁观察和引导，让他们在实践中不断成长。这并不意味着对孩子放任自流，而是在尊重他们自主权的基础上，设定一些基本的规则和原则。

当孩子可以决定什么时候学、学什么的时候，他的自主权也就释放出来了。特别对于青春期的孩子，他们对"自己做主"这件事毫无抵抗力，只要能自己说了算，他们很少会反抗。

我们可以尝试不替孩子做决定。比如在兴趣班的选择这件事上，孩子掌握一两个技能是有必要的，但是，家人应当尊重孩子的意愿，而不是只考虑父母的想法。要知道，兴趣班之所以叫兴趣班，是因为它基于兴趣。孩子没有兴趣的事情，你非要强加给他，这就剥夺了他的自主权。让孩子学会对自己的行为负责，摆正家庭序位，孩子才会自动归位。

我们在生活上不大包大揽。孩子上中学后，他自己可以做的事太多了，可我们总是觉得孩子没长大，学业很忙碌，因此，把孩子生活中的各种事情大包大揽。渐渐地，孩子觉得这些事情都是父母负责的，自己没有必要去参与，逐渐没有了责任感。

家庭成员合作制定合适的家庭公约。在家庭生活中，很多的好想法可以用家庭公约固定下来。比如说，约定家庭阅读的时间，约定家庭日，约定手机的使用时间和地点，等等。家庭公约可以帮助孩子建立自主感。制定家庭公约时，要注意以下技巧：尊重孩子，共同协商；讲究原则，奖惩分明；长期跟进，给予自主等。

总之，要想唤醒孩子学习的内在驱动力，主要依靠三点：一是帮助孩子建立良好的归属感，二是帮助孩子拥有学习的自主感，三是让孩子体验到学习的成就感。只有当孩子内心的引擎被发动，他们才能在学习的道路上奋勇向前，绽放自己的光彩。

第 8 课　助力孩子生命力更加绽放

课程研修背景

根据世界卫生组织的数据，中国人近 20 年抑郁症人数逐年递增。抑郁症也正在困扰着我国的青少年，这已经是一个不争的事实。2021 年 3 月份出来的《中国国民心理健康发展报告（2019—2020）》指出，我国中学阶段的学生抑郁症检出率达 30%；重度抑郁症的检出率约 7.6%～8.6%，也就相当于每个班有 3～4 个重度抑郁的孩子。2020 年 9 月份，国家卫生健康委员会发文将抑郁症筛查纳入中学生、大学生的体检项目中。

2019 年《中国儿童自杀报告》数据显示：中国每年有约 10 万青少年死于自杀，平均每分钟就有 2 人自杀，有 8 人自杀未遂。有 24.39% 的中小学生曾有过结束自己生命的想法，有 15.23% 的中小学生认真考虑过自杀，有 5.85% 的孩子曾计划自杀。

据统计，目前全国有农村留守儿童约 902 万人。其中由祖父母或外祖父母监护的约 805 万人，占 89.3%；由亲戚朋友监护的约 30 万人，占 3.3%；无人监护的约 36 万人，占 4.0%；父母中一方外出务工另一方无监护能力的约 31 万人，占 3.4%。留守儿童由于父母长期缺位，很难感受到父母的爱和家的温暖，他们对于安全感和归属感的基本心理需求得不到满足，心理问题较非留守儿童更为突出，主要表现在情绪控制、注意力、社会适应能力、自伤行为风险等方面。因为缺乏关爱，发生在他们身上的意外伤害事件的风险也较大。另外，随着城市化进程的推进、城市居民工作节奏加快，生活成本增加，越来越多的父母不得不在工作中投入更多的精力、更长的时间。这导致有些父母一周才能与孩子相见一次，这就催生了"城市留守儿童"的出现。深圳作为改革开放前沿城市，一直是全国经济发展最快的地方。在这里，城市人口相对密集，工作的压力和竞争相对较大，父母在家庭上投入的时间相对较少，陪伴孩子的时间也相对不足。而父母陪伴不足的孩子，通常显得比较自卑、胆小、易挫败等。

随着经济的发展，人们的物质生活越来越丰富，青少年的物质需求也越来越被充分满足，但是青少年的心理需求并没有引起充分关注，心理健康问题并没有因此减轻，反而越来越严重。不可否认，一部分父母还停留在只满足孩子的物质需求阶段，并没有从满足物质需求转化为关注孩子的心理需求。而有的父母虽然已经重视孩子的心理需求，却总因理念和方法不当，并没有取得好的效果。根据埃里克森人格发展理论：12~18 岁是人格发展的最后一个阶段，也是人格修正的最后一个机会，过了这个时期孩子就是成人了，人格就会相对固定。而青春期的孩子，随着生理与心理的发育、自我意识的增强，与家长、学校甚至同学的各种冲突矛盾日益明显，父母的科学引导正是孩子人格修正的一个契机。

家是温暖的港湾，是孩子最坚强的后盾，是孩子获得归属感、安全感、力量感的第一场所。父母是孩子的起跑线，父母的人格特点是孩子心灵的底色，父母的智慧筑起孩子能力的大厦。青春期得到父母理解和支持的孩子，会更有自信，会更坚强、坚韧，更有力量。父母的肯定和欣赏，就是孩子的价值感来源，就是孩子确定的明天。

为此，深圳市龙岗区家庭心理教育研究工作室专门研发这一课程，希望能与各位家长携手凝聚成更大的力量，来支持更多的孩子。

课程实录文稿

在自然界，我们总能看到一些令人惊叹的生命现象，比如屹立于黄山悬崖峭壁上的迎客松，它扎根在石缝间，无惧风雨，耐住严寒酷暑，顽强生长，向我们展现出令人惊叹的生命力。又比如我们偶尔看到的那些"受伤"的树木，它们仍然能够突破树干上的深痕继续向上生长，长得郁郁葱葱，向我们展示了树木强大的生命力。正是这些自然界中的生命奇迹，激发了我们对于生命无限可能的深刻思考。在人类的世界中，孩子们正如这些顽强生长的树木，他们拥有着无限的潜力和可能，而我们要做的就是助力让孩子生命力更加绽放。

一、观察孩子生命力现状

自然界的生命力现象无处不在，它是一种难以言喻的内在力量，展示着生命的多样性和活力。促进孩子生命力绽放，不仅需要锻炼他们健康的体魄，更需要发展他们健康的心理和健全的人格。一个充满生命力的孩子，如同拥有无穷能量的太阳，可以拥抱成功、成就，也可以平静面对失败挫折，继续蓄积力量。

（一）生命力的内涵

什么是生命力呢？就是维持生命生存发展的能力。对于一个孩子来说，就是既有力量处理好当下的生活、学习，又有力量着眼于未来的发展。生命力是指一个人生存、发展、突破困境的内在力量，也是受挫时复原的力量。生存、发展、突破困境是奋斗的力量，就像太极中的阳极，是一种阳性力量；受挫时复原的力量是一种蓄积发展力量的过程，有点像太极里的阴极，是一种阴性力量。这两者相辅相成，共同构成了我们完整的人格与生命力。只有同时拥有了这两种力量才是一个拥有完整人格的人，一个拥有绽放生命力能力的人。

在家庭教育中，家长需要引导孩子树立正确的人生观、价值观和世界观，培养他们正确看待成功与失败。家长的共情和支持，如同阳光雨露，滋润着孩子的心田，促进其茁壮成长。

（二）当前社会中的孩子生命状态

对于儿童而言，生命力的充分展现依赖于一个有营养的养育环境。近些年，某些常见的养育方式导致了一些令人担忧的社会现象，例如"空心病"的出现。北京大学徐凯文教授做过一项调查：北大的新生，包括本科生和研究生，其中有 30.4% 的学生厌恶学习，或者认为学习没有意义。还有 40.4% 的学生认为人生没有意义。

笔者在大学期间从事家教工作时，曾遇到一位母亲，她频繁地向孩子灌输这样的观念：唯有努力学习，考入大学，才能到达幸福的彼岸。当孩子最终达成父母的心愿，踏入大学校门之时，却意外地发现自己的内心陷入了空虚，对于生存价值与意义产生了深刻的迷茫。此刻，孩子会感到茫然无措，不清楚自己真正追求的是什么，生活似乎失去了方向。更有甚者，一些孩子逐渐对周遭的一切呈现出麻木不仁的态度。这恰恰印证了德国哲学家康德的观点："无人能强迫我以他人的方式去追寻幸福。"我们期待孩子按照我们规划的路线来获得美满幸福的人生是不现实的。现在，我们会发现患上"空心病"的人年龄越来越小，甚至我们身边就有这样的孩子：他们无目标、无动力、无兴趣、无感受，他们越来越不快乐。

《2022 国民抑郁症蓝皮书》显示，青少年抑郁症持续高发。我国 18 岁以下抑郁症患者占抑郁症患者总人数的 30.28%。在抑郁症患者群体中，50% 的抑郁症患者为在校学生，这其中有 41% 的学生曾因抑郁症休学，学业压力已经成为压在青少年抑郁症患者身上的一座大山。其中，学生患者中有 77.39% 的青少年在人际关系中易出现抑郁，学生患者中有 69.57% 的青少年在家庭关系中易出现抑郁症状，学生患者中 53.91% 的青少年在学业中变得抑郁。

一个初一的学生向笔者倾诉，当他发现自己的某一科成绩不尽如人意时，他坦言曾有过自扇耳光的冲动，并且确实这么做了，因为他深感自己表现糟糕，十分羞愧。当笔者进一步询问他是否还有其他极端的想法时，他表示自己甚至有过轻生的念头。

我们可以看到，有些孩子在面对学业困难时，承受了巨大的压力。可能是我们对孩子的评判标准相对单一，成绩成了唯一的评判标准。而在家庭中，孩子也没有被培养出很多生活上的能力和现实中的技能。就像儿童心理学家陈默所说："孩子一切现实事务都被替代了，他们只知道好好学习。"一旦学习不够理想，孩子就变得无路可走了。为此，国家出台了"双减"政策和《中华人民共和国家庭教育促进法》。希望通过家庭、学校的合力，相互配合，培养出不仅学业优秀，而且身心健康的孩子。

（三）成长、成功与幸福的关系

对成功的追寻，是每个人生活的动力。对孩子而言，成功可能是一场比赛的胜利，也可能是一次考试的满分。然而，真正的成功，并非仅仅在于这些外在的成就，更在于内心的满足和成长。当孩子不断学习、积累经验、克服困难，其自身的能力就会得到提升，内心就能获得一份成长和幸福感。其实，成长还包括在失败中吸取教训、在挫折中磨炼意志、在平凡的日子里不断完善自我等。所以，成功并非成长的唯一标准。

成长是孩子实现成功和获得幸福的重要基石。成长后的孩子具备良好的情绪管理能力、坚韧的意志品质、清晰的自我认知以及正确的价值观。这样的孩子在面对困难和挫折时，能够以积极的心态应对，不断调整自己的策略和行动，从而更容易在学业等方面取得成功。同时，他们更加懂得如何感知和珍惜生活中的美好，能够从简单的事物中获得快乐，对于物质和外在的追求不过于执着。他们能够建立健康、和谐的人际关系，能从家庭、朋友和社会中获得情感支持，从而拥有更高的幸福感，实现更有意义的人生。

二、阻碍孩子生命力之因

阻碍孩子生命力绽放的原因，往往来自家庭、学校及社会环境等多重因素的交互作用，探究这些原因，对于促进孩子生命的全面发展具有重要意义。在多种因素中，家庭的影响力最为重要。家庭原本应该托举孩子的成长，但是现实中总会有一些家庭因素阻碍孩子生命力绽放。

（一）尊重生命不够——控制型父母

生命，是一场宏大而奇妙的旅行，从诞生的那一刻起，我们便踏上了这段充满好奇与可能的征途。所谓尊重生命，是指要以生命本来的面目去对待它，尊重生命本来的样子。在这个过程中，我们并非被动地接受外界的塑造，而是将外在的力量内化，从而拥有着无尽的能量，并驱动着自我的成长与发展。

人本主义心理学，作为心理学的一个重要流派，强调个体在成长过程中的自主性、创造性和独特性，其认为每个个体都有实现自我潜能的内在动力。人本主义心理学家罗杰斯认为，每个人都有一个内在的驱动力，那就是实现自我潜能的愿望，这种愿望驱使个体不断追求着自我成长和自我完善。在人的生命历程中，个体需要被"无条件积极关注"，即个体在成长过程中需要得到他人的关爱、理解和接纳，以实现自我潜能。马斯洛称，人有五个层次的心理需求。在这个过程中，个体不断探索、尝试，克服困难，追求自我完善。只有完成了自我实现，活成了自己想要的样子，才能更好地彰显生命的意义。

曾经看过一个很讽刺的视频《脐带》，虽然很短，但却让我印象深刻。

一个母亲含辛茹苦地生下孩子，不舍得让医生剪断脐带。因为留着这根脐带，母亲就可以随时随地掌控孩子。当孩子用剪刀碰插座、在水坑里乱蹦乱跳、在墙上胡乱涂画时，妈妈都能用脐带一把拽回。但渐渐地，这根脐带对孩子的阻碍越来越明显。比如，孩子的同学取笑他、孤立他，甚至肆意玩弄他的脐带；孩子渴望外面的世界，去结交朋友；孩子长大了，有了喜欢的对象，半夜想去约会，妈妈一次次用力拽回。就这样，孩子经历一次次分离的失败、自我探索的失败，一辈子形同木偶，被妈妈控制着，按她的意愿活着。而当母亲离世时，孩子陷入了前所未有的崩溃，因为他早已经没有了自我，生命失去了精神和意义。

我们身边有很多父母，打着爱的名义，却用隐形的"脐带"控制着孩子。在一句句"我都是为了你好，所以你必须听我的！"的背后，可能充满了父母的自恋、无法转化的焦虑，以及对未来的恐惧，并非父母最纯粹的爱。

美国明星"小甜甜"布兰妮·斯皮尔斯，她的演唱事业曾经极度成功。然而，这个备受宠爱的甜心宝贝，日后的人生却坎坷不堪……这源于其母亲对她的过度控制，使布兰妮的人生缺失了正常女孩必经的成长经历和生活体验。在其母亲的操控下，她沦为了母亲实现自己野心的牺牲品，父亲更是限制她的人身自由，让她成为赚钱的工具，使得布兰妮无法完成自我的成长和蜕变，过着让人唏嘘的人生。

著名的心理学家武志红说，生命的根本动力在于做自己。如果只能按照别人的意志，被动参与，那么生命就丧失了本身的活力、动力和创造性。纪伯伦的诗里写道："你的孩子，其实不是你的孩子/他们是生命对于自身渴望而诞生的孩子……"尊重生命，相信生命是值得相信的，生命具有生长性、向上性、向善性以及智慧性，尊重孩子发展的自然规律。为人父母，要学会克服自己的控制欲，把握好亲子之间的界限，引导孩子走向独立、活出自我的人生。

（二）渴望成功太过——贬低型父母

改革开放几十年来，我们国家进入了一个经济快速发展的时代。在经济的推动下，有些父母过度焦虑，他们害怕自己的孩子在有限的资源竞争中失败，没有一个好未来。

一些父母觉得，夸赞孩子会让孩子骄傲，因此他们总是习惯找孩子的不足，以为这样，孩子就会知耻而后勇，不断向别人学习，成为父母期待的样子。

在《我妈，一个挑剔的女人》视频中，一个妈妈，总是不断挑剔自己的孩子："语文 99，数学 99，怎么没考双百啊，那一分扣哪去了？"当妈妈开完家长会回来时会说："我听小姜的妈妈说小姜每天晚上学习到 12 点，你怎么每天 10 点就睡了？""作业写完了可以复习，复习完了可以预习。人家小姜学习从来都不要妈妈督促的，人家都是很自觉的。""人家小姜的书都被翻烂了，你的书怎么那么新？哪里有像翻过的样子？"……

视频中，孩子在这种不断的被贬低、比较的过程中，渐渐感受到自己无能、无用。

深圳市龙岗区家庭教育中心曾在全区范围内的中小学校举办了一场名为"我最喜爱的父母"的征文活动。笔者也在自己所教授的班级中进行了相应的调查。在调查问卷中，有一个问题是："你最希望你的父母具备哪种品质？"结果显示，70.1% 的学生表示，他们最希望父母能够接纳自己。在这部分学生中，有 39% 的孩子给出了更为具体的期望，即希望父母不要将他们与其他同学进行比较，尤其是不要与成绩排名靠前的同学相比。此外，如果一个班级的氛围中充斥着不断的比较，学生往往会陷入恶性竞争，导致攀比心理的产生，甚至可能滋生嫉妒情绪。我们偶尔在网络上也会看到关于学校宿舍内发生投毒事件的新闻，其中有些案例正是由于对某些同学才华的嫉妒而心生怨恨，最终导致了悲惨的后果。

作为一线教师，笔者在教授的两个班级，经常采用一种"比较与崇拜"的正面激励方法。比如，在教英语课时，笔者会把一班出色的课堂听写展示给他们看，并告诉他们："二班的同学们总是夸你们书写整洁，准确率高，他们特别崇拜，还打算悄悄向你们学习呢。"到了二班，笔者则用一班同学的名义称赞他们，这样，两个班级之间就形成了相互欣赏、合作与良性竞争的良好氛围。记得有次出黑板报时，二班同学还没画好，就主动把彩笔借给了一班同学先用。在年级篮球联赛，最后决赛是一班对阵四班。得知这个消息后，二班的同学比一班的还紧张，有几个学生甚至跑到年级长办公室，问能不能让他们也加入一班，因为四班的篮球队员实力太强了。从这个例子中可以看出，相互欣赏可以获得力量，合作则能实现共赢。

既然比较、贬低的方式对孩子的发展有害，那父母为什么还要拿孩子去做比较呢？家长的心里有这样的声音："不行更要努力，取得更好的成绩"。往往有部分孩子会加倍努力，因为他们渴求父母的爱，他们要证明自己是可爱的，是值得被父母爱的。因为他们努力的背后是内心深深的匮乏。有时候父母的一句话，会让孩子受到深深的伤害。

我有一个朋友说，在她青春期的时候，她的父母经常对她说："你要是能考出好成绩，我就给家里的狗缝顶帽子。"但她从不敢问爸妈，到底要考得多好才算好。为了这句话，她拼命学习，不仅成了班里的尖子生，还一路领先到了全年级、全县。可即便如此，爸妈也从没给狗缝过那顶帽子。她始终搞不清楚，爸妈心里的"好"到底要多好才行。这让她觉得很无助，慢慢地，她开始在心里否定自己。

（三）教导动力太足——"好为人师"型父母

在孩子年幼时，父母常常教导他们要听话，听从父母教导的孩子才是乖巧懂事的。一直以来，很多父母爱子心切，担心孩子走弯路，让孩子听话成了他们一贯的育儿准则。

有个家长从小就教育孩子一定要听父母的话，从小到大父母的教养方式一贯如此，孩子也将父母奉为权威，对父母的话言听计从。然而，当孩子步入青春期后，却仿佛霜打的茄子一般，失去了往日的活力与朝气。与此同时，孩子在学校里还会频频挑战规则，如在课堂上与老师针锋相对，与同学发生冲突乃至打斗，甚至做出一些其他孩子不敢尝试的"惊世骇俗"之举，比如用篮球撞破学校的窗户，这让家长颇感头疼。

此时，孩子正处于自我认同的关键时期，他不断地在内心探索："我是谁？我具备哪些能力？我是否强大？"在这个阶段，他极度渴望得到外界，尤其是同学、老师以及父母的认可。然而，在家中，由于始终无法违抗父母的意愿，孩子渐渐失去了活力与自信。但在学校里，他却能通过与老师对抗在同学中树立威信，感受到一种"唯我独尊"的虚荣。

因此，当父母与青春期的孩子产生矛盾时，若非原则性问题，不妨适当放手，让孩子在争执中占据上风。这样，孩子才能在胜利中有"我很厉害"的自豪感，从而在春风得意中逐渐建立起自我认同。如果孩子正向的自我认同找不到，就有可能转向破坏性的行为，比较极端的是成为负向的典范——这就是心理学上的反向形成。所以，让孩子按照父母的教导或要求、听话照做，背后往往映射了父母的极度自恋和对孩子的不信任。父母可能认为孩子没有足够的能力做出正确的决策或独立完成任务。他们担心孩子会犯错，因此试图让孩子听自己的经验教导来避免可能的失败。当孩子被要求事事按照父母的意愿行事时，孩子探索的热情和勇气很可能会被逐渐消磨。他们的想象力和创造力被限制，难以创新。一个总是听从他人指挥的孩子，很难形成清晰的自我认知，也无法自主决定自己的人生方向。

在一次心理学的课堂上，有一个学员问导师："我家的孩子太叛逆怎么办？"当时导师微微一笑说，青春期的孩子都是踩着父母的尸体成长的。笔者当时大为震惊，导师怎么会说出这么恐怖的话？于是笔者下课后拼命找资料，终于找到了心理学家温尼科特说的"倘若孩童将成为成年人，那么这个进展是踩着一个成年人的尸体来达成的"。同时，温尼科特还说了另外一句话："你播种一个婴儿，却收成一颗炸弹。"尽管说法略显夸张，但不难察觉到，在孩子追求自我成长的道路上，他们的内心充满了强大的动力和紧张感。假若遭遇控制欲强的父母，一味要求孩子绝对服从，孩子或许会因无奈而勉强顺从父母的意愿。然而，这种顺从往往以牺牲孩子对未来的憧憬和热情为代价，导致他们内心深处产生巨大的消耗与冲突。更糟糕的是，孩子可能会变成一个外表顺从，内心却充满反抗的个体，生活在一种表里不一的状态中。

有一个青春期的学生，他的语文老师对学生要求极为严格，所以多数学生内心深处对这个老师抱有强烈的抵触情绪，处于一种既厌恶又无可奈何的状态。在这个老师的语文课上，这个学生总是端坐得笔直，看似全神贯注，实则思绪早已飘远，沉浸在自己的世界里。这一现象让他的母亲和语文老师感到困惑不解：为何孩子课上姿态端正、专心听讲，学业成绩却始终不尽如人意。这恰恰说明，即便没有表现出明显的叛逆行为，孩子仍会以自己独特的方式，悄然无声地塑造自我，成为真正的自己。

（四）过度付出失衡——包办型父母

在传统文化中，家庭一直被认为是温暖、提供庇护的场所，而父母的爱是孩子成长的养料，它是一种持续的能量，滋养着孩子的成长。然而，有位母亲这样说："孩子是我的整个世界，为了他我放弃了工作，做起了全职保姆，我做的一切都是为了他好。"其实这就暗示了母亲对孩子的依赖，同时也将自己的未来依附或绑架于孩子身上，这可能带给孩子莫大的压力，对孩子的独立性和自信心产生负面影响。过度付出的表现多种多样，比如不让孩子做任何家务，自己揽下了所有的家庭责任；比如不告诉孩子父母的病情，甚至是亲人的离世，好让孩子不为家人担心。这些表现都反映了父母的过度关心和过分保护。

心理学家武志红曾经说过：父母付出的越多，孩子就越要逃离，最终形成恶性循环，直到亲子关系破裂。这句话深刻揭示了许多家庭所面临的亲子困境。在快节奏的生活压力下，父母往往倾注全部心血于孩子，却忽略了孩子内心的真实需求，导致原本应该紧密的亲子关系渐渐疏远，甚至走向崩溃的边缘。

不可否认，"父母之爱子，则为之计深远"。他们辛勤工作，为孩子提供优渥的物质条件，孩子们衣来伸手、饭来张口，父母承担了孩子所有的生活琐事，给孩子报各种补习班、兴趣班，只为他们能在未来的竞争中占据一席之地。然而，这种过度付出往往伴随着对孩子的过高期望，当孩子的表现与期望不符时，父母便会感到失望和焦虑，而这种情绪又会在无形中传递给孩子，形成孩子沉重的心理负担。他们开始逃离、反抗或者接受这所有的安排，因此，一味地为孩子倾尽所有，可能换来的却是孩子的不知感激，甚至稍有不如意还会引发孩子的怨恨。

"一得他爹"曾经是个育儿类博主，他的微博有几十万的粉丝，他的育儿经验被很多妈妈推崇。他曾经为了儿子辞去工作，卖掉房子，搬到了郊区的山上，全职带娃。在儿子一得成长的十七年间，他拍摄了二十多万张照片。为了拍摄这些照片，"老得"用坏了五部相机。他每天变着花样给孩子做饭，挖空心思把饭菜做得充满着诗情画意，十多年里菜单几乎没有重复的。他是一个近乎完美的爸爸，爸爸牺牲自己的全部为孩子付出。但有几个孩子能承受住这份沉重的爱？后来，一得选择结束自己的生命。对此，有一个网友总结了一句话：走孩子的路，让孩子无路可走。一得在结束自己的生命时写道：生活还要继续，生活也还会继续。可是他的生命就停在了那一刻，如同他文字中所配的图片：一块石头压瘪了一个塑料水瓶，他再也走不动了。

经常有人说，现在的孩子打不得骂不得，越来越"玻璃心"。何为"玻璃心"？顾名思义，就是心像玻璃一样易碎、很脆弱。这样的孩子太过敏感，极易受到外界看法的影响，很难处理好别人的批评甚至自己的负面情绪，又极易受到伤害，甚至做出极端的行为。

有心理学家的调查结果显示，我国46%的儿童，有不同程度的"玻璃心"。为什么现在"玻璃心"的孩子越来越多？记得笔者在上小学五年级时，班上的一个男同学，被他爸爸拿着树枝绕学校追了三圈，要去打他，结果没追上。后来这个爸爸非常生气，到办公室找老师，让老师给他教训教训自己家的小孩。当天下午放学这个男同学不敢回家，怕被爸爸揍，好在班主任陪着孩子回家，才免了一顿皮肉之苦。

为何这个男同学会让父亲如此愤怒呢？在过去，孩子们通常需要承担许多家务，以减轻家庭的负担。那天中午，由于语文老师延长了上课时间，孩子们都比平时晚了几十分钟到家。其父母从田间劳作归来，发现饭菜尚未准备，家中的鸡鸭鹅因饥饿而吵闹不休，一见到孩子，便不问缘由严厉责骂。这使得这个男同学满心委屈，在煮饭时，冲动之下抓起一把地上的沙土混入米饭中，盖上锅盖后便匆匆上学去了。这一行为彻底激怒了父亲，他愤怒地从树上折下树枝追了出去，从而发生了之前提及的那一幕。此事在我们全班传得沸沸扬扬，但那个孩子并未因此产生轻生的念头。因为这个同学每天除了上学，还有很多家务事要做，比如，每天家里的各种牲畜需要他喂，父母需要他做饭、干农活，这种深刻的被依赖感使孩子意识到自己是不可或缺的，每个角落都需要他的参与。然而，在当下的环境中，孩子们的生活被全方位照顾，他们唯一的任务就是好好学习。一旦考试成绩不尽如人意，父母或许会责备道："你怎么考得这么差？我们为了让你专心学习，不让你洗衣服、拖地、做饭，可你现在却学成这个样子，让我觉得自己养了个没用的孩子。"这样的话语会让孩子感到自己一无是处，仿佛是个毫无价值的人。

三、绽放孩子生命力之道

每个孩子都是独一无二的，他们拥有各自独特的天赋、兴趣和梦想。我们如何助力孩子，去绽放自己的生命之花呢？

（一）关注孩子生理健康

1. 健康的定义

世界卫生组织认为，健康是指躯体健康、心理健康、社会适应和道德良好。也就是说，一个真正健康的人，不仅仅是指身体没有疾病，心理也应该是健康的。孩子的身体正处于发育阶段，健康的身体是他们正常学习和生活的基础。如果孩子身体不健康，可能会导致其出现注意力不集中、学习成绩下降、情绪不稳定等问题。心理健康是一种良好的心理状态，处于这种状态下，孩子不仅有安全感、自我状态良好，而且与社会契合和谐，能以社会认可的形式适应外部环境。所以，关注孩子身体健康的同时，还要滋养孩子的心灵，让他们在爱与关怀中茁壮成长。

2. 重视孩子的睡眠、饮食、运动

如果青少年长期熬夜学习，其专注力将逐步降低。在家长课堂上，我时常会向初中生的家长提出这样一个问题："请举手示意，您的孩子每天睡眠时间能达到 6 小时、7 小时、8 小时，以及 9 小时的分别有多少人？"结果总是发现，随着睡眠时间的增加，举手的家长数量逐渐减少。有一次竟没有一位家长举手表示自己的孩子每天能睡足 9 小时。对于中小学生来说，根据教育部办公厅发布的要求：小学生每天睡眠时间应达到 10 小时，初中生应达到 9 小时，

高中生应达到 8 小时。我们知道，充足的睡眠能让我们第二天醒来后感到精力充沛，并且一整天都能保持能量满满。睡眠不足的原因多种多样，或因学习至深夜，或因拖延玩耍，或因家庭成员晚睡的习惯影响，孩子亦随之熬夜。

在饮食方面，应当注重营养均衡，鼓励孩子多吃蔬菜、水果，摄入适量蛋白质，同时避免摄入过量高糖、高脂的奶茶。运动同样至关重要，家长可陪伴孩子多参与户外活动，以增强体质，提升抵抗力。尤其是初中生，运动对其身体成长尤为重要，因为这个阶段是身体快速发育的关键时期。适宜的运动可加速新陈代谢，促进血液循环，增强心肺功能，同时提高身体的整体耐力和活力，使身体更加灵活协调。不仅如此，运动还能缓解初中生的学业压力及青春期烦恼，一场球赛往往能让他们重新燃起青春的活力与奋发向上的热情。

（二）关注孩子心理健康

在孩子的成长过程中，除了物质上的满足、生理上的健康，他们还需要心理上的健康。而心理健康更需要恰当的心理营养，这种心理营养如同阳光雨露，能够让孩子的心灵得到充分的成长和发展。

1. 我是安全的

一颗种子能够茁壮成长，离不开肥沃的土地；一个孩子能够健康成长，离不开有心理营养的家庭。如果孩子能在一个温暖、安全的家庭环境里，家庭成员之间互相尊重、相处和谐，也将内化为孩子的心理环境，孩子就会长成一个有爱、温暖、有安全感的人。同样，孩子也会更愿意打开自己，接触更多的环境，更有力量去迎接创新和挑战。如果孩子在一个充满抱怨、指责、紧张的家庭氛围内成长，孩子也更容易退缩、自卑，充满戒备和恐惧，人际交往中就容易缺乏信任，更容易抱怨和指责。

笔者的一位警察朋友提及近年来他们到学校出警的次数显著增加，部分孩子开始选择拨打 110。这一现象既体现了当前孩子们较强的维权意识，也从侧面反映出他们对周围环境的信任度有所下降。例如，某天上午自习时，有位同学报警，班主任对此还一无所知时，警察便已到达现场。事情的起因是这位同学在自习时不慎撞到了后桌，导致后桌同学正在写的字被碰歪，后桌同学一怒之下用书本敲了他的头。于是，他报警称自己遭受了暴力攻击。这让当时正在守自习的老师十分惊讶，孩子的反应似乎有些过激。那么，孩子为什么会有这样的行为呢？值得我们一起去思考。其实真正缺乏安全感的孩子，面对他眼前的世界，是充满了不信任感的。那么我们如何能让孩子感受到自己是安全的、被爱的呢？

自体心理学流派代表人物海因茨·科胡特提到"母亲眼里的光芒"。比如小婴儿在妈妈眼里都是完美的，宝宝一举手一投足，妈妈总会用眼神，甚至用语言表达，"宝宝好厉害""这么完美啊"，在母亲爱的目光注视下，小宝宝觉得自己是被爱的、安全的、完美的。如同温尼科特的"母亲眼里的光芒"及话语带来的小婴儿的无所不能感是每一个后来的成年人自尊、雄心、创造力及成就的核心基础，是他们在人生路上遭遇到失望、挫折而感到羞耻和愤怒时能够相对快速"回弹复原"的动力源泉。

其实，孩子所需要的安全感，无非就是两个字：被爱。而现在很多家长传递给孩子的信息是：你满足了我的要求，我就会爱你。实际上孩子渴望父母给予的爱是：我永远爱你，无论你优秀与否。比如当孩子的成绩离理想成绩还有很大差距时，我们可以平静地告诉孩子："虽然暂时做不到，但是在爸爸妈妈眼里，并不代表你不够好。"当孩子被老师批评，甚至叫家长，并罗列出孩子的种种错误，孩子很委屈、很羞愧时，我们能温柔地跟孩子说："爸爸妈妈小时候，也做过很多错误的决定。"

如果孩子感受到自己生活在一个安全、充满爱的环境中时，他们的心灵才能得到充分的滋养和成长。这种安全感将为他们未来的生活奠定坚实的基础，让他们在面对困难和挑战时更加自信和勇敢。

2. 我是有用的

中国有句古语，叫望子成龙。望子成龙成了当今千百万父母的期望。中国台湾著名漫画家蔡志忠先生说："父母望子成龙、望女成凤，不是去要求他，而是去帮他完成他的梦想。"我们不仅要望子成龙，还要助子成龙。比如相信孩子是龙，助力孩子成为龙。

发展的螺旋型进程：做决定→（促进）付诸行动→（促进）胜任感→（促进）自我价值感→（促进）做决定。这是一个螺旋上升的过程。孩子在父母的鼓励下做决定，愿意尝试，并通过被肯定的技能或行为，获得胜任感。当孩子获得多次的胜任感时，渐渐由量变到质变，孩子就获得了自我价值感。

其实，作为父母发自内心地接纳孩子、欣赏孩子、肯定孩子，不需要方法，父母的真诚，孩子总能感受得到。若父母尚未习惯给予孩子肯定，可以尝试以下方法：多运用描述性语言来赞扬，特别是针对孩子的具体行为和态度，如努力、细心、认真、坚韧和勇敢等。例如，可以说："我注意到你一直在努力解这道题，即使遇到困难也没有放弃，妈妈为你的坚持和认真感到骄傲，换成是我可能都做不到呢！"同时，应避免使用评价性语言来强调结果，比如"你真聪明，下次一定要再考 100 分哦！"这样的表扬可能会让孩子感到压力和恐惧，担心自己下次如果考不到 100 分，是不是就不再聪明了。所以肯定过程可控，肯定结果不可控。在这个不断肯定的过程中，孩子获得了自信，变得自爱、自尊，获得了自我价值感。那么他们将会更有能力，有信心去过好自己的生活。

3. 我是好样的

每个孩子都是独一无二的个体，他们有自己的兴趣和特长。我们要尊重孩子的个性差异，鼓励他们追求自己的梦想和兴趣。那么如何看待兴趣呢？这个兴趣究竟是源自父母对孩子应有兴趣的设想，还是孩子内心真正的热爱？举例来说，有个学习能力出众的孩子，近期却显得精神萎靡，课堂上缺乏活力，作业也完成得马虎潦草。于是，在老师的询问下，她透露说周末要参加五个兴趣班，感觉身心俱疲。老师进一步询问哪个兴趣班让她感到最疲惫，如果让她重新规划，她会如何调整这些兴趣班。孩子回答说是周六下午的舞蹈课，每次要练习三个小时，她对此并无兴趣，而且觉得非常耗时。老师又问，如果由她自己来决定，哪个兴趣班是她最不想参加的，或者想要取消的，她依然说是舞蹈课。之后，老师与孩子的母亲进行了沟通，随后了解到，舞蹈兴趣班是父亲坚持要让孩子参加的，目的是培养孩子的坚持精神。这显然反映了舞蹈是父亲希望孩子能拥有的兴趣。

兴趣，指的是个人对特定事物或活动所持有的偏好及关注情绪。它体现为个体在面对某一事物或参与某项活动时展现出的选择性倾向及积极的情感反馈。真正的兴趣源自孩子内心的喜爱，这种喜爱会驱使孩子自发地行动起来，这正是自我驱动力的初步体现。因为热爱，所以能够持之以恒，更愿意深入探索；而持续的探索与坚持，又会进一步培养孩子的主动性、坚忍不拔的精神，使他们更有可能在该领域表现出色，从而获得成就感与价值感。这种积极向上的状态与优秀品质是能够迁移的，有助于孩子在学习文化课程时也能取得更好的成绩。因此，兴趣应当是赋予孩子力量，使他们充满活力，而非让他们感到疲惫不堪、精神萎靡。

每个孩子都拥有自己独特的兴趣爱好，没有好坏之分。有这样一个故事，心理学家贺岭峰先生的女儿对动漫充满热情，她不仅在墙上自由涂鸦，还沉迷于日本动漫。某次，她在自习课上画动漫时被老师发现，并因此被请来了家长。贺岭峰先生当场向老师致歉，但回家后，他并未责备女儿，也没有撕毁她的画作或烧毁她的漫画书，只是提醒她不要挑战老师的权威。后来，女儿成功获得了七所大学的录取通知书。回顾这段经历，贺岭峰先生认为，他做得最正确的事就是没有反对、没有干涉，更没有将自己的意愿强加于女儿。相比之下，笔者的一个男性同事对女儿热爱日本动漫和 cosplay 的态度截然不同。他不仅强烈反对，还愤怒地指责女儿"不学无术"，声称正常人不会喜欢这些。结果，女儿对父亲充满了怨恨，父女关系紧张，其女儿甚至在半年前因一点小事就拒绝上学。这两个案例引发了我们不同的思考。

有人说，每个孩子降生到这个世界上，都带着自己心爱的玩具。有的孩子迷恋手工，有的孩子迷恋画画，有的孩子迷恋踢球……但是有一天父母把他的玩具没收了，因为父母觉得这个玩具耽误了他，阻碍他获得这个世界的通行证。但事实是，如果孩子没有了自己心爱的玩具，就算他得到了世界的通行证，得到了全世界的认可，又有什么意义呢？那不是他自己想要的。当我们允许孩子成为独一无二的自己时，便是在尊重生命的多样性。每个孩子的兴趣爱好各不相同：有的孩子热爱绘画，用色彩和线条勾勒出心中的奇妙世界；有的孩子钟情于音乐，让美妙的旋律在指尖流淌；有的孩子痴迷于阅读，在书的海洋中畅游，汲取知识的养分。这些不同的兴趣爱好是他们个性的体现，也是他们探索世界、发现自我的途径。

每个孩子都有自己独特的性格特点：有的活泼开朗，像温暖的小太阳，给周围带来无尽的活力；有的安静内敛，如同深邃的湖水，在沉默中有着细腻的思考。无论哪种性格，都有其价值和魅力。每个孩子都有自己的成长节奏，有的孩子在某些方面可能发展得稍快一些，而有的孩子则需要更多的时间。我们不能用统一的标准去衡量他们，应该耐心等待，陪伴他们按照自己的节奏成长。在孩子的成长道路上，让我们以开放的心态接纳他们的独特性，允许他们成为独一无二的自己。因为每个孩子都是这个世界上最珍贵的宝藏，都有着无限的可能，都是最好的自己。

青春就是一个追梦的过程。要想培养优秀的孩子，你首先要成为优秀的父母。作为父母，我们需要不断给孩子赋能，肯定孩子，让孩子确信自己有能力、有勇气去追梦。孩子的生命力也会在追梦的过程变得更加绽放。

附录一
家长家庭教育基本行为规范

第一条　依法履行对未成年子女的监护职责，承担家庭教育主体责任，坚持立德树人，树牢"家庭是人生的第一个课堂，父母是孩子的第一任老师"理念。

第二条　注重家庭、注重家教、注重家风，构建平等民主和谐的家庭关系，营造相亲相爱的家庭氛围，弘扬向上向善的家庭美德，为子女健康成长创造良好家庭环境。

第三条　保护子女合法权利，尊重子女独立人格，注重倾听子女诉求和意见，不溺爱，不偏爱，杜绝任何形式的家庭暴力，根据子女年龄特征和个性特点实施家庭教育。

第四条　注重子女品德教育，引导子女爱党、爱国、爱人民、爱社会主义，形成尊老爱幼、明礼诚信、友善助人等良好道德品质，遵守社会公德，增强法律意识和社会责任感，养成好思想、好品行、好习惯。

第五条　教育引导子女养成良好学习习惯，提升自主学习能力，保护子女的好奇心和学习兴趣，理性帮助子女确定成长目标，不盲目攀比，不增加子女过重课外负担，用德智体美劳全面发展的眼光评价子女。

第六条　促进子女身心健康发展，保证子女营养均衡，科学运动，睡眠充足，身心愉悦，帮助子女形成阳光心态、磨炼坚强意志、锻炼强健体魄，保持良好生活习惯，有针对性进行性健康和青春期教育，增强孩子自我保护的意识和能力。

第七条　培养子女健康的审美情趣和审美能力，引导和鼓励子女亲近大自然，参加社会实践和公益活动，善于发现美、欣赏美、创造美，陶冶高尚情操，提升文明素质。

第八条　教育引导子女树立正确的劳动观念，参加力所能及的劳动，在出力流汗中体会劳动创造美好生活，提高生活自理能力，养成良好劳动习惯。

第九条　注重自身言行，在日常生活中做到爱岗敬业，诚信友善，孝老爱亲，遵纪守法，为子女树立良好的榜样，与子女共同成长进步。

第十条　积极参与家校合作和社区活动，尊重教师和社区工作者，理性表达合理诉求，用好各类教育资源，在家庭、学校、社会协同育人中发挥作用。

全国妇联　教育部

2020 年 8 月 24 日

附录二
全国家庭教育指导大纲（修订）

为深入贯彻习近平总书记关于家庭教育的重要指示精神，落实全国教育大会精神，按照新时代党和政府对家庭教育以及未成年人思想道德建设工作的部署和要求，进一步深化家庭教育指导服务，提高全国家庭教育总体水平，促进儿童全面健康成长，依据《中华人民共和国宪法》及《中华人民共和国未成年人保护法》等相关法律法规，修订《全国家庭教育指导大纲》（以下简称《大纲》）。

一、适用范围

《大纲》适用于各级各类家庭教育指导机构、相关职能部门、社会团体、宣传媒体和家庭教育指导者，对新婚夫妇、孕妇、18 岁以下儿童家长（父母或其他监护人）开展的家庭教育指导服务行为。

二、指导原则

家庭教育指导是指相关机构和人员为提高家长教育子女能力而提供的专业性支持服务和引导。家庭教育指导工作应坚持以下基本原则。

1. 思想性原则。遵循党的教育方针，以促进儿童全面健康成长为目标，以立德树人为根本任务，通过实施科学的家庭教育指导，推进家庭教育在培养德智体美劳全面发展的社会主义建设者和接班人中发挥重要基础作用。

2. 科学性原则。遵循家庭教育规律，为家长提供科学化、专业化、规范化的指导服务，家庭教育指导机构和指导者应具备相应的专业资质和能力。

3. 儿童为本原则。尊重儿童身心发展规律和个体差异，创设适合儿童成长的必要条件，保护儿童各项权利，促进儿童自然、全面、充分、个性发展。

4. 家长主体原则。确立为家长服务、提供支持的观念，尊重家长意愿，坚持需求导向，调动家长参与的积极性；引导家长注重提升自身素质，注重家庭建设和良好家风传承，促进亲子互动共同提高。

三、核心理念

1. 家庭教育是学校教育和社会教育的基础。家庭是人生的第一所学校，家长是孩子的第一任老师，家庭生活中父母对儿童的教育和影响，对其良好行为习惯、思想品德、价值观的形成，健全人格培养等都具有基础性作用。

2. 家庭教育重在教孩子如何做人。家庭教育要从养成良好习惯开始，逐步培育儿童正确的价值观，培养儿童热爱党、热爱祖国、热爱人民、热爱中华民族，明礼诚信、勤奋自立、友善助人、孝亲敬老等良好思想品德，增强儿童法律意识和社会责任感，使儿童养成好思想、好品德、好习惯、好人格，培养儿童与他人、与社会、与自然和谐相处的能力。

3. 家长是家庭教育的责任主体。家长在家庭教育中负有主体责任，要依法依规履行对子女的监护职责和抚养教育义务，了解监护人法定权利和义务，学习家庭教育知识，掌握家庭教育理念和方法，提升科学实施家庭教育的能力。

4. 家庭教育是家长和儿童共同成长的过程。家长素质是影响家庭教育的重要因素，家长应当努力做到举止文明、情趣健康、敬业进取、言行一致、好学善思，自觉践行社会主义核心价值观，以健康的思想、良好的品行教育影响儿童。

5. 家庭建设是家庭教育的重要保障。家庭要倡导尊老爱幼、夫妻和睦、勤俭持家、亲子平等、邻里团结的家庭美德，创建民主、文明、和睦、稳定的家庭关系。家庭成员要共同构建优秀家庭文化、传承良好家风，为儿童健康成长营造和谐的家庭环境。家长要学会优化家庭生活，为儿童提供健康向上、丰富多彩的活动。

6. 尊重儿童成长规律是家庭教育的前提。儿童期是人生的重要阶段，有其发展规律，家长在实施家庭教育时不能违背儿童成长规律。儿童成长既有共性也有个性，家庭教育要依据儿童成长特点，采取科学的教养方式。

7. 尊重和保护儿童权利是家庭教育的基础。儿童是独立的权利主体，有生命权、健康权和获得基本生活保障的权利，有充分发展其全部体能与智能的权利；有享有国家、社会、学校、家庭保护，不受歧视、虐待和忽视的权利；有参与家庭和社会生活并就影响他们生活的事项发表意见的权利，实施家庭教育要尊重和保护儿童的各项权利。

8. 家庭、学校、社会是促进儿童健康成长的共同体。家长要认识到家校社协同育人的重要意义，主动参与家校社协同教育，尊重教师，理性表达诉求，积极沟通合作，保持开放心态，引导儿童正确认识各种现象，科学合理利用各种教育资源，促进儿童健康成长。

四、分阶段指导内容及要求

儿童发展既有连续性又有阶段性，家庭教育指导服务应依据儿童在不同发展阶段的特点开展。

（一）新婚期及孕期的家庭教育指导要点

1. 做好怀孕准备。鼓励备孕夫妇学习优生优育优教的基本知识，并为新生命的诞生做好思想上、物质上的准备。引导备孕夫妇参加健康教育、健康检查、风险评估、咨询指导等专项服务。对于不孕不育者，引导其科学诊断、对症治疗，并给予心理辅导。

2. 注重孕期保健。指导孕妇掌握优生优育知识，配合医院进行孕期筛查和产前诊断，做到早发现、早干预；避免烟酒、农药、化肥、辐射等化学物理致畸因素，预防病毒、寄生虫等生物致畸因素的影响；科学增加营养，合理作息，适度运动，进行心理调适，促进胎儿健康发育。对于大龄孕妇、有致畸因素接触史的孕妇、怀孕后有疾病的孕妇以及具有其他不利优生因素的孕妇，督促其做好产前医学健康咨询及诊断。

3. 提倡自然分娩。指导孕妇认识自然分娩的益处，科学选择分娩方式；认真做好产前医学检查，并协助舒缓临盆孕妇的焦虑心理。帮助产妇做好情绪调节，预防和妥善应对产后抑郁。

4. 做好育儿准备。指导准家长学习育儿基本知识和方法，购置新生儿生活必备用品和保障母婴健康的基本用品；做好已有子女对新生子女的接纳工作；妥善处理好生育、抚养与家庭生活、职业发展的关系；统一家庭教育观念，营造安全、温馨的家庭环境。

（二）0—3 岁儿童的家庭教育指导

1. 0—3 岁儿童的身心发展特点

这是儿童身心发展最快的时期。儿童的身高和体重迅速增长，神经系统结构发展迅速；感知觉飞速发展；遵循由头至脚、由大动作至小动作的发展原则，逐步掌握人类行为的基本动作；语言能力迅速发展；表现出一定的交往倾向，乐于探索周围世界；对家长有强烈依赖感；道德发展处于前道德期。

2. 家庭教育指导内容要点

（1）提倡母乳喂养。指导乳母加强乳房保健，在产后尽早用正确的方法哺乳；在睡眠、情绪和健康等方面保持良好状态，科学饮食，增加营养；在母乳不充分的阶段采取科学的混合喂养，适时添加辅食。

（2）鼓励主动学习儿童日常养育和照料的科学知识与方法。引导家长让儿童多看、多听、多运动、多抚触，带领儿童开展适当的运动、游戏，增强儿童体质。指导家长按时为儿童预防接种，培养儿童健康的卫生习惯，注意科学的饮食调配；配合医疗部门完成相关疾病筛查，做好儿童生长发育监测，学会观察儿童，及时发现儿童发展中的异常表现，及早进行干预；学会了解儿童常见病的发病征兆及应对方法，掌握病后护理常识；了解儿童成长的特点和表现，学会倾听、分辨和理解儿童的多种表达方式。

（3）制订生活规则。指导家长了解儿童成长规律及特点，并据此制订日常生活规则，按照规则指导儿童的行为；采用鼓励、表扬等正面教育为主的方法，培养儿童健康生活方式。

（4）丰富儿童感知经验。指导家长创设儿童充分活动的空间与条件，充分利用日常生活环境中的真实物品和现象，让儿童在爬行、观察、听闻、触摸等活动过程中获得各种感知经验，促进感官发展。

（5）关注儿童需求。指导家长为儿童提供抓握、把玩、涂鸦、拆卸等活动的机会、工具和材料，用多种形式发展儿童的小肌肉精细动作和大肌肉活动能力；分享儿童的快乐，满足儿童好奇、好玩的认知需要，激发儿童想象力和好奇心。

（6）提供言语示范。指导家长为儿童创设宽松愉快的语言交往环境，通过表情、肢体、语言等多种方式与儿童交流；提高自身语言表达素养，为儿童提供良好的言语示范；为儿童的语言学习提供丰富的机会，运用多种方法鼓励儿童表达；积极回应儿童，鼓励儿童之间的模仿和交流。

（7）提高安全意识。提高家长有效看护意识和技能，指导家长消除居室和周边环境中的危险性因素，防止儿童意外伤害发生。

（8）加强亲子陪伴。指导家长认识到陪伴对于儿童成长的重要性，学会建立良好的亲子依恋关系，不用电子产品代替家长陪伴儿童，多与儿童一起进行亲子阅读；学习亲子沟通的技巧，与儿童建立开放的沟通模式；关注、尊重、理解儿童的情绪，合理对待儿童过度情绪化行为，有针对性地实施适合儿童个性的教养策略，培育儿童良好情绪；处理好多子女家庭的亲子关系、子女间的关系，让每个儿童都得到健康发展。

（9）重视发挥家庭各成员角色的作用。指导家长积极发挥父亲在家庭教育中的作用；了解父辈祖辈联合教养的正面价值，适度发挥祖辈参与的作用；引导祖辈树立正确的教养理念。

（10）做好入园准备。指导家长认识儿童社会性发展的重要性，珍视幼儿园教育的价值。入园前，指导家长有意识地培养儿童一定的生活自理能力及对简单规则的理解能力；入园后，指导家长与幼儿园教师积极沟通，共同帮助儿童适应入托环境，平稳度过入园分离焦虑期。

（三）3—6 岁儿童的家庭教育指导

1. 3—6 岁儿童的身心发展特点

这是儿童身心快速发展的时期。儿童的身高和体重稳步增长，大脑、神经、动作技能等获得长足的进步；自我独立意识增强，开始表现出一定兴趣、爱好、脾气等个性倾向；初步具备自我情绪调节能力；愿意与同伴交往，乐于分享；学习能力开始发展，语言表达能力强；依恋家长，会产生分离焦虑；处于道德他律期，独立性、延迟满足能力、自信心都有所发展。

2. 家庭教育指导内容要点

（1）积极带领儿童感知家乡与祖国的美好。指导家长通过和儿童一起外出游玩、观看影视文化作品等多种形式，了解有关家乡、祖国各地的风景名胜、著名建筑、独特物产等；适时向儿童介绍国旗、国歌、国徽的含义，带领儿童观看升国旗、奏国歌等仪式，培育儿童对家乡和祖国的朴素情感。

（2）引导儿童关心、尊重他人，学会交往。指导家长培养儿童尊重长辈、关心同伴的美德；关注儿童日常交往行为，对儿童的交往态度、行为及时提供帮助和辅导；结合实际情境，帮助儿童理解他人的情绪，了解他人的需要，做出适当的回应；引导儿童学会接纳差异，关注他人的感受；培养儿童多方面的兴趣、爱好和特长，增强儿童与人交往的自信心；经常带儿童接触不同的人际环境，为儿童创造交往机会，帮助儿童学会与同伴相处。

（3）培养儿童规则意识，增强社会适应性。指导家长结合儿童生活实际，为儿童制订日常生活规范、游戏规范、交往规范，遵守家庭基本礼仪；要求儿童完成力所能及的任务，培养责任感和认真负责的态度；有意识地带儿童走出家庭，接触丰富的社会环境，提高社会适应性；在儿童遇到困难时以鼓励、疏导的方式给予必要的帮助与支持。

（4）加强儿童营养保健和体育锻炼。指导家长积极带领儿童开展体育活动；根据儿童的个人特点，寻找科学合理又能被儿童接受的膳食方式；科学搭配儿童饮食，做到营养均衡、比例适当、饮食定量、调配得当；科学管理儿童的体重，学习关于儿童营养的科学知识；与儿童一起制订合理的家庭生活作息制度，培养儿童良好的生活和卫生习惯；定期带儿童做健康检查。

（5）丰富儿童感性经验。指导家长重视生活的教育价值，为儿童创设丰富的教育环境，带领儿童关心周围事物及现象，多开展接触大自然的户外活动，参观科技馆、博物馆、美术馆等，开阔儿童的眼界，丰富儿童的感性经验；尊重和保护儿童的好奇心和学习兴趣，支持和满足儿童通过直接感知、实际操作和亲身体验获取经验的需要，避免开展超出儿童认知能力的超前教育和强化训练。

（6）提高安全意识。指导家长尽可能消除居室和周边环境中的危险性因素；结合儿童的生活和学习，在共同参与的过程中对儿童实施安全教育；重视儿童的体能素质，提高其自我保护能力，减少儿童伤害。

（7）培养儿童生活自理能力和劳动意识。指导家长鼓励儿童做力所能及的事情，学习和掌握基本的生活自理方法，参与简单的家务劳动，在生活点滴中启发儿童的劳动意识，保护儿童的劳动兴趣。

（8）科学做好入学准备。指导家长重视儿童幼儿园与小学过渡期的衔接适应，充分尊重和保护儿童的好奇心和学习兴趣，帮助儿童形成良好的任务意识、规则意识、时间观念，学会控制情绪，能正确表达自己的主张，逐步培育儿童通过沟通解决同伴问题的意识和能力；坚决抵制和摒弃让儿童提前学习小学课程和教育内容的错误倾向。

（四）6—12 岁儿童的家庭教育指导

1. 6—12 岁儿童的身心发展特点

这一阶段儿童的生理发展处在相对平稳、均衡的时期，入学学习是儿童生活中的一个重大转折。儿童的身高和体重加速发展；大脑仍在持续快速发展，以具体思维为主，逐步向抽象思维过渡；情绪总体稳定，偶有较大波动；个人气质更加明显；能逐步客观进行自我评价，注重权威评价；社会交往能力增强，开始有较为稳定的同伴关系；学习能力逐步提高，学习策略逐步完善；自理能力增强。

2. 家庭教育指导内容要点

（1）培养儿童朴素的爱国情感。指导家长重视优秀传统文化的价值，了解家乡特色习俗和中华民族的共同习俗，过好中国传统节日和现代公共节日；开展家国情怀教育，多给儿童讲述仁人志士的故事、中华民族传统美德、国家发展的成就等；指导儿童写好中国字，说好中国话；初步了解优秀传统文化的内涵，培养儿童作为中华民族一员的归属感和自豪感。

（2）提升儿童道德修养。指导家长提升自身道德修养，处处为儿童做表率，结合身边的道德榜样和通俗易懂的道德故事，培养儿童良好的道德行为习惯；创设健康向上的家庭氛围；与学校、社会形成合力，净化家庭和社会文化环境；从大处着眼，从小事入手，及时抓住日常生活事件教育儿童孝敬长辈、尊敬老师，学会感恩、帮助他人，诚实为人、诚信做事。

（3）培养儿童珍惜生命、尊重自然的意识。指导家长将生命教育纳入生活实践中，带领儿童认识自然界的生命现象，帮助儿童建立热爱生命、珍惜生命、呵护生命的意识；抓住日常生活事件，增长儿童居家出行的自我保护意识及基本的自救知识与技能；引导儿童树立尊重自然、顺应自然、保护自然的发展理念，养成勤俭节约、低碳环保的生活习惯。

（4）培养儿童良好的学习习惯。指导家长注重儿童学习兴趣的培养，保护和开发儿童的好奇心，鼓励儿童的探索行为；引导儿童形成按时独立完成任务、及时总结、不懂善问的习惯，成为学习的主人；正确对待儿童的学习成绩，设置合理期望，不盲目攀比；用全面和发展的眼光看待、评价儿童，增强儿童学习信心。

（5）培养儿童健康的生活习惯。指导家长科学安排儿童的饮食，引导儿童养成健康的饮食习惯；培养儿童关注个人卫生和环境卫生，养成良好的卫生习惯；培养儿童良好作息习惯，保证儿童睡眠充足，每日睡足 10 小时；为儿童提供良好的学习环境，注意用眼卫生并定期检查视力；养成科学用耳习惯，控制耳机等娱乐性噪声接触，定期检查听力；引导并督促儿童坚持开展体育锻炼，培养一两项能够终身受益的体育爱好；配合卫生部门定期做好儿童健康监测。

（6）培养儿童的劳动习惯。指导家长正确认识劳动对儿童成长的价值；坚持从细微处入手，提高儿童的生活自理能力，养成生活自理的习惯；给儿童创造劳动的机会，教授儿童一定的劳动技能，培养劳动热情，树立劳动创造价值的观念；根据儿童的年龄特征、性别差异、身体状况等特点，安排适度的劳动内容、时间和强度，做好劳动保护；让儿童了解家庭收支状况，适度参与家庭财务预算，视家庭经济状况和儿童的年龄给适量的零用钱，引导儿童合理支配零用钱，形成正确的消费意识。

（7）积极参与家校社协同教育。指导家长主动与学校沟通联系，了解儿童在学校的学习、生活情况，与学校共同完成相应的教育活动，提高儿童的学习效果；参与学校的家长委员会、家长学校、家长会活动以及亲子活动等，自觉接受家庭教育指导；积极参与学校管理，主动根据需要联系社会资源，与学校共创良好育人环境。

（五）12—15 岁儿童的家庭教育指导

1. 12—15 岁儿童的身心发展特点

这是儿童从童年向成年的过渡期。儿童的生殖器官逐步发育，出现性冲动和性好奇；整体身体素质好；大脑发展迅速，抽象思维能力增强，记忆和观察水平不断提高；自尊心强，重视外表，建立自我同一性成为本阶段儿童最重要的任务；情绪波动大，敏感易怒，容易有挫折感，情感内隐；易和家长产生冲突；重视同伴交往及其评价，对父母依恋减少；责任心增强，自我控制能力有明显发展。

2. 家庭教育指导内容要点

（1）重视价值观教育。指导家长理解、践行社会主义核心价值观，以身作则，为儿童树立榜样；结合发生在家庭、学校和社会的事件开展价值观教育，培育儿童正确的思想观念和价值取向；通过儿童喜闻乐见的方式，讲好中国故事，用爱国主义激发儿童的梦想，让儿童能够结合自己的现实和未来，自觉践行爱国、敬业、诚信、友善等价值准则；让儿童学习正确认识与分析问题，分辨是非。

（2）重视儿童青春期人格发展。指导家长认识青春期儿童发展特征，不断调整教养方式；帮助儿童悦纳自我；尊重儿童自主意愿，鼓励儿童独立思考与理性表达；培养儿童应对挫折适应环境的能力和坚毅品格；引导儿童以合理的方式宣泄情绪，积极调控心理，自主自助，预防和克服各种可能产生的青春期心理障碍；正确对待儿童"叛逆"行为。

（3）增强儿童学习动力。指导家长帮助儿童树立正确的学习目标，将学习的外在动力转化为内在动力；培养儿童勤奋学习、持续学习的意志力；重视儿童学习方法和学习习惯的养成，帮助儿童形成制订合理的学习计划的能力；指导儿童正确应对学习压力，克服考试焦虑，在儿童考试受挫时鼓励儿童。

（4）提高儿童信息素养。指导家长正确认识媒介对儿童的影响，掌握必要的信息知识与方法；了解儿童使用各种媒介的情况，培养儿童对信息的是非辨别能力和加工能力；鼓励儿童在使用网络等媒介的过程中学会自我保护、自我尊重、自我发展；丰富儿童生活，规范上网行为，预防网络依赖；了解网络沉溺标准，能够在专业机构和人员的帮助下，指导儿童戒除网络沉溺行为。

（5）对儿童进行性教育。指导家长充分了解青春期生理卫生知识，对儿童开展适时、适度的性教育，让儿童了解必要的青春期知识，认识并适应身体的生理变化；开展科学的性心理辅导，对儿童进行与异性交往的指导；加强对儿童的性道德教育，帮助儿童认识到对性健康和生殖健康应当采取负责任的态度和行为。

（6）构建良好的亲子关系。指导家长与儿童平等相处，理解儿童自主愿望，保护儿童隐私权；学会倾听儿童的意见和感受，学会尊重、欣赏、认同和分享儿童的想法；学会运用民主、宽容的语言和态度对待儿童，促进良性亲子沟通。

（7）重视生涯规划指导。指导家长正确认识自己的孩子，帮助儿童客观认识自我，勇于面对现实，保持信心；支持儿童参与志愿服务、研学等社会实践活动，协同学校合理安排儿童进行一定的农业生产、工业体验、服务业实习等劳动实践，引导儿童加深对各种职业的了解；协助儿童综合分析学业水平、兴趣爱好，并根据个性特征合理规划未来；宽容对待儿童在做自我选择时与家长的分歧。

（六）15—18 岁儿童的家庭教育指导要点

1. 15—18 岁儿童的身心发展特点

这一阶段的儿童已经进入青春中后期。儿童在外貌上与成人接近，身体各器官逐步发育成熟，发育进入相对稳定期；认知结构的完整体系基本形成，抽象逻辑思维占据优势地位；情绪不稳定，情感内隐，易感到孤独；重视同性和异性的友谊，并可能萌发爱慕感情；自制力和意志力增强但仍不成熟；独立性强，有决断力；观察力、联想能力迅速发展。

2. 家庭教育指导内容要点

（1）引导儿童树立国家意识。指导家长引导儿童树立国家意识，增强儿童的公民意识和社会责任感，关注社会发展，将个人理想与国家需要相结合，认识国家前途、命运与个人价值实现的统一关系，学会将个人理想与国家的发展、现实的奋斗相结合。

（2）培养儿童法治观念。指导家长加强法律知识学习，正确理解自由、平等、公正、法治的内在含义及其要求，成为儿童尊法、学法、守法、用法的榜样；掌握家庭法治教育的内容和方法，引导儿童树立权利与义务相统一的观念，养成尊法守法的行为习惯，学会在法律和规则框架内实现个人的自由意志；与儿童建立民主、平等的关系，切实维护儿童权益。

（3）提高儿童交往合作能力。指导家长根据该年龄段儿童个性特点，引导儿童积极开展社交活动和正常的异性交往；以性道德、性责任、性健康、预防和拒绝不安全性行为为重点，开展性教育；对有恋爱行为的儿童，给予正确引导；鼓励儿童在集体生活中锻炼自己，学会与人相处，体验与人合作的快乐；帮助儿童学会宽容待人，正确对待友谊；了解校园欺凌行为的性质、特点及家校合作的基本处理方法。

（4）培养儿童的责任意识。指导家长通过召开家庭会议等形式，与儿童平等、开放地讨论家庭事务，共同分担家庭的责任和义务，培养儿童的家庭责任感；引导儿童树立社会责任感，正确处理个人与自我、与他人、与社会的关系，勇于承担责任。

（5）加强儿童美育。指导家长培养儿童正确的审美观，具有发现美、欣赏美、表现美的能力；让儿童接触、欣赏自然美，培养热爱自然环境、热爱祖国美好河山的情感；欣赏文学和艺术，发展想象和表现美的能力；明确内在美与外在美的关系，理解劳动能创造美；加强自身修养，践行文明礼仪；增强对个性美的感受，提高自我评价能力，形成文明健康的生活方式。

（6）指导儿童以平常心对待升学。指导家长在迎考期间保持正常、有序的家庭生活，科学、合理安排生活作息，保证儿童劳逸结合，身心愉快；保持适度期待，鼓励儿童树立自信心，以平常心面对考试；为儿童选择志愿提供参考意见，并尊重儿童对自身的未来规划与发展意愿。

（七）特殊家庭、特殊儿童的家庭教育指导

帮助家长了解国家对特殊儿童及相应家庭的支持政策，引导家长接受儿童的身心状况及家庭现状，调整心态，合理期望；学会获取社会公共服务。

1. 特殊家庭的家庭教育指导

（1）离异和重组家庭的家庭教育指导。引导家长正确认识和处理婚姻存续与教养职责之间的关系，对儿童的教养责任不因夫妻离异而撤销，父母不能以离异为理由拒绝履行家庭教育的职责。指导家长学会调节和控制情绪，不在儿童面前流露对离异配偶的不满，避免将自身婚姻失败与情感压力迁怒于儿童；不简单粗暴或者无原则地迁就、溺爱儿童；强化非监护方的父母角色与责任，

增强履职意识与能力，定期让非监护方与儿童见面，强化儿童心目中父（母）亲的形象和情感；调动亲戚、朋友中的性别资源给儿童适当的影响，帮助其性别角色充分发展。指导重组家庭的夫妇多关心、帮助和亲近儿童，减轻儿童的心理压力，帮助儿童正视现实；对双方子女一视同仁；加强家庭成员间的沟通，创设平和、融洽的家庭氛围。

（2）农村留守儿童的家庭教育指导。指导农村留守儿童家长增强父母是家庭教育和儿童监护责任主体的意识，依法依规履行家长义务，承担起对农村留守儿童监护和抚养教育的责任，确保农村留守儿童得到妥善监护照料、亲情关爱和家庭温暖。让家长了解陪伴对于儿童成长的价值，劝导家长尽量有一方在家照顾儿童，有条件的家长尤其是0—3岁儿童母亲要把儿童带在身边，尽可能保证儿童早期身心呵护、母乳喂养的正常进行。指导农村留守儿童家长或被委托监护人重视儿童教育，多与儿童交流沟通，对儿童的道德发展和精神需求给予充分关注。

（3）流动人口家庭的家庭教育指导。鼓励家长勇敢面对陌生环境和生活困难，为儿童创造良好的生活环境；处理好家庭成员之间的关系，为儿童创设宽松的心理环境；多与儿童交流，帮助儿童适应新的环境，了解儿童对于新环境的适应情况；与学校加强联系，共同为儿童创造良好的学习环境。

（4）服刑人员家庭的家庭教育指导。指导监护人多关爱儿童；善于发现儿童的优点，用教育力量和爱心培养儿童的自尊心；信任儿童，并引导儿童调整心态，保证心理健康；定期带儿童探望父（母），满足儿童思念之情；与学校积极联系，共同为儿童成长创造良好环境。

2. 特殊儿童的家庭教育指导

（1）智力障碍儿童的家庭教育指导。指导家长树立医教结合的观念，引导儿童听从医生指导，拟定个别化医疗和教育训练计划；通过积极的早期干预措施改善障碍状况，并培养儿童社会适应能力；引导家长坚定信心、以身作则，重视儿童的日常生活规范训练，并循序渐进、持之以恒。

（2）听力障碍儿童的家庭教育指导。指导家长积极寻求早期干预，主动参与儿童语训，在专业人士协助下制定培养方案，充分利用游戏的价值，重视同伴交往的作用，发展儿童听力技能和语言交往技能，不断改善儿童社会交往环境，逐步提高儿童的社会适应能力；加强对儿童的认知训练、理解力训练、运动训练和情绪训练。

（3）视觉障碍儿童的家庭教育指导。指导家长及早干预，根据不同残障程度发展儿童的听觉和触觉，以耳代目、以手代目，提升缺陷补偿。对于低视力儿童，指导家长鼓励儿童运用余视力学习和活动，提高有效视觉功能。对于全盲儿童，指导家长训练其定向行走能力，增加其与外界接触机会，增强其交往能力。

（4）肢体残障儿童的家庭教育指导。指导家长早期积极借助医学技术加强干预和矫正，使其降低残障程度，提高活动机能；营造良好家庭氛围，用乐观向上的心态感染儿童；鼓励儿童正视现实、积极面对困难；教育儿童通过自己的努力，积极寻求解决问题的方法，以获取信心。

（5）精神心理障碍儿童的家庭教育指导。引导家长营造良好家庭氛围，给予儿童足够的关爱；加强与儿童的沟通与交流，避免儿童遭受不良生活的刺激；支持、尊重和鼓励儿童，多向儿童表达积极情感；多给儿童创造与伙伴交往的机会，培养儿童集体意识，减少其心理不良因素；积极寻求专业帮助，通过早期干预改善疾病状况，提升儿童社会适应能力和生活自理能力，促进疾病康复。

（6）智优儿童的家庭教育指导。引导家长深入了解儿童的潜力与才能，正确、全面地评估儿童；从儿童的性格、气质、兴趣、能力、外部条件等实际出发，因材施教，循序渐进地开发儿童智力，发展儿童特长；坚持德智体美劳全面发展，提高儿童的综合素质；正确对待儿童的荣誉，引导儿童正确认识自己和他人，鼓励儿童在人群中平等交流与生活。

五、保障措施

1. 加强组织领导。各地各相关部门要高度重视，加强对《大纲》实施工作的领导，在组织开展社会宣传、理论研究、教材开发、骨干培训、工作督导评估时，都要以《大纲》为依据和框架。同时要引导和帮助家庭教育指导机构和指导者根据《大纲》要求开展家庭教育指导工作。

2. 明确职责分工。各地各相关部门要结合地方实际和部门职能，统筹制定实施计划，指导所属家庭教育指导机构按照《大纲》内容开展家庭教育支持服务工作。

3. 注重资源整合。各地各相关部门要加大家庭教育指导工作经费的投入，争取将家庭教育指导纳入地方财政预算或相关民生工程。要统筹各方面力量，完善共建机制，形成政府、学校、家庭、社会密切配合的家庭教育社会支持网络。

4. 加强理论研究。各地各相关部门要指导推动各级各类家庭教育研究会（学会）以及高校、科研机构加强家庭教育理论研究，在《大纲》框架下，组织研发指导教材等服务产品、制定监测评估标准等，推动加快家庭教育学科建设，努力构建家庭教育理论和学科体系。

5. 抓好队伍建设。各地各相关部门要按照《大纲》要求，对家庭教育指导者、家庭教育工作骨干、中小学幼儿园教师、托育服务机构工作人员等加强系统化的专业知识培训，提升家庭教育指导服务队伍的专业化水平，形成专兼结合、具备指导能力的家庭教育指导工作队伍。

6. 培育社会组织。各地各相关部门要加强家庭教育指导的专业社会组织的培育与孵化。以项目制的方式开展培训与资源整合，鼓励社会组织进驻社区开展家庭教育指导，让家长享受到家门口的专业家庭教育指导与咨询。

7. 扩大社会宣传。各地各相关部门要通过多种渠道，大力宣传《大纲》主要内容和实践要求，使正确的家庭教育理念和科学的家庭教育知识深入人心，为家庭教育工作开展营造良好的社会氛围。

全国妇联　教育部　中央文明办　民政部　文化和旅游部　国家卫生健康委员会

国家广播电视总局　中国科学技术协会　中国关心下一代工作委员会

2019 年 5 月 14 日

附录三
中华人民共和国家庭教育促进法

(2021 年 10 月 23 日第十三届全国人民代表大会常务委员会第三十一次会议通过)

目　　录

第一章　总　　则

第一条　为了发扬中华民族重视家庭教育的优良传统，引导全社会注重家庭、家教、家风，增进家庭幸福与社会和谐，培养德智体美劳全面发展的社会主义建设者和接班人，制定本法。

第二条　本法所称家庭教育，是指父母或者其他监护人为促进未成年人全面健康成长，对其实施的道德品质、身体素质、生活技能、文化修养、行为习惯等方面的培育、引导和影响。

第三条　家庭教育以立德树人为根本任务，培育和践行社会主义核心价值观，弘扬中华民族优秀传统文化、革命文化、社会主义先进文化，促进未成年人健康成长。

第四条　未成年人的父母或者其他监护人负责实施家庭教育。

国家和社会为家庭教育提供指导、支持和服务。

国家工作人员应当带头树立良好家风，履行家庭教育责任。

第五条　家庭教育应当符合以下要求：

（一）尊重未成年人身心发展规律和个体差异；

（二）尊重未成年人人格尊严，保护未成年人隐私权和个人信息，保障未成年人合法权益；

（三）遵循家庭教育特点，贯彻科学的家庭教育理念和方法；

（四）家庭教育、学校教育、社会教育紧密结合、协调一致；

（五）结合实际情况采取灵活多样的措施。

第六条　各级人民政府指导家庭教育工作，建立健全家庭学校社会协同育人机制。县级以上人民政府负责妇女儿童工作的机构，组织、协调、指导、督促有关部门做好家庭教育工作。

教育行政部门、妇女联合会统筹协调社会资源，协同推进覆盖城乡的家庭教育指导服务体系建设，并按照职责分工承担家庭教育工作的日常事务。

县级以上精神文明建设部门和县级以上人民政府公安、民政、司法行政、人力资源和社会保障、文化和旅游、卫生健康、市场监督管理、广播电视、体育、新闻出版、网信等有关部门在各自的职责范围内做好家庭教育工作。

第七条　县级以上人民政府应当制定家庭教育工作专项规划，将家庭教育指导服务纳入城乡公共服务体系和政府购买服务目录，将相关经费列入财政预算，鼓励和支持以政府购买服务的方式提供家庭教育指导。

第八条　人民法院、人民检察院发挥职能作用，配合同级人民政府及其有关部门建立家庭教育工作联动机制，共同做好家庭教育工作。

第九条　工会、共产主义青年团、残疾人联合会、科学技术协会、关心下一代工作委员会以及居民委员会、村民委员会等应当结合自身工作，积极开展家庭教育工作，为家庭教育提供社会支持。

第十条　国家鼓励和支持企业事业单位、社会组织及个人依法开展公益性家庭教育服务活动。

第十一条　国家鼓励开展家庭教育研究，鼓励高等学校开设家庭教育专业课程，支持师范院校和有条件的高等学校加强家庭教育学科建设，培养家庭教育服务专业人才，开展家庭教育服务人员培训。

第十二条　国家鼓励和支持自然人、法人和非法人组织为家庭教育事业进行捐赠或者提供志愿服务，对符合条件的，依法给予税收优惠。

国家对在家庭教育工作中做出突出贡献的组织和个人，按照有关规定给予表彰、奖励。

第十三条　每年 5 月 15 日国际家庭日所在周为全国家庭教育宣传周。

第二章　家庭责任

第十四条　父母或者其他监护人应当树立家庭是第一个课堂、家长是第一任老师的责任意识，承担对未成年人实施家庭教育的主体责任，用正确思想、方法和行为教育未成年人养成良好思想、品行和习惯。

共同生活的具有完全民事行为能力的其他家庭成员应当协助和配合未成年人的父母或者其他监护人实施家庭教育。

第十五条　未成年人的父母或者其他监护人及其他家庭成员应当注重家庭建设，培育积极健康的家庭文化，树立和传承优良家风，弘扬中华民族家庭美德，共同构建文明、和睦的家庭关系，为未成年人健康成长营造良好的家庭环境。

第十六条　未成年人的父母或者其他监护人应当针对不同年龄段未成年人的身心发展特点，以下列内容为指引，开展家庭教育：

（一）教育未成年人爱党、爱国、爱人民、爱集体、爱社会主义，树立维护国家统一的观念，铸牢中华民族共同体意识，培养家国情怀；

（二）教育未成年人崇德向善、尊老爱幼、热爱家庭、勤俭节约、团结互助、诚信友爱、遵纪守法，培养其良好社会公德、家庭美德、个人品德意识和法治意识；

（三）帮助未成年人树立正确的成才观，引导其培养广泛兴趣爱好、健康审美追求和良好学习习惯，增强科学探索精神、创新意识和能力；

（四）保证未成年人营养均衡、科学运动、睡眠充足、身心愉悦，引导其养成良好生活习惯和行为习惯，促进其身心健康发展；

（五）关注未成年人心理健康，教导其珍爱生命，对其进行交通出行、健康上网和防欺凌、防溺水、防诈骗、防拐卖、防性侵等方面的安全知识教育，帮助其掌握安全知识和技能，增强其自我保护的意识和能力；

（六）帮助未成年人树立正确的劳动观念，参加力所能及的劳动，提高生活自理能力和独立生活能力，养成吃苦耐劳的优秀品格和热爱劳动的良好习惯。

第十七条　未成年人的父母或者其他监护人实施家庭教育，应当关注未成年人的生理、心理、智力发展状况，尊重其参与相关家庭事务和发表意见的权利，合理运用以下方式方法：

（一）亲自养育，加强亲子陪伴；

（二）共同参与，发挥父母双方的作用；

（三）相机而教，寓教于日常生活之中；

（四）潜移默化，言传与身教相结合；

（五）严慈相济，关心爱护与严格要求并重；

（六）尊重差异，根据年龄和个性特点进行科学引导；

（七）平等交流，予以尊重、理解和鼓励；

（八）相互促进，父母与子女共同成长；

（九）其他有益于未成年人全面发展、健康成长的方式方法。

第十八条　未成年人的父母或者其他监护人应当树立正确的家庭教育理

念，自觉学习家庭教育知识，在孕期和未成年人进入婴幼儿照护服务机构、幼儿园、中小学校等重要时段进行有针对性的学习，掌握科学的家庭教育方法，提高家庭教育的能力。

第十九条　未成年人的父母或者其他监护人应当与中小学校、幼儿园、婴幼儿照护服务机构、社区密切配合，积极参加其提供的公益性家庭教育指导和实践活动，共同促进未成年人健康成长。

第二十条　未成年人的父母分居或者离异的，应当相互配合履行家庭教育责任，任何一方不得拒绝或者怠于履行；除法律另有规定外，不得阻碍另一方实施家庭教育。

第二十一条　未成年人的父母或者其他监护人依法委托他人代为照护未成年人的，应当与被委托人、未成年人保持联系，定期了解未成年人学习、生活情况和心理状况，与被委托人共同履行家庭教育责任。

第二十二条　未成年人的父母或者其他监护人应当合理安排未成年人学习、休息、娱乐和体育锻炼的时间，避免加重未成年人学习负担，预防未成年人沉迷网络。

第二十三条　未成年人的父母或者其他监护人不得因性别、身体状况、智力等歧视未成年人，不得实施家庭暴力，不得胁迫、引诱、教唆、纵容、利用未成年人从事违反法律法规和社会公德的活动。

第三章　国家支持

第二十四条　国务院应当组织有关部门制定、修订并及时颁布全国家庭教育指导大纲。

省级人民政府或者有条件的设区的市级人民政府应当组织有关部门编写或者采用适合当地实际的家庭教育指导读本，制定相应的家庭教育指导服务工作规范和评估规范。

第二十五条　省级以上人民政府应当组织有关部门统筹建设家庭教育信息

化共享服务平台，开设公益性网上家长学校和网络课程，开通服务热线，提供线上家庭教育指导服务。

第二十六条　县级以上地方人民政府应当加强监督管理，减轻义务教育阶段学生作业负担和校外培训负担，畅通学校家庭沟通渠道，推进学校教育和家庭教育相互配合。

第二十七条　县级以上地方人民政府及有关部门组织建立家庭教育指导服务专业队伍，加强对专业人员的培养，鼓励社会工作者、志愿者参与家庭教育指导服务工作。

第二十八条　县级以上地方人民政府可以结合当地实际情况和需要，通过多种途径和方式确定家庭教育指导机构。

家庭教育指导机构对辖区内社区家长学校、学校家长学校及其他家庭教育指导服务站点进行指导，同时开展家庭教育研究、服务人员队伍建设和培训、公共服务产品研发。

第二十九条　家庭教育指导机构应当及时向有需求的家庭提供服务。

对于父母或者其他监护人履行家庭教育责任存在一定困难的家庭，家庭教育指导机构应当根据具体情况，与相关部门协作配合，提供有针对性的服务。

第三十条　设区的市、县、乡级人民政府应当结合当地实际采取措施，对留守未成年人和困境未成年人家庭建档立卡，提供生活帮扶、创业就业支持等关爱服务，为留守未成年人和困境未成年人的父母或者其他监护人实施家庭教育创造条件。

教育行政部门、妇女联合会应当采取有针对性的措施，为留守未成年人和困境未成年人的父母或者其他监护人实施家庭教育提供服务，引导其积极关注未成年人身心健康状况、加强亲情关爱。

第三十一条　家庭教育指导机构开展家庭教育指导服务活动，不得组织或者变相组织营利性教育培训。

第三十二条　婚姻登记机构和收养登记机构应当通过现场咨询辅导、播放宣传教育片等形式，向办理婚姻登记、收养登记的当事人宣传家庭教育知识，提供家庭教育指导。

第三十三条　儿童福利机构、未成年人救助保护机构应当对本机构安排的寄养家庭、接受救助保护的未成年人的父母或者其他监护人提供家庭教育指导。

第三十四条　人民法院在审理离婚案件时，应当对有未成年子女的夫妻双方提供家庭教育指导。

第三十五条　妇女联合会发挥妇女在弘扬中华民族家庭美德、树立良好家风等方面的独特作用，宣传普及家庭教育知识，通过家庭教育指导机构、社区家长学校、文明家庭建设等多种渠道组织开展家庭教育实践活动，提供家庭教育指导服务。

第三十六条　自然人、法人和非法人组织可以依法设立非营利性家庭教育服务机构。

县级以上地方人民政府及有关部门可以采取政府补贴、奖励激励、购买服务等扶持措施，培育家庭教育服务机构。

教育、民政、卫生健康、市场监督管理等有关部门应当在各自职责范围内，依法对家庭教育服务机构及从业人员进行指导和监督。

第三十七条　国家机关、企业事业单位、群团组织、社会组织应当将家风建设纳入单位文化建设，支持职工参加相关的家庭教育服务活动。

文明城市、文明村镇、文明单位、文明社区、文明校园和文明家庭等创建活动，应当将家庭教育情况作为重要内容。

第四章　社会协同

第三十八条　居民委员会、村民委员会可以依托城乡社区公共服务设施，设立社区家长学校等家庭教育指导服务站点，配合家庭教育指导机构组织面向居民、村民的家庭教育知识宣传，为未成年人的父母或者其他监护人提供家庭教育指导服务。

第三十九条　中小学校、幼儿园应当将家庭教育指导服务纳入工作计划，作为教师业务培训的内容。

第四十条　中小学校、幼儿园可以采取建立家长学校等方式，针对不同年龄段未成年人的特点，定期组织公益性家庭教育指导服务和实践活动，并及时联系、督促未成年人的父母或者其他监护人参加。

第四十一条　中小学校、幼儿园应当根据家长的需求，邀请有关人员传授家庭教育理念、知识和方法，组织开展家庭教育指导服务和实践活动，促进家庭与学校共同教育。

第四十二条　具备条件的中小学校、幼儿园应当在教育行政部门的指导下，为家庭教育指导服务站点开展公益性家庭教育指导服务活动提供支持。

第四十三条　中小学校发现未成年学生严重违反校规校纪的，应当及时制止、管教，告知其父母或者其他监护人，并为其父母或者其他监护人提供有针对性的家庭教育指导服务；发现未成年学生有不良行为或者严重不良行为的，按照有关法律规定处理。

第四十四条　婴幼儿照护服务机构、早期教育服务机构应当为未成年人的父母或者其他监护人提供科学养育指导等家庭教育指导服务。

第四十五条　医疗保健机构在开展婚前保健、孕产期保健、儿童保健、预防接种等服务时，应当对有关成年人、未成年人的父母或者其他监护人开展科学养育知识和婴幼儿早期发展的宣传和指导。

第四十六条　图书馆、博物馆、文化馆、纪念馆、美术馆、科技馆、体育场馆、青少年宫、儿童活动中心等公共文化服务机构和爱国主义教育基地每年应当定期开展公益性家庭教育宣传、家庭教育指导服务和实践活动，开发家庭教育类公共文化服务产品。

广播、电视、报刊、互联网等新闻媒体应当宣传正确的家庭教育知识，传播科学的家庭教育理念和方法，营造重视家庭教育的良好社会氛围。

第四十七条　家庭教育服务机构应当加强自律管理，制定家庭教育服务规范，组织从业人员培训，提高从业人员的业务素质和能力。

第五章　法律责任

第四十八条　未成年人住所地的居民委员会、村民委员会、妇女联合会，未成年人的父母或者其他监护人所在单位，以及中小学校、幼儿园等有关密切接触未成年人的单位，发现父母或者其他监护人拒绝、怠于履行家庭教育责任，或者非法阻碍其他监护人实施家庭教育的，应当予以批评教育、劝诫制止，必要时督促其接受家庭教育指导。

未成年人的父母或者其他监护人依法委托他人代为照护未成年人，有关单位发现被委托人不依法履行家庭教育责任的，适用前款规定。

第四十九条　公安机关、人民检察院、人民法院在办理案件过程中，发现未成年人存在严重不良行为或者实施犯罪行为，或者未成年人的父母或者其他监护人不正确实施家庭教育侵害未成年人合法权益的，根据情况对父母或者其他监护人予以训诫，并可以责令其接受家庭教育指导。

第五十条　负有家庭教育工作职责的政府部门、机构有下列情形之一的，由其上级机关或者主管单位责令限期改正；情节严重的，对直接负责的主管人员和其他直接责任人员依法予以处分：

（一）不履行家庭教育工作职责；

（二）截留、挤占、挪用或者虚报、冒领家庭教育工作经费；

（三）其他滥用职权、玩忽职守或者徇私舞弊的情形。

第五十一条　家庭教育指导机构、中小学校、幼儿园、婴幼儿照护服务机构、早期教育服务机构违反本法规定，不履行或者不正确履行家庭教育指导服务职责的，由主管部门责令限期改正；情节严重的，对直接负责的主管人员和其他直接责任人员依法予以处分。

第五十二条　家庭教育服务机构有下列情形之一的，由主管部门责令限期改正；拒不改正或者情节严重的，由主管部门责令停业整顿、吊销营业执照或者撤销登记：

（一）未依法办理设立手续；

（二）从事超出许可业务范围的行为或作虚假、引人误解宣传，产生不良后果；

（三）侵犯未成年人及其父母或者其他监护人合法权益。

第五十三条　未成年人的父母或者其他监护人在家庭教育过程中对未成年人实施家庭暴力的，依照《中华人民共和国未成年人保护法》《中华人民共和国反家庭暴力法》等法律的规定追究法律责任。

第五十四条　违反本法规定，构成违反治安管理行为的，由公安机关依法予以治安管理处罚；构成犯罪的，依法追究刑事责任。

第六章　附　　则

第五十五条　本法自 2022 年 1 月 1 日起施行。

后　记

　　健全学校家庭社会协同育人机制是党中央、国务院作出的重要决策部署，事关学生的全面发展与健康成长，事关国家的发展和民族的未来。2015 年，深圳市龙岗区教育局成立了家庭教育指导委员会，并在龙岗区教育科学研究院设立了区家庭教育研究与指导中心，由龙岗区教育科学研究院统筹规划，对全区中小学幼儿园家长学校建设和家长培训工作进行指导、开展家庭教育研究与师资培训、推动区域家庭教育发展。此项工作得到了区委、区政府、区教育局的大力支持和有力保障，实现了设置专门岗位、落实专人负责、安排专项经费的举措，标志着龙岗区家庭教育工作迈上了新的台阶。

　　由于长期以来，区域内中小学、幼儿园家长学校建设始终面临师资专业化程度不高、课程体系化建设不足、资源支持不充分、保障机制不健全的困难，龙岗区家庭教育研究与指导中心以"立足规范建设家长学校、拓宽家庭教育指导路径、深化家庭教育指导内容、创新社会协同模式"为发展思路，始终秉持"让教育改善家庭、让家庭助力教育"的理念，充分发挥区教育科学研究院资源统筹优势，以及对家庭教育指导的功能，把"校家社"共建作为优化学校现代化治理结构、提升现代化治理能力、实现教育高质量发展的重要抓手。

　　为此，龙岗区教育科学研究院在区域"三名"工作室建设中，率先成立了"家庭教育名师工作室"，为区域家庭教育工作的推进给予了资源与经费的叠加支持，工作室通过遴选优秀成员组成专业团队，聚焦课程体系建设，进行家庭教育研究与课程研发，发挥名师的引领作用和团队的辐射效应。目前，工作室以家长学习需求为导向，从解决家庭教育中的实际问题出发，构建了"五段四类四块"课程体系，累计研发了68套各类成熟的家长培训课程，初步实现了全学段、全区域、全覆盖家长培训课程的资源供给。

该系列丛书主编肖红春是龙岗区教育科学研究院院长、龙岗区家庭教育研究与指导中心主任，皮青标是龙岗区教育科学研究院家庭教育专职教研员、家庭教育项目组负责人、家庭教育名师工作室主持人。编写此书的目的在于将区域统筹家校教育的探索实践成果进行梳理转化，与同行进行交流与共享，共同促进家校协同、家校共育，使家庭教育和学校教育真正形成合力。此书的编写过程，得到了龙岗区家庭心理教育研究工作室首批成员蔡小冰、曹爱红、陈展福、隆春晖、乔裕、佘丽娟、王斌、王赛花、吴计媛、肖冰滢、易丹、张艳、张小娟、钟小辉、朱芳仪、庄凤莲等老师的积极参与，杜双全、龚霞、孙长娟、吴锡惠等四位成员协助完成了对文稿的后期修改，高菲、杨小淳、詹雪萍等成员承担了文稿后期校对的工作。湖南大学出版社对丛书的编辑出版给予了有力支持和帮助，谨在此一并致谢！

受篇幅限制，本书内容难免挂一漏万，真诚欢迎广大读者批评指正！